THE 2ND BEST PAPER PROCEEDINGS OF
CHINESE CREATIVE INDUSTRY
（2014-2017）

第二届
中国文化创意产业
优秀论文集
（2014~2017）

主　编／祁述裕　钱　蓉

社会科学文献出版社
SOCIAL SCIENCES ACADEMIC PRESS (CHINA)

主编简介

祁述裕　北京大学文学博士，二级教授，博士生导师，中共中央党校（国家行政学院）文化政策与管理研究中心主任，享受国务院政府特殊津贴专家，中央国家机关特聘党的十九大报告文化建设部分宣讲人。兼任文化和旅游部文化改革发展研究基地主任、中国文联文艺评论家协会艺术产业委员会主任、北京观恒文化发展研究院院长、文化和旅游部文化产业专家委员会委员、国家发展和改革委员会服务业专家委员会委员、国家公共文化服务体系建设专家委员会委员、国家国有文化资产管理专家指导委员会委员、中国传媒大学兼职博导、武汉大学兼职教授、首都师范大学特聘教授。

钱　蓉　中国人民大学书报资料中心副总编兼副主任，中国人民大学人文社会科学学术成果评价研究中心副主任，编审。主要研究领域为历史、期刊出版、学术评价等。策划、主编《观点·历史》《中国学术热点趋势报告》《中国人民大学复印报刊资料转载指数排名研究报告》等学术丛书，发表《"复印报刊资料"转载学术论文指数研究报告》《学术共同体中的期刊与评价》《历史学研究现状与发展趋势》等论文。

目　录

建设文化场景　培育城市发展内生动力[*]

——以生活文化设施为视角

祁述裕[**]

摘　要： 　随着城市功能由生产型城市向消费型城市转型，生活文化设施在当代城市发展中的作用日益凸显。本文以场景理论作为分析工具，对丽江大研古城酒吧、中关村创业大街咖啡厅、景德镇创意市集草根类生活文化设施的价值和作用进行了分析。结果发现草根类生活文化设施由民间自发形成，与社区生活联系紧密，市民参与度高，时尚且富有活力，是激发城市活力、促进区域经济发展的重要载体。生活文化设施只有依托特定的文化空间环境，与多样性的文化实践活动、多类型人群的互动整合在一起形成不同的"场景"，并通过"场景"展示出具有吸引力的价值观和生活方式，才能发挥独特的效用。本文从社区、生活文化设施、多样性人群、文化实践和价值观五个维度，分析中关村创业大街、景德镇创意市集如何通过整合当地资源，分别形成以互联网为核心、以吸引网络人才为重点和以陶瓷创意设计为主体、以吸引陶瓷创意人才为重点的各具魅力

*　原文出处，《东岳论丛》2017 年第 1 期，第 25～34 页。
　　基金项目，本文系首都师范大学文化研究院重大研究项目"依托文化资源建设文化城市研究"（课题编号：ICS - 2016 - A - 06）部分研究成果。
**　祁述裕，国家行政学院社会和文化教研部主任、国家行政学院文化政策与管理研究中心主任，教授，博士生导师，国家文化产业专家委员会委员、中国文联文艺评论家协会艺术产业专家委员会主任。

的"场景"。本文还探讨了场景理论的特点和价值，提出场景理论中国化的主要思路。

关键词： 场景理论 城市功能 创意人才 文化产业

引 言

随着城市功能由生产型向消费型转型，生活文化设施在当代城市发展中的作用日益凸显。古根海姆博物馆对西班牙毕尔巴鄂市转型发挥的重大作用，伦敦眼对伦敦城市形象价值和经济价值的提升，迪士尼乐园对上海旅游业等相关产业的带动，方特欢乐世界对芜湖市旅游业的积极影响等，都是被学界经常引证的案例。

但是，盲目兴建大型生活文化设施也蕴含着很大风险，底特律市就是一个例子。底特律市曾经是全球最著名的汽车之城。汽车业衰落以后，底特律市把城市复兴战略确定为重点发展文化娱乐业，努力通过修建大型体育场、剧院、博物馆、休闲广场、赌场等文化设施来摆脱困境。1994 年，底特律市通过发展以福克斯镇为中心的城市文化娱乐来改善和提升城市形象，具体措施包括改建福克斯剧院，以及在此区域兴建其他剧院、博物馆和餐厅。底特律市市政府投资 5 亿美元，为底特律雄狮足球队和底特律老虎棒球队修建了两家体育馆；举办了美国标志性的体育棒球赛事"超级碗"，参与世界棒球系列赛。底特律政府的上述努力，并没有遏止底特律市的衰落，2013 年底特律市的破产申请说明了这一点①。类似案例在中国也不在少数，如万达集团在武汉投资的大型文化娱乐项目"汉秀"的失败等。因此，准确分析文化娱乐设施的功能及其在城市经济发展中的作用，是当前城市转型中需要研究的重大问题。

---

① 特里·N. 克拉克：《文化动力——一种城市发展新思维》，吴军译，人民出版社，2016。

　　美国芝加哥大学特里·N. 克拉克教授提出的场景理论为分析上述问题提供了一个很好的视角。场景理论坚持城市文化支撑城市发展的理念，重视文化在城市经济创新和发展中的先导作用。首先，场景理论强调文化消费的重要性，认为不是城市促进了娱乐与消费，而是娱乐和消费促进了城市发展①。其次，场景理论认为生活文化设施是促进城市文化消费的载体。电影院、图书馆、剧院、体育设施、主题公园、咖啡馆、酒吧、便利店、餐馆、购物中心、创意市集等生活文化设施在城市发展中起到至关重要的作用。值得注意的是，场景理论所关注的生活文化设施固然包括大型文化娱乐性主题公园、高层次博物馆等"高大上"项目，但更多的是强调作为社区组成部分的生活性文化设施。再次，场景理论强调城市精神的重要性，认为不同的生活文化设施具有不同的价值取向。比如，图书馆、艺术馆趋向于知识和进取，俱乐部趋向于自我表达，酒吧趋向于刺激和开放，教堂趋向于珍视传统价值观，等等。这种多样化文化是城市活力之所在。最后，场景理论强调生活文化设施不是孤立的存在。生活文化设施只有依托特定社区，与文化实践活动相配合，通过多样化人群的互动，才能最大限度地实现其价值②。

　　本文以场景理论作为分析工具，分析丽江大研古城酒吧街、中关村创业大街创业咖啡馆、景德镇大学生创意市集三个生活文化设施的特点及其在城市经济发展中的作用；同时，从社区、生活文化设施、多样性人群、文化实践活动、价值观五个维度，分析中关村创业大街、景德镇创意市集形成的原因，探讨其特点；最后，对场景理论的价值及场景理论中国化进行了评价。

---

①　Terry N. Clark and Coauthors, *Can Tocqueville Karaoke? Global Contrasts of Citizen Participation, the Arts and Development*, Emerald Group Publishing Limited, 2014.

②　Clark, Terry, *The City as an Entertainment Machine*, Amsterdam, Netherlands; Boston, MA: Jai/Elsevier, 2011.

一 草根类生活文化设施是激发城市活力的重要载体：来自三个案例的分析

草根类生活文化设施是场景理论十分关注的研究对象。草根类生活文化设施是指与人们日常生活密切相关、由民间自发形成的文化场所。谈到文化设施对城市发展的作用，人们关注最多的是迪士尼乐园、万达广场等一些"高大上"的项目。确实，这些文化项目对城市繁荣作用明显，但也存在投资大、风险高、同质化等突出问题。实际上，生活文化设施在促进城市经济发展中发挥作用的并不单单是大型项目，许多草根类生活文化设施与社区生活联系紧密，在促进城市经济发展中同样发挥着不可替代的作用。

草根类生活文化设施的价值早在传统社会时期就已经显露出来，如唐代首都长安的胡姬酒肆。在唐代，西域与中原交流频繁，大批胡人来到长安经商，胡姬也就与酒肆的经营结合在一起，通过其独特装束和颇具异域风情的服务吸引顾客，成为唐长安最有特色的商业场所和文化景观之一。胡姬酒肆有两个突出特点。第一，是商业之地。由于酿酒业和城市经济的发展，唐代酒肆的开设空前普遍和繁盛，首都长安是唐代饮食行业发展最繁荣的城市。刘禹锡"长安百花时，风景宜轻薄，无人不沽酒，何处不闻乐"就是长安酒肆业盛况的写照。第二，是激发骚人墨客情怀的场所。胡姬酒肆堪称唐代的时尚文化空间。唐代诗歌中有很多关于胡姬的诗歌，其中最著名的当属李白诗作。李白的诗中多次提到了"胡姬"，如"五陵年少金市东，银鞍白马度春风。落花踏尽游何处，笑入胡姬酒肆中"。胡姬在酒肆中不光调笑伴酒，还承担着表演任务。胡姬一般既擅长丝竹管弦，又擅长舞蹈。西域舞蹈中最著名的就是"胡旋舞"，唐代诗歌中对此也多有描述。

（一）丽江大研古城酒吧街

在当代社会，丽江大研古城酒吧街是草根类文化设施在促进当地经济转型和发展中发挥重要作用的一个经典案例。

丽江大研古城传统文化主要是纳西东巴文化和茶马古道商贸文化。1998年，丽江古城被列入世界文化遗产名录之后，受到广泛关注，旅游业迅速发展，很快成为国际化的旅游目的地。其中，新型生活文化设施的酒吧街以及这些酒吧所推出的"艳遇丽江"理念，为其原本少数民族古王国的文化形象增添了鲜明的时尚元素，呈现出既有少数民族风情又有青春、激情、快乐、世俗的现代文化的特点。酒吧街在大研古城文化转型中起到了至关重要的作用，极大地吸引了年轻游客①。酒吧已经成为游客来丽江旅游所期待的六大文化旅游项目之一。在对丽江最期待的文化旅游项目调查中，丽江独有的自然风光和民族风情设施活动等最受游客青睐，认同比例高达50%以上；特色的客栈住宿、演出演艺、酒吧餐饮以及这些设施活动营造的文化氛围，在吸引与聚集游客方面的优势明显高于其他设施，认同比例都在20%以上（见图1）。

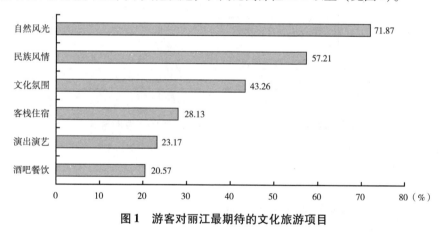

图1　游客对丽江最期待的文化旅游项目

资料来源：2016年国家行政学院文化政策研究中心调研组赴丽江考察当地文化消费情况后撰写的调研报告。

丽江大研古城文化转型引发了媒体的广泛关注②，古城的文化形象也在发生着深刻变化。2005年以来，丽江在民间话语中不仅是"古王国"，更是

---

① 《发现丽江：他们把酒吧整得像文化馆，不只卖酒还卖艳遇》，掌上丽江，2016年2月26日。

② 2002年，《新周刊》以"你丽江了吗"为封面主题做了一期杂志；2003年，《丽江的柔软时光》出版，介绍并宣传丽江舒适慵懒的生活；2009年，《踢踢兜丽江之恋》中的那句"趁年轻，去丽江"让很多年轻人渴望在丽江拥有浪漫邂逅。

"艳遇之都"；丽江古城被谈论最多的话题，不是自然风光和少数民族风情，而是休闲娱乐。这也从一个层面反映了古城文化由传统向现代的变迁。尽管在一些人的印象中，丽江古城酒吧的艳遇文化过于张扬，有些艳遇语录有低俗之嫌，但总体是健康的；从游客接受度看，大部分游客对其持肯定态度。本课题组的调研表明，游客对丽江古城"小资""艳遇""酒吧"的看法，认为"很有特点，非常喜欢"和认为"可以，喜欢"的，达65%；觉得"比较反感"的仅占13%（见图2）。

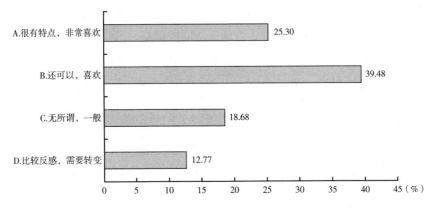

图2 游客对丽江"小资""艳遇""酒吧"等的看法

资料来源：2016年国家行政学院文化政策研究中心调研组赴丽江考察当地文化消费后撰写的调查报告。

（二）中关村创业大街创业咖啡馆

草根类文化设施促进当地经济转型和发展的另一个典型案例是中关村创业大街咖啡馆。

中关村创意大街是国内最有名的创业空间之一。2015年5月，国务院总理李克强赴中关村创业大街调研，引起国内外媒体的广泛关注。前往中关村创业大街考察的国内外政要、企业家络绎不绝。创业大街长约200米，目前入驻的创意服务企业有40余家。2014年以来，孵化的创意团队有1000多个，其中480多个创业团队获得了融资。创业大街创业氛围浓烈，两年来举办的各种创业活动达1600多场，参与创业的人数有十几万人。

创业咖啡馆是中关村创业大街最重要的生活文化设施，在促进中关村创业大街创业氛围的形成中起着至关重要的作用。中关村创业大街共有 10 余家咖啡馆，包括车库咖啡、Binggo 咖啡、3W 咖啡馆、极客咖啡、"投资家"咖啡馆、京东 JD + 奶茶馆、言几又咖啡馆、黑马会咖啡馆、贝壳·爱喜咖啡馆等。在西方，咖啡屋历来就是一个创新策源地。西方历史上的许多重大创新都诞生在咖啡屋里，如英国皇家学会的成立、纽约股市的出现、共产党宣言的撰写等。中关村创业大街咖啡馆同样承担着多种功能，主要有以下三点。

第一，创业场所。这是其最重要的功能。年轻创业者缺少资金与北京房价奇高的矛盾是困扰年轻创业者们的最大问题。中关村创业大街咖啡馆以低廉的价格为创业者提供创业场所及配套服务。

第二，将孵化创业项目与投资相结合。中关村创业大街咖啡馆的经营方大都是投资机构，这些投资机构之所以创办咖啡馆，是希望通过咖啡馆搭建创业项目与金融结合的平台，并从中遴选出有市场潜力的投资项目。创业大街咖啡馆的上述功能，使得中关村创业大街咖啡馆对创业者有着极大的吸引力。

第三，思想交流碰撞的空间，休闲之地。中关村创业大街地处中关村科技园的核心区域，周边著名企业林立，创业园区众多，时尚设施云集，是交流思想、放松身心的极佳场所。

中关村创业大街咖啡馆将提供价格低廉的咖啡、租借工位、提供创业支持、休闲放松等多种功能结合在一起，成为连接创业者、投资者以及各种服务的平台。中关村创业大街以咖啡馆为载体，构成了一个创新生态圈，起到了"为创业者找钱、找人、找市场、找圈子的作用"①。

以车库咖啡为例。进入车库咖啡的创业者们，只需要点一杯咖啡就可以在店内待一整天。车库咖啡创始人苏菂将车库咖啡定位为"创业者的乌托

---

① 清控科创集团总裁助理季德清语，根据 2016 年 11 月本课题组成员吴军在中关村创业大街的调研访谈整理。

邦"，旨在为创业者提供创业载体和交流平台，不以营利为目的。车库咖啡的"活法"主要有以下几种：卖咖啡、租工位、办活动、出租广告位①。车库咖啡聚集了大量的创业者，这些创业者又吸引了大批投资人及政府、银行等资源，形成了创业者社群。

（三）景德镇大学生创意市集

咖啡馆、酒吧都是外来文化元素，市集则是本土文化元素。景德镇大学生创意市集表明，本土文化元素同样可以在城市转型中发挥重要作用。景德镇大学生创意市集以陶瓷工艺为核心，以市集为平台，办得有声有色，中央电视台新闻联播节目曾对其做过专题报道。

景德镇大学生创意市集创办于2008年，每周六上午8点到12点开业，主要是展示、交易大学生创意设计产品，深受景德镇陶瓷学院大学生和外来大学生的欢迎。创意市集经历了一个发展过程。起初，它叫周六地摊，随着周六地摊影响力的不断扩大，2010年9月，正式改名为创意市集。市集包括每周六上午的小集市和每年5月、10月的两个大型市集。

创意市集分为三个区域，A区是"保送"区域，这一区域主要聚集的是具有发展潜力的摊主，大约有20多位，创意市集为他们提供机会以便其不断完善自己的作品。申请者主要在B区进行交易，这个区域大约有70位摊主，通过申请和评比进行公平竞争。每个月有4次摆摊时间，为了保证公平，每次摆摊位置由乐天陶社创意市集抽签决定。C区是混合区域，约有5位摊主，主要展示的是各种配套产品，如毛笔、竹雕、根艺等。

创意集市已经成为景德镇最大的时尚创意设计产品产出地，对景德镇的经济发展产生了以下四点积极影响。第一，创意市集影响着景德镇的陶瓷产品结构，以仿古陶瓷为主，增加了时尚、现代的元素。第二，景德镇陶瓷学院的毕业生由原来去外地找工作，变成留下来创作或创业经营。根据笔者调

① 韩琼林：《中关村创业大街上的"花式"咖啡馆》，《北京商报》2014年11月17日。

研，仅在创意市集周边，至少有 12 家工作室的主人是曾经在创意市集摆摊的摊主。第三，吸引了众多外来大学生到创意集市学习和交流自己创作的产品。第四，创意市集已经成为景德镇的一个品牌，也成为知名旅游网站推荐的景德镇旅游必去之地。国务院提出"双创"要求后，景德镇创意市集成为"双创"成功范例，被媒体广泛报道。通过发放问卷，我们发现，创意市集的功能是多样的，具有商贸流通交易、创业与交流、时尚艺术陶瓷展示、休闲娱乐等多种功能（见图 3)[①]。

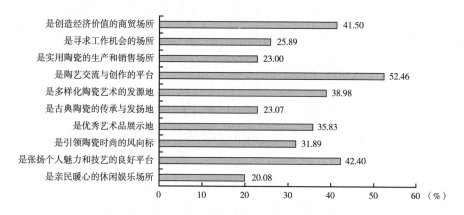

图3　民众对大学生创意市集在景德镇的功能与作用的看法

资料来源：陆筱璐：《论文化创意社群对特色文化城市发展的意义及路径——景德镇乐天创意市集为例》，《浙江工业大学学报》（社会科学版）2016 年第 2 期。

草根类生活文化设施通常有以下三个特点。一是自发性。草根类生活文化设施几乎都是民间人士（机构、企业）创办或民间自发形成的，既不是按照政府的计划安排，也不是遵循某位官员的旨意。二是深厚的社区文化基础。特定草根类生活文化设施在某座城市、社区出现，总是与该城市、社区文化有着内在关联性，表现出鲜明的地方特色。三是低成本、高

---

① 景德镇大学生创意市集的内容，均来自笔者负责的课题组数次赴景德镇调研并进行问卷调查形成的成果，可参见课题组成员陆筱璐：《论文化创意社群对特色文化城市发展的意义及路径——景德镇乐天创意市集为例》，《浙江工业大学学报》（社会科学版）2016 年第 2 期。

收益。草根类生活文化设施均投入小、收益高，对当地经济发展和文化繁荣有深刻的影响。

丽江大研古城酒吧、中关村创业大街咖啡厅、景德镇创意市集三个草根类生活文化设施的案例包含着十分深刻的内涵，对我们理解十八届三中全会提出的"发挥市场配置资源的决定性作用和更好发挥政府作用"的著名论断有启迪作用。值得一提的是，草根类文化资源丰厚，在城市转型过程中如何善用此类资源十分重要。对城市发展来说，老厂房、老仓库、老街区、里弄、古民居等文化遗产都是巨大的潜在资产。以北京为例，有统计显示，北京老厂房面积达2780万平方米，具有极大的开发潜力。善于利用这些文化资源，对城市转型具有极大的意义。

二 整合文化资源，建设各具魅力的文化场景：对中关村创业大街、景德镇创意市集案例的进一步讨论

为什么同样是咖啡馆，在不同城市或同一城市的不同区域，其功能却大相径庭？为什么同样是创意市集，此创意市集十分红火，彼创意市集却门庭冷落？

场景理论对以上问题进行了解答。场景理论认为，生活文化设施的价值和功能不是孤立的存在。生活文化设施只有依托特定的文化空间环境，与多样的文化实践活动、多种类型的人群通过互动整合在一起形成不同的"场景"，并通过"场景"展示出独特的价值观和生活方式，形成吸引力，才能发挥独特的效用。在场景理论看来，不同的场景对不同社会阶层的消费行为、居住模式等都会产生影响，从而影响城市的发展。因此，需要研究的是不同类型的场景是如何形成的，哪些因素在影响着场景的内涵和吸引力。

中关村创业大街、景德镇创意市集通过整合当地资源，分别形成了以互联网为核心、以吸引网络人才为重点和以陶瓷创意设计为主体、以吸引陶瓷创意人才为重点的各具魅力的"场景"，具有很大的吸引力和影响力。下

面，我们以社区、生活文化设施、多样性人群、文化实践和价值观五个维度，分析中关村创业大街、景德镇创意市集价值和功能的实现路径。

（一）中关村创业大街文化场景生成分析

1. 具有浓郁创业文化氛围的社区。中关村创业大街咖啡馆之所以能成为创业平台，中关村创业大街之所以能成为知名创业空间，与其所处的地理位置有直接关系。作为社区的中关村创业大街及其周边地区有以下四个特点。

第一，具有浓郁的创新文化氛围。首先，这里人才密集。北京是全国高校最集中的城市，有 90 多所大学，约 100 万名大学生。其中，63% 的大学集中在海淀区，位于海淀区中心位置的中关村周边集中了 57 所大学，密集度之高不仅国内绝无仅有，在国际城市中也十分罕见。这为中关村创业大街提供了源源不断的创业者。其次，知名新兴企业在这里高度集聚。中关村创业大街周边的知名新兴企业有联想、爱奇艺、优酷、金山、360、甲骨文软件研究中心（北京）有限公司、小米、京东、拉卡拉、人人贷、途家网、搜狗、豌豆荚等。这些知名的新兴企业既为年轻创业者提供了就业机会，也与中关村创业大街有各种形式的合作。再次，创业领袖层出不穷，如联想的柳传志、百度的李彦宏、搜狐的张朝阳、爱奇艺的龚宇、优酷的魏明、小米的雷军、360 的周鸿祎、京东的刘强东、拉卡拉的孙陶然、人人贷的张适时、途家网的罗军、58 同城的姚劲波、豌豆荚的王俊煜等。这些创业成功人士对年轻的创业者有着极大的激励作用。最后，这里科技园区和文化园区众多，如中关村科技园、清华科技园、北大科技园、人大科技园、多媒体创业产业园、互联网教育培训基地等。这些园区之间形成了良性竞争，为创业者提供了多种选择。

第二，形成了创业咖啡、创业培训与天使投资三位一体的创业模式。一是投资机构以咖啡馆为载体，通过提供价格低廉的工位，为创业者搭建平台。以清控科创控股股份有限公司为例，它通过 binggo 咖啡馆为创业团队提供创业服务，服务内容包括提供月租 1500 元的工位、为创业团队提供注册地址、成立公司，解决了创业团队没有物业公司证明、无法注册等问题。二是为创业者提供培训服务。培训分收费培训和公益培训两种。仍以 binggo 为例。binggo 每月定期举办 binggo 公开课和 binggo 路演。同时，针对创业者，提供"双创"培训课程，指导其创业。在中关村创业大街，提供培训服务的服务机构还有很多。三是拥有众多的天使投资机构，是北京天使投资和天使服务最集中的区域之一。

2. 由众多孵化器和便利设施组成的生活文化设施。中关村创业大街及其周边地区的生活文化设施主要有服务创业的孵化器和服务消费的便利生活设施两类。第一，创业大街入驻了 40 多家服务创业的孵化器，服务领域包括教育培训、软硬件服务、人才招聘服务、企业注册、法律咨询服务等。第二，中关村创业大街及其周边街区还有为数众多的、以满足日常消费为主的各种生活便利设施，如书店、特色小食店、果汁店、超市、健身房、主题酒店、银行、打印店、餐厅等，为创业者提供各种生活便利。

3. 数量众多的创业实践活动，包括各种创业路演、创业大赛、创业展演、创业沙龙、俱乐部活动等。据不完全统计，2014 年以来，这里的创新创业活动总计超过 1600 场，参与人数共 16 万人次。另外，中关村创业大街的知名度吸引了国内外众多考察调研团队，其中，来自美国、韩国、新加坡、澳大利亚、俄罗斯、墨西哥等国家和地区的考察团就有 90 多个。众多创业活动营造了浓厚的创业文化氛围。

为了具体说明这些创业活动的情况与类型，我们对创业大街从 2014 年 4 月到 2016 年 9 月举办的各种活动进行了整理、归类和统计，得出了以下两个结论。

第一，创业大街每月的平均活动场次为 40~50 场。其中，2015 年 5~8 月，创业大街的活动最为密集；2014 年 7~12 月次之；最后是 2016 年 3~7 月（见图 4）。

第二，创业活动主要以创业沙龙、讲座培训、政策宣传、展示陈列、路演推广和创业比赛六大类为主。其中，讲座培训类活动最多，其次是创业沙龙类活动（见表 1）。

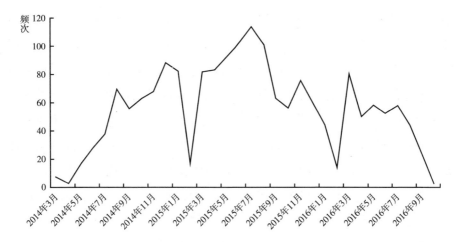

图4　中关村创业大街创新创业活动变化趋势（2014年3月～2016年9月）

表1　中关村创业大街各类创业活动场次（2014年3月～2016年9月）

时间	创业沙龙	讲座培训	政策宣传	展示陈列	路演推广	创业比赛	其他
2014年上半年	22	11	0	6	13	2	0
2014年下半年	122	100	30	14	40	18	0
2015年上半年	113	134	6	23	45	6	3
2015年下半年	102	151	21	22	34	12	10
2016年上半年	47	157	14	3	20	4	3
2016年下半年(7～9月)	19	78	5	3	4	6	1

4. 多样性人群。中关村创业大街的创业者来自全国各地，具有不同学科背景，拥有技术或资金等不同资源。据统计，每天活跃在这里的创业者、投资人与技术人员等达2万多人。从创业者的来源地看，有北京高校学生、北漂人群和国际创业者；从行业分布看，涉及互联网、IT、文化创意、教育、设计、医疗、智能家居、汽车及生活服务等几十个行业。这些来自不同地域、不同行业的创业人群汇聚在中关村创业大街，进行着信息交流与创意碰撞，使创业大街充满活力。

5. "一切皆有可能"。中关村创业大街的社区文化、以创业孵化为核心的生活文化设施、各类创业活动、多样性人群等，都透露着激情和憧憬。如果用一句话来概括创业大街的价值观和生活态度，不妨归纳为"一切皆有可能"。这里有国内最优秀的创业人才、最新的行业信息、最知名的风险投资机构、最好的服务，这里是将梦想变成现实的最佳场所。印娃（inwow）移动打印创业过程①就很好地诠释了这一点。印娃是创业大街孵化出的众多公司中的一个，创始人李兵期此前一直在做传统的复印机业务，在看到移动互联网项目风靡后，他冒出一个想法："能不能将固定复印机做成移动复印呢？"为了将这个想法变成现实，他来到中关村创业大街，在创业大街服务机构的帮助下，他在短时间内就找到了项目设计人才，完成了图纸设计、样品开发、融资等，从"创意"变成产品仅用了短短 3 个月的时间。这在其他地方是难以想象的，这就是中关村创业大街独特文化场景的优势与吸引人的地方。

需要指出的是，中关村创业大街也存在着一些需要解决的问题。调查发现，过高的房价（包括租房价格）使得创业者越住越远，不利于创业者的集聚；便利性餐饮还有欠缺；各部门政策支持碎片化，缺少整合和协调等。

（二）景德镇大学生创意市集生成机制分析

景德镇大学生创意市集的形成同样是诸多要素结合的结果。下面，我们从社区、便利性生活文化设施、多样性人群、文化实践活动、价值观五个维度做简要分析。

1. 崇尚创意设计的社区文化氛围和自组织系统。从社区的角度观察，景德镇大学生创意市集有以下三个特点。第一，崇尚创意设计的文化氛围。景德镇目前约有五千家陶瓷企业，产品以日用陶瓷和艺术陶瓷为主，各类陶艺师云集。宋代以来，景德镇一直以生产手工陶瓷闻名于世。一千多年来，景德镇陶瓷一直保持着手工作坊式的生产方式，追求精致、艺

---

① 随着移动互联网的发展，智能手机的功能越来越强大，手机逐渐取代了 PC 成为新的办公工具，越来越多人不局限在办公室办公。为适应移动办公人群的打印需求，用户通过印娃App，将存放在云端或手机端的文档与线下打印终端建立连接，可以随时随地享受文件打印服务。

术、弹性工作等理念。手工制作陶瓷以及相关工艺品在其他城市可能只是生活点缀，但在景德镇，这就是最重要的生存技能和生活方式。景德镇悠久、独特的文化氛围，为创意市集提供了坚实的土壤。第二，社会组织引领。景德镇大学生创意市集是由一家来自香港的社会组织——乐天陶社创办的。乐天陶社经营理念是"陶艺教育，陶艺推广和制陶"，经营原则是"创造，教育，推广及慈善"。2008年，乐天陶社选择在景德镇租借老厂房，为国际知名陶艺家提供设计工作室，同时开展教育培训、画廊和咖啡厅等多项服务。每周五晚上，乐天陶社的教育基地都开设讲座，为景德镇陶瓷学院大学生传授先进的陶艺理念和陶瓷技艺，深受大学生和市民的欢迎。同时，每周六上午，乐天陶社组织大学生创意市集，承担创意设计作品选取、展览空间设计、摊位发放、市集管理等事宜。第三，低廉的创业成本。景德镇大学生创意市集坐落在原景德镇十大国有瓷厂之一的景德镇雕塑瓷厂所在地。这里既保留了景德镇特定的历史记忆，地租也相对便宜，创业成本低廉。

2. 便利的生活文化设施。景德镇大学生创意市集之所以具有活力和吸引力，与创意市集相配套的众多生活文化设施起到了至关重要的作用。在景德镇大学生创意市集所在的原景德镇雕塑瓷厂区里，集聚着艺术家工作室、博物馆、电影院、陶瓷产品专卖店、书店、咖啡馆、青年旅社、培训机构等各种文化设施和生活设施。约200米的街道，共有80余家以艺术陶瓷和日用陶瓷为主的创意商铺，这使得原本破旧的雕塑瓷厂充满现代气息，也成了景德镇新的时尚聚集地。

从图5可以看出，地处东郊的创意市集拥有和市中心比肩的生活文化设施，这就不难理解它为何对年轻人具有吸引力，聚集了如此多的创意人才。

3. 多样性人群。每周六上午的景德镇大学生创意市集都能聚集上千名参与者。在参与创意市集的人员中，景德镇陶瓷大学的学生是主体，约占80%；其他人员包括景漂艺术家、本地陶瓷经营者、传统陶瓷匠人、外地慕名参与者、国外艺术家、游客等。2008~2011年，共有来自14个国家的247位艺术家在市集里进行生产和创作。

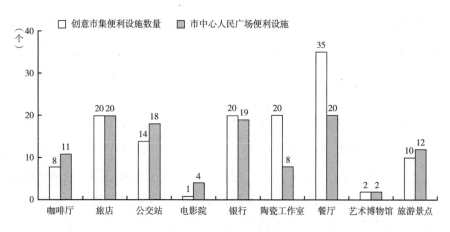

图5　2016年景德镇大学生创业市集与市中心便利设施对比

资料来源：陆筱璐：《论文化创意社群对特色文化城市发展的意义及路径——景德镇乐天创意市集为例》，《浙江工业大学学报》（社会科学版）2016年第2期。

4. 众多文化实践活动，包括乐天陶社组织的每周五晚的陶艺讲座、周六上午的大学生创意市集和明清园的陶艺市集。同时，乐天陶社为国内外知名陶艺家提供驻场陶艺创作项目，这些都可供游客参与和观赏。创意市集还重视在线上分享创意理念。每个月，创意者都会将自己的作品提交到乐天官网上，在线参加网友的评审，相关的微博、博客、豆瓣等社交网络都拥有数万粉丝。多样性的社群将这里营造成集设计、生产、消费、体验、交流、共享于一体的创意空间①。

5. "创意即价值"是景德镇以大学生创意市集为核心的文化场景体现的价值理念和利益诉求。在这个文化场景活动的各类人群都认同一样的理念：只要有创意，在这个文化场景里就一定能实现价值，包括经济价值和人生价值。人们来到这里，或者展示创意，或者交流、购买创意。例如，一些长期出售仿古陶瓷的店商也被创意市集吸引，来这里"淘"他们中意的时尚创意陶瓷产品，与设计者洽谈合作。创意市集在改变着景德镇陶瓷产品的结构，为景德镇输入了创新活力。在景德镇定居14年的英国籍日裔艺术家

———————————

① 源自笔者的调研访谈。

安田猛先生和他的夫人在创意市集附近创办了工作室"红房子"。尽管安田猛已经 74 岁了，但仍表现出极大的创作热情。用他自己的话说，在景德镇，特别是在创意市集这个文化场景里，他感受到"一批批年轻的陶艺家用青春的血液和想法在这儿扎根成长，而自己也又一次经历着青春般的朝气蓬勃"。

调研发现，景德镇大学生创意市集也存在一些需要改进的问题，如缺少Wi-Fi 网络、缺少干净卫生的洗手间等。在调研中，有 65.3% 的人希望当地政府能够在文化设施的硬件建设方面有所作为。

结语　场景理论的中国意义

1. 特里·N. 克拉克教授提出的场景理论建立了微观文化动力学，深化了对文化在经济发展中动力作用的认识。强调文化在促进经济发展中的动力作用在西方学术发展过程中有着清晰的脉络，但不同时期，学界对文化内涵的理解和分析的视角有着明显的差异。社会学家马克斯·韦伯从社会学的角度分析文化的价值，他在《新教伦理和资本主义精神》一书中提出，新教伦理是美国走向经济繁荣最重要的动力。经济学家迈克尔·波特从产业的角度分析文化在提升国际竞争力中的价值和作用，他在《国家竞争优势》一书中提出，文化的优势是一个国家最核心的竞争力。波特所说的"文化"是指价值体系。他认为，造成国家贫富差距的重要因素是国家价值体系的不同。特里·N. 克拉克教授则从消费社会的角度分析文化的价值，将此前学者主要从精神层面对文化的理解，转为从生活层面对文化的理解。韦伯的社会学理论、波特的竞争力理论更多是从国家的视角分析文化对促进经济发展的作用，克拉克则更多是从社区这样的微观层面，从生活文化设施、文化实践和人群状况等角度分析文化在促进经济发展中的价值和作用。如果说韦伯的社会学理论、波特的竞争力理论更多是宏观文化动力学，克拉克的场景理论则更多是微观文化动力学，深化了对文化在经济发展中动力作用的认识。

2. 场景理论强调不同文化要素的协同性和在地性。场景理论不是孤立地讨论生活文化设施，而是强调文化设施与社区、文化实践活动、人群的协同和互动，生活文化设施只有在互动中才能最大限度地实现其价值。场景理论还强调不同的生活文化设施所体现的文化在地性，这种在地文化展示了区域精神气质，也是城市创新动力的重要源泉。比如，中关村创意大街的创业咖啡厅就不太可能出现在景德镇；同样，景德镇以陶瓷工艺为主的创意市集也不可能出现在中关村创意大街。场景理论的这一观点对当前我国的城市建设有很强的针对性。一是有助于匡正城市建设中普遍存在的热衷于建设高档文化设施，忽视日常生活文化设施建设的现象；二是有助于避免单纯注重文化设施建设，忽视其他文化要素的配套建设；三是有助于避免热衷于引进文化设施，忽视从本地区发掘特色文化资源。

3. 场景理论为探讨如何激发城市活力提供了分析工具。当前，我国城市经济正在经历从要素驱动向创新驱动的转型。各地都有不少探索，也提出了一些具有启发性的新理念，如创意空间、创意社群、众创空间等。这些新理念虽很有意义，但在实施途径上往往语焉不详、缺少系统分析方法。场景理论以城市特定空间为载体，旨在通过对生活文化设施人群、文化实践活动、价值追求等相互作用的分析，探讨如何激发城市活力，既有新的概念、数据收集方法，也有分析框架和策略，是一个完整的体系，为集聚城市发展动力、实施创新驱动战略提供了可借鉴的分析工具。

4. 借鉴场景理论需要用中国视角。世界各国的城市转型和发展有共同性，克拉克教授的场景理论对中国城市转型和发展具有很强的参考价值。但场景理论是在继承西方国家城市研究成果的基础上形成的，其概念、术语等也都是对西方文化传统和生活方式进行的提炼和归纳①。借鉴场景理论需要用中国视角。这至少包含三方面含义：一是立足中国现实，分析中国问题；二是将其转换成中国概念体系和表达方式；三是吸收现

---

① 场景理论用迪士尼天堂、波希米亚、合法武士集居地、洛杉矶浮华地标、雷阿诺包厢等概念作为场景模型子维度。

代科技成果，特别是互联网技术对城市、社区生活的深刻影响，将对现实空间与虚拟空间的研究结合起来。这三点也是克拉克场景理论有所欠缺的地方。

参考文献

《发现丽江：他们把酒吧整得像文化馆，不只卖酒还卖艳遇》，掌上丽江，2016 年 2 月 26 日。

韩琮林：《中关村创业大街上的"花式"咖啡馆》，《北京商报》2014 年 11 月 17 日。

陆筱璐：《论文化创意社群对特色文化城市发展的意义及路径——景德镇乐天创意市集为例》，《浙江工业大学学报》（社会科学版）2016 年第 2 期。

特里·N. 克拉克：《文化动力——一种城市发展新思维》，吴军译，人民出版社，2016。

Clark, Terry, *The City as an Entertainment Machine*, Amsterdam, Netherlands; Boston, MA：Jai/Elsevier, 2011.

Terry N. Clark and Coauthors, *Can Tocqueville Karaoke? Global Contrasts of Citizen Participation, the Arts and Development*, Emerald Group Publishing Limited, 2014.

政府资助艺术：支持与反对[*]

单世联　刘述良[**]

摘　要： 政府是否应当以及如何资助艺术，是当代文化政策和文化理论中的一个重要课题。从文化史来看，无论何种赞助方式，均不能充分满足艺术繁荣的需要。尽管文明世界的大多数政府都在持续地对艺术进行资助或补贴，但在理论和实践两方面都存在一系列矛盾和困难，迄今仍无圆满的解决方案。基于完善与改革中国文化政策的考虑，文章以英美两国的相关争论为线索，分析政府资助艺术方面的多歧性和复杂性，同时，结合文化产业发展所带来的文化转型，提出改革以政府资助或补贴为中心的文化政策主题。

关键词： 艺术资助　文化政策

政策创新是我国文化健康发展的基本动力，政府扶持是我国文化特别是艺术发展的基本保障。作为公共政策、文化政策的一部分，现代文明国家的政府大多有资助或补贴文化特别是艺术的政策。这类政策的实施，对

* 原文出处，《上海财政大学学报》（哲学社会科学版）2016 年第 1 期，第 11～24、128 页。
基金项目，国家社会科学基金重点项目"文化产业社会效益研究"（14AKS011）；国家自然科学基金面上项目"我国农村公共产品'供给后管理'研究——以农田水利为例"（71473126）；中国博士后基金面上项目"我国农村公共产品'供给后管理'优化研究——以江苏为例"（2014M561676）。

** 单世联，上海交通大学媒体与设计学院特聘教授；刘述良，南京农业大学公共管理学院副教授。

文化艺术、经济社会的发展都产生了积极影响，同时也带来不少弊端，因此无论在理论上还是在实践中，这类政策的合理性、有效性等都有待进一步探索。从总结历史经验与深化理论研究的角度来看，20世纪英美两国有关政府在应不应当资助艺术以及如何资助艺术这一问题上的讨论，还没有得到我国文化界的充分评估和吸收。本文以此为线索，讨论作为当代文化政策中心议题之一的政府资助问题，意在深化理论研讨并为我国文化政策的调整改革提供借鉴。

一　永远的遗憾：艺术充分资助的不可得性

文化艺术是宝贵的，它不但是人类创造精神和理想价值的充分表达，而且深受广大公众的喜爱。但是，令无数创造者和欣赏者不安的是，从事文化艺术的人经常不能养活自己，一些伟大的杰作无法获取经济回报；以牟利为目的的创作通常会受到批评，或得到较低的评价。法国路易十四时代的布瓦洛（Nicolas Boileau Despreaux）在为文艺制定规则时，明确批评"凭利害决定褒贬，为金钱出卖讴歌"的拜金主义，并在金钱与文艺之间划下一个严格的界限："如果你只爱金钱，那么，赶快离开这白美斯幽雅之区，因为这河的两岸绝没有财神庙宇。对最渊博的作家正如对最伟大的战士，阿波罗只许给了一些荣誉和桂枝。"① 直到文化产业、文化经济蓬勃发展的今天，文化活动也不能与逐利行为完全等同。

文化与经济、艺术与财富的这种疏远甚至对立，除了一些文化人或作品自觉对抗当时当地的政治/宗教权力、挑战流行的趣味和标准，因而受到打压或冷落之外，文化艺术一般不能直接进入交换领域是一个最基本的原因。诗歌不能卖钱，美术不能致富，在贫困中死去的并不只有《堂吉诃德》的作者塞万提斯（Miguel de Cervantes Saavedra）。所以，在

---

① 布瓦洛：《诗的艺术》，任典译，人民文学出版社，2009，第67页。"白美斯"（Permesse）与"巴那斯"（Parnasse）是希腊神话中是阿波罗（Apollo）手下各司一种文艺的9个缪斯（muses）的徜徉之地，此处代表诗坛、文坛。

相当长的历史时期内，文艺繁荣的前提是恩主（patronage）的保护和资助。19世纪前，首先是宗教机构，然后是宫廷与王族，最后是特权阶级如贵族和富裕的资产阶级，担当了艺术资助者的角色。文艺复兴时期，意大利梅迪奇（Medici）家族的王公贵族、奥地利的帝王等都是著例。"恩主制"意味着艺术家和赞助人之间存在一种个人关系，艺术家得到的自主程度取决于恩主的个性和价值观。就社会地位而言，艺术家比一个仆人高不了多少，不过这种情况并不像听起来那样沮丧，因为那时社会中的每一个人都是这个或那个王公的仆人。以18世纪为例，当时的艺术家一般在贵族的赞助下进行创作，他为那些在社会地位和财产地位上比他高的公众创作。当然，这并不意味他的作品没有普遍意义，因为接受赞助的艺术家是技巧娴熟的大师，是接受赞助人的委托而工作的匠人，赞助者感兴趣的是他的作品而不是他的个性，所以其创作必然会被引向古典主义的客观性和自我克制，而不只是对恩主个人趣味和标准的满足。赞助制度使艺术家能够获得经济保障并在社会中发挥作用，这使得那些成功适应赞助制度的伟大艺术家得到很多好处，如德意志音乐家海顿（Franz Joseph Haydn）；而奥地利作曲家莫扎特（Wolfgang Amadeus Mozart）的悲惨命运又说明对那些不能适应的艺术家来说，这一制度强加给他们的负担是多么沉重。路易十四确实保护了文艺，但不是每个国王都像他那样，而且他的宫廷也只是保护了极少数他所喜爱的诗人。

从19世纪开始，资本主义市场体制逐渐扩展到文化领域。艺术创作越来越多地被组织到市场体系之中，越来越多的作品不是直接销售给公众，而是通过中介出售，这导致了文化生产中更严密的分工。随着公众的文化需求日益释放，文化市场也逐步繁荣，一些成功的文化生产者因此获得了独立的职业地位和较好的经济收入，小说家巴尔扎克（Honoréde Balzac）、狄更斯（Charles Dickens）都是成功的典型。不过，即使在资本进入文化或文化进入市场的时代，艺术与财富的联姻也并不完满。德意志诗人歌德（Johann Wolfgang Von Goethe）、海涅（Heinrich Heine）在与出版商打交道时都没有什么书生气，但前者仍要从宫廷得到支持，后者则终身接受银行家叔父的资助，并因此产生许多矛盾。[1] 音乐家瓦格纳（Wilhelm Richard Wagner）的乐谱非常值钱，但他的成功主要是靠巴伐利亚国王路德维希二世（Ludwig Ⅱ）的慷慨资助，而不是靠市场。更为复杂的是，艺术需要钱，但真正的艺术家对资本社会又有着本能的反感。19 世纪末的法国画家高更（Paul Gauguin）卓越地表达了这种困境。一方面，诗人与艺术家需要生活，他们中的许多人因为贫困而耽误了创作。"我们这些画家，我们这些被宣告为一贫如洗的人，除了在物质生活方面的困难无处抱怨外，更为苦恼的是，这种物质困难造成了我们画画的障碍。为了寻找每天的面包，我们得失去多少时间啊！低三下四的工作，破旧不堪的画室，加上其他种种困难，所有这些都令人气恼，而跟着来的是软弱、不满和暴怒。"[2] 另一方面，诗人与艺术家又习惯于将自己的贫困归结于金钱的压迫，拒绝服从权力和资本，高更就因受不了纸醉金迷的巴黎而决定到南太平洋的小岛上生活和创作。"我将隐居到大洋洲的一个岛上的森林里，去享受狂喜、宁静和艺术。带着一个新家庭，远离欧洲那争名逐利的斗争……我最终将在没有金钱和烦恼的情况下自由地去爱，去唱，去死。""我很快就要去大洋洲的一个小岛塔希提。在那里，生活的必需品不用金钱即可得到。我想忘却过去所有的不幸，我想抛弃一切在别人眼中视为荣誉的东西，然后自由地画画。我想死在那里，被人遗忘。如果我的孩子也愿意去并能和我在一起，我不会感到与世隔绝。对于下一代来说，一个可怕的时代——金钱王国的时代——即将在欧洲发生。一切都堕落腐败，甚至我和艺术也不例外……一旦我的物质生活安排妥当，我就在那里献身于伟大的艺术。我将排除一切艺术的嫉妒，也不需要任何卑鄙的交易。"[3] 高更的选择是明智的，正是在这个小岛上，他创作了许多举世震惊的作品。然而，不是每个画家、诗人都会找到自己的"塔希提"，他们

---

[1] 西格弗里德·翁泽尔德：《歌德与出版商》，张世广译，云南人民出版社，2001；弗里茨·拉达茨：《海因里希·海涅》，胡其鼎译，东方出版社，2001。

[2] 高更：《致安德烈·丰丹纳》（1899 年 3 月），转引自赫谢尔·B. 奇谱：《塞尚、凡·高、高更书信选》，吕澎译，四川美术出版社，1984，第 80 页。

[3] 高更：《致妻子曼特》（约 1890 年 2 月），《致威留姆森》（1890 年秋），转引自赫谢尔·B. 奇谱：《塞尚、凡·高、高更书信选》，吕澎译，四川美术出版社，1984，第 88～89 页。

也不可能全都远离城市。当代社会的绝大部分文化产品和艺术杰作，依然是在城市社会中诞生的。20世纪以来，不但文化市场日益完善，而且在文化市场的基础上形成了完整的文化产业，使得艺术产品进入市场、艺术家因创作而获取收益的渠道更为畅通。但理论与事实都证明，即使在文化市场与文化产业体系中，一些艺术类产品仍然不能获得充分的回报，文艺家贫困这个老问题仍未得到圆满解决。直到2008年，奥地利还有1/3的艺术家收入低于贫困线。21世纪初，仍然有人注意到："目前，在任何一个国家，没有哪家大剧院、乐队或公共图书馆仅靠经常光顾者支付的费用就可能实现收支平衡的。"①

这一简要的历史叙述表明，文化艺术在经济上不能自我维持，而无论传统的恩主还是现代的市场，在支持、回报艺术方面都有内在的不足。文化艺术的繁荣，需要有新的赞助方式。当代文艺的赞助体系，主要有社会主导和政府主导两个体系。不同的社会组织有其特定的考虑和动机，为了获得这种赞助，艺术家必须遵循组织所制定的繁缛标准，艺术品则被用于体现组织的目标，成为公共关系的一种工具，因此很难体现其公共性②。

政府文化政策依赖于各国的国情和传统。在欧洲，艺术资助主要来自中央或地方政府。这种资助相对简单、固定、集中，主要由大型文化部门实施。同时，由于艺术人才通常属于公务员序列或执政党政治上的受益人，因此具有浓厚的政治色彩。值得注意的是，这种体制在为艺术机构提供稳定资助的同时，亦潜在地把艺术工作者区分为"圈内人"和"圈外人"。相应地，圈内艺术组织每年都能得到大量资助，而那些圈外艺术组织即使有幸存活，也只能在文化的边缘苦苦挣扎。在美国，艺术资助是一个新现象。除了20世纪30年代的大萧条期，直到20世纪60年代中期，美国政府才开始设置机构赞助艺术。这一赞助系统结合了联邦、州、地方政府的公共资助和来自个人、公司、基金会的民间资助，因此显得复杂、分散、多样和灵活。联

① 贝尔纳·古奈：《反思文化例外论》，李颖译，社会科学文献出版社，2010，第4页。
② 关于艺术公共性这一议题，本文作者拟另文研究，此处不深入探讨。

邦政府设立"美国艺术基金会""国家人文基金会"为文化艺术和人文社会科学提供资助、咨询和建议，并根据各州情况投入前期基金。相应地，各州也成立"文化艺术理事会（或基金会）"予以配套投入。除直接资助外，政府还出台税收、担保等优惠政策，鼓励社会兴办文化产业。此外，联邦或地方政府还设立若干服务性的文化机构，如"公共广播公司""博物馆和图书馆服务协会""史密森学会""国家美术馆""肯尼迪演出中心""艺术委员会""历史遗迹保护咨询委员会"等，这些非营利机构的资金来源小部分是政府投入，更多的是社会捐赠。总的来看，几乎所有政府都以两种方式资助艺术：或者使一类特殊的人得到好处，包括艺术作品的制作者（作家、画家、建筑师等）和演绎者（演员）及推广者（出版商、书商等）；或者通过一系列的遴选将资助授予某一艺术家、作家或艺术组织的领导者。

表1　几种主要艺术赞助的特征比较

赞助类型	受众	艺术家自由的决定因素	艺术品属性
恩主制	上层阶级	恩主的性格	恩主趣味的反映
艺术市场	中产阶级	市场的规模与可变性	商品
社会组织	官僚	组织制定的规范	公共关系
政府机构	官僚与公众	政府制度的规范	政治工具

资料来源：戴安娜·克兰：《文化生产：媒体与都市艺术》，赵国新译，译林出版社，2001，第148页。

政府补贴保护了一些文化门类，也解决了一些艺术家的生活困难。但政府也像过去的赞助人一样，资助艺术呈现出明显的选择性。以美国为例，长期以来，美国文化艺术一直属于地方和私人事务，政府很少关注。第二次世界大战末期，鉴于文化艺术在影响公众方面的重大作用，政府和政治家们开始介入文化艺术领域。无论是公共基金、优惠政策，还是官方支持的非营利机构，都不同程度地带有政治和权力的标准。事实上，所有支持文化艺术的官方行动都有自己的标准、成见和意识形态立场，它们在支持一部分文化艺术的同时也可能限制另一部分文化艺术。即使政府努力、公正并广泛地吸取艺术界专家和公众的意见，也很难做到公平公正。原因很简单，政府的运作逻辑与艺术的生产逻辑并不一致。文化艺术的一个重要特征是艺术家和艺术产品没有普遍认可的评价标准，政府及其所代表的民意很难认同艺术家的创新，而其官僚主义的行为方式亦无法了解艺术界的真实状况。所以，对于一些真正的艺术家来说，政府补贴很可能用得不是地方。早在 19 世纪，高更就发现政府艺术基金的集权倾向："古代画家们真幸运，他们没有法国美术学院。过去 50 年的情况却不同：国家对平庸之辈的保护越来越多，适合每个人的内行人士只得被虚构出来。然而，在那些学究们旁边，勇敢的斗士已经出现，并且敢于公开展示打破清规戒律。学究们讥笑的卢梭的作品如今却被挂进了卢浮宫；米勒的作品也是如此——他们曾经对这位差一点被饿死的伟大诗人百般羞辱。记住 1867 年的展览会，库尔贝和马奈自费在香榭丽舍大道上举办了画展。那一次又是他们取得了胜利，他们和学院派画家们站在一起时总使其相形见绌。法国能够为之感到骄傲的艺术荣誉在什么地方？那些没有得到赞赏的具有一流天赋的思想精英包括：卢梭、德拉克洛瓦、米勒、柯罗、库尔贝、马奈——所有这些人曾经都以不同方式遭到过拒绝。"高更后来补充道："那些独立艺术家的才华和他们树立的榜样足以说明经费的无用和官方艺术部的无能。库里埃的话至今仍是真知灼见——政府鼓励的东西日趋衰落，政府保护的东西寿终正寝。"[①]

二　英国的分歧：政府如何资助艺术

基于"市场失灵"，政府介入文化领域。但实践结果是，在文化艺术领域，政府似乎也失灵了。这是一个涉及文化、美学与公共政策的复杂问题。在政府是否应当以及如何补贴艺术的问题上，英国经济学家凯恩斯（John Maynard Keynes）与英国文化研究的奠基者威廉斯（Ramond Williams）之间的不同意见，始终比较重要。这不仅是因为两人在各自领域的显赫地位，而

---

① 泰勒·考恩：《商业文化礼赞》，严忠志译，商务印书馆，2005，第 145～146 页。引文中的卢梭、德拉克洛瓦、米勒、柯罗、库尔贝、马奈均为法国画家。

且他们的讨论也展开了政府艺术政策的一些核心议题。

凯恩斯以经济学成就著称，同时也是一位对文化艺术以及更广泛的社会政治议题保持高度敏感的公共人物。正如他在经济上主张政府干预一样，他坚持认为政府在文化艺术上也应当有所作为，多次就政府资助艺术的理由和方式进行阐释。其所思所论，实际上代表了政府应当资助艺术的主要观点。

客观需要来自两个方面。从艺术家方面来说，他们只有在生活得到保障的前提下才能创造出公众需要的艺术，而市场无法做到这一点。凯恩斯注意到，不但青年艺术家的作品无人问津，一些知名艺术家的市场行情也不好。比如，艺术批评家弗莱（Roger Fry）向公众推介法国后印象派的画作，但其声音似乎来自无垠荒原，而不是来自未来的希望之乡。凯恩斯早已是国家名人，但他也必须就一篇文章的稿酬而与《听众》编辑进行多次讨价还价。这类经验加上他对文艺与经济的深切理解，使他理所当然地认为，市场妨碍艺术，如果没有人热心资助，艺术就不能蓬勃发展。从社会公众方面来说，大多数人对艺术知之甚少，有些人花费大量金钱，购买的却是丑陋无比的东西。凯恩斯身体力行，为《国家文艺》等刊物和展览撰写大量文艺评论，甚至专门写了《阅读小议》来告诉人们应当如何阅读。1925 年，凯恩斯发起成立"伦敦艺术家协会"，期望"使其成为一些艺术家的代理机构，通过给他们得到保证的收入，并且为其承担整个商务管理事务，从而让他们享有更大的自由，以免除他们所受的财务困扰"①。在动员社会力量的同时，凯恩斯反复强调，艺术是公共文化生活的一部分，政府也有责任为公众提供优秀的艺术。如果说古代的"恩主"赞助艺术是基于个人的爱好和需要，那么社会与政府对艺术的资助，则是基于对公众文化生活的关切。"公共性"是包括凯恩斯在内的一切支持政府资助艺术主张的人群的主要理由。

---

① 约翰·梅纳德·凯恩斯：《伦敦艺术家协会：起源和宗旨》（1925 年），转引自《凯恩斯社会、政治和文学论集》，严忠志译，商务印书馆，2014，第 303 页。

政府资助艺术是西方的老传统。凯恩斯论述和行动的价值，在于他在政府疏远了艺术之后为政府资助艺术提供了新的理论和行动方案。从 18 世纪开始，英国政府已不再关心艺术。原因有以下两点。一个原因是经济上的。当一种新的有关政府和社会的观点主导社会时，经济价值至上成为政府政策的依据。"这就是功利主义的经济——我们几乎可以说财政——理想，它被视为整个社会唯一值得尊重的目的，也许它是文明人听说的最可怕的异端邪说。人们追求的是面包，只是面包。"① 根据功利主义的逻辑，政府在任何非经济目的上的任何花费都是邪恶之举。

另一个原因是政治上的。从表现形式来看，不同的艺术在公共性和私人性上相差甚远，建筑是公共性最强的艺术，其次是音乐、表演艺术、造型艺术和工艺美术，最后是诗歌与文学。政府的责任是提供公共服务和公共物品，它所资助的主要是各种"公共艺术"。但即使是公共性艺术，英国政府也未给予充分支持，如不再保护受到开发破坏的乡村、不再修缮林肯大教堂等。而且，一些最具公共性的公共表演和公共仪式，不只是英国，所有西方民主国家都忽视了。民主政府和舆论将这类公共艺术或视之为古旧的奇特之物，或视之为野蛮的、幼稚的行为。凯恩斯认为，这是一个极大的、也将是灾难性的误解。同一地方的人聚集在一起共同庆祝、共同感受，是人类的普遍需要，这类活动所唤起的共同感情也是地区、民族与国家的凝聚力之一。无论从满足公民需要还是强化国家整合来说，政府都应高度重视。那么，民主政府为何不鼓励、不支持这样的活动呢？据说，这是因为政府担心大量人群的集聚可能会导致动乱。凯恩斯明确指出："大量民众积聚起来，表达自己的感情，这可能非常危险，超过了任何其他场合；然而，正是由于这个原因，这样的情感应该受到正确的引导，并且加以满足，而不是被忽视。"② 英国工业革命以后，大量人群的集聚确实是社会动乱的温床。对此，阿诺德

① 约翰·梅纳德·凯恩斯：《政府与艺术》（1936 年 8 月 26 日），转引自《凯恩斯社会、政治和文学论集》，严忠志译，商务印书馆，2014，第 412 页。

② 约翰·梅纳德·凯恩斯：《政府与艺术》，转引自《凯恩斯社会、政治和文学论集》，严忠志译，商务印书馆，2014，第 417、418、417、414 页。

（Mattew Arnold）在《文化与无政府》一书中，从维护秩序的角度予以批评；恩格斯在《英国工人阶级状况》一书中，基于工人的立场予以支持；而英国政府则是长期为公众的集会、游行和示威感到头疼，进而把公共文化活动与社会抗议甚至政治对抗联系在一起，因而对之毫无兴趣。可以支持民主政府这种冷漠的事实是，在德国、俄国这类国家，却频繁地举办这类大型公共文化活动。凯恩斯认为："在一定程度上，这是具有侵略性的种族精神或者国民精神的一个侧面；就此而言，这就带有危险性。然而，它在某种程度上也是一种可供选择的途径，借此满足人们对社会团结的渴望。我们阅读相关文章时将会发现，现在国外流行的这类公共仪式和庆祝典礼带有强迫的特征，完全是人为之物，是发表激烈演说的场合。我们应该对此有更多了解。这是政府具有的一种古老功能，是政府的一种统治之道，在大多数情况下被视为基本的东西。这样的东西大体上已被我们抛弃，被视为仅仅适合儿童和野蛮人的做法。我们这样做是否正确？"① 独裁国家的公共仪式和庆祝典礼有其特定的政治目的，比如纳粹党就特别善于组织大规模的群众集会，希特勒则是第一个、也是最成功地用演讲对群众进行催眠的政治家。② 很显然，民主国家拒绝各种政治化的公共艺术是合理的，但若因此而忽视甚至取消这类公共活动，则会带来两个消极后果。一是文化品格的下降。"在这个世界上的许多时代、国家和文明中，是否只有我们给后人留下的除了防弹避难所之外，没有什么具有全国意义的纪念碑式的建筑呢？"③ 另一个是社会团结的松弛和政府权威的削弱。"一般说来，应提供适当机会，满足这种人类的普遍需要如果哪种社会制度以不适当的方式忽视了这类活动，可能会给自身带来危险。"④ "民主政府在 19 世纪没能继续政府的

① 约翰·梅纳德·凯恩斯：《政府与艺术》，转引自《凯恩斯社会、政治和文学论集》，严忠志译，商务印书馆，2014，第 417、418、417、414 页。
② 单世联：《黑暗时刻：希特勒、大屠杀与纳粹文化》，广东人民出版社，2015。
③ 约翰·梅纳德·凯恩斯：《给〈新政治家与国家〉编辑的信》（1938 年 8 月 22 日），转引自《凯恩斯社会、政治和文学论集》，严忠志译，商务印书馆，2014，第 431 页。
④ 约翰·梅纳德·凯恩斯：《政府与艺术》，转引自《凯恩斯社会、政治和文学论集》，严忠志译，商务印书馆，2014，第 417、418、417、414 页。

庄严和体面，我认为这至少是其衰败的根源之一。"①

民主体制下不会产生伟大的艺术，这一点，19 世纪的诗人海涅、小说家司汤达（Stendhal）、思想家托克维尔（Alexis de Tocqueville）、哲学家尼采（Friedrich Wilhelm Nietzsche）等早已点明。凯恩斯一方面再度揭发资本主义扼杀文艺的罪恶：每一代人都会树立永久的纪念碑，以崇尚庄严、彰显美丽，表达时代精神。比这类纪念碑更重要的是各种持续时间短暂的仪式、表演和娱乐活动，这样的活动不但让一般人在工作之余借此获得愉悦，而且让他们觉得自己是社会的一分子。"人们的经验直截了当地显示，如果这些事情带有旨在获利的经济动机，它们是不可能被成功实施的。利用公共娱乐提供者具有的才华，让其为经济目的服务，从而进行剥削和伴随而来的破坏，这是当代资本主义犯下的最糟糕的罪行之一。……各类艺术家目前在社会中的地位堪称灾难重重。"② 另一方面，积极推动政府对文艺的资助以挽救艺术。特别要说明的是，凯恩斯是懂艺术的，他是当时具有世界影响的伦敦精英沙龙"布鲁姆斯伯里圈子"（The Bloomsbury Circle）的一员。据这个圈子的另一个成员——艺术批评家贝尔（Clive Bell）声称：在他那个时代，整个英国只有 6 个人懂艺术，凯恩斯当然是其中之一。所以他才能说出这样的话："艺术家需要经济方面的保障，需要得到足以为生的收入；在这两点得到满足的情况下，他希望在为公众和雇主服务的同时，保持自己的独立性。给艺术家提供帮助不是一件容易的事。"③ 政府必须资助艺术，但又不能妨害艺术家的独立性。以凯恩斯主持的"音乐与艺术促进会"为例，该会从财政部获得经费，又得到教育总长的支持，但它并不是一个官方机构，其政策宗旨是"将艺术控制权力交给相关的团体和个人。艺术家们表演话剧、展示画作、举行音乐会，他们的作品多种多样，展现了不同的才华和良

---

① 约翰·梅纳德·凯恩斯：《给 JR 爱克利的信》（1936 年 5 月 28 日），转引自《凯恩斯社会、政治和文学论集》，严忠志译，商务印书馆，2014，第 405 页。
② 约翰·梅纳德·凯恩斯：《政府与艺术》，转引自《凯恩斯社会、政治和文学论集》，严忠志译，商务印书馆，2014，第 417、418、417、414 页。
③ 约翰·梅纳德·凯恩斯：《政府与艺术》，转引自《凯恩斯社会、政治和文学论集》，严忠志译，商务印书馆，2014，第 415 页。

好愿意"。①

凯恩斯的努力颇具成效。战争期间，"音乐与艺术促进会"在支持艺术、繁荣文化方面取得的成绩得到英国社会的赞誉。1945 年 6 月，英国政府宣布，政府将通过"英国艺术委员会"，以更持久的方式继续原"音乐与艺术促进会"的活动。这标志着政府正式介入文化生活。作为新老两个委员会的灵魂人物，凯恩斯发表题为"艺术委员会的政策与希望"的广播讲话，具体提出了政府资助艺术的一些重要原则。

政府资助艺术的途径，事关"艺术委员会"的性质和工作方式。凯恩斯介绍说，本会"在组织上保持独立性，不受官僚气息的影响，但是由财政部拨款支持，从根本上对议会负责"，"一个半独立的机构得到适度数量的资金，以便刺激、抚慰并且支持任何由私人或地方组建的协会和机构。这样的协会或机构具有严肃的目的，表现出一定的成功前景，致力于给公众提供戏剧、音乐和绘画方面的艺术享受"。② 英国政府成立"艺术委员会"标志着它已经摆脱了 18 世纪以来的唯"经济"论，但政府出钱绝非意味着必须由政府来办，官僚机构往往是艺术的大敌，所以理想情况下"艺术委员会"应力求独立，只是因为它要从政府拿钱，所以是"半独立"的。在"半独立"这个修饰语中，"独立"才是凯恩斯所关注的。当然，这种制度性设计能否真正落实，还是一个问题。

政府资助艺术的范围。上文已经说过得到资助的是"戏剧、音乐和绘画"，凯恩斯接下来又说："公共财政终于发现，应该支持和鼓励具有教化作用和生命力的艺术活动。"这表明，政府对艺术的资助是有选择的，并非什么艺术都能得到资助。因此，选择什么、排斥什么便是一个涉及文化权力的问题。

政府资助艺术的方式。凯恩斯深知政府资助艺术的危险性，因此再次强

---

① 约翰·梅纳德·凯恩斯：《战争时期的艺术》（1943 年 5 月 11 日），转引自《凯恩斯社会、政治和文学论集》，严忠志译，商务印书馆，2014，第 417 页。

② 约翰·梅纳德·凯恩斯：《艺术委员会的政策与希望》（1945 年 7 月 12 日），转引自《凯恩斯社会、政治和文学论集》，严忠志译，商务印书馆，2014，第 442 页。

调了艺术创作的特殊性和自由性："就其性质而言，艺术家的工作从各个方面上都具有个人特征，是自由的、不受约束的、没有组织的、不受控制的。官方机构的任务不是说教，不是审查，而是给予鼓励、增强信心、提供机会。"① 这一原则，在一定程度上把政府资助与政府干涉区分开来，是凯恩斯的卓越之见。

政府资助艺术的目的。文化精英凯恩斯并不满足于精英艺术，他对文化"公共性"的认知使他的目光始终没有脱离广大民众。他认识到，艺术的公众和潜在的公众远比一般估计的要大得多，他也高度评价了英国广播公司在扩展公众艺术渴望、恢复地方艺术、提高公众欣赏能力方面的贡献，并由此强调，政府资助艺术的目的，是把艺术带给那些被剥夺了接近艺术权利的公众，激活公众的艺术创造力和欣赏水平。"艺术家依赖他们生活的世界，依赖当时的时代精神。我们没有理由假定，在没有建树的时代中，可以诞生具有本土特征的艺术天才。如果有了普遍的机会，让人接触到具有最崇高形式的传统艺术和当代艺术，艺术新作将会在出人意料的地方，以没有洞见到的形式大量展现出来"，因此，"艺术委员会的目的是，满足这些新近激起并且广为传播的艺术期望"②。凯恩斯的文化观之所以是民主的，在于他强调政府资助艺术的目的不只是保护某些艺术，更在于满足公众的文化需求。这对于那种"为保护而保护"的文化政策是一种有力的针砭。反对官僚主义、重点支持艺术、保护创作自由、维护公民权益——凯恩斯的论述几乎无可挑剔。但文化问题总是复杂的。凯恩斯的观点以及"凯恩斯主义机构"——"英国艺术委员会"的实践至少有三个方面受到了质疑。第一，政府的资助方式是否真正摆脱了官僚化；第二，政府资助的艺术是否摆脱了市场的纠缠；第三，政府资助的艺术是否适应变化了的文化形势。把这些问题集中提出来的，是当代英国文化研究的奠基者雷蒙·威廉斯。

---

① 约翰·梅纳德·凯恩斯：《艺术委员会的政策与希望》（1945 年 7 月 12 日），转引自《凯恩斯社会、政治和文学论集》，严忠志译，商务印书馆，2014，第 442 页。
② 约翰·梅纳德·凯恩斯：《艺术委员会的政策与希望》（1945 年 7 月 12 日），转引自《凯恩斯社会、政治和文学论集》，严忠志译，商务印书馆，2014，第 443、444 页。

首先，"英国艺术委员会"是否是一个"中间体"，其运行是否"不受官僚气息的影响"。"英国艺术委员会"运行多年，有效地支持了许多艺术创作，但到 20 世纪 70 年代末，作为其委员之一的威廉斯已经发现，此时的"艺术委员会"已经"举步维艰"，其"公共形象一度很差"。① 威廉斯当然同意，对艺术的实质性支持不能通过普通的市场运作和偶然的私人赞助来实现，这是因为一个商业团体必然使其政策服务于其自身利益；也不能通过政府艺术部门的管理来实现，这不仅因为政府部门要服从政治观点的变化，而且政府部门对门类众多、形式多样的艺术实践缺乏高度敏感性，所以"中间体"是必要的也是合理的，但在从原则到恰如其分地实现原则之间还有若干问题。结合自己在委员会 3 年的工作经验，威廉斯认为"艺术委员会"并非真正的中间体，"它是大臣们和某个政府部门的囊中之物，它的独立性是有限的"。这是因为，在组织体制上，委员会的主席是执政党提名的，它的新委员是教育大臣、工作人员与委员会主席、高级官员之间磋商定下的，委员会各小组的主席是委员会主席及官员私下磋商的结果。在政策制定中，真正发挥作用的不是那些来自社会各界、只有 3 年任期的委员和小组委员，而是委员会的官员。在工作作风上，这些官员中逐渐形成了一团和气的氛围，以至于对一些争论性问题从来没有付诸表决。威廉斯承认，任何事务繁忙、机构复杂的组织中都会碰到这样一些困难，但其中有些是可以通过内部改革来解决的，如主席的任免、重大项目的表决等。

其次，"艺术委员会"资助的对象是不清晰的。凯恩斯 1945 年说的是"戏剧、音乐和绘画艺术"，艺术委员会 1946 年的《章程》中说的是"唯有美术"（包括戏剧、歌剧、芭蕾、音乐、绘画和雕塑），1967 年又变成笼统的"艺术"，把文学、电影、摄影、表演艺术、社区艺术也囊括进来。威廉斯认为，凯恩斯及"艺术委员会"没有考虑文学，而作家与其他艺术家一样处境艰难，即使艺术委员会把文学重新包括在"艺术"范围之内，也一

---

① 雷蒙·威廉斯：《艺术委员会》（1979 年），转引自《希望的源泉——文化、民主、社会主义》，祈阿红等译，译林出版社，2014，第 47 页。

直没有找到一种公正的文学政策。很糟糕的是，"美术"在传统中一般被理解为绘画和雕塑，现在却包括音乐、戏剧，同时又似乎可能排除电影、摄影、无线电和电视。由此可见，委员会在究竟要庇护什么艺术的问题上并不清晰。与此相关的是，"按照一种解释，艺术委员会的任务是分发资金去支持较古老的、传统的'美术'，如1946年《宪章》所说的'唯有'。按照另一种解释，既然实际上不是国家而是一般公众在为并非'庇护人'（富人和权势者，以及受他们庇护的人），而是公共服务的一种形式提供资金，那么，'艺术'能够被现存的少数派公众局限在那些已得到认可、已被接受的各种形式上吗？或者说这种范围必须被扩大到时代的实际艺术创作范围吗？"① 委员会的这种"国家庇护人"观念，一方面不能明确它究竟"庇护"什么艺术；另一方面，作为一种公共服务，它只是"庇护"少数公众（富人、权势者、强势集团等）认可和接受的艺术形式，而没有涵盖一定时代的全部艺术。更重要的是，文化形势已经迅速变化，委员会无法应对不断变化的社会与文化关系。与此同时，不同艺术的归属也很混乱：艺术归教育部，通过凯恩斯又归于财政部，1964年再次回到教育部；报纸、出版和电影归贸易和工业部；广播归内政部。这就表明，政府从来就没有一种连贯的、整体性的文化政策。

与此相关的是，凯恩斯认为对艺术资助的目的是诱发艺术的"自我资助"；威廉斯则认为，在资本主义的各种条件下，不但是艺术，而且更为广泛的文化活动也并不是自我资助的。除管弦乐队、舞蹈、剧团和诗人之外，大多数英国报纸、英国电影、体育活动、无线电和电视等，在直接收入方面也都是"亏本"的。因此，把赤字问题限定在"艺术"上，是没有道理的，现实存在的是一种"整体的、普遍的、弥漫着的文化上的经济危机"，缺钱的不只是"艺术"。问题的另一方面在于，艺术也并不是真的无法创造收入。威廉斯认为："事实上，我们社会真正而持久的财富的一个很有意义的

---

① 雷蒙·威廉斯：《政治与政策：艺术委员会的实例》（1981年），转引自《现代主义的政治——反对新国教派》，阎嘉译，商务印书馆，2002，第205页。

部分——我在这里指的是可流通的财富、现金价值，而不是指重要的、但在这种语境中是含糊其词的'人类财富'——是在艺术作品中。其他时期的艺术作品公开地、甚至是众所周知地进入这个货币交换的世界，经常是以它们最持久和最可信赖的形式。正统的算法把这一领域从艺术的盈亏范围中排除掉了。然而，如果我们要进行两种新的实践活动的话——一种是艺术销售征税，从这种交易的利润中提取大量的百分比，投入到其他人的创作中去；一种是全国版权基金，在作者的权益和资产到期之后，可以继续收取某些被大量使用的作品的版权收益……可以清楚地看出，说艺术从来都赚不到钱，这是一种该死的谎言。"① 此处，"正统的算法"是指经济学和统计学的传统测算手段，在文化经济形成之前，它们一般不考虑艺术经济。但实际上，"艺术"也是有经济效益的，关键是如何看待长期收益与短期亏损之间的关系。不难看出，威廉斯此论不仅质疑政府仅仅资助"艺术"的合理性，也指出了艺术经济效益的复杂性。

再次，"艺术委员会"资助的目的是把艺术带出一般市场之外。凯恩斯希望国家挑选几个领域进行干预，比如通过资助艺术，可以使它不再"以获取金钱的目的被出卖"。这个想法当然是好的，但在威廉斯看来是不切实际的。首先，当代英国仍然是资本主义社会，各种社会关系和主导经济的各种观念都充满粗糙的商业和利润观念，它们对被挑选出来的领域日益不满，受到资助的艺术机构根本不可能突破市场体制的控制，以致一些满怀希望地被带出去、按不同原则运转的东西，最终又落入那个主要的运行轨道中。20世纪60年代以来，通过广告和赞助商，艺术被放入一种新的市场压力之下，各种商业标准和优先权被逐步强加于其中，艺术成为艺术产业。其次，主导经济自身拥有利用这些经过挑选的领域的各种方式。那些有声望的艺术机构收取了"艺术委员会"的大笔资金，但它们不仅被当作艺术来利用，也被当作巡回演出的吸引力来利用，并被用于商业娱乐，它们本身就具有直接的

① 雷蒙·威廉斯：《政治与政策：艺术委员会的实例》（1981年），转引自《现代主义的政治——反对新国教派》，阎嘉译，商务印书馆，2002，第207页。

商业目的；很多艺术创作，既得到"艺术委员会"的资助，又被各种商业机构以相对少的花费注资。这就是说，受到资助的艺术机构在从事商业导向的活动，而商业机构在"赞助"创作时其实是在廉价地利用公共基金系统。当然，这不是"委员会"本身的过错。比如，"那些赞助商给的钱比我们的拨款少得多，但却能在文艺演出中冠以'由帝国烟草公司赞助'等字样。艺术委员会曾坚持要相应地标明它给它们的拨款，但这个压力集团却说，把公共款项下拨给艺术团体是委员会的本职工作，而是否接受商业赞助则是由公司自己决定的"①。所以说，在资本主义条件下，艺术不可能因其接受政府资助就被带出市场之外。而且，当这种"混合资助"被限定在"高雅艺术"时，非传统艺术、社区艺术、各种低成本的实验作品等就被丢弃，政府的资助行为加剧了一种文化偏见和习惯，"得不到资助的地区和利益将被告知：它们不仅必须通过税收和价格继续向高层次的国家艺术和商业艺术的这种混合物做贡献，而且它们本身也将被那种最强有力的准则所排除：各种标准！"②威廉斯强调的是，"艺术委员会"需要改革。遗憾的是，我们没有看到他的改革方案。

最后，威廉斯高度赞同的是，凯恩斯超越了高雅文化的成见和习惯，他同时鼓励一种严肃的、扩展中的、变化中的通俗文化，所以"艺术委员会"资助的不应只是"高雅艺术"。威廉斯认为只有这样，才能重新界定艺术的性质和目的。他一方面说明艺术的目的、艺术与观众的关系总是变化的，所以不能以传统的高雅文化作为所有艺术的标准；另一方面，进一步扩展了凯恩斯艺术观的开放性，强调传统艺术观众在变化的同时，传统艺术也在变化。而这一过程与新的、变化的艺术观众一样，并非只是数量上的延伸或扩展，而是艺术、艺术家与广泛而多样的公众之间的交流。威廉斯认为，无论从艺术和文化层面，还是从政治和经济层面来

---

① 雷蒙·威廉斯：《艺术委员会》（1979年），转引自《希望的源泉——文化、民主、社会主义》，阎嘉译，商务印书馆，2002，第47页。

② 雷蒙·威廉斯：《政治与政策：艺术委员会的实例》（1981年），转引自《现代主义的政治——反对新国教派》，阎嘉译，商务印书馆，2002，第210、212页。

说，主要是因为这一点："前三个界定中的任何一个都可能吸引某种有限的公共资助，但确实只有根据第四个界定，我们才可能凭良心从总收入中为艺术筹集资金。"①

凯恩斯是政府干预论者，威廉斯是社会主义者，虽然二者在政府资助艺术问题上没有分歧，但在资助什么、如何资助等问题上，威廉斯揭示了政府文化政策的一些根本性的内在矛盾，从理论上说，威廉斯的观点更为正确。"艺术委员会"没有如所期待的那样摆脱"官僚气息"；政府的"公共政策"不能只保护传统的"艺术"而不顾其他文化形式；受到公共资金资助的艺术仍然与商业行为纠缠不清；等等。但问题是，如果任何机构都有官僚化的惯性，那么，即使进行一些改革又如何能使"艺术委员会"这样一个拿着政府资金的机构成为真正的"中间体"？应当得到资助的确实不只是"艺术"，但文化领域广大无边，任何政府都只能有选择性地支持其中一些，而"艺术"则是最有可能减少争议的领域；得到政府资助的艺术机构仍然可能参与商业活动，那么政府是不是就不再资助了呢？凯恩斯的观点乐观而单纯：艺术需要资助，政府通过中间机构可以在保障创作自由的前提下对艺术进行有效的扶持，政府的资助可以使艺术家摆脱市场束缚。而威廉斯则在"英国艺术委员会"的运作实践中发现了一系列深层次的问题，其中最重要的是政府所掌握的公共资金如何才能真正"公共"地使用。这些观点质疑了政府资助艺术的合理性、合法性。在政府行为受到全民日益严格的监督、文化形式日益多元、"艺术"再也不是传统的狭隘领域的当代，威廉斯所论反映了新的时代需要。然而，在凯恩斯及"英国艺术委员会"的背后，是数百年积累起来的对"艺术"的信任和信念，因此，其理论和实践迄今仍为大多数国家所奉行；而威廉斯的新论如何落实到行为与制度之中，还需要探索。在威廉斯质疑凯恩斯之后，发生在美国的一场论争，再度提出了一些值得深入思考的问题。

---

① 雷蒙·威廉斯：《政治与政策：艺术委员会的实例》（1981年），转引自《现代主义的政治——反对新国教派》，阎嘉译，商务印书馆，2002，第210、212页。

三　美国的争论：政府是否应当补贴艺术

认为艺术具有崇高目的、对艺术应当资助等观点，基本上是"旧欧洲"的文化共识。威廉斯与凯恩斯的差别，实际上仅限于政府是否应当资助、如何资助以及资助什么艺术等技术性问题。与欧洲不同的是，北美"新大陆"既无悠久的艺术传统，也缺乏欣赏艺术、资助艺术的贵族富贾。在一个崇尚自由的市场，在认为政府对经济、文化的干预应该最小化的气氛中，政府资助艺术是一个需要谨慎论证的问题。"对于一个不为农业或者住房提供补贴，不为工人提供失业保险，也不为最贫困人口提供生活保障的政府，人们不会要求它补贴歌剧、交响乐会或者芭蕾。"[①] 直到 20 世纪中叶，以 1960 年"纽约州艺术委员会"（NYSCA）和 1965 年"国家艺术基金会"（NEA）的成立为标志，美国才形成明确的文化扶持政策。但从一开始，关于政府是否应当补贴艺术就有着无数争论。典型的例子是，20 世纪 80 年代，当里根政府试图削减国家艺术基金会与国家人文科学基金会补贴的 5% 时，支持政府补贴艺术的自由主义者与赞同取消这个机构的保守主义者之间展开了一场有关文化政策的争论。

长期研究文化政策的马尔卡希（Kevin Vincent Mulcahy）在《公共文化的合理性》一文中提出了政府应当补贴艺术的五个理由[②]：经济理由，没有公共赞助的艺术机构无法生存；社会理由，公共赞助增加了艺术品和艺术活动的受众；教育理由，对艺术的公共赞助应当包括提高受众艺术鉴赏力的教育措施；道德理由，艺术体现和证实了我们的文化遗产和价值；政治理由，分配公共赞助应当鼓励多元主义而不是鼓励赞美国家的官方文化。

---

① 詹姆斯·海尔布伦、查尔斯·M. 格雷：《艺术文化经济学》第二版，詹正茂等译，中国人民大学出版社，2007，第 251～252、227 页。

② Kevin Vincent Mulcahy, "The Rationale for Public Culture". In K. V. Mulcahy & C. R. Swaim (Eds.), *Public Policy and the Arts*. Boulder, CO: West view Press, 1982, pp. 302～322.

尽管上述每一点都可能存在争议，但它们还是代表了当代各国政府在赞助艺术时所持的态度。然而，对于保守派来说，这五个方面都不是政府的责任，因为人们的审美需要不是政府应当关心的事。在保守派看来，通过城市中的文化产业和大学里的师生所进行的活动，艺术已经得到了赞助。

从政府和市场的关系看，政府是否应该补贴艺术属于广义的政府干预问题。规制经济学认为，政府补贴存在的主要理由是市场失灵，而市场失灵的原因在于垄断、外部效应、公共物品供给不足及信息不对称等。艺术市场作为市场体系中的重要部分，同样存在着上述问题。其中最重要的是，在存在着外部效应的情况下，政府应提供一定的补贴来补偿外部效应所带来的激励缺失，以确保市场有足够生产艺术品的热情。然而，艺术会造成集体受益吗？"当人们观赏现场表演艺术、参观博物馆和美术馆或从事其他与艺术作品相关的活动时，都会从中获得私人收益，其中包括娱乐、鼓励及启发。然而不论这种个人得到的快慰是多么丰富或令人兴奋，除此之外，是否还存在某种类型的外部收益或集体利益？这是一个很难回答的问题，并且是艺术经济学领域中争论时间最长的问题，这本身就表明了该问题没有明确的答案。"① 美国学者海尔布伦（James Heilbrun）和格雷（Charles M. Gray）给出了艺术有外部收益的六个理由，而它们又都存在着争论。

1. 艺术是留给后代的遗产。但也有疑问：如果私营部门对艺术文化已有浓厚兴趣，那么是否无须政府补贴，它们也能得到妥善保存呢？传承文化是真正的外部收益，但这种遗产的边际价值很低，以至于根本不需要补贴。

2. 艺术增进民族认同及威望。但人们也可以质疑：也许民族自豪感是这个时代的罪恶，不应补贴。或者说，在争取艺术补贴之前，人们不仅要证实补贴是达到有效目标的可能办法，还要证实这是成本最低的办法。比如，民族威望值得支持，但为什么是补贴艺术而不是补贴体育队伍去往国外旅游？

---

① 詹姆斯·海尔布伦、查尔斯·M. 格雷：《艺术文化经济学》第二版，詹正茂等译，中国人民大学出版社，2007，第251~252、227页。

3. 艺术有利于地方经济发展，如吸引外地消费者、吸引新公司入驻等。但严格来说，地方经济受益不能要求国家必须支付补贴。

4. 艺术有利于文科教育。这一点较少被提及，因为值得补贴的好像只是艺术教育本身，而非任何特定的教育设置以外的艺术生产和分配。

5. 艺术参与者带来的社会进步。参与者得到改善，也为其他人带来满足，这当然是参与者产生的外部效应。然而，那些观看了拙劣戏剧或歌剧的人又会怎么样呢？没有科学依据可以支持艺术对个性或行为一定具有良好影响的说法。

6. 鼓励艺术创新。创新是重要的，所以要用专利权去保护技术创新。但在艺术领域，创新是没有专利可言的。"某件艺术品，如一幅绘画、作曲或编舞是受到版权保护的。但是版权不能为任何创新原则——例如，一种新的绘画技巧或一种新的舞蹈风格——提供保护，而这些原则就体现在具体的作品中，如果不对其进行保护，就会造成社会效率低下。艺术实验是昂贵的，也是容易失败的。如果失败了，这些努力的艺术家或非营利机构将独自承担所有的成本（并且没有商业情况中的税收减免）。即使他们成功了，也无法阻止其他人免费使用这些新技术。从而，艺术创新者的积极性就会被削弱，他们所进行的实验也将低于社会期望的水平。"[①] 因此，为了提高艺术创新者的积极性，需要对艺术进行补贴。不过，在实际情况下，我们不能臆断这些可用的政府补贴中会有多少用于艺术创新，实际上，提供捐赠的实体一般会避免实验风险以求稳定。

海尔布伦和格雷认为，如果艺术的外部收益或集体收益确实存在，那么它就是"公共物品"：它们是联合消费品，且不具有排他性。他们认为，艺术符合这两个条件，因此可以被视为"公共物品"，问题是应当如何计算艺术外部收益的实际价值。"我们可以努力查明的是，公众是否认为艺术文化能够带来外部收益，如果是，他们愿意为此支付的代价是多少。然后，就可以用人们愿意支付的总和与目前的政策补贴水平进行比较，看看实际的补贴

---

① 詹姆斯·海尔布伦、查尔斯·M. 格雷：《艺术文化经济学》第二版，詹正茂等译，中国人民大学出版社，2007，第231、233页。

量是小于、等于还是大于公众对艺术的外部收益的认可。"① 在澳大利亚和加拿大进行的调查表明，人们大体同意艺术能够带来公共收益，并愿意缴纳一定的税收以支持艺术。除外部效应之外，一些文化如博物馆呈现出递减特性；信息缺失使消费者由于不懂艺术而不去参加艺术活动，需求受抑又使很多艺术企业无法实现本应获得的经济收益；生产力滞后引起表演艺术实际成本的增加；所有公民都至少应该拥有一定的接触艺术文化遗产的权利，需要用补贴来克服高价格与低收入的障碍，所有这些也都是主张政府补贴艺术的理由。

在美国，收入不平等令贫困者很难接触文化。调查表明，相对贫困的人根本无法按市价负担大量现场艺术和文化活动，因此，让大多数人更多地接触文化传统，是对艺术进行补贴的强有力的道德理由。连带的一个问题是，艺术补贴是不是牺牲了富人而帮助了穷人，或是相反？澳大利亚的情况是，因为富人参加艺术活动要比低收入者频繁得多，这些高收入者从艺术补贴中获得的收益超过了他们为支持补贴而缴纳的税收，因此艺术补贴会使收入分配变得更加不合理。而美国的情况则是，对艺术的补贴稍微有利于穷人，因为高收入者缴纳的税收高于他们所获得的艺术补贴。因此，两位作者认为："我们必须认识到，艺术补贴在任何国家都可能产生分配不当的结果，除非采取公平累进税制，或艺术补贴中包括大量明确针对低收入人群权益的方案……无论在什么情况下，那些将其收益有效地集中于低收入者的补贴计划都不会对收入分配产生不当影响。"②

因此，政府应当补贴艺术的理由有以下三点。一是除参与者的直接收益之外，艺术还为整个社会带来了外部效应，如为后代保留了文化遗产、对文科教育做出了贡献，以及艺术创新带来了集体收益。二是对艺术的享受是后天习得的品位，而许多消费者对此缺乏做出明智选择的信息和经验。三是公

---

① 詹姆斯·海尔布伦、查尔斯·M. 格雷：《艺术文化经济学》第二版，詹正茂等译，中国人民大学出版社，2007，第231、233 页。

② 詹姆斯·海尔布伦、查尔斯·M. 格雷：《艺术文化经济学》第二版，詹正茂等译，中国人民大学出版社，2007，第242 页。

平性。所有公民都应该拥有一定的接触人类艺术和文化遗产的权利，这就需要用补贴来克服高价格和低收入的障碍，以及在地理上存在的难以获得特定文化艺术产品和服务的问题。

在这个前提之下，海尔布伦和格雷介绍并反驳了保守主义者反对公共补贴的理由。

一个理由涉及政府的权力问题。社会学家哈格（Ernest van den Haag）以为，政府没有适当的社会政治理由强迫纳税人补贴政府选择的艺术。他否认艺术可以带来集体收益，以歌剧为例："无论歌剧拥有什么样的价值，我们也不能说——即使在意大利或奥地利可以对其这样认为——它对我们国家的凝聚力、历史、文化或意识做出了什么贡献，或者说它现在有任何可能做出上述贡献。歌剧如此，古典音乐、包括芭蕾在内的舞蹈，以及就总体而言，我们博物馆内的伟大艺术也是如此。它们在我们的历史上，或者在形成、公布我们的国债上都不占重要的地位。博物馆的内容与我们的国民生活无关，它们对我们的国家凝聚力或认同感也没有任何贡献。"[①] 海尔布伦和格雷认为，此论忽略了很多艺术分支具有浓厚的美国传统，而且有些博物馆专门致力于美国的绘画和雕刻。进而此论也暗示了欧洲传统不能对美国文化的发展起到任何重要作用，但实际上美国很多的艺术来自欧洲，高雅艺术的国际化已经打破了地域的局限。这种建立在单一情况下的论点，当然不具说服力。

另一个理由涉及政府补贴的公正性。哈格认为，政府补贴艺术是在迫使所有阶层去补贴中产阶级。补贴结果存在两种可能：一是艺术补贴对收入分配的影响，二是为提供补贴而征收的全部税收都不可避免地影响一些人的消费。哈格没有明确说明他究竟反对哪一种情况，只是以歌剧院为例，说明有些纳税人更喜欢将钱花在未受补贴的电影或百老汇表演上，拿走这些人的钱，会使中上层阶级受益。由于这在公共政策论争中有普遍

---

① 詹姆斯·海尔布伦、查尔斯·M. 格雷：《艺术文化经济学》第二版，詹正茂等译，中国人民大学出版社，2007，第246~247页。

性，海尔布伦和格雷认为，这表明哈格关注的是分配效应。虽然如此，一些非常具体的研究已经表明，美国的艺术补贴和征税的再分配净效应，是拿走富人的利益去补贴相对贫困的人，而中等收入的人基本上收支平衡。此处，哈格忽视了两个事项。第一，如果一项补贴方案能够纠正由市场失灵引起的资源分配不当，那么它就不应该因其将会产生的分配效应而被否决。我们应该通过另一套有关收入分配的政策予以补救。第二，尽管如此，如果一个人坚持考虑配置政策的分配效应，那么艺术补贴不会对收入分配产生不利影响，任何一项例子中所出现的反常效应都不构成反对艺术补贴的一般情形。

最后一个问题涉及政府艺术补贴的实际效果。哈格认为，若政府不能区分艺术的好坏，只能无差别地发放补贴，冒牌艺术家就会被吸引到这一领域中，大量的政府预算就会被浪费在"愚人金"的生产上。而且，当政府用补贴构建一个虚假艺术的世界时，真正的艺术家可能会发现，成功实际上变得更加遥远。虽然多数资助艺术的机构也有政治上的考虑，而且没有完全成功，但海尔布伦认为，这是一种空想，因为这些机构常依赖于专业考察的完善体系，力图使其资金支出更加有效。

另一位社会学家班菲尔德（Edward Banfield）在《民主的缪斯女神》中提出了反对补贴的另外一些理由。他强调，市场竞争具有实现资源最优配置的能力，承认外部效应会导致市场失灵的理论可能性，但即使如此，他也不认为外部效应是进行补贴的一个理由，同时，不认为不完全信息可以成为补贴的理由。如果消费者认为信息对他们是有用的，他们将愿意为此付费，私人市场将自动提供信息。海尔布伦认为，此论忽视了多数消费者并不知道他们将从熟悉的艺术信息获益，因此，不会为有关艺术的介绍性信息或经验付钱。班菲尔德更重要的理由在于，根据他的理解，《独立宣言》和宪法原则是排斥这种干预的："如果艺术很显然极大地影响了与个人福利相对的社会质量，那么政府可能就不会对其进行适当的补贴或干预。有许多事通过使人们变得尊贵或卑贱的方式来影响社会，通过获得大众一致同意而与政府无关的方法来影响社会，因为政府没能力管理它们（如对文明礼貌的强制规则），或政府的存在显然是为了其他目的。"① 班菲尔德援引《独立宣言》和美国宪法的论证策略，反映了关于政府是否应该补贴艺术的争论底线：对政府权力的任何扩张都持怀疑态度的人，不会认为政府应该进行艺术补贴；而那些认为政府能在市场经济中发挥重要作用的人，相对来说比较容易相信艺术补贴能够作为提高社会福利的一种方法。就此而言，关于政府是否应该补贴艺术的争论，是一个更大范围的论争：政府在多大程度上有权介入市场和社会？这是一个无法获得统一认识的问题。

发生在美国的争论有三个层次。一是政治立场，主要涉及政府权力的限度和政府行为的边界，因此，这一争论被认为是自由主义与保守主义之争。立场问题更多地基于信念和选择，因而不是简单的理性分析和论辩所能奏效的。二是事实论证，即艺术是否具有外部效益，艺术是否为"公共物品"。总的来看，肯定的一方更能得到历史与逻辑的支持。三是技术手段，即政府补贴怎样才能达到目的？由于文化艺术生产的复杂性，"愚人金"的现象比比皆是，19世纪的高更早就提出了这个问题。但即使上述第二点得到了认可，我们也不能因为补贴不能达到效果就否定补贴本身。技术性的错误只是提醒我们，政府不是万能的，真正的文化繁荣主要还是靠艺术家的创造和公众的参与。争论归争论，至今为止，美国联邦政府、州两级依然对艺术实施补贴政策。所以无论在理论上还是实践上，政府资助艺术都得到了多数人的赞同。

争论是有益的。威廉斯和哈格等人基于不同立场和考虑而发出的种种质疑，至少有助于政府文化政策的调整与完善。就中国来说，扶持民族民间艺术、补贴高雅艺术、资助各种文化项目等已经是国家文化政策之一，尽管政府的支持力度还不能满足实际需要，但现有的扶持行为中已经有不少经验教训需要总结，如公共资金的使用是否经过必要的程序性审查和监督，政府扶持的标准是否符合广大公众的标准，权力介入与意识形态考虑是否限制了艺术家的创作个性，资助对象的遴选过程是否公平、公正、公开，资助的效果

---

① 詹姆斯·海尔布伦、查尔斯·M. 格雷：《艺术文化经济学》第二版，詹正茂等译，中国人民大学出版社，2007，第250页。

是否经过严格评估等。总的来说，完善我国文化政策还有很长的路要走。结合威廉斯的观点来看，一个特别重要的问题是，如何处理"艺术"与文化产业的关系。正如英国学者奥康诺（Justin O'Connor）所说，政府资助艺术的政策与一种排他性的同义反复联系在一起："公共资金面向了艺术，而市场面向了文化产业。……因为艺术的非商业化，它才是最'纯粹'的创意，但它被认定为'艺术'的依据，恰恰是它不是商业'产业'的一部分。翻译成日常的文化政策就是：如果你在商业方面是可行的，那你就没有资格获得补贴；如果你有资格获得补贴，那你就必须被认定是更加纯粹的创意。"[①]文化产业几乎把所有的艺术都卷入了市场体制，对于专门的"艺术"机构来说，仅仅把自己视为非商业机构并关注政府补贴，不但越来越困难，而且会使自身的发展空间越来越狭窄。更重要的是，这样做等于把文化领域所有剩余的部门留给市场，并屈服于经济利益的优先权。其后果是，获得资助的"艺术"将面临更大的市场压力。因此，艺术在文化产业时代的发展，不能仅仅满足于政府补贴、政府资助这一种模式。应当说，政府资助是有效的工具，也是生硬的工具，中国文化政策的完善，必须通盘考虑整个文化领域，使这个工具更具弹性和多样性且不再是文化政策的中心。这是一个需要专门研究的课题。

参考文献

贝尔纳·古奈：《反思文化例外论》，李颖译，社会科学文献出版社，2010。

布瓦洛：《诗的艺术》，任典译，人民文学出版社，2009。

戴安娜·克兰：《文化生产：媒体与都市艺术》，赵国新译，译林出版社，2001。

单世联：《黑暗时刻：希特勒、大屠杀与纳粹文化》，广东人民出版社，2015。

弗里茨·拉达茨：《海因里希·海涅》，胡其鼎译，东方出版社，2001。

---

① 贾斯汀·奥康诺：《艺术与创意产业》，王斌等译，中央编译出版社，2013，第219～220页。

高更：《致安德烈·丰丹纳》（1899 年 3 月），转引自赫谢尔·B. 奇谱：《塞尚、凡·高、高更书信选》，吕澎译，四川美术出版社，1984。

高更：《致妻子曼特》（1890 年 2 月），《致威留姆森》（1890 年秋），转引自赫谢尔·B. 奇谱：《塞尚、凡·高、高更书信选》，吕澎译，四川美术出版社，1984。

贾斯汀·奥康诺：《艺术与创意产业》，王斌等译，中央编译出版社，2013。

雷蒙·威廉斯：《艺术委员会》（1979 年），转引自《希望的源泉——文化、民主、社会主义》，祈阿红等译，译林出版社，2014。

雷蒙·威廉斯：《政治与政策：艺术委员会的实例》（1981 年），转引自《现代主义的政治——反对新国教派》，阎嘉译，商务印书馆，2002。

泰勒·考恩：《商业文化礼赞》，严忠志译，商务印书馆，2005。

西格弗里德·翁泽尔德：《歌德与出版商》，张世广译，云南人民出版社，2001。

约翰·梅纳德·凯恩斯：《给 JR 爱克利的信》（1936 年 5 月 28 日），转引自《凯恩斯社会、政治和文学论集》，严忠志译，商务印书馆，2014。

约翰·梅纳德·凯恩斯：《给〈新政治家与国家〉编辑的信》（1938 年 8 月 22 日），转引自《凯恩斯社会、政治和文学论集》，严忠志译，商务印书馆，2014。

约翰·梅纳德·凯恩斯：《伦敦艺术家协会：起源和宗旨》（1925 年），转引自《凯恩斯社会、政治和文学论集》，严忠志译，商务印书馆，2014。

约翰·梅纳德·凯恩斯：《艺术委员会的政策与希望》（1945 年 7 月 12 日），转引自《凯恩斯社会、政治和文学论集》，严忠志译，商务印书馆，2014。

约翰·梅纳德·凯恩斯：《战争时期的艺术》（1943 年 5 月 11 日），转引自《凯恩斯社会、政治和文学论集》，严忠志译，商务印书馆，2014。

约翰·梅纳德·凯恩斯：《政府与艺术》（1936 年 8 月 26 日），转引自《凯恩斯社会、政治和文学论集》，严忠志译，商务印书馆，2014。

詹姆斯·海尔布伦、查尔斯·M. 格雷：《艺术文化经济学》第二版，詹正茂等译，中国人民大学出版社，2007。

Kevin Vincent Mulcahy, "The Rationale for Public Culture". In K. V. Mulcahy & C. R. Swaim (Eds.), *Public Policy and the Arts*. Boulder, CO: West view Press, 1982, pp. 302～322.

我国文化产业发展的总体状况和主要特征[*]

高书生[**]

摘　要： 运用政治经济学，探索文化和经济相融合的内在规律，提出一种文化产业分析框架，并根据三次全国经济普查数据，对 2004～2013 年我国文化产业的十年发展状况进行分析。结果显示：经过十年发展，文化产业作为一个新兴产业，已经形成了门类齐全的体系；文化生产及再生产在文化产业中始终处于主体地位；文化产业区域发展呈现东部领先、中部追赶、西部快跑的梯度发展态势。促进文化产业健康快速发展应打通文化产业和文化事业之间的通道，把推动文化产业发展与弘扬中华优秀传统文化、建设社会主义核心价值体系融为一体，加快推动文化产业转型升级，大力培育骨干文化企业，充分发挥文化装备制造业的支撑作用，高度重视生产性文化服务业发展。

关键词： 文化产业　文化事业　生产性文化服务业　文化装备制造

2002 年，党的十六大区分了公益性文化事业和经营性文化产业；2010

---

* 原文出处，《经济与管理》2015 年第 3 期，第 5～16 页。

** 高书生，中共中央宣传部文化体制改革和发展办公室巡视员、副主任，兼中央文化企业国有资产监督管理领导小组办公室副主任，研究方向为收入分配、社会保障、文化改革发展等。

年，党的十七届五中全会明确要将文化产业推动为国民经济支柱性产业；2012 年，党的十八大又吹响了推动文化产业快速发展的号角。当前我国文化产业发展处于怎样的阶段，发展状况与政策预期是否吻合，本文依据三次全国经济普查数据对这些问题进行初步探讨。

一　文化产业不是"筐"

作为一种新的产业形态，文化产业发展从一开始就深受范围界定的困扰，文化产业好像变成了一个"筐"，什么都要往里面装，甚至把旅游、体育、教育培训等都纳入了文化产业范围。2004 年国家统计局制定发布的《文化及相关产业分类》（2012 年进行了修订）不仅为在全国范围内开展文化产业统计提供了依据，也为厘清文化产业的边界创造了条件。

国家统计局《文化及相关产业分类（2012）》把文化产业分为两大部分、十个大类（见表 1），两大部分分别是"文化产品的生产"和"文化相关产品的生产"，十个大类包括新闻出版发行服务、广播电视电影服务、文化艺术服务、文化信息传输服务、文化创意和设计服务、文化休闲娱乐服务、工艺美术品的生产、文化产品生产的辅助生产、文化用品的生产和文化专用设备的生产。

表 1　国家统计局对文化及相关产业分类的概述（2012）

两大部分	十个大类
文化产品的生产	新闻出版发行服务
	广播电视电影服务
	文化艺术服务
	文化信息传输服务
	文化创意和设计服务
	文化休闲娱乐服务
	工艺美术品的生产
文化相关产品的生产	文化产品生产的辅助生产
	文化用品的生产
	文化专用设备的生产

国家统计局的《文化及相关产业分类（2012）》基本涵盖了为社会公众提供文化产品和文化相关产品的所有文化生产活动，同时对文化产业范围界定的模糊地带给出了清晰划定。

1. 文化创意只是文化产业的一个类别，而且是与设计这种具体形态结合在一起的，这就避免了把文化创意扩大化及泛化的倾向。文化创意和设计服务具体包括广告服务、文化软件服务、建筑设计服务和专业设计服务。

2. 旅游仅限于景区游览服务，并把旅行社剔除。在文化休闲娱乐服务大类中，专设了景区游览服务，具体包括公园、游览景区以及植物园、动物园、海洋馆和水族馆等管理服务。2004 年版的《文化及相关产业分类》中包括旅行社，2012 年修订时予以删除。公园景区游览服务的从业人员，2004 年为 21.63 万人，占文化产业从业人员的比重为 2.48%；2008 年和 2013 年分别为 31.87 万人和 52.46 万人，占文化产业从业人员的比重也只有 3.16% 和 2.98%。再从资产总额占比看，2004 年、2008 年和 2013 年分别为 4.22%、6.10% 和 7.44%，主营收入占比更低，大约在 1% 左右（见图 1）。

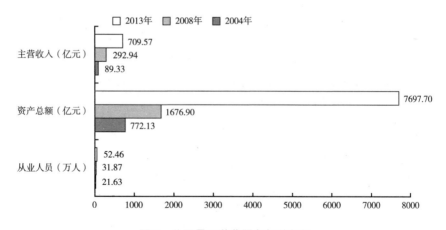

图 1　公园景区游览服务相关数据

资料来源：根据《中国文化及相关产业统计年鉴（2013）》（中国统计出版社，2013 年 12 月）和三次全国经济普查数据汇总测算。

3. 娱乐活动被限定在娱乐场所范围内，具体包括歌舞厅、电子游艺厅和其他室内娱乐活动以及游乐园和网吧活动等。这就避免了将娱乐标签到处贴，甚至贴到了电影、演艺等文化艺术活动上，将发展文化产业曲解为"文化娱乐化"。休闲娱乐服务在文化产业中所占的比重较低，从从业人员看，2004 年为 27.12 万人，占文化产业从业人员总数的 3.12%，2008 年和2013 年的占比分别为 6.51% 和 4.81%；从资产总额看，2004 年为 631.84亿元，占比为 3.45%，2008 年和 2013 年的占比分别为 3.96% 和 20%；从主营收入看，2004 年为 178.45 亿元，占比为 1.10%，2008 年和 2013 年的占比分别为 3.29% 和 1.25%（见图 2）。

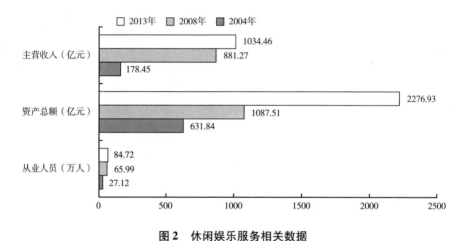

图 2　休闲娱乐服务相关数据

资料来源：根据《中国文化及相关产业统计年鉴（2013）》（中国统计出版社，2013 年12 月）和三次全国经济普查数据汇总测算。

二　文化产业"门类齐全"

国家统计局根据文化产业统计标准，分年度对外公布了 2004～2012 年的文化产业增加值（见图 3）。

图 3 从形状上看，像一把手枪，枪筒越来越长，折射出文化产业的迅猛发展态势，从 2003 年算起，只用了 8 年时间，文化产业增加值就突破了万

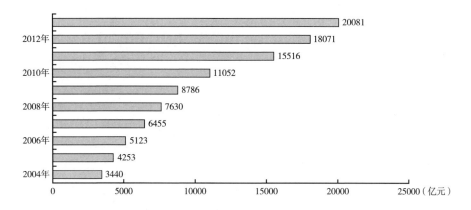

图3　分年度文化产业增加值

资料来源：《中国文化及相关产业统计年鉴（2013）》，中国统计出版社，2013年12月。2004～2011年按《文化及相关产业分类》规定的行业范围进行测算，2012年以后按《文化及相关产业分类（2012）》新标准规定的行业范围进行测算；2004年、2008年和2013年根据经济普查数据测算，其他年份根据年报数据测算；2009～2013年仅包括法人单位数据；2011年按旧标准为13479亿元，按新标准调整为15516亿元（增加2037亿元），占GDP比重相应由2.85%修正为3.28%。2013年增加值根据国家统计局网站公布的2013年文化及相关产业主要指标。

亿元，成为国民经济新的增长点，这在产业发展史上是个奇迹。2010年是个分水岭，2010年以前，文化产业增加值的年均增量在千亿元上下，但到了2010年以后，年均增量超过了两千亿元，分别为2266亿元（2010年）、2427亿元（2011年按旧标准测算）、2555亿元（2012年）、2010亿元（2013年）。再从占GDP的比重看，2004年只有2.15%，到2011年超过了3%、达3.28%，2012年为3.48%，2013年为3.42%。文化产业在国民经济发展中的地位已经举足轻重。

对于《文化及相关产业分类》，国家统计局特别强调它是《国民经济行业分类》的派生分类，分类的依据是文化及相关单位生产活动的特点，手段是把相关的类别重新组合。所以说，国家统计局关于文化产业的分类，更体现"统计"特征，更看重统计数据的可得性，有利于为文化产业发展的宏观决策提供基础数据。

我们在充分学习国家统计局《文化及相关产业分类（2012）》的基础上，依照文化生产及再生产的特点，以及文化产业与国民经济体系的相关性，把文化产业区分为三大板块、六个类别（见表2），旨在提出文化产业的分析框架。与国家统计局的统计分类相比，我们对文化产业的分类更体现"分析"特征，更侧重于探讨文化生产及再生产的内在规律，以及文化产业与国民经济体系的融合性。

表2 文化产业的分析框架

板块	类别
文化生产及再生产过程	文化内容生产
	文化传播渠道
	文化生产服务
国民经济体系对文化产业的支撑	文化装备制造
	文化消费终端制造
文化产业对国民经济体系的作用	生产性文化服务

从文化生产及再生产过程看，文化产业包括三个类别。一是文化内容生产。这是文化产业的"发动机"，类似于人体的"心脏"，决定着文化产业发展的方向和质量。目前，文化内容生产体系较为完备，从文学创作到艺术生产，从舞台表演到影视剧生产，从音乐制作到书报刊出版。二是文化传播渠道。它与文化内容生产衔接，是实现文化最终消费的重要"推手"。目前，文化传播渠道已有多条，包括出版物发行、广电节目传输、电影放映和剧场连锁等。三是文化生产服务。它贯穿于文化生产及再生产各环节，辅助文化生产。印刷复制、软件开发属于典型的文化生产服务，文化产权交易及经纪代理、评估鉴定、投资咨询、金融担保等中介服务也在此列，其作用都在于优化生产要素配置。

文化作为与经济、政治和社会相对应的范畴，与国民经济和社会发展相辅相成、相互促进。一方面，文化生产及再生产离不开国民经济体系支撑，由此派生了两个产业类别，即文化装备制造业和文化消费终端制造业，前者包括印刷复制以及广播电视、电影、演艺等专用设备和专用材料（如油墨、颜料）的制造，后者包括电视机、录放机等视听接收终端、电子设备及玩具制造。另一方面，文化产业服务于国民经济的空间广阔，在文化产业和国民经济融合过程中，文化产业并非处于被动地位，而是渗透了国民经济各行各业。与制造业和现代服务业相融合，文化产业将会增加一个新类别，即生产性文化服务，通过创意策划和工艺设计，将文化元素植入制造业和现代服务业中，提升品牌价值和附加值。领域广泛、种类丰富、关联性强的文化产业蓬勃发展，必将在国民经济发展中发挥越来越大的支撑和引领作用。

三次全国经济普查数据表明，经过十年发展，文化产业已经初步形成了门类齐全的体系。处于文化生产及再生产过程中的文化内容生产、文化传播渠道和文化生产服务，其从业人员 2004 年的叠加总额占当年文化产业总从业人数的 55.04%，2008 年和 2013 年的这一比例分别为 51.96% 和 49.82%。如果加上生产性文化服务，2004 年、2008 年和 2013 年的这一比例分别达 59.55%、58.55% 和 63.15%。从从业人员分布看，文化生产及再生产处于文化产业的主体地位（见图4）。

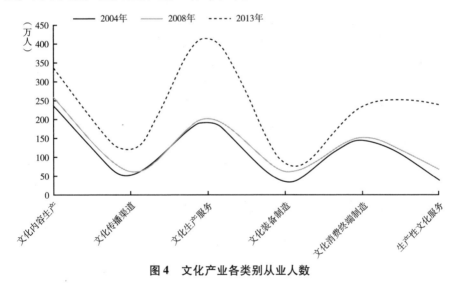

图4　文化产业各类别从业人数

资料来源：根据《中国文化及相关产业统计年鉴（2013）》（中国统计出版社，2013 年12 月）和三次全国经济普查数据汇总测算。

2013 年，文化内容生产、文化传播渠道、文化生产服务和生产性文化服务四个类别的资产总额均过万亿元，文化产业主体部分的经营实力大为增强。特别是同 2004 年和 2008 年相比，这一特点更为显著（见图5）。

2013 年，除文化装备制造外，文化产业其余类别的主营收入均接近或

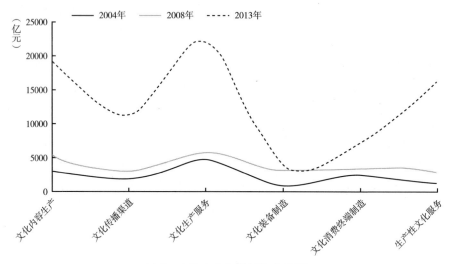

图5 文化产业各类别资产总额

资料来源：根据《中国文化及相关产业统计年鉴（2013）》（中国统计出版社，2013年12月）和三次全国经济普查数据汇总测算。

超过万亿元，其中，文化内容生产、文化生产服务和文化消费终端制造分别为13017.12亿元、17776.29亿元和12014.59亿元（见图6）。

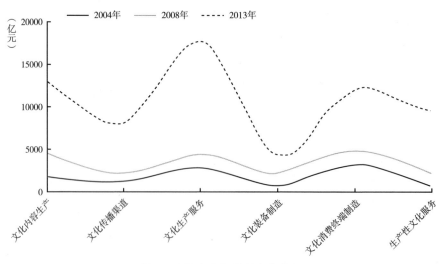

图6 文化产业各类别主营收入

资料来源：根据《中国文化及相关产业统计年鉴（2013）》（中国统计出版社，2013年12月）和三次全国经济普查数据汇总测算。

三　文化产业本质上属于"内容产业"

如果说国家统计局的《文化及相关产业分类》是对《国民经济行业分类》涉及文化生产活动相关类别的重新组合，我们的文化产业分析框架则是对《文化及相关产业分类》各类别的重新排列组合。文化内容生产就是对"文化产品的生产"按照行业门类的重新归并（见表3）。

表3　文化内容生产的构成

类别	行业	细目
文化内容生产	新闻服务	通讯社、广播电台和电视台的经营活动
	出版服务	图书、报纸、期刊、音像制品及电子出版物等出版
	影视制作	电影和影视节目制作
	广播节目制作	录音制作
	演艺	文艺创作与表演
	工艺美术品生产	雕塑工艺品、金属工艺品、漆器工艺品、花画工艺品、编织工艺品、抽纱刺绣工艺品、地毯挂毯和珠宝首饰的生产以及园林、陈设艺术及其他陶瓷制品制造
	文化内容保存服务	图书馆、档案馆、博物馆、纪念馆、烈士陵园的经营活动以及非物质文化遗产保护

将新闻服务、出版服务、影视制作、广播节目制作及演艺归入文化内容生产，这是不会有争议的，关键要解释工艺美术品生产和文化内容保存服务为什么也归入了文化内容生产序列。

工艺美术品种类繁多，它与其他文化产品最大的不同就是文化承载体与实用相结合且体量较大（如陶瓷）、质料价值较高（如珠宝），艺术元素不仅附着在载体上，而且体现在工艺中，工艺美术品生产是美学创作与文化生产的集合体。出版是把美术作品印制在纸张上，工艺美术品生产则是用美术技巧制成各类实用物品，二者在内容生产本质上是相同的。

图书馆、博物馆、纪念馆、档案馆等属于公共文化机构，收藏、保存、整理和展示文化产品是其基本职能。公共文化机构如果将馆藏品进行加工复制，是对文化资源及文化产品的二次开发，也是文化内容生产的组成部分。

2004年和2008年，文化内容生产的从业人员约占当年文化产业总从业人数的1/4，2013年降至1/5。从资产总额和主营收入占比看，经营实力和规模在稳步提升，2004年、2008年和2013年，文化内容生产资产总额的占比分别为16.85%、17.63%和18.54%，主营收入的占比分别为13.02%、17.72%和15.76%（2013年主营收入占比下降的主要原因是缺少文化服务业事业单位及其他事业单位的主营收入）（见图7）。

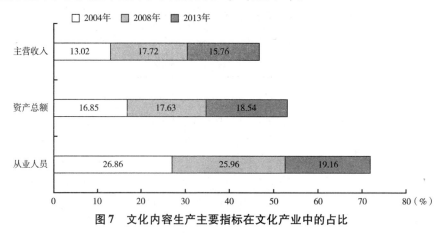

图7　文化内容生产主要指标在文化产业中的占比

数据来源：根据《中国文化及相关产业统计年鉴（2013）》（中国统计出版社，2013年12月）和三次全国经济普查数据汇总测算。

2004～2013年，工艺美术生产资产总额在文化内容生产资产总额的占比为30%～40%，从业人员占比为60%左右，主营收入占比为70%左右（见图8）。2004年和2008年，工艺美术品生产的增加值占比约为36.49%和41.86%。这表明，工艺美术品生产对扩大就业和市场规模的贡献率较高，但文化内容生产的增加值主要来自新闻服务、出版服务等行业。

除工艺美术品生产外，文化内容生产的从业人员主要集中在新闻服务、出版服务、演艺和文化内容保存服务等细分行业，影视制作和广播节目制作的从业人员相对较少（见图9）。

与2004年和2008年相比，2013年，出版服务和新闻服务的资产规模跃上一个新台阶。其中，出版服务的资产规模突破4000亿元，达4321.34亿元；新闻服务突破3000亿元，达3770.65亿元。十年间，影视制作和演艺的资产

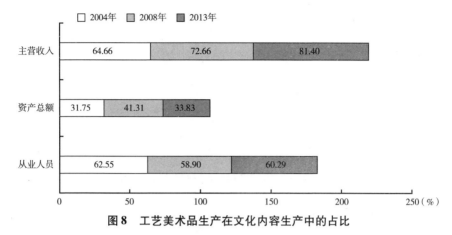

图8　工艺美术品生产在文化内容生产中的占比

数据来源：根据《中国文化及相关产业统计年鉴（2013）》（中国统计出版社，2013年12月）和三次全国经济普查数据汇总测算。

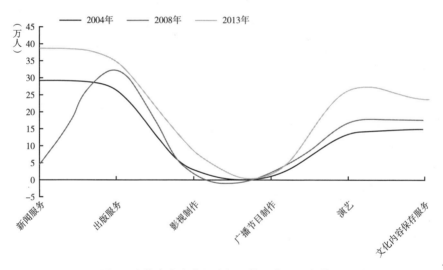

图9　文化内容生产细分行业从业人员分布情况

资料来源：根据《中国文化及相关产业统计年鉴（2013）》（中国统计出版社，2013年12月）和三次全国经济普查数据汇总测算。

规模增长速度较快，2004年和2008年，影视制作的资产规模分别为135.16亿元和190.13亿元，2013年达到1615.37亿元，2013年比2004年增加了10倍以上；演艺的资产规模，2004年为42.20亿元，2008年为122.59亿元，2013年接近千亿元，达到991.42亿元，2013年比2004年增加了22倍（见图10）。

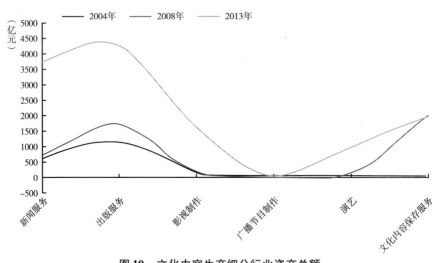

图 10　文化内容生产细分行业资产总额

资料来源：根据《中国文化及相关产业统计年鉴（2013）》（中国统计出版社，2013 年 12 月）和三次全国经济普查数据汇总测算。

2013 年，出版服务的主营收入已过千亿元，在文化内容生产领域保持领先位置；演艺和影视制作的主营收入保持较快的增长速度，2013 年比 2004 年分别增加了 25 倍和 14 倍（见图 11）。

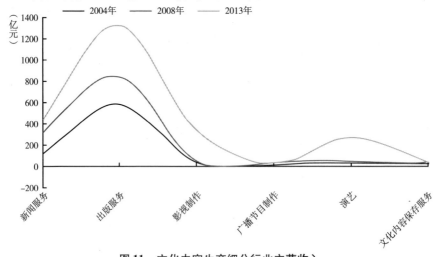

图 11　文化内容生产细分行业主营收入

资料来源：根据《中国文化及相关产业统计年鉴（2013）》（中国统计出版社，2013 年 12 月）和三次全国经济普查数据汇总测算。

四 文化产业发展倡导"渠道优先"

文化是无形的，它的传承和传播需要载体，也需要渠道和终端。与文化内容生产相对接的就是文化传播渠道（见表4）。

表4 文化传播渠道的构成

类别	行业	细目
文化传播渠道	出版物发行	图书、报刊、音像制品和电子出版物的批发、零售，图书和音像制品的出租
	广电节目传输	有线和无线广播电视传输服务、卫星传输服务
	电影院线	电影发行和放映
	演出院线	艺术表演场馆服务
	工艺品销售	珠宝、首饰、工艺美术品及收藏品的批发、零售
	拍卖	艺术品、美术品、文物、古董、字画拍卖服务

文化传播渠道和文化内容生产的对接方式与文化业态息息相关。与出版服务对接的，自然就是出版物发行，包括图书、报刊以及音像制品和电子出版物的批发、零售和出租；与广播电台、电视台的新闻服务和广播电视节目制作对接的，目前主要是广电节目传输系统，包括有线、无线和卫星传输；与电影制作对接的自然是电影院线，即电影发行和放映；与演艺对接的是演出院线，即艺术表演场馆服务；与工艺美术品生产对接的是工艺品销售。拍卖则是一条特殊的文化传播渠道，是对艺术品、美术品、古董、字画等收藏品的传播。随着文化业态更新换代，将会催生更多新的文化传播渠道。

文化传播渠道的从业人员主要集中于广电节目传输、出版物发行和工艺品销售这三个细分行业。2004年和2008年，出版物发行的从业人员最多；2013年，工艺品销售的从业人员最多，广电节目传输紧随其后，出版物发行位于第三（见图12）。

文化传播渠道的资产分布与从业人员分布情况基本一致。2004年和2008年，资产规模最大的是出版物发行和广电节目传输，其中2008年分别

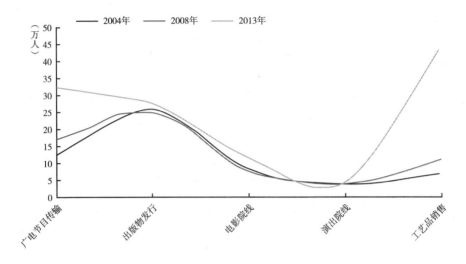

图 12　文化传播渠道细分行业从业人员

资料来源：根据《中国文化及相关产业统计年鉴（2013）》（中国统计出版社，2013 年 12 月）和三次全国经济普查数据汇总测算。

为 1183.09 亿元和 982.26 亿元。2013 年，资产规模排在前两位的为广电节目传输和工艺品销售，分别为 3820.27 亿元和 3774.38 亿元（见图 13）。

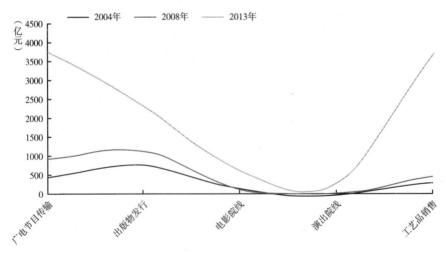

图 13　文化传播渠道细分行业资产总额

资料来源：根据《中国文化及相关产业统计年鉴（2013）》（中国统计出版社，2013 年 12 月）和三次全国经济普查数据汇总测算。

如果扣除工艺品销售，2004 年、2008 年和 2013 年，文化传播渠道其余细分行业的主营收入增幅基本保持一致。工艺品销售的主营收入，2013 年为 5292.12 亿元，比 2008 年增加近 6 倍，主营收入的增幅与从业人员、资产总额基本一致，而且与工艺美术品生产相一致（见图 14）。

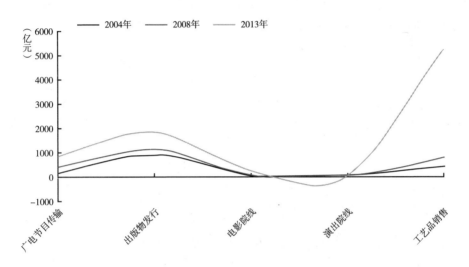

图 14 文化传播渠道细分行业主营收入

资料来源：根据《中国文化及相关产业统计年鉴（2013）》（中国统计出版社，2013 年 12 月）和三次全国经济普查数据汇总测算。

需要指出的是，在文化传播渠道中，增加值贡献最大的细分行业是出版物发行和广电节目传输。出版物发行的增加值，2004 年已过百亿元，2008 年接近 200 亿元；广电节目传输"后起直追"，2004 年的增加值不足百亿元，2008 年却超过 200 亿元，成为文化传播渠道中增加值最高的细分行业。工艺品销售位于第三，2004 年和 2008 年的增加值分别为 24.84 亿元和 88.84 亿元（见图 15）。

相比较而言，电影和文艺演出这两条渠道的规模还很小，这固然与电影制作、舞台艺术表演规模尚小有关，但主要原因是渠道不畅。2008 年底，全国银幕总数为 4097 块，全年成规模上映中外新片 166 部，票房只有 43.41 亿元。2008 年，全年共生产故事片 406 部，只有 124 部顺利进入影院公映。

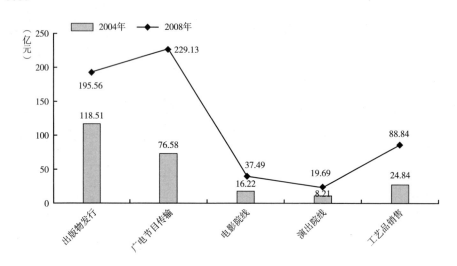

图 15　文化传播渠道增加值

资料来源：根据《中国文化及相关产业统计年鉴（2013）》（中国统计出版社，2013 年12 月）和三次全国经济普查数据汇总测算。

2008 年，全国共有艺术表演场馆 1944 座，座席总数 138 万多个，全年演出共计 10 万场次，演出收入只有 9.98 亿元。

相对于较为完备的内容生产体系，文化传播渠道显得"支离破碎"、有系无统、不够完整。在图书发行渠道上，过去的新华书店系统是一个完整的体系，但随着近年来各地组建省级出版发行集团公司，新华书店渐渐变成了出版发行集团公司的附属物，其首要任务是优先发行本版图书。与图书发行一样，广播电视传输网络存在着同样的问题，即使实现了"一省一网"目标，依然是以省为单位封闭运行，不能互联互通。从文化产业体系的完整性看，文化传播渠道无疑是"短板"或"短腿"，在国有文化企业发展的战略布局上，应该倡导"渠道优先"，把文化传播渠道建设放在更加突出的位置，打破地区封锁，实行跨地区经营。

五　文化生产服务是全方位的

文化产业是相对独立的系统，文化生产及再生产既包括内容生产和传播渠道,也包括文化生产服务。

从属性上看,文化生产服务属于辅助性,是辅助文化生产及再生产过程的。服务的对象既包括文化单位,也包括文化生产者个人。服务的方式和类型也很多,既有为文化生产提供原材料的,如笔墨纸张,也有为文化生产提供中介服务的,如版权服务、经纪代理,还有完成文化产品成品生产的,如印刷复制。总之,文化生产服务是全方位的(见表5)。

表5 文化生产服务的构成

类别	行业	细目
文化生产服务	印刷复制	书、报刊印刷,本册印刷,包装装潢及其他印刷,装订及印刷相关服务,记录媒介复制
	纸张制造	文化用机制纸及纸板制造、手工纸制造
	笔墨颜料制造	笔、墨水、墨汁的制造,油墨及类似产品制造,文化用颜料制造,文化用信息化学品(如感光胶片、空白磁盘)的制造
	文具制造	
	知识产权服务	版权和文化软件服务
	会展服务	会议及展览服务
	经纪代理	文化娱乐经纪人及其他文化艺术经纪代理
	软件开发	多媒体、动漫游戏软件开发
	文化生产其他辅助服务	社会人文科学研究,学术理论社会团体、文化团体服务,文化艺术培训,美术、舞蹈、音乐辅导,公司礼仪和模特服务,大型活动组织服务,电影、文艺演出、展览、博览会的票务服务,摄影扩印服务

印刷复制在文化生产服务中的规模最大,2004年和2008年的增加值分别为365.15亿元和772.54亿元,分别占同期文化生产服务增加值的47.60%和58.91%。为文化生产提供原材料的纸张和笔墨颜料制造"紧随其后",纸张制造的增加值,2004年和2008年分别为225.10亿元和102.15亿元;笔墨颜料制造的增加值,2004年和2008年分别为54.91亿元和74.90亿元。纸张制造的增加值,2008年比2004年减少百亿多元,

主要原因是全国报纸总印量出现负增长，这是自 1993 年之后的首次负增长（见图 16）。

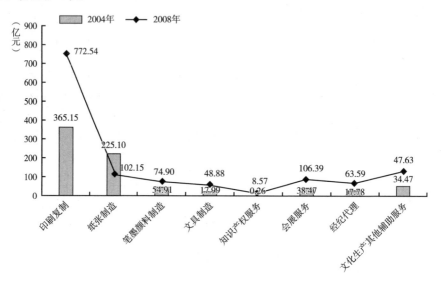

图 16　文化生产服务主要细分行业增加值

数据来源：根据《中国文化及相关产业统计年鉴（2013）》（中国统计出版社，2013年 12 月）和三次全国经济普查数据汇总测算。

知识产权服务、经纪代理和会展服务属于文化生产的软服务。其中，知识产权服务包括版权服务和文化软件服务两项：版权服务是指版权代理服务、版权鉴定服务、版权咨询服务以及海外作品登记服务、涉外音像合同认证服务、著作权使用报酬收转服务、版权贸易服务等；文化软件服务则是指与文化有关的软件服务，包括软件代理、软件著作权登记、软件鉴定等。与其他细分行业比，知识产权服务目前的规模还很小，甚至显得"微不足道"，2004 年和 2008 年的增加值分别只有 0.26 亿元和 8.57 亿元，但它对文化生产及再生产的意义重大，随着文化产业的快速发展，其作用会更加凸显。

经纪代理服务在文化生产及再生产过程中也具有特殊意义，产业化、市场化程度越高，其作用会越突出。在文化产业统计中，这项服务主要包括文化娱乐经纪人及其他文化艺术经纪代理，也包括文化用品、图书、音像、广播电视器材等国际国内贸易代理服务。经纪代理的增加值，2004 年和 2008 年分别为 17.78 亿元和 63.59 亿元。

近年来，会展服务业发展迅速，2008 年的增加值已突破百亿元。随着文化数字化进程加快，软件开发对文化生产的辅助作用日益突出。文化产业统计中的软件开发，主要是指多媒体、动漫游戏软件开发，包括应用软件开发及经营中的多媒体软件和动漫游戏软件的开发及经营活动。这个项目是在 2012 年文化产业统计标准修订时新加的，2013 年，软件开发的主营收入为 2211.13 亿元。

图 17 和图 18 显示了文化生产服务细分行业 2013 年的人员和资产分布情况以及经营状况。从从业人员、资产总额和主营收入三项指标看，印刷复制、纸张制造在文化生产服务类别中处于领先地位。按照 2004 年和 2008 年的主营收入与增加值之比推算，2013 年印刷复制的增加值应突破 2000 亿元。

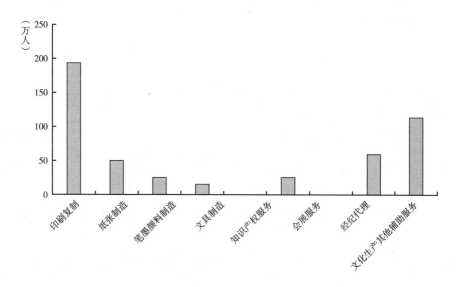

图 17　文化生产服务细分行业从业人员（2013 年）

资料来源：根据《中国文化及相关产业统计年鉴（2013）》（中国统计出版社，2013 年 12 月）和三次全国经济普查数据汇总测算。

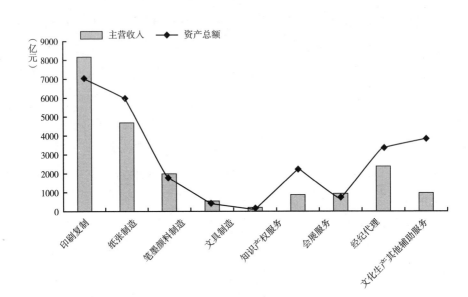

图18　文化生产服务细分行业资产总额和主营收入（2013年）

资料来源：根据《中国文化及相关产业统计年鉴（2013）》（中国统计出版社，2013年12月）和三次全国经济普查数据汇总测算。

六　文化产业发展离不开国民经济体系支撑

一部作品要变成文化产品，固然需要编辑或编导的"精雕细刻"，同时也需要相应的设备辅助完成，印刷复制需要设备，广播影视节目制作需要设备，舞台艺术表演也需要乐器、舞台机械、灯光照明和音响设备。这是国民经济体系支撑文化产业发展的具体体现，文化产业因此诞生出一个新类别，即文化装备制造（见表6）。

文化和科技要融合，文化装备制造是最佳的切入点，每一次科技进步都会带来文化业态的更新换代。文化生产及再生产要跟上科技变革的步伐，在工艺、流程、材料等方面都需要革新，也需要更新技术和设备。所以说，科技对文化的影响及渗透，是借助文化装备这个环节实现的，文化和科技的融合度必然通过文化单位的技术装备水平体现出来，文化装备制造决定文化产

表6 文化装备制造的构成

类别	行业	细目
文化装备制造	印刷设备制造	印刷专用设备制造、复印和胶印设备制造
	广电设备制造	广播电视节目制作及发射设备制造、广播电视接收设备及器材制造、应用电视设备及其他广播电视设备制造和电影机械制造
	演艺设备制造	装饰用灯和影视舞台灯制造
	乐器制造	中乐器、西洋乐器、电子乐器和其他乐器及零件制造
	游乐游艺设备制造	露天游乐场所游乐设备制造，游艺用品及室内游艺器材制造，其他娱乐用品制造

品和服务的技术含量，是推动传统文化产业转型升级的决定力量。

印刷、广电等设备制造在文化装备制造中的地位突出，其增加值总额相对于文化装备制造增加值的比重，2004年和2008年分别为75.92%和75.87%（见图19）。这表明，文化装备制造对文化内容生产的支撑作用较为突出。

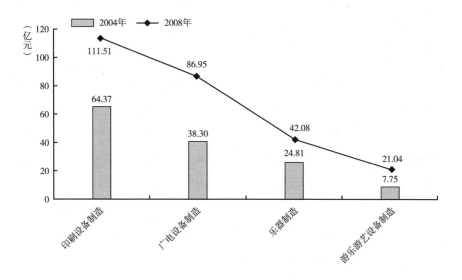

图19 文化装备制造主要细分行业增加值

资料来源：根据《中国文化及相关产业统计年鉴（2013）》（中国统计出版社，2013年12月）和三次全国经济普查数据汇总测算。

2013 年，广电设备、演艺设备和印刷设备已成为文化装备制造名副其实的"三驾马车"，主营收入均已过千亿元，资产规模也在 800 亿元以上。演艺设备的主营收入和资产总额均已超过印刷设备（见图 20）。

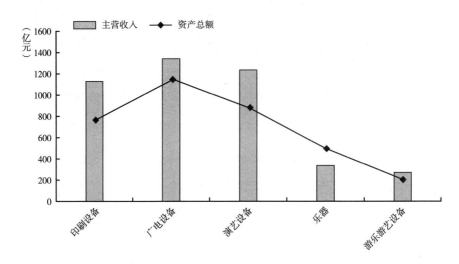

图 20 文化装备制造细分行业资产总额和主营收入（2013 年）

资料来源：根据《中国文化及相关产业统计年鉴（2013）》（中国统计出版社，2013 年 12 月）和三次全国经济普查数据汇总测算。

文化消费终端制造是文化产业与国民经济体系融合的一个节点。从广义上讲，文化消费终端的范围很广，除了收音机、电视机等收听、收看设备及手机、计算机等电子、数字终端，也包括图书馆、美术馆、博物馆、文化馆以及电影院、剧场等公共文化设施。考虑到建造公共文化设施属于公共投资建设范畴，特别是与国家统计局《文化及相关产业分类（2012）》衔接，文化消费终端制造主要包括电子设备、视听设备、玩具以及焰火鞭炮产品制造，其中，电子设备和焰火鞭炮产品制造是在 2012 年修订时新加的，手机和微型家用计算机的制造由于尚存争议暂未纳入（见表 7）。

2013 年，电视机制造是文化消费终端制造的"大块头"，主营收入接近 4000 亿元、资产总额超过 2500 亿元。紧随其后的是玩具和影视录放设备制造，资产规模近千亿元、主营收入在 2000 亿元左右（见图 21）。从 2004 年

表7　文化消费终端制造的构成

类别	行业	细目
文化消费终端制造	视听设备制造	非专业用电视机制造,非专业用无线电收音机、收录音机、唱片等音响设备制造,非专业用录像机、摄像机、激光视盘机等影视设备整机及零部件制造
	电子设备制造	电子快译通、电子记事本、电子词典等制造
	玩具制造	
	焰火鞭炮产品制造	

和2008年的统计数据看,玩具制造的增加值要比电视机制造高。2004年,玩具和电视机制造的增加值分别为138.29亿元和127.55亿元;2008年,这一数值变为289.21亿元和327.67亿元。这从另一个侧面说明产品的文化含量高,其附加值也会随之提高。

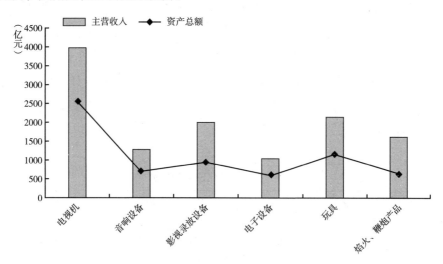

图21　文化消费终端制造细分行业资产总额和主营收入（2013年）

资料来源:根据《中国文化及相关产业统计年鉴（2013）》（中国统计出版社,2013年12月）和三次全国经济普查数据汇总测算。

文化装备制造和文化消费终端制造是直接服务于文化生产及再生产的,其中,文化装备制造与文化传播渠道和文化生产服务、文化消费终端制造与文化内容生产和文化传播渠道具有直接的关联性。2004年,文化传播渠道和文化生产服务资产总额每增加 1 个百分点，约带动文化装备制造的主营收入增加 0.13 个百分点，2008 年和 2013 年，这一系数分别为 0.27 和 0.13。比值的差异可能与设备更新的周期有一定关系，2008 年的比值高于 2004 年和 2013 年，表明 2008 年文化传播渠道和文化生产服务的设备更新进入了一个新的周期。2004 年和 2008 年，文化内容生产和文化传播渠道资产总额每增加 1 个百分点，文化消费终端制造主营收入分别增加 0.71 个百分点和 0.63 个百分点，2013 年的这一系数为 0.40。

七　生产性文化服务"前景广阔"

生产性文化服务是文化产业的六个类别之一，也是文化产业对国民经济体系产生直接影响力的一种重要方式。国家统计局《文化及相关产业分类（2012）》专门增加了"文化创意和设计服务"一类，这个类别的最大特征就是生产性。鉴于文化软件服务中的软件开发本质上属于为文化生产服务，已被归并到"文化生产服务"类别中，而数字动漫、游戏设计制作属于文化内容生产，生产性文化服务的具体内容包括广告服务、建筑设计服务和专业设计服务（见表 8）。

表 8　生产性文化服务的构成

类别	行业	细目
生产性文化服务	广告服务	
	建筑设计服务	工程勘察设计中的房屋建筑工程设计、室内装饰设计和风景园林工程专项设计服务
	专业设计服务	工业设计、时装设计、包装装潢设计、多媒体设计、动漫及衍生产品设计、饰物装饰设计、美术图案设计、展台设计、模型设计和其他专业设计等服务

建筑设计也已初具规模，2013 年的资产总额接近 5000 亿元、主营收入接近 3000 亿元，其经营规模和实力已超过文化内容生产的出版服务（见图 22）。

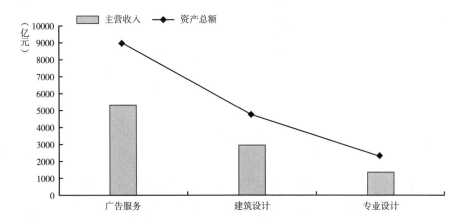

图 22 生产性文化服务细分行业资产总额和主营收入（2013 年）

资料来源：根据《中国文化及相关产业统计年鉴（2013）》（中国统计出版社，2013 年 12 月）和三次全国经济普查数据汇总测算。

与广告服务相比，专业设计的规模目前还很小。广告服务的增加值，2004 年和 2008 年分别为 159.40 亿元和 608.00 亿元；而专业设计的增加值，2004 年和 2008 年分别只有 13.44 亿元和 35.91 亿元。如果按照 2008 年的主营收入与增加值之比推算，2013 年专业设计的增加值应接近 500 亿元，是 2004 年的 36 倍、2008 年的近 13 倍。

八 文化产业区域发展呈阶梯状

我国地区间的经济社会发展水平差异较大，这种差异在文化产业发展上也得到体现，呈现由东到中再到西的梯度发展态势，从人员、资产分布和主营收入分布来看，这一特征都很显著。

东部十省区市，除天津、河北和海南，其余省份的从业人员是中部和西部以及东北的数倍（见图 23）。

与 2004 年和 2008 年相比，2013 年，全国大部分省份的资产规模增幅都比较大，2013 年比 2004 年资产增加额超过 1000 亿元的有 12 个省区市。2013 年，广东省的资产总额过万亿元，比 2004 年增加了 7652.15 亿元；其

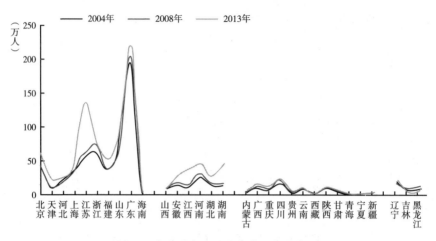

图23　东中西各省区文化产业从业人员

资料来源：根据《中国文化及相关产业统计年鉴（2013）》（中国统计出版社，2013年12月）和三次全国经济普查数据汇总测算。

次是江苏省，2013年的资产总额达8372.14亿元，比2004年增加了7325.61亿元。2013年，中西部地区资产规模过千亿元的省份有7个，其中中部地区最多，有4个省的资产规模超过千亿元，分别是湖北、湖南、河南和安徽，江西的资产规模接近千亿元（见图24）。

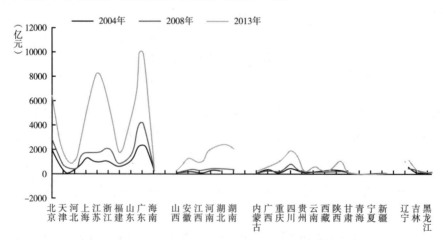

图24　东中西各省区文化产业资产总额

资料来源：根据《中国文化及相关产业统计年鉴（2013）》（中国统计出版社，2013年12月）和三次全国经济普查数据汇总测算。

2013 年，主营收入超过千亿元的省份有 16 个，其中，广东省主营收入超过万亿元，达到 12408.89 亿元，是 2004 年主营收入的 3 倍。2013 年，江苏省、山东省和北京市的主营收入超过 5000 亿元，上海市和浙江省的主营收入接近 5000 亿元。2013 年比 2004 年的主营收入增加额超过千亿元的省份，中部六省有 5 个（山西省 2013 年的主营收入刚突破 200 亿元），湖南省已经超过 2000 亿元；西部只有四川省，为 1204.07 亿元（见图 25）。这又一次证实了梯度式发展、阶梯状分布的特征。

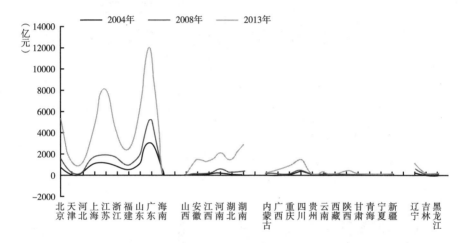

图 25 东中西各省区文化产业主营收入

资料来源：根据《中国文化及相关产业统计年鉴（2013）》（中国统计出版社，2013 年 12 月）和三次全国经济普查数据汇总测算。

根据 2004 年和 2008 年各省区市文化产业各类别的增加值，我们对各省区市进行排序，再次证实了文化产业区域发展的阶梯状特征（见图 26、图 27）。

2004 年，广东省、浙江省、上海市、江苏省、北京市和山东省，在文化产业各类别的排序中名列前茅，每个类别的得分均在 25 分以上（满分 31 分）。广东省除文化传播渠道排名第二外（第一为北京市），其余排名均为第一。中部六省的湖南省、湖北省和河南省获得 20 分以上的类别较多，位次远高于西部省份。图 27 比图 26 体现得更明显，中部六省居

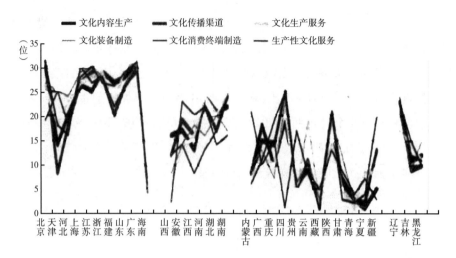

图 26　东中西各省区文化产业各类别增加值排序（2004 年）

资料来源：根据《中国文化及相关产业统计年鉴（2013）》（中国统计出版社，2013 年12 月）和三次全国经济普查数据汇总测算。

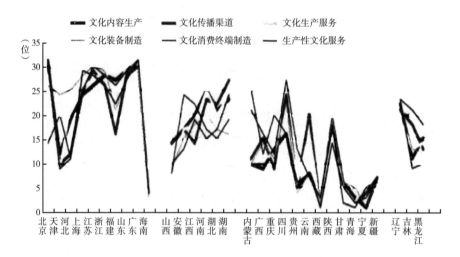

图 27　东中西各省区文化产业各类别增加值排序（2008 年）

资料来源：根据《中国文化及相关产业统计年鉴（2013）》（中国统计出版社，2013 年12 月）和三次全国经济普查数据汇总测算。

于 20～25 分值的，要比西部地区多得多（西部只有四川省个别类别的分值达到 20 分以上）。

九 对促进文化产业健康快速发展的建议

作为一种新的产业形态，文化产业发展尚处于初级阶段，发展时间较短，发展基础还不牢固，亟须规划引导和重点培育。

1. 打通文化产业和文化事业之间的通道。习近平总书记指示，要系统梳理传统文化资源，让收藏在禁宫里的文物、陈列在大地上的遗产、书写在古籍里的文字都活起来。这些文化资源主要集中在公共文化机构，属于公益性文化事业。近年来，国家财政已投入大量资金推动传统文化资源数字化，全国文物系统用 10 年时间进行文物普查，为 4.8 万件（套）一级文物拍摄了 387 万张高清照片。以文化资源数字化成果为原料，集成运用各种新技术，萃取中华文化的要素并分门别类标签化，就可以形成"中华文化素材库"，这样既为实施中华文化传承工程打好基础，也为文化生产部门提供各式各样的素材，把推动文化产业发展与弘扬中华优秀传统文化、建设社会主义核心价值体系融为一体，确保文化产业发展的正确方向。

2. 加快推动文化产业转型升级。近几年，以互联网为载体的新兴文化产业发展迅猛。2004 年，互联网信息服务的增加值只有 51.05 亿元，2008 年也只有 192.66 亿元，到 2013 年，与互联网相关的文化信息服务增加值已达 1941.12 亿元，占文化产业增加值的 8.83%。新兴文化产业的迅猛发展，极大拉动了传统文化产业的转型升级。自 2013 年起，财政部会同新闻出版广电总局扶持电影、新闻出版、印刷复制等行业加快数字化转型升级，为实现传统媒体和新兴媒体融合提供了技术保障。我们建议，将扶持范围扩大到演艺、广电节目传输、电影院和剧场等行业，全方位推动传统文化产业的数字化更新改造，打牢媒体融合的技术基础。

3. 大力培育骨干文化企业。近年来，随着文化产业发展，文化企业的经营规模在不断扩大，经营实力也在增强。2004 年，出版、影视、演艺、广电节目传输和出版物发行等行业规模以上文化企业的户均资产分别为 0.46 亿元、0.17 亿元、0.02 亿元、0.33 亿元和 0.29 亿元，户均主营收入分别为 0.24 亿元、0.03 亿元、0.007 亿元、0.08 亿元和 0.33 亿元。到 2013 年，上述行业规模以上文化企业的户均资产均已过亿元，分别为 2.69 亿元、2.89 亿元、1.86 亿元、4.44 亿元和 1.03 亿元，户均主营收入分别为 1.00 亿元、0.77 亿元、0.55 亿元、1.29 亿元和 0.81 亿元。从领域内来看，资产和收入规模都在成倍增长，但与其他领域相比，尤其是跟国外知名文化企业相比，国内文化企业的规模和实力真是"小巫见大巫"。应当抓紧制定培育骨干文化企业的规划和政策，推动国有文化企业的战略性调整，推动文化企业的并购重组，鼓励文化企业实行混业经营。

4. 充分发挥文化装备制造业的支撑作用。每一次科技进步都会带来文化业态的更新换代。文化生产及再生产要跟上科技变革的步伐，在工艺、流程、材料等方面都需要革新，也需要更新技术和设备。科技对文化的影响及渗透，是借助文化装备这个环节实现的，文化和科技的融合度必然通过文化单位的技术装备水平体现出来，文化装备制造是推动传统文化产业转型升级的决定力量。2013 年，广电设备、演艺设备和印刷设备已成为文化装备制造业的"三驾马车"，特别是演艺设备的主营收入和资产总额均已超过了印刷设备。相对于文化消费终端制造，文化装备制造对文化产业的支撑作用还不够大，这种状况与部门分割有一定关系。宣传文化部门要把发展文化装备制造业作为推动文化和科技融合的主要途径，鼓励文化企业大力提升技术装备水平，加快实现数字化转型升级。

5. 高度重视生产性文化服务业发展。以设计和广告为主体的生产性文化服务业是文化产业对国民经济体系产生直接影响力的一种重要方式。目前，在生产性文化服务业中，广告服务的规模较大。2004 年和 2008 年，广告服务的增加值分别为 159.40 亿元和 608.00 亿元，2013 年已过千亿元。但建筑设计和专业设计的发展潜力巨大。2013 年，建筑设计的资产总额接近 5000 亿元，主营收入接近 3000 亿元，其经营规模和实力已超过文化内容生产中的出版服务。专业设计的增加值，2004 年和 2008 年分别只有 13.44 亿元和 35.91 亿元，到 2013 年已接近 500 亿元，是 2004 年的 36 倍、2008 年的将近 13 倍。2014 年初，国务院专门下发了《关于推进文化创意和设计服务与相关产业融合发展的若干意见》，鼓励和支持广告、设计等生产性文化服务业的发展。

我国文化产业投融资及财政政策的成效与优化策略[*]

张凤华　傅才武^{**}

摘　要： 我国财政政策积极支持和引导文化产业发展，文化产业投融资水平已有明显提高。但在文化体制改革不彻底的背景下，文化行业的行政垄断和地域分割，以及财政投入机制与文化管理体制、文化产业发展业态的不匹配，阻碍了文化企业生产要素的有效配置，导致文化企业享受政策优惠的交易成本过高，在公共财政支持文化产业力度逐年加大的情况下，财政投入的边际效率未能实现同步提升。随着文化体制改革的全面深入和改革红利的逐步释放，把握财政支持功能与文化产业发展目标的统一性，建立财政支持文化产业发展的长效机制，是优化财政政策支持文化产业发展的基本策略。

关键词： 文化产业　投融资　财政政策　文化体制

十七届六中全会以来，中央财政进一步加大文化产业发展专项资金投入，各级地方政府也相继建立文化产业发展专项资金，财政支持文化产业发

---

* 原文出处，《学习与实践》2013 年第 8 期，第 115～122 页。
  基金项目，本文系 2009 年度国家社科基金重大招标项目"我国文化产业的投融资和财政政策研究"（09&ZD016）的研究成果之一。
** 张凤华，武汉大学中国传统文化研究中心博士后；傅才武，武汉大学国家文化创新研究中心教授、博士生导师。

展的力度不断加大。政策性的外力推动对文化产业发展固然重要，然而，我国文化产业自身体制性束缚依然是制约财政投入效率的重要因素，诸多研究表明，财政投入的示范效应和引导作用并没有得到充分发挥。这种制约性因素的存在，必然要求深入破解文化产业发展的体制性障碍，加快释放体制改革的力量，联合政策性外部推动和体制改革的内部驱动，营造一个多方助力文化产业的发展环境。

一 我国文化产业投融资及财政政策支持的实践与成效

（一）渐进式经验积累形成了相对完整的政策支持体系

党的十六大以来，党中央国务院及有关部委先后制定出台了一系列关于指导和促进文化产业发展的政策文件，其中包括多项投融资及财政政策，如《国务院办公厅关于印发文化体制改革试点中支持文化产业发展和经营性文化事业单位转制为企业的两个规定的通知》，国务院《关于非公有资本进入文化产业的若干决定》，文化部等五部委《关于文化领域引进外资的若干意见》，财政部、海关总署、国家税务总局《关于文化体制改革中经营性文化事业单位转制为企业的若干税收优惠政策问题的通知》和《关于文化体制改革试点中支持文化产业发展若干税收政策问题的通知》，《国务院办公厅关于印发文化体制改革中经营性文化事业单位转制为企业和支持文化企业发展两个规定的通知》，财政部、海关总署、国家税务总局《关于支持文化企业发展若干税收政策问题的通知》，财政部、国家税务总局《关于文化体制改革中经营性文化事业单位转制为企业的若干税收优惠政策的通知》，《国务院关于印发文化产业振兴规划的通知》，中国人民银行等九部委《关于金融支持文化产业振兴和发展繁荣的指导意见》，保监会、文化部《关于保险业支持文化产业发展有关工作的通知》，文化部《关于鼓励和引导民间资本进入文化领域的实施意见》等，形成了一个相对完备的政策支持体系。

这些政策围绕我国文化产业发展的现实问题进行政策设计，特别是针对文化企业"投融资难"的问题制订系统解决方案，包括：以政府财政投入为杠杆，撬动社会资本进入文化产业领域；通过补充国家资本金、贷款贴息和保费补贴、奖励、项目资助等直接投入方式为文化产业"输血"；为改制的国有文化企业提供转制成本，扶持文化市场主体，优化文化产业组织结构；通过税收优惠，减轻中小文化企业负担，优化文化产业投资环境；通过规范文化企业管理等措施加快文化产业和金融市场的对接，培育和激发文化产业的"造血"功能。"多管齐下"的投融资和财政投入体制机制创新，形成了我国文化产业发展的动力支撑。

（二）文化产业财政金融政策的实施效果初步显现

1. 文化产业发展专项资金规模持续增长

中央和省市级文化产业发展专项资金已初步形成全国性网络。2010 年，财政部设立文化产业发展专项资金。2006 年至今，各省区纷纷设立文化产业发展专项资金。据不完全统计，包括西藏、新疆、内蒙古等西部省区在内，已有 20 多个省市设立了文化产业专项发展资金。

中央和地方文化产业发展专项资金呈稳步增长态势。根据各省市官方公布信息显示，贵州省于 2006 年安排了 1500 万元文化产业发展专项资金，此后每年递增 100 万元以上；广东省从 2011 年开始将扶持文化产业发展的专项资金每年增加 4000 万元，预计 2015 年将达到 4 亿元；海口市从 2012 年起设立 1000 万元文化产业发展专项资金，同时规定，每年递增不低于财政经常性收入的同比增长幅度。

结合地方文化强省战略，部分省市级文化产业发展专项资金规模呈大幅增长态势。例如，深圳市于 2008 年设立文化产业发展专项资金，到 2010 年已增至每年 5 亿元；吉林省从 2010 年起将文化产业专项资金由每年 1000 万元增加到 3000 万元；山东省文化产业发展专项资金由 2011 年的 3.32 亿元增加到 2012 年的 6.15 亿元，增幅达 85.2%。

2. 财政投入机制的杠杆效应日益明显

文化产业发展专项资金的带动效果显著。2010 年以来，中央财政文化产业发展专项资金通过贷款贴息、补充国家资本金、配套资助、保费补贴、奖励等方式，已累计支持文化系统304个项目，总投资达9.21亿元[1]。贵州省于2006年安排专项资金1500万元，支持32个项目（贴息20个、补助12个），带动投资总额52.58亿元，其中贴息项目撬动银行贷款9.63亿元[2]。2006～2009年，陕西省西安市安排5237.5万元专项资金，扶持37个重点项目，推动曲江新区、临潼景区等示范性文化产业园区建设[3]。2009年，广东电视台高清项目获得800万元专项贴息贷款，带动光大银行2亿元贷款的跟进[4]。

　　财政资金的政策导向作用已经开始显现。各级政府除设立"文化产业发展专项资金"之外，还实施各种专项扶持政策，使财政投入机制不断创新，资金使用方式、范围、目的和导向性更加明确。2010年，吉林省设立2000万元的"文化产业投资引导资金"，鼓励企业通过银行贷款、发行企业债券等方式，投资开发战略性、先导性文化产业项目。沈阳市设立4000万元的"文化科技融合产业发展专项资金"，促进文化与科技的融合创新[5]。2010年，湖北省设立了2000万元"动漫产业发展专项资金"。2011年，云南省设立10亿元的"文化产业发展引导基金"。2012年，北京市设立100亿元的"文化创新发展专项资金"，并专门设立"文化创意产业投资基金"，配套建立文化创意产业小额贷款公司、投融资担保公司、基金管理公司和文化创意产业统贷平台，旨在促进文化与资本市场对接，解决制约文化产业发展的投融资瓶颈[6]，在此推动下，2011年，北京市文化创意产业的增加值达到1989.6亿元，占GDP的12.2%，增幅达到14.2%，总收入达到9027亿元[7]。

① 《各类社会资本积极进入文化产业，资金短缺得到缓解》，中国经济网，2012年6月1日。
② 《贵州文化产业发展专项资金强力助推重点项目实施》，《贵州日报》2007年4月5日。
③ 马洪斌：《文化产业发展专项资金的"西安用法"》，《中国文化报》2010年1月13日。
④ 《文化改革的"广东探索"》，《瞭望》2011年10月17日。
⑤ 《沈阳：市、区两级政府分别设立文化科技融合产业发展专项资金》，《科技日报》2012年5月23日。
⑥ 《管好用好100亿文化创新发展专项资金　推动首都文化繁荣发展》，《北京日报》2012年9月28日。
⑦ 《北京去年文化创意产业收入超9000亿》，《中国日报》2012年10月15日。

3.文化产业税收优惠政策形成环境激励效应

文化产业税收优惠政策不断完善，税收优惠力度不断加大，覆盖面不断扩展。从 2003 年国办发〔2003〕105 号文件到 2009 年财政部、海关总署、国家税务总局的财税〔2009〕31 号文件，都规定了税收优惠对象、使用范围和优惠期限等，明确了文化企业所得税、增值税、消费税和营业税等方面的优惠措施。

一系列税收优惠政策在文化产业投资领域形成了"鲶鱼效应"[①]，上市公司作为社会资本进入文化产业的渠道功能日益显现。《2012 中国文化产业资本研究报告》显示，在 2011 年文化产业投融资事件中，上市公司参与投资的事件共有 57 起，占投资事件总数的 25.9%。其中，39 起已公布投资金额事件的投融资规模为 145.18 亿元，占当年文化产业投融资总规模的 36.48%；单个事件平均投融资规模为 3.7 亿元人民币，相对于 2010 年的 2.67 亿元，增幅为 39.39%，上市公司日益成为文化产业投资的主体力量。[②]

4.多元化文化产业投融资体系的宏观架构逐步形成

"政银企"合作机制初步建立，银行贷款融资效率明显提高。围绕落实《关于金融支持文化产业振兴和发展繁荣的指导意见》，文化部先后与中国进出口银行、中国银行等建立"部行合作机制"，实现文化业务优势与金融专业优势的互补。截至 2011 年底，部行合作机制下累计实现 187 亿元的贷款投放[③]。2010 年以来，广东省文资办等分别与工商银行广东分行、建设银行广东分行、光大银行广州分行、民生银行广州分行签订了"广东文化与金融战略合作"协议。四家银行为广东省文化产业授信总规模已达 1340 亿元。据不完全统计，2010 年各金融机构为广东省文化企业实际提供贷款近

---

① "鲶鱼效应"本质上是指通过示范、引导或扰动等手段激发群体活力的一种激励效应。在文化产业发展初期，政府通过税收减免、优惠税率等措施激发各市场主体参与投资文化产业，带来了积极显著的效果。我们把税收优惠政策对社会资本的促进和引导作用称为"鲶鱼效应"。

② 北京新元文智咨询服务有限公司：《2012 中国文化产业资本研究报告》，2012 年 1 月。

③ 徐碇：《我国文化产业投融资体系逐步建立》，《国际商报》2012 年 6 月 4 日。

50 亿元①。北京市文资办以 1000 亿元文化产业贷款授信额度和 608.7 亿元社会投资为依托，为北京文化产业的发展提供强大动力②。

资本市场投融资环境不断改善，直接融资水平显著提高。2011 年，《文化部关于推进文化企业境内上市有关工作的通知》要求通过建立健全文化企业上市辅导培育机制，推动文化企业上市和债券融资工作。据《2012 年 9 月文化产业资本动态监测分析报告》的统计显示，2012 年 1～9 月，有 14 家文化企业上市，共募集资金 75.67 亿元。2012 年 9 月，筹备上市的文化企业共有 60 家，涵盖了数字内容与服务（36%），影视传媒（15%），传统传媒（15%），出版印刷、旅游演艺和教育培训（各占 7%），互联网（5%），网络游戏（3%），展览展示（2%），动漫动画（2%）。其中，拟在深圳中小板上市的文化企业共 14 家，拟在创业板上市的文化企业共 40 家，拟在上交所上市的共 6 家③。

文化产业投资基金数量稳步增长，投资能力不断增强。2012 年 1～9 月，30 只文化产业基金先后成立，共募集资金 525.44 亿元，其中，单只基金平均募集金额达到 21.89 亿元。在基金投资不断增长的同时，文化产业股权投资案例也大幅增加，2012 年 1～9 月，文化产业股权投资案例共 128 起，基金和股权投资涉及媒体、旅游演艺、互联网、物联网、艺术品、电影、动漫网游和移动互联网等④。这在一定程度上也反映了政策环境对社会资本的引导效应，文化产业投资基金逐步成为助推我国文化产业快速发展的主导性力量。

综上所述，近五年来，由中央与地方政府主导的持续性文化产业政策创新，带动了国有文化企业的改革发展，加快了我国文化体制改革进程，同

---

① 《文化改革的"广东探索"》，《瞭望》2011 年 10 月 17 日。
② 张景华、杜弋鹏：《北京拟每年统筹 100 亿助推文化创新产业发展》，《光明日报》2012 年 1 月 13 日。
③ 北京新元文智咨询服务有限公司：《2012 年 9 月文化产业资本动态监测分析报告》，2012 年 10 月。
④ 北京新元文智咨询服务有限公司：《2012 年 9 月文化产业资本动态监测分析报告》，2012 年 10 月。

时，极大地激发了社会投资文化产业的积极性。2010 年，我国文化产业增加值达到 11052 亿元，占国内生产总值（GDP）的比重达 2.75%。2011 年，我国文化产业增加值达到 13400 亿元，占国内生产总值（GDP）的比重达 2.85%，呈现出快速发展的良好态势。

二　财政金融政策与文化产业发展的配备性分析

近年来，我国公共财政对文化产业的支持力度不断加大，但财政投入效率依然不高，原因是现行的财政管理体制、财政投入模式与现行文化管理体制、文化发展形式、文化特殊属性没有很好对接。① 财政投入机制与现有文化产业市场环境不匹配，传统金融系统的融资机制与文化企业属性不匹配，文化体制改革效应滞后，这些因素的相互叠加造成政策效应难以充分发挥。

（一）文化行业的行政垄断缓释了财政金融政策的效力

文化企业承载着意识形态安全性，行业上的行政性垄断造成了文化企业"自然垄断"② 的市场特征，导致市场缺乏竞争活力，这种特殊的体制在某种程度上成为制约财政投融资政策发挥效力的隐形枷锁。

所谓行政性垄断，是指国家法律法规及政策限制其他企业的进入而导致的垄断。一般物质生产企业大多属于竞争性行业或资源垄断性行业，而文化企业大多属于行政性垄断行业。在计划经济下建立的文化、广电、出版、报刊、电影等行业都有政府主管部门，按"条块"进行管理。在这些行业的产业链中，其上游和主要环节是被法律法规严格限制进入的。在行业利益的

---

① 王家新：《财政支持文化产业要有长效机制》，《光明日报》2012 年 4 月 10 日。

② "自然垄断"是经济学中的一个传统概念，自然垄断的理论界定经历了规模经济、范围经济和成本次可加性三个阶段。为了快速实现文化企业"做强、做大"的目标，一些文化行业行政主管部门通过行政命令手段，促使产业链上下游文化企业纵向整合，或某个地域范围内文化企业的横向整合，我们把这种"行政干预下"资源集中、规模扩张形成的一些具有垄断势力的"大文化企业（集团）"称为文化产业中的"自然垄断"。

推动下，一些行业主管部门也从本行业企业的利益出发制定行业发展规划，直接或间接出台了各种限制竞争、保护垄断的条款。[①] 行政垄断导致文化产业的产业结构处于条块分割状态，产业链条难以成型，文化产业"一次开发、多次利用"的高收益营利模式无法实现，产业风险高，收益模式不清晰，金融机构介入难以图利。[②]

（二）体制壁垒的存在导致财政投向与文化产业结构优化方向不匹配

长期以来，文化行业体制内、体制外壁垒的存在，使我国文化行业存在明显的"国强民弱"特征。在我国文化产业"弱、散、小"的局面中，国有文化企业占据强势地位。以近四年来我国文化企业中排名前30的企业为例，连续四届入选"30强"的文化企业超过半数以上都是经过改制组建的国有文化企业。在2012年的"30强"文化企业中，国有或国有控股文化企业为24家，占总数的80%；民营企业只有6家，占总数的20%。[③]

虽然国家财政金融政策明确规定文化产业财政政策的支持不区分国有和民营，但在资源角逐中，财政投资资金一般偏向于国有文化企业或具有政府背景的国有控股、参股文化企业，私营企业很难获得相对应的资金扶持力度。公共财政支持文化产业发展的资金拨付到各行业行政管理部门，分行业、分层级依次向下传递，在此过程中，形成权力空间，增加了文化行业主管部门和文化企业之间的重重博弈。一些规模大、营利能力较强的国有文化企业，不但在经营领域内具有独特的行政垄断优势，而且具有获取融资和财政支持的政策信息优势，与之相反，民营企业进入文化产业门槛高、规模

---

① 傅才武等：《我国文化企业国有资产监督体制的特殊性及其政策含义》，《学习与实践》2012年第7期。文化企业不同于一般物质性生产企业的典型功能特征是，其承载着意识形态教化功能，这种特殊属性导致了国有文化企业在管理体制上的复杂性，同时，也使一般物质性生产企业管理中的激励机制在国有文化企业中缺乏可行性和有效性。

② 杨浩鹏：《政策扶持文化产业需务实更需落实》，《中国文化报》2012年3月16日。

③ 中国传媒大学联合调查组：《铿锵前行的时代脚步——关于中国"文化企业30强"的调查与思考》，《光明日报》2012年5月21日。

小，获取政策优惠信息不及时，行政管制条件较多，这种体制壁垒扭曲财政支持文化产业的机制，致使中小文化企业（尤其是中小民营文化企业）的发展面临较为严重的不公平竞争。

（三）财政政策支持文化企业投融资的体制机制不健全

文化产业投融资虽有政策支持，但具有操作执行难的特征。政府财政在投融资平台建设中扮演的角色和作用还远远不能满足文化企业的需求。文化企业产权评估、交易和流转，文化企业信用评级，文化企业贷款风险分担机制，针对文化企业贷款特点的申贷程序和审批程序等问题都未得到有效解决。一方面是找不到投资方向的大量社会资本，另一方面是渴望融资的文化企业，两者之间的咨询、信息和技术服务缺乏平台和中介。尽管有贷款贴息、担保补贴等一系列措施，但由于缺乏连接企业和金融机构之间的服务平台和服务中介，这些财政金融政策并没有发挥应有的作用。

（四）支持文化产业发展的财政金融政策体系不完善

国外经验证明，完善的财政金融政策体系是促进文化产业高速发展的重要力量。其中，税收优惠政策是鼓励和引导社会资本进入文化产业投资、扩大文化企业融资的最重要激励措施。然而，当前我国文化产业的财政金融政策体系尚不完善，表现为：税收优惠政策缺乏长效激励机制，关于文化企业税收减免的政策只适合于文化企业成立初期、改革过渡期，对投资成本高、收益周期长的文化企业来说，难以形成持续的驱动力；税收优惠力度小，税收起征点较低，导致税收优惠政策对社会资本投资文化产业的吸引力不足；财政支持文化企业投融资实践中依然偏向有实力的国有或国家控股的文化企业，主要依赖政府信用担保，而中小文化企业缺乏政治资源和经济实力，在文化创意和产权价值很难得到权威量化评估的情况下，有限的财政资源和金融资本必然选择相对安全的投资对象，民营的中小文化企业融资困境难以突破。

三 财政政策促进文化产业发展的优化策略

目前，行业性的行政垄断和地域分割依旧是阻碍文化企业生产要素有效配置的重要因素。随着文化体制改革的全面深入和改革红利的逐步释放，把握财政支持功能与文化产业发展目标的统一性，建立财政支持文化产业发展的长效机制，是进一步优化财政政策支持文化产业发展的基本策略。

（一）厘清财政政策支持文化产业发展的思路和切入点，创新财政投入机制

1. 科学界定文化企业的性质和功能，实行差异化的财政扶持政策。文化企业在经营范围、功能属性、资源禀赋方面的差异决定了不能将其同等对待，应构建差异化的政策梯度，予以区别对待。（1）转变文化产业发展专项资金的无偿资助方式，采用间接资助的方式放大财政引导和示范效应。（2）除了对重大文化项目的贷款贴息、担保补贴、保费补贴和项目补助，逐步减少对文化企业的无偿资助。（3）对于承担公益性项目的文化企业，如新华书店、文艺表演院团等，应加大政府采购力度，逐步减少专项资金的直接注入。（4）对国家有特殊要求和重点支持的文化活动、文化设施建设、科研课题实行招投标制度和中介评估制度，应加大对外围社会资本的引入。（5）借鉴国外陪同资助的模式，刺激和引导社会资本投资文化产业。

2. 借鉴国外经验，根据财政投入对象的不同，设立"三大专项资金"。建立以专项资金为基础的公共财政扶持机制，有助于提高财政资金的政策引领力度，提高公共财政的专业化和精细化管理水平，提高财政资金绩效。韩国政府根据文化产业的细分产业功能，先后设立了文艺振兴基金、文化产业振兴基金、信息化促进基金、广播发展基金、电影振兴基金、出版基金等多种不同类型的基金，有效促进了文化产业的良性发展。韩国根据财政资金的功能和用途建立专项基金的经验值得借鉴。（1）设立国有经营性文化单位体制改革专项资金。通过专项资金减轻国有文化企业的历史性包袱，降低国

有文化企业的改革成本，增强改制后的国有文化企业与市场接轨的能力。（2）设立文化与科技融合发展专项资金。突破制度壁垒，打通体制内外，形成科技与文化融合发展的平台，支持和激励文化产业新业态的创新和发展，提高文化产业科技含量，优化文化产业结构。（3）设立文化产业园区补助专项资金。借助公共财政建立规范文化产业园区的管理力量，强化文化产业园区的集聚发展功能，扶持建设一批具有示范效应的文化产业园区。

3. 鼓励地方政府设立文化产业政策性基金。政策性基金具有直接资助和间接引导的双重作用。目前，应发挥中央文化产业发展专项资金的杠杆作用，拓展中央财政资金的影响力范围，鼓励地方政府设立文化产业发展扶持基金。采用地方财政与中央财政资金相配套的办法，加大对地方文化产业的投入力度和扶持力度，创新对文化企业的扶持方式。重点拓宽对具有成长潜力的小微型文化企业的覆盖面，加大对优质中小型文化企业的扶持力度。研究探索文化产业政策性基金的投入方式，根据文化企业的属性、投资收益模式和投资风险，创新基金管理运营机制。规范政策性基金使用和管理办法，引入评审委员会、理事会等管理制度。

4. 鼓励民间创办公益性文化基金会。发挥公益性文化基金会对人才和创意的独特作用，通过政策性资金引导扶持民间力量创办公益性文化基金会。落实文化部《关于鼓励和引导民间资本进入文化领域的实施意见》（文产发〔2012〕17号），鼓励民间资本进入文化领域，引导民间资本开展民间文化艺术原创性智力成果的保护、扶持、开发和利用，解决文化产业发展原创力不足的问题。

（二）完善健全政策法律措施，加强财政支持文化产业发展的政策执行力

加快研究制定文化产业基本法及相关配套政策。完善和提升文化产业的投融资政策效力，将现有的政策性措施上升到法律的高度，以法律的权威性确保社会资本投资文化产业的安全性。

1. 组织文化产业立法的联合性大课题组。启动建立文化产业立法联席

会议制度，充分考虑我国文化产业资源分布的地方特色、文化产业地区发展和行业发展的不平衡性，综合考虑文化产业立法的可行性，研究形成具有科学性和可行性的法律文本。

2. 重视和加强文化产业基础理论研究，确立文化产业法律关系的调整范围。随着文化与科技的不断融合，文化产业新业态不断涌现，文化产业成为动态发展的概念。如何在文化产业振兴的立法项目中做到概念清晰明确又具有一定延展性空间，是一个亟待研究的技术性难题。这就要求进行文化产业和文化立法的基础理论研究，为文化产业立法提供学术支持。

（三）建立关于财政支持文化产业发展的资金监管和考核机制

根据国内外文化产业学科的研究成果和实践经验，国家财政支持文化产业发展不仅要注重前期的投入力度，更要注重财政资金的到位情况和使用效果，因此，需要积极筹划建立政策落实导向制度和公共财政投入的绩效评估体系。

1. 建立政府、金融机构和文化企业以及文化产业园区之间的常态化交流机制。举办财政投融资政策及多元化投融资模式方面的研习交流活动，加强政府与银行和非银行金融机构之间的沟通。一方面，通过文化产业主管部门对政府政策的专业解读，让文化企业和金融机构及时了解政策的着力点和支持环节、支持方式、公共财政支持文化产业发展的目标；另一方面，从金融机构和文化企业的实践环节中，了解政策实施过程中存在的问题和症结，找出影响或制约政策落实、实施效果等方面的关键问题，形成"实践—反馈—完善—实践"的机制，保障政策内容上的连续性和政策实施机制的一致性，切实提高政策实施效率。

2. 加快公共财政在文化产业发展和投融资方面的统计指标库建设。对公共财政政策的实施效果进行定量的绩效评价，评价结果作为公共财政支持文化产业发展的投入依据。

3. 建立全国文化企业和文化产业园区发展的动态监测网点。选取文化产业领域内不同文化行业发展态势较好的文化企业，作为国家文化财政政策实验研究观测点，建立具有代表性的文化产业发展跟踪监测网，为支持文化产业发展的公共财政政策绩效评价提供案例依据。

4. 建立公示制度和政策执行绩效评估体系。为保证文化产业财政投入的合理性和公平性，以及文化产业财政投入的效率，一方面应建立财政投入的公示制度，对财政资金的分配、流向和用途进行年度公示，另一方面要建立文化产业财政政策执行绩效评估体系，将评估结果与文化行业行政管理部门绩效挂钩，提高文化行业行政管理部门的政策执行效率。

参考文献

《北京去年文化创意产业收入超 9000 亿》，《中国日报》2012 年 10 月 15 日。

北京新元文智咨询服务有限公司：《2012 年 9 月文化产业资本动态监测分析报告》，2012 年 10 月。

北京新元文智咨询服务有限公司：《2012 中国文化产业资本研究报告》，2012 年 1 月。

傅才武等：《我国文化企业国有资产监督体制的特殊性及其政策含义》，《学习与实践》2012 年第 7 期。

《各类社会资本积极进入文化产业，资金短缺得到缓解》，中国经济网，2012 年 6 月 1 日。

《管好用好 100 亿文化创新发展专项资金　推动首都文化繁荣发展》，《北京日报》2012 年 9 月 28 日。

《贵州文化产业发展专项资金强力助推重点项目实施》，《贵州日报》2007 年 4 月 5 日。

马洪斌：《文化产业发展专项资金的“西安用法”》，《中国文化报》2010 年 1 月 13 日。

《沈阳：市、区两级政府分别设立文化科技融合产业发展专项资金》，《科技日报》2012 年 5 月 23 日。

王家新：《财政支持文化产业要有长效机制》，《光明日报》2012 年 4 月 10 日。

《文化改革的“广东探索”》，《瞭望》2011 年 10 月 17 日。

徐硙：《我国文化产业投融资体系逐步建立》，《国际商报》2012 年 6 月 4 日。

杨浩鹏：《政策扶持文化产业需务实更需落实》，《中国文化报》2012 年 3 月 16 日。

张景华、杜弋鹏：《北京拟每年统筹 100 亿助推文化创新产业发展》，《光明日报》2012 年 1 月 13 日。

中国传媒大学联合调查组：《铿锵前行的时代脚步——关于中国“文化企业 30 强”的调查与思考》，《光明日报》2012 年 5 月 21 日。

论文化产业的本质*

——重建文化产业的认知维度

胡惠林**

摘　要： 文化产业是由文化产品的生产来定义的。没有文化产品和文化产品的生产，也就没有文化产业，文化产品的多样性及生产机制和服务系统的复杂性，构成了文化产业复杂的社会文化系统；文化产业是社会发展的文化生产力形态，科学技术是文化产业发展最重要的文化生产力形态，离开了科学技术的发展就没有作为社会生产力系统的文化产业；人是最根本的文化生产力。人在空间上的分布及数量和质量构成状况，是文化产业在空间分布及数量和质量构成状况方面的决定性因素；文化生产力是对全球化进程与演化的书写与表达方式，是全球史演化的一个结果，全球化是衡量文化生产力进化的标志；文化产业是人与社会一切社会文化关系的总和。在人与社会的一切文化关系中，核心是人与社会的政治关系，表现为以文化产业准入与文化产品的市场准入为主要内容和表现形式的意识形态关系；文化产业是一个集内部空间和外部空间、人、自然和社会于一体的系统整体，正是这种结构形态构成的生命性属性，建构了文化产业是人与社会一切文化关系的总的本质，奠定了科学认识文化产业的价值空间。

关键词： 文化产业本质　文化生产力　社会文化系统　社会文化关系

---

* 原文出处，《山东大学学报》（哲学社会科学版）2017 年第 3 期，第 1~15 页。
** 胡惠林，上海交通大学媒体与设计学院教授，博士生导师。

什么是文化产业？我们的时代为什么需要文化产业？需要什么样的文化产业？文化产业对当今时代的价值何在？这就涉及文化产业的本质。

本质问题是所有科学研究必须探讨和回答的问题，文化产业理论研究同样不能例外。文化产业的本质是什么？在迄今为止关于文化产业的理论研究中，这尚未引起学界的高度重视。至少在中国的学术界和文化政策界，关于文化产业是什么和关于文化产业的发展依然众说纷纭。这带来的后果是在文化产业外延不断扩张的过程中，尤其是在文化产业科技化、资本化和旅游化的进程中，文化产业的本质似乎被人们遗忘了。因此，文化产业的本质特别是中国文化产业发展的本质被不断消融于科学技术和经济指标中：为了GDP而忘记了价值，为了科学而遮蔽了文化，构成了当下中国文化产业发展的现实场景。

一 "文化工业论" 引出的问题

阿多诺和霍克海默在《启蒙辩证法》一书中提出的"文化工业"概念及由此形成的"文化工业论"，被普遍认为是"文化产业"这一概念的来源。这是一种认识上的误区。虽然20世纪90年代《文艺报》上曾有过一次围绕"文化工业论"的学术争鸣，但这次争鸣的影响非常有限，非文艺学研究领域里的学者很少有人知道这一场短暂的学术争鸣。法兰克福学派关于"文化工业论"的提法和说法，文化产业研究者们大多是从别人的研究文章中得知的，真正读过《启蒙辩证法》的学者并不多，对"文化工业论"有深入研究的就更少了。倒是许多非文化产业研究者对此发表了一些研究成果，但常常不为文化产业研究者所关注。

"文化工业"在《启蒙辩证法》中是作为一个否定性命题被提出的："文化工业是大众欺骗的启蒙。"①"文化工业论"就是在这一命题下展开的。

"文化工业论"对"文化工业"的批判显然与今天文化产业的发展有着

---

① 马克斯·霍克海默、西奥多·阿道尔诺：《启蒙辩证法》，上海人民出版社，2003，第134页。

显著的差别。人们之所以会把"文化工业"和"文化产业"联系起来，并看作对同一个对象的不同文字表述，其中一个重要的表象就是，"文化工业论"所批判的对象都是今天大力发展文化产业的主要对象与核心领域。随着"创意产业"和"文化创意产业"的提出，"文化产业"的对象范围进一步扩大。包括联合国在内的国际社会纷纷把发展文化产业作为一项用来转变经济增长方式、调整经济和社会发展结构，从而促进人类社会可持续发展的文化政策，法兰克福学派关于"文化工业"批判的理论与世界文化产业发展的实践渐行渐远。

在中国，法兰克福学派对"文化工业"的批判思维和思维方式，仍在一些学者中根深蒂固，他们对发展文化产业持批评性态度，持有是法兰克福学派"文化工业是大众欺骗的启蒙"的学术立场。问题是，当年阿多诺、霍克海默提出的对"文化工业"的批判是不是一个问题？在今天是否还有它的价值和意义？为什么联合国教科文组织关于文化产业的定义（按照工业标准生产、再生产、储存以及分配文化产品和服务的一系列活动)[1] 和中国关于文化产业的定义（从事文化产品生产和提供文化服务的经营性行业)[2]，都与"文化工业论"的立场和精神截然相反？发展文化产业作为当今国际社会和联合国的一项发展政策的合理性究竟在哪里？

法兰克福学派提出的"文化工业批判"当然是一个问题，在今天仍有它的价值和警示意义。但是，当今国际发展文化产业的政策选择也是一个问题。为什么面对同一个对象领域时，会存在如此大的分歧？这涉及对文化产业本质的认识，"文化产业本质是什么"就具有特别重要的本体论意义。只有把这个问题弄清楚，才能找到"文化产业"和"文化工业"的本质区别。正是在这个意义上，"文化工业论"对文化产业所持的否定性立场，与联合国教科文组织和中国政府（文化部、国家统计局）

---

[1] 《中国文化产业蓝皮书（2001~2002)》，社会科学文献出版社，2002。
[2] 文化部：《关于支持和促进文化产业发展的若干意见》，2003年9月。

对其的描述性定义，则更关系到对文化产业本质问题的研究。这就是本文所试图探讨和回答的。

二　文化产业是文化产品生产与服务的社会文化系统

1. 文化产业是由文化产品与文化产品的生产来定义的。没有文化产品和文化产品的生产，也就没有文化产业。这是我们讨论文化产业本质的前提

一个产业的本质属性是由该产业的核心产品的生产、分配与交换决定的。在所有的产业形态中，文化产业与农业有着高度的相似性。二者的核心特点是，都以生产人类社会的必需品定义自己。所谓必需品是，有了它不一定行，但没有它一定不行——有了粮食人不一定不死，但没有粮食人一定饿死。农业以粮食产品生产、分配和交换为核心，而"农具"则是用来耕作的辅助性劳动手段。毫无疑问，农具是提高农业生产力的重要形态，农具的使用可以提高农产品的产量；但是，农产品的质量还是要通过对农产品的创造性培养来实现，袁隆平的杂交水稻就是一例。人们对转基因农产品有恐惧感，是因为转基因农产品的使用可能造成对人类种族繁衍的危害，尽管一部分科学家再三声明转基因农产品是安全的，还是无法消除人们对"粮食安全"的恐惧。

文化产品是人类社会生产的第二种生活必需品，是定义人之所以为人的唯一标识物。有了它，人不一定能获得全面发展，但如果没有它，人一定不能获得全面发展。人与人、族群与族群、社会与社会、文明与文明之间，都是由文化产品的生产、分配和交换来定义和建构的。没有文化产品，人类社会与人类文明就无法进化和发展。这是人类从灵长类动物种群发展成完全独立种群的关键。正是这一关键，在整个地球生态系统中缔造了"人类社会"这一生态系统——文明。广义的文化产品包括人类社会所有的人的劳动产品，但当精神生产与物质生产逐渐分离并发展出一个独立的生态运行系统时，文化产品的生产主要就是指为满足人的社会性而存在的观念性劳动产品，以满足人的精神心理需求为目的的文化产品。所有关于它的生产、分配

与交换构成了与一般的粮食产品需求既相一致又特立独行的产业形态，即文化产业：以文化产品生产、分配与交换为核心功能的社会系统——精神心理与表达载体构成体系。而"文具"——机器与载体——则是用来进行文化创作和生产的辅助性劳动手段。同理，"文具"是提高文化生产力的重要形态。工业革命和互联网革命所提供的"机器"和"网络"这一"文具"形态，极大提高了人类社会的文化生产力和文化生产率。但是，文化产品的质量仍由文化产品所提供的创造性与创新性决定。这就是电视机和思想的本质区别。而恰恰是后者决定了文化产业的本质和本质属性。"文具"的先进性和现代化程度并不能决定文化产品的创造性和满足人对文化产品消费需求的"必需性"。

2. 文化产业是文化产品的社会生产系统，社会发展最重要的动力机制之一，是社会发展最重要的动力源

文化产品是人类为解决共同的生活问题而创造的一种交往手段、一种意义表达与沟通形式，以便传播与记忆，进而保障共同生活的有序性和可持续性。在这个空间形式里，人们得以诗意地栖居。人类共同生活发展的需要不断创造出形态和形式丰富的文化产品，以展现人们共同生活的多样性与复杂性。因此，文化产品也就成为人类一切生活的阐释与演绎。一部人类文化产品发展史就是一部人类社会的生成、演化、阐释与演绎史。人类社会的各种形态都在这个空间里得以展现，并把在现实物质空间中不能展现和表达的东西在这里展现出来，从而建构出一个与物质世界不一样的精神世界，甚至是一个与物质世界相对抗的精神世界。于是，在物质世界中有多少内容，在文化产品中也就有多少内容；甚至在物质世界中没有的内容，在文化产品中也有着深刻而丰富的表现。离开文化产品这样一个人类社会的精神性存在，便没有人类社会的存在。从某种意义上来说，人类社会存在于人类所创造的文化产品世界中，即所谓"想象的共同体"①。在今天仍存在的史前人类所创

---

① 美国学者本尼迪克特·安德森在《想象的共同体——民族主义的起源与散布》（上海人民出版社，2005）一书中用以论述民族问题而提出的理论。

造的文化产品身上，我们才能证明人类的存在史。文化产业是文化产品的生命之树，文化产品是文化产业生命得以存在的循环系统，这是一个不断生长的循环系统，离开了这一动力循环系统，文化产业生命之树也就死了。

选择什么样的文化产品，实际上涉及向消费者传播什么样的价值观和思想，以及生活态度、生存方式等问题。这些问题客观存在，影响每个人的思想。这种影响是潜移默化的、长期的，最终会产生爆发式转变，出现一个文化大爆炸的时代。文艺复兴、启蒙运动和五四运动都是如此。一部《共产党宣言》改变了现代世界史的进程，也改变了一代中国先进的知识分子，进而在中国掀起了一场伟大的史无前例的"共产主义运动"，在改变中国面貌的同时也改变了世界的文化面貌。文化产业是通过文化产品和服务给人类社会提供有效帮助、提高工作效率、促进价值实现的精神供给系统，是能满足人类社会各种需要的精神生态系统和生产机制。文化产业是人类解决精神与物质交往问题的一种意义生产载体，文化产品就是人类精神与心灵居住的地方。文化产品内容的千差万别是因为人类精神与心灵居住方式的千差万别，不同人之间可以通过文化产品来交流与沟通，并加深对彼此的了解和认识。

文化在一个很长的时间内是有生产而无产业。产业是一种系统性社会生产形态和体系，就文化而言，系统性社会生产形态和体系是指，文化产品的生产超越了个人生产的范畴，进而成为社会集体性共同行为。这种集体性共同行为意味着，某种文化产品的生产不仅有普遍的自我需求，而且有对该类文化产品生产的某种规范性要求，包括它的性质、形制、审美、伦理等。这是一种社会演化最重要的动力机制转化过程：个体向集体转化，单一的力量体系向集合的力量体系转化。社会发展的一切产品生产只有获得普遍性认同，才有可能在生产方式的选择上表现出群体性选择的生产力特征，并且以这一选择获得彼此的认同，进而实现价值交换。社会系统包括社会文化系统的进步，就是在这个动力机制的演进过程中完成的。不能实现精神价值交换的产品不是文化产品，此类产品的生产不是文化生产，它的系统性形态也不是文化产业。它是社会发展到一定阶段后生成的一种动力机制。

3. 文化产品是表达自由的方式。文化产品生产是表达自由的过程。文化产品的多样性及其生产机制和生产系统，构成了文化产业与表达自由复杂的社会关系

对文化产业具有的权利是人权的一种，是人通过改变文化产业来改变自身的一种权利。它既是一种经济权利，也是一种社会文化权利。哪些人有权赋予文化产业以意义？他们给文化产业赋予了什么样的意义？这是文化产业发展中的法律命题。

表达自由与言论自由是人类社会制度的重要文化形态和社会发展机制。但是，世界上从来没有什么抽象的表达自由和言论自由。一切表达自由和言论自由都是一定社会制度下定义的自由形态，即法律制度下的言论自由与表达自由。只要有家庭和私有制，只要有法律和国家，就没有抽象的表达自由和言论自由。一切表达自由和言论自由都是具体的，都是在家庭、法律和国家制度下的。有责任就没有自由。反抗责任就是反抗自由。当责任成为必须履行的法律义务的时候，不履行法律义务就必然遭受法律惩罚。而惩罚就是对某种自由的剥夺。表达自由与言论自由同时又是一个政治法律问题，因此，这就提出了一个文化产业发展中的政治文化传统问题。不同国家在不同文明体系下的政治文化传统是不一样的。发达国家、新兴经济体之间不同的形成条件决定了文化产业不同的生存与发展形态，而文化产业也正是在这个意义上成了国家不同社会文化系统的表现方式。

文化产业是社会的表达形式与表达载体。从言语表达、物质载体表达到符号表达、意义表达，文化产品的出现既是表达自由的最高形式，也是它的最低实现。所有的文化产品形态都是一定历史条件下社会文化生产力发展水平的结果，也都是一定条件下社会表达自由和言论自由的历史形态，都集中表现了一定历史条件下人们对表达自由、言论自由的认知和理解。离开了一定的社会历史条件、社会文化生产力发展水平、社会整体性进步与发展而提出的文化发展要求，去抽象地谈论表达自由与言论自由是没有意义的。从这个意义上说，一切文化产业的产业形态和文化生产力形态都是文化的社会体制形态。以手工业为主要生产方式的传统文化生产力形态和传统文化产品体

系，就是它的文化社会体制和社会文化系统的一种非物质存在方式和依据；而以大规模机器复制为主要生产方式的现代文化生产力与现代文化产品体系，则是资本主义工业社会文化生产体制的表现，是资本主义社会文化系统的折射。文化产业发展与言论自由和表达自由的实现程度与实现方式就存在和产生于这种具体的历史形态之中。历史的文化产业是如此，今天的文化产业也是如此。从这个角度看问题，我们就可以对今天中国的文化产业发展与社会文化制度之间的关系理解有一个历史的维度，有助于我们消除在文化产业发展与表达自由的关系问题上超历史主义、脱离历史实际的局限性，更好地实现和维护我们的表达自由。

三　文化产业是社会发展的文化生产力形态

文化产业是因原有的文化生产力和文化生产形态不足以满足文化的发展而生成的文化生产力形态和文化的社会体制形态。

1. 文化产业是社会发展的文化生产力形态和文化发展的社会体制形态

文化发展的生产力形态经历了前工业化形态、工业化形态与后工业化形态三个历史阶段。如果我们把这三个形态看作文化生产力发展的三个阶段的话，所谓前工业化形态也就是前文化产业形态。这是一个在相当长的历史阶段中，人类社会最主要的文化发展形态。在这一阶段，文化生产力是与整个人类社会进步的生产力相适应的，那就是以农耕文明为基础、以手工业为主要生产方式的传统文化生产力形态。这种文化生产力不仅形成了与之相适应的文化生产关系、建立了文化制度系统，也与社会发展对文化的基本动力需求相一致。但是，随着工业革命的发生、社会生产力形态的巨变及由此产生的社会发展对文化基本动力需求产生的革命性变化，原有的文化生产力形态和手段已经无法满足和适应这种新的文化需求，变革文化生产力形态以适应变化了的文化发展需求便成为不可抗拒的历史规律。无论是古登堡现代印刷技术革命的发生，还是电影工业的出现，以及今天正在深刻影响人类社会进步与发展的信息技术和互联网，无不印证了这一文化发展的基本规律。因此，文化产业并不是外在于文化发展的某种异己力量的产物，而是文化自身发展到需要进行革命性变革来实现自己更高阶段发展的表现形态，是文化发展规律中必然的历史形态和历史阶段。文化的生产力形态直接关系到社会形态的界定，如果说以手工业为主要生产方式的文化生产力形态是与农耕社会体制或乡村社会体制相一致的话，那么，以工业文明为基础、以大规模机器复制为主要生产方式的现代文化生产力形态也就与工业社会体制的内在结构相一致。正是在这个意义上，我们把文化产业看作现代工业文明的产物和现代人类社会文明进步的标志。因为生产力的发展程度作为一种革命性的力量，在任何情况下都是用来衡量社会进步和文明程度的一个历史性尺度。当中国的发展登上 21 世纪的历史阶梯时，提出要发展文化产业，并且把文化产业发展列为国家战略和国家发展规划，这就标志着中国文化生产力的发展和社会体制的发展进入了一个以现代化为主导的历史发展新阶段，并且与中国长达数千年的农业社会和农耕文明的文化生产力形态有所区别，从而成为中国文化进步与发展的一个现代标志。

文化产业作为社会发展的文化生产力形态主要表现在两个方面：改变经济增长与经济发展的动力结构与动力形态；为社会生产力的解放和创造性提供动力源。这种动力源就是由文化产业的产品生产系统所提供的精神思想，以及由这种精神思想推动的社会变革。中国是印刷术发明的母体，但并未引发如欧洲那样的新教革命。手工生产率的低下，导致印刷品传播速度和扩散规模的慢和小，不可能催生大规模的社会思想革命。因此，印刷术虽为中国发明，却未能引发中国社会革命与思想变革。欧洲资产阶级的新教革命与古登堡印刷机的发明直接相关。在这里，印刷生产力，以及由此而催生出的出版业与思想革命爆发之间构成正相关关系。思想生产的能力越大，其传播、扩散速度越快，社会变革与革命越容易发生，越有助于新兴的社会生产力登上历史舞台。《新青年》为什么率先在上海创办？中国共产党为什么选择在上海成立？现代出版业为什么在上海率先诞生？这与近代工业在上海提供的现代生产力相关。大规模机器印刷需要大规模能源动力的支持。上海近代能源工业的发展规模为这种大规模机器生产提供了发展的动力与可能，电影业、唱片业等文化产业在中国的早期发展速度和规模与此存在着正相关关系。这就使以上海为基地的中国文化产业发展走在了亚洲的前面，上海的社会变革与创新走在了中国的前面。

农业、工业不同生产力文化形态的构成成分，影响和决定了其在今天的影响力。今天的中国依然是一个农业社会，小农经济思想及文化根深蒂固，并给中国的现代化进程带来很大影响。传统文化的影响力既是中国社会与文化可持续发展的动力，也是中国社会与文化现代化发展的阻力，具有很强的历史惰性。这种惰性是文明型惰性，只有经过长时间现代文明的演化与改造才会消失。一方面，我们要发展文化生产力；另一方面，我们在很多时候又是用一种"跑马圈地"的落后方式来发展文化生产力。这就构成了发展文化生产力与发展方式不相适应的矛盾。这种矛盾与冲突，一方面造成了中国文化产业发展的张力，另一方面也造成了对文化生产力发展内生需求的破坏。文化与科技相结合的重要战略价值就是要从根本上重塑和重建文化生产力形态，并在这个基础上推进新兴和新型文化产业业态和形态的出现。

2. 科学技术是社会发展最重要的社会生产力形态之一，也是文化产业发展最重要的文化生产力形态

一部文化产业发展史就是科学技术发展史的文化表现形态。印刷术催生了以印刷品为代表的出版物和出版产业；机器的发明、能源动力系统的应用和化学工业的出现，催生了"电"和"影"的结合——"电影"这一与文字符号截然不同的意义生产系统和表达系统，并最终形成了电影产业；无线电技术的发明，催生了广播、电视产品及广播电视业；互联网和数字技术的发明，建构了一个与传统文化产业完全不同的产品形态与文化产业形态——网络文化产业。在欧洲，印刷术的"古登堡机器革命"使印刷品的大规模出版和印刷出版产业的兴起成为新教革命的直接动力，并最终帮助资产阶级登上历史舞台，实现了人类社会发展史上一次空前的社会革命。离开了印刷术传入欧洲和印刷出版产业在欧洲的兴起，人类社会发展史中资本主义社会的到来是不会发生的。文化产业对社会生产力有着不

可替代的革命性意义，不断把科学技术成果应用于文化产品形态的创造性生产，从而通过全新的文化产品形态和文化产业形态来推进社会生产力的进步与发展。

科学技术是社会分工最重要的动因之一，同时也是社会文化生产分工的直接制造者。传统、现代、新兴三种文化产业形态既互相影响，又互相区别，是一个完整的社会文化生态系统。现代从传统中生长出来，又不断与传统一道催生新兴的产业形态。创意产业中有相当大的一部分就是传统文化产业与现代文化产业催生的产物。他们之间构成了一个张力系统，既互相竞争与排斥，又互相补充与接受，以对方来丰富自己、强化和突出自己的存在。在这里，内在的现代性指向性具有特别重要的意义。数字技术与互联网的出现标志着人类信息文明社会的到来。以信息文明为基础，以数字技术与互联网为主要生产方式的新兴文化生产力形态，正在成为文化产业发展全新的文化生产力特征，必将引发人类社会的"第三次文化生产力革命"，并将再一次重构文化发展的社会形态和社会发展的文化生产力形态。

3. 人是最根本的文化生产力

文化产业是由人的创造性文化生产建立起来的，没有人的地方就没有文化产业，当然也就没有文化生产力。人在空间上的分布及数量和质量构成状况，是文化产业作为文化生产力在空间分布及数量、质量构成状况方面的决定性因素。

"胡焕庸线"是一条中国人口地理分界线，从云南腾冲直至黑龙江瑷珲（今称黑河），将中国划分为东、西两个人口分布空间形态。该线以东，在43%的国土上生活着94%的人口；该线以西，在57%的国土上仅生活着约6%的人口。这一人口地理分布的"胡焕庸结构"是中国经济发展的国土空间依据，也是今天中国文化产业国土空间结构的主要存在形态，即中国94%以上的文化产业分布在中国东部43%的土地上，只有不到6%（甚至更少）的文化产业分布在57%的国土上。这种国土空间的人口分布结构，决定了中国文化产业存在与发展的文化生产力构成及其数量与质量关系。原因极为简单：没有人口的地方是没有文化产品和文化的精神生产的；人口总量的多少影响着文化产品的社会生产能力和社会对文化产品的消费需求能力。作为文化生产力空间关系的文化市场，是由人和人的数量建构起来的。人口的基数越大，文化市场的规模越大；人口的基数越小，文化市场的规模越小。因此，对一个文化生产力空间资源相对狭小和有限的国家或地区来说，拓展空间就成为其文化扩张的重要动力。

生产力的构成包括自然条件所提供的物质能力，自然条件和环境的宜居性在其中具有特别重要的意义。人口的集聚程度实际上是人与自然关系相宜程度的体现。中国人口地理构成的"胡焕庸结构"实际上就是人与自然文化关系性结构的典型表现，并由此锁定了当代中国社会文化生产力关系的空间构成。由此形成的中国文化产业国土空间分布结构，实际上反映了人与自然和社会文化生产力之间的空间构成性关系：东部集聚，西部分散。这就使得"胡焕庸线"不仅是一条中国人口地理的分布线，而且成了中国文化产业发展在国土空间关系上的文化生产力构成：东部集聚而西部分散，以及在文化产业空间发展关系处理上必须遵循的一条具有规律性的原则。任何对此原则发起挑战的文化产业发展规划都是反"胡焕庸线"的，即反中国文化产业在国土空间形态上的文化生产力布局规律。若执意在那些生态环境脆弱、人口稀少、文化市场处于自然经济状态的地区发展文化产业、建设"文化产业走廊"，则会造成对人与自然和社会文化生产力关系空间的破坏，进而造成对人与社会文化关系的破坏。这不应该是中国文化产业发展空间布局的选择。

西藏处于"胡焕庸线"以西，是国家生态安全屏障。已经有研究表明：藏民族的游牧文化是藏民族为适应青藏高原特殊的海拔及水土光热条件而形成的以游动放牧为主要特征的草原文化。这种游牧的生活方式不仅是确保藏民族及其他游牧民族生存的适应性生产战略，也是促进自然资源可持续发展的生活方式。千百年来，游牧文化促进了草场资源的保护与可持续利用，使青藏高原不仅维系着中国的生态安全，甚至维系着整个人类的生态安全。草原牧区是一个具备生态、经济、社会、文化"四元一体"的耦合体系统，而其生态系统绝非仅仅是自然形成的。一旦"四元一体"耦合系统的稳态关系被打破，带来的将不仅是文化的衰落，更是草原生态的退化和社会组织结构与关系的全面失衡。目前，全球荒漠化的趋势多与文化多样性的丧失有关。而导致生态环境恶化的原因不只存在于全球气候变暖之中，单纯地追求普遍的工业化带来的西方现代化文化取向，对文化多样性价值的蔑视，违背生态系统的演替规律，都是导致生态灾难不可忽视的重要原因①。

4. 文化产业是现代经济和社会发展的政策工具和支持系统，关于文化产业发展的任何政策本质上都是为了更好地发挥文化产业作为政策工具和支持系统的文化生产力作用

1998 年，英国布莱尔政府为了寻求对工业化进程所带来的文明负担的克服与超越，制定并提出了"创意产业政策"；2002 年，中国政府为了寻求对经济结构的战略性转型过程中所遭遇的结构性矛盾与体制性障碍的解决，提出的一个重要应对之策就是"大力发展文化产业"，把发展文化产业看作实现经济结构战略性调整的重要政策选择。近年来，中国文化产业之所以获得了长足的发展，其中一个最根本的原因就是，从中央到地方，各地纷纷制定各种文化产业发展战略和发展规划，并且将其列入国民经济和社会发展总体战略之中。由于文化产业有效地克服了文化和经济发展非均衡动态运动规律，以知识经济的形态实现了文化与经济的有机统一，并且在这个基础上为产业结构升级、经济结构调整和社会文明发展转型提供了有效的载体和形态，使文化产业发展成为社会转型与变革最有力的机制形态与体制形态。

金融资本是一种重要的社会发展生产力形态，文化生产力的发展也需要健全和强大的金融资本作为对生产力形态的支持。"金融支持文化产业发展"就是中国政府为解决当前中国文化产业发展中出现的"文化生产力动力"不足——融资难的问题——而提出的文化产业政策。这是一种在特殊的历史条件下为解决特殊的问题而出台的具有临时性特征的文化产业政策。从"使市场在资源配置中起决定性作用"的政策导向而言，文化企业在发展文化产业过程中出现融资难的问题应该由作为市场主体的企业自身通过市

---

① 胡敬萍：《生态恶化与本土文化丧失有关》，《第一财经日报》2011 年 4 月 27 日，第 1 版。

场去获得解决，然而，由于中国的资本市场还处在一个不完全市场化的环境中，原有的银行融资体系改革还不能完全满足文化产业发展的资本支持需求，在这种情况下，"更好地发挥政府的作用"就是指，政府在文化产业发展融资难的解决过程中必须起到重要作用。但是，"金融支持文化产业发展"，不是要把支持文化产业发展的金融资本直接投到资本市场，而是投资于文化产业，核心是文化内容和新产品的研发与创造，从而通过创新使之转化为可再生产的文化资本和社会资本。中国文化产业发展中出现的"资本运作"，是从资本到资本，并没有实现从资本到文化资本。这显然不是"金融支持文化产业"政策的初衷。文化产业发展的账面利润增加了，文化产业发展的 GDP 占比也上去了，在拉动经济指标增长的同时，提升了多少国家文化软实力？衡量国家文化软实力的提升与否是有量化指标的，其中最简单的就是一国文化产品在全球文化市场的占有率。占有率就是影响力，影响力就是软实力。没有占有率就没有影响力，没有影响力就没有软实力。这是关于软实力理论最简单的公式。资本正在寻找一个又一个中国文化产业对象"为了席勒而忘记莎士比亚"——为了资本而忘记价值，进而从根本上摧毁中国文化产业的原创能力。因此，文化产业的发展不能只考虑和关注它的经济属性、经济价值与经济效益，更重要的是关注它对人和社会精神秩序、精神质量的影响。

所谓"文化产业在金融危机下逆势上扬"的说法，实际上提出了一个"金融危机与文化产业成长关系"的文化生产力命题。文化资本市场的核心是要为文化内容战略工程和战略性项目生产提供强大的金融支持，从根本上改善文化产业发展所需要的文化生产力动能不足的问题，而不是要成为上市文化企业"漂亮的"账面盈利。如果文化资本市场不能为文化内容创造性生产提供支持，那么它就与一般的资本市场没有本质区别。资本市场只是一种融资机制、一种市场融资平台、一种风险投资工具，而创造不是其目的。

发展文化产业本身不是目的，其目的是多样的，有政治目的、经济目的、社会目的和文化目的。文化目的是其根本目的。文化产业具有调结构的功能。

这个功能不仅反映在对经济的调结构上，而且反映在对政治和社会、文化领域的调结构上。要发挥文化产业在经济运行中调结构的功能，就必须在政策上鼓励发展文化产业，对原有的文化产业政策进行调整。而原有的文化产业政策是与原有的文化体制和制度相一致、相适应的。要大力发展文化产业，发挥文化产业在经济运行中的调结构的功能，就必须对原有的文化政策体系和文化制度体系进行改革。这种改革是政治性的，属于政治体制改革范畴。文化产业发挥着在经济运行中调结构功能的同时，也对政治运行结构进行了调整，使文化体制改革具有解放文化生产力的意义。

5. 中国文化产业发展是全球史运动在中国的表现，离开了全球史也就无所谓文化生产力和文化产业

文化生产力既是地区性、民族性和国家性的概念，更是全球性概念。尤其在世界进入全球性时代之后，文化生产力就成为一个对全球化进程与演化的书写与表达方式。全球化的程度成为衡量文化生产力进步的一个指标。因此，文化生产力不是哪个国家的文化生产力，而是人类社会共同的文明进化的体现，反映着人类历史文明的演进，被应用于文化产业更新与发展的每一项科学技术，都是人类进化和全球史进化的结果。那些没有自己完备的自成体系的文化产业的国家和地区，一般来说，是受发达的文化产业国家支配的。它所享有的是全球性文化生产力发展带来的结果，因而，也转化成相应的文化生产力形态，从而具有全球史特征。一般来说，越是远离全球文明进化的核心地带的国家和地区，其物质生产力和精神生产力进化越慢，对新文化生产力形态的接受与发展越具有阻隔性。这是形成文化生产力发展现代性程度和世界文化产业发展圈层结构——核心、边缘、半边缘①——的重要原因。

每个时代都有自己的文化产业，不同时代的文化产业代表着不同时代精神与世界关系的书写。文化产业的全球发展是在全球史的形成过程中生成的。没有全球史的出现，也就没有文化产业的全球发展与全球文化市场的形

---

① 伊曼纽尔·沃勒斯坦：《现代世界体系》，高等教育出版社，1998。

成。全球史是中国文化产业发展最重要的动力机制，也是当今中国文化生产力构成的重要机制与方式。中国加入 WTO 是这一机制与方式的集中体现，直接推动了中国文化产业全球化进程。这是中国文化产业作为社会文化生产力发展的一个重要来源。如果说当代中国经济发展还只是一般地表现了全球史在宏观物质空间上的中国进程，那么，当代中国文化产业发展则突出地表现了全球史在宏观精神空间上的中国展开。城市更新运动和城乡一体化运动把全球史在物质和精神两个方面的表现统一在当下中国文化产业发展的全球史进程中，"创意产业园区"和"文化创意产业园区"在中国的迅速扩张是它的典型表现。

　　"创意产业"是由英国在工业结构调整、工业文明转型过程中提出后被引入中国的，原本具有"拯救城市文明"——"工业文明"的意义，避免了在城市更新（"旧城改造"）过程中对城市文明——旧仓库、旧厂房、旧码头、旧街区的摧毁，从而赋予了城市更新以新的内涵和价值——在城市更新中延续城市文明的价值实现；这种价值被应用于农村，运用于农村新一轮的改革发展，对"拯救乡村"具有特别重要的文明意义。这是全球史进程在中国最近的反映，建构了中国的"创意产业园区"建设与全球化进程的全球史关系，发展出了一种新的文化生产力形式：全球史意义的文化生产力，从而使中国文化产业产生了一种可以与世界对话的机制。也正是在这种全球史的进程中，中国做出了"文化产业走出去"与"国际接轨"的政策行为。文化产业作为全球史的实现方式，正在深刻地影响和重构全球史的场景。一个国家和地区文化产业的繁荣与兴盛，建构了它在全球史进程中的地位，构成了当下全球性文化产业新业态争夺的博弈逻辑：文化产业新业态的成长与全球史的演进关系。而这也许正是玛格丽特·撒切尔关于"中国与世界的电视机和思想"关系命题的深刻性：中国只能向世界出口电视机而不能向世界输出思想[①]。"电视机"和"思想"建构了文化产业与世界不同

---

　　① 撒切尔夫人：《治国方略》，转引自芦垚《G20 中国范式》，《瞭望东方周刊》2016 年 9月 8 日。

的全球关系。然而，在"文化地产"的误导之下，随着城乡一体化战略的实施，"文化创意产业园区"如同当年的经济技术开发区和高新技术园区一样，雨后春笋般出现在中国大地上。人们（政府与资本）从来没有发现，"文化创意产业"居然能带来如此丰厚的经济效益和经济价值。特别是随着"跨界""融合"等一系列新概念不断涌入文化产业，并被用来阐释、解释、再定义文化产业创意发展的时候，文化产业的现代灵魂被消解了。文化产业在"创意产业"和"文化创意产业"的融合下被消解了，"创意无所不在"，当然也就没有什么产业不是"文化产业"和"文化创意产业"了。于是，利用和借助"文化产业政策"提供的资本"发展空间"，各种资本力量蜂拥而入，文化产业演变发展成为资本并购的对象和资本范畴的"文化资本"，而非布迪厄所阐述的文化意义上的"文化资本"。

文化产业的本质是精神内容生产，是对世界解释的生产，它的产品涉及人们对世界的理解与接受，文化产业正是在这个意义上获得了全球史的价值，成为全球史的一种表现和存在方式。因此，必须深刻认识文化产业在建构世界史和全球史中的作用。马克思主义借助现代出版物在中国的传播，从根本上改变了中国文化生产力的内在结构，实现了从传统文化生产力向现代文化生产力转移所需要的精神革命的转移。这种文化生产力结构的转移以及转移的实现，是通过中国新一代知识分子对人类社会全球史进化成果——马克思主义的接受，并且把它自觉地转化为改造中国的力量完成的。从新教伦理的形成与建立到马克思主义的全球传播，文化产业作为全球史的折射与书写，深刻揭示了文化产业发展在改变和重塑全球史进程中所发挥的巨大作用。这就使对文化产业的掌握、控制和改变，成为资本的对象。资本，同样是全球史存在和运动的一种方式。在这里，资本与内容展开了深层的价值博弈。当不剥夺文化产业的精神生产功能不能有效实现资本目的的时候，"借钟馗打鬼"便成为"资本运作"的市场配置：剥夺文化产业的这种功能只能通过对文化产业边界的解构与消融开始。这是中国文化产业发展必须解决的一个"全球史矛盾"：背离文化生产力。

四 文化产业是人与社会一切文化关系的总和

马克思在讨论人的本质时，把人的本质定义为"一切社会关系的总和"①。这是我们认识、理解和把握文化产业本质的一把钥匙：文化产业是人与社会一切社会文化关系的总和。

文化产业建构人们的社会文化关系，同时，又被这种社会文化关系所建构。文化产业与人的社会文化关系是一个互为建构关系的历史演化过程。它是随着社会生产力的发展和人们社会关系的演化而演化的。"文化产业是人与社会一切社会文化关系的总和"就是由这个基础来定义的。

1. 人与社会的文化关系是人类作为一种生物种群复杂的存在系统和构成系统，包括人类社会存在与社会活动的各方面和各领域：政治、经济、社会、文化、生态等。文化产业是人与社会这种存在方式的集中体现。

人与社会的文化关系是一个从单一走向复杂的过程。文化产业在当今人类社会的构成中，是一个最能集中反映社会的政治、经济、社会、文化内容及其关系的存在。文化产业不是由它自身来界定的，而是由它与其他事物的关系来界定的。没有与对象的关系性存在，任何主体都无法被界定。因此，要界定文化产业，首先要从文化产业与其他产业的关系入手。

一切产业都是人与社会关系的构成形态。文化产业与农业、工业和其他服务业对人的社会关系的建构不一样。农业建构了人与自然的社会关系；工业建构了人与资本的社会关系；而文化产业建构的是人与社会的社会文化关系。文化产业是一种精神生产与表达的载体系统，是一种中介物，人们运用它或通过它，获得对世界的理解与把握。这就使得文化产业具有与其他产业

---

① 马克思：《关于费尔巴哈的提纲》，载《马克思恩格斯选集》第 1 卷，人民出版社，1995，第 56 页。

形态完全不一样的性质：对世界的解释与改造①。正是由于文化产业具有其他产业形态所没有的对世界的解释权，而这种解释又能引导人们对世界的理解，进而影响人的行为方式，因此，掌握、拥有和控制文化产业自然成为对这种解释权的掌握、拥有与控制。这个过程系统是社会性的，其反映和表现出来的不是一般的文化产品的生产关系，而是人与社会的文化关系。文化产业是一种包括心理、行为、理念、精神、知识在内的不断技术化和高度化的社会生产系统类型，是"人性技术化"或"精神技术化"的产物，因而具有生命性，是一种属于真理实践的存在。

2. 在人与社会的一切文化关系中，核心是人与社会的政治关系。这种政治关系集中地表现为文化产业准入与文化产品的市场准入和主要内容及表现形式的意识形态关系。

文化产业是社会政治文明的架构系统。社会政治文明的架构不仅表现在政治制度结构性方面，还表现在国家文化制度的结构性方面。文化产业作为文化产品的生产系统，同时也是国家和社会最重要的表达系统和传播系统。这个系统的权力构成状况，以及构成这种权力结构的价值观构成状况，直接影响和决定了这个国家和社会的政治生态和政治文明程度。因此，在国家的政治架构中，设有专门掌管文化生产和文化审查的机构，并且对涉及国家文化安全的领域和部门实行严格的"国家专营"制度——集中体现国家意志和维护国家利益。新闻传播业属于最核心的文化产业部门与形态，有着直接干预国家政治力量走向的能力，因此，这一领域实行着严格的准入限制

---

① 马克思在《〈政治经济学批判〉导言》中特别指出了人的头脑对世界有多种不同的掌握方式，而"艺术的"掌握方式是与其他掌握方式不同的"专有方式"。他指出："具体总体作为思维总体，作为思维具体，事实上是思维的、理解的产物；但是，绝不是处于直观和表象之外或驾于其上而思维着的、自我产生的概念的产物，而是把直观和表象加工成概念这一过程的产物。整体，当它在头脑中作为被思维的整体而出现时，是思维着的头脑的产物，这个头脑用它所专有的方式掌握世界，而这种方式是不同于对世界的艺术的、宗教的、实践——精神的掌握的。"（《马克思恩格斯选集》第 2 卷，人民出版社，1979，第 104 页。）在这里，马克思提出了一种与"理论的"（哲学的、科学的）方式、"宗教的"方式和"实践——精神的"方式有着本质区别的"艺术的"掌握世界的方式。而文化产业正是所有这些精神"加工"——生产体系的综合。

和审查制度。任何对这一文化产业领域的实际掌控，都标志着一种文化政治关系的变动与重构。因而，所有文化产业领域围绕着对这一领域的进入与反进入，不仅是一个国家内部各种不同社会政治力量反复较量的表现，也是不同国家之间文化产业战略博弈的关键所在。文化产业的市场准入和文化产品的市场准入集中反映了这种文化关系的极端复杂性。正是这一复杂性建构了不同社会、不同国家和不同历史条件下人们之间的社会文化身份和社会文化关系。

一切政治结构的调整都是社会性的。从这个意义上说，由文化产业发展需求带动的中国文化体制改革同时也是一次深刻的社会结构调整。文化体制改革的核心内容有两个：一个是转企改制，一个是转制转身份。机构属性与身份属性是建构社会制度属性的重要来源。从政府主体的事业单位转变为市场主体的企业单位，从国家事业单位编制变成市场主体的企业职工，这是新中国成立之后，尤其是在 20 世纪 50 年代完成戏曲改革和文化生产资料所有制的公有制改造之后，发生在 20 世纪末和 21 世纪初的文化体制改革所引发的中国最大的社会发展机制变动，是一次最大的社会结构重组。这一社会结构的制度性重组就是在发挥文化产业对经济运行行为的调结构功能，同时推进文化体制改革的逻辑结构下发生的。这是文化产业又一次深刻介入社会进程和社会革命的体现，本质上它是当代中国继 20 世纪 50 年代由"戏曲改革"带动的社会发展体制变革之后，又一次因文化而推动的社会发展体制变革，并由此造就新的社会文化体制形态和系统。这是一次文化生产力的解放必然导致的社会文化生产关系变革。

人们为什么需要文化产业？从被认为是文化产业形态生成的历史路径来看，当原有的文化表达手段与工具不够时，寻找新的表达方式是文化产业生成的重要的内生动因：表达需求；而当这种动因导致新的产业形态产生并成为新的财富增长之源时，文化产业发展的外生动因生成了。于是，表达的需求和财富增长的需求共同推升了文化产业的社会发展。表达生成舆论，舆论引发政治，继而政治对表达的干预发生了，即对文化产品的审查与文化产业市场准入制度的建构生成了。文化产业的市场准入是对文化表达的制度性控制。无论是获准进入文化产业，还是被限制进入文化产业，实际上都构成了文化产业与政治的关系，即文化生产关系。这种关系表现在文化产业发展的国际关系上就是国家文化主权，表现在文化产业发展的国民关系上就是国家文化民权——每个人的文化权利关系。由于政治是经济的集中表现，因此，在一切表现为文化政治关系的文化产业制度安排上也都集中表现了文化产业的经济关系。文化体制是文化产业的这种政治经济关系的集中体现。

意识形态生产是最重要的精神文化生产，在全部文化生产体系中具有特别重要的意义，因此，也最为现代国家文化治理所倚重。文化产业是意识形态生产最重要的载体形式和国家机器，它所生产的文化产品有着其他所有形态的产品无法取代的作用，以及重新塑造人的精神世界的能力，因此，自古以来就建有文化审查制度。发展到现代，由大规模机器复制带来的文化产品传播能力的空前扩张，对意识形态的争夺集中表现为对文化产业准入和文化产品市场准入的制度性博弈。准入的限制与管制的放松，表现与建构的都是在这其中人与社会的权力关系。这种权力关系是政治性的，表现在国家之间，涉及国家文化主权；表现在个人之间，则涉及公民文化权利。

以意识形态生产为主要内容的文化产业正在遭遇被娱乐形态文化内容生产的"泛文化产业"所取代的危险，文化产业意识形态生产的本体意义正在这个过程中被消解。文化产业进入一个大分化、大融合、大竞争的新时代。大分化，是指文化产业正在演变和发展为文化产业、创意产业、文化创意产业、创意文化产业等种种形态；大融合，是指以现代传媒产业为核心的文化产业形态正在逐渐丧失原有的核心地位，数字技术和创意设计正在逐渐取代并占领核心；大竞争，是指随着分化加大、融合加深，文化产业各个部分间的"内竞争"日益白热化，每一个部分都在为捍卫自己的地位和生存权而与其他部分进行殊死斗争。

文化产业建构人们的精神关系，文化产业秩序与文化精神秩序具有同构性。文化产业秩序本质上是精神表达的自由及其制度形态，是基于价值观的制度形态。秩序以某种权力分配的合理与否而建构，所谓合理即所有人都认为是应当如此的。围绕文化产业的本质与其展开对抗不可避免，并且是长期存在的。这是中国文化产业发展面临的最严峻的任务，也是未来中国文化建设与发展面临的最严峻的任务。文化产业作为人与社会一切社会文化关系的总和正是由文化产业的这一本质属性决定的。

3. 文化产业是有结构的，对这种结构形态的生命性属性的认识，是我们认识文化产业作为人与社会一切社会文化关系总的基础。

文化产业结构是有生命的，有其生命长度和生命周期。结构的生命性在于它的有机性和再生性。它是一个生命系统，结构的组成部分之间是互相关联的和互相补充的。一个完整的结构缺少了任何一个组成部分，就会变成另一种生命的存在。文化产业结构的生命性与其他任何产业结构的生命性的本质区别是它的精神生产性。文化产业是关于精神生产的产业，是一种以精神产品的存在样式来满足人的精神生命运动需求的构造形态，因此，在其生命形态构造的本体性上，与人的精神生命形态具有同构性。再生性是它的有机性表现出的具体方式，即一种有机体在完成它的整个生命过程中具有可复制性，包括自我复制和他者的复制两个方面。自我复制是生命作为一种自然生命体的延伸，机械复制属于最典型的自我复制。他者复制属于生命存在样式的转换性复制，例如，把小说情节转换成电影情节，结构生命的有机性并没有因为这种转换而改变，电影中的类型片就属于这一类。对文化产业经营来说，经典的结构是有生命力的。所谓"生命力"就是它能够不断生成新的生命形态，迪士尼就是一个典型案例。

文化产业结构是由内部空间结构和外部空间结构共同构成的。文化产业内部空间关系是指在产业形态上的不同文化产业间的构成比例关系。文化产业就其生命形态而言，有宏观文化产业与微观文化产业之分。宏观文化产业更多地表现为文化产业与政治、经济、社会、文化的外部性关系，微观文化产业更多地表现为产业组织的内部性关系。因此，文化产业发展战略也就自然被划分为宏观文化产业发展战略和微观文化产业发展战略。宏观文化产业发展战略主要由政府来制定，具有长期性、全局性和整体性特点，更多是从文化产业与其他方面的整体性和关联性谋划、安排文化产业的发展路径和走向，主要表现为国家和政府层面的文化战略行为；微观文化产业发展战略是指，文化企业从市场出发，根据市场经济发展原则对自身文化产业经营发展取向而确定的文化战略行为，更多地表现为文化企业的组织行为。宏微观的有机构成共同缔造了文化产业生存与发展的社会的文化政治经济学关系。在这个关系结构中，国家文化意志的主体性、文化企业作为市场和社会的主体性，以及个人作为文化生产与消费的主体性形成了人与社会一切社会文化关系的特殊的逻辑联系——政策、规则、权利与契约。国家制定政策与规则，企业根据规则在市场经济体制中享有规定的权利，这是一种共同制定的文化契约。在这份文化契约中，每个人的文化权利与权力都被规定了，市场在被规定了的规则中发挥决定性的作用。正是这种逻辑联系诠释了文化产业作为人与社会一切社会文化关系总和的意义。

外部空间结构是由文化产业和与之相关的政治、经济、社会和文化关系构成的。一个国家和地区文化产业的结构构成及其现代化发展程度是这个国家及地区政治、经济、社会与文化整体发展程度的反映。在不同的国家、地区之间，之所以存在文化产业发展规模与种类上的结构性差异，不是由文化产业生长本身决定的，而是由决定它生长的外部环境和条件决定的。这些外部环境和条件建构了文化产业的外部空间结构。这种外部空间结构的生成与物理意义上的空间关系密切相关，尤其当这种外部空间关系表现为地理方位和地理空间上的构成关系时，地理空间的构成形态对文化产业发展具有决定性意义。

区域发展不平衡本质上是人与社会发展的不平衡在区域间的反映。区域发展不平衡提出了文化产业再分工问题和社会文化关系再建构问题。我国文化产业发展面临新机遇和新挑战，亟须改变文化产业家家点火、户户冒烟、全民大干快上的发展方式。建立新的与主体功能区战略相适应的文化产业发展新战略，把对非物质文化遗产的生活、生产性保护和特色文化产业发展有机结合起来，把传承优秀传统文化同推进传统文化现代化结合起来，正在成为中国文化产业发展的现实性命题。

经济区、城市群、功能区、长江经济带等经济战略与经济政策的不断更新，提出了文化产业发展如何与此相适应和能否与此相适应的问题。多少年来，城乡区别不只是居住地的区别，而是身份、地位和价值的区别。人们渴望身份的转变，是基于城乡价值的不平等。倘若城乡在权力结构和价值上是平等的，那么，城乡差别还会如此大吗？城镇化的关键是去不平等化。在现阶段，科学理性背后依然是以经济理性为动力，而非朝着人文理性回归。城乡二元结构及由此形成的人和社会的一切社会文化关系仍将是长期影响中国文化产业发展最基本的社会文化关系。对这一关系的改变，也将从根本上改变中国文化产业发展的空间关系与空间结构。

"西部大开发"是中国一项长期而重大的国家发展战略，这一战略改变的不只是西部地区落后的经济发展，而且重建了整个西部地区的人与社会的一切构成关系，进而重构中国的人与社会构成关系。西部地区曾经是中国文化最重要的起源地之一，是世界四大文明交汇地之一，拥有极为丰厚的文化资源储备。祁连山下、河西走廊、丝绸之路，曾经以独有的东方文明辉煌而耀眼世界。毫无疑问，中国西部地区的文化产业发展及空间构成，只有在这个历史进程中才可能获得它应有的、全新的和符合西部地区构成逻辑的发展。但是，西部地区自然生态环境的长时段演变恶化，在给我们留下交河故城、高昌古城之后，又留下了作为资源枯竭型城市的玉门。文化与人口不断往东迁徙，使生态环境的修复比发展文化产业具有更为重要的战略意义。自然环境的休养生息是文化生态系统休养生息的基础和前提。只有自然环境生态系统与文化生态系统同时得到生态学意义上的生命恢复，西部文化产业发展战略实施才能获得可持续发展的价值和意义。

中国文化产业国土空间战略的重心在中部，而不在西部和东部。中部地区包括山西、河南、安徽、湖北、江西、湖南六个相邻省份，有着中国最大的人口规模（近4亿人口，占全国总量的28.1%）。新的中等收入人群的增长与扩大，以及由此带来的新的文化消费市场的生成，将以前所未有的能量激活中部地区无限丰厚的文化资源，这是东部地区和西部地区无法比拟的。新的中等收入人群在中国的空间分布并不均衡。经济增长和中等收入人群的形成与一个地区的基础设施水平密切相关。我国中部地区城市群的迅速崛起和以高铁与航空港为骨架的现代基础设施快速布局，及其与"一带一路"的海陆空链接，使整个中部地区成为中国整体发展的战略腹地和物流、人流、文化流的核心通道。这种中部文化产业战略性发展的国土空间基础，构成了东西部地区所没有的战略优势，正是在这个基础上，中部地区文化产业的战略性崛起将从根本上改变中国文化产业发展的空间结构，与此同时，对地区政治、经济和社会发展所提供的新能源系统，将从根本上助推中部地区跨越"中等收入陷阱"。因此，经略中部应该是中国整体性文化产业发展的战略重心，实现这个重心的战略转移应该是未来中国文化产业发展的战略目标。

4. 人地关系和人地系统的改写，使文化产业不再仅仅是传统意义上的人和社会的文化关系的结构方式，而且也是人和自然的文化关系结构方式。"文化产业是人与社会一切社会文化关系的总和"，是包含着深刻的人与自然的社会生态关系的。

农耕文明、工业文明和信息文明并存，构成了当下中国社会构成的"三叠加"，形成了独具中国特色的社会构成形态。这种"三叠加"的社会构成形态反映在文化产业上就是传统文化产业形态、现代文化产业形态和后现代文化产业形态的同时并存与互相叠加。正是这种互相叠加，使中国的社会文化关系呈现前所未有的复杂性。地理环境、日常生活、文化传统等"长时段"的结构，对中国文化产业发展构成了长期影响，文化产业成为这一切的表现载体和表现形态，并且对历史发展"长时段"以"反影响"：重构人与社会的地理环境与空间关系、日常生活与价值态度、文化传统与历史关系。

今天中国文化产业的形态发展正沿着几条截然不同的路径展开：一是文化产业更加科技化，使文化产业越来越走向科技产业，成为科技产业的附庸；二是文化产业更加资本化，使文化产业越来越沦陷为资本的工具，成为资本运作的奴隶；三是文化产业更加旅游化，使文化产业越来越走向旅游业和现代农业，成为新旅游产品和新农产品（多地把发展"民宿"作为发展特色文化产业就是典型案例）；四是文化产业更加娱乐化（真人秀、网络直播等"网红经济"），使文化产业越来越成为"娱乐至死"的阐释，从而构成了文化产业发展的四极。这四种文化产业发展形态都在改写和重新定义着文化产业，所谓"文化产业是内容产业"的"内容"被解构成了多种叙事文本，曾被界定为"核心层"的那一部分文化产业正在这个过程中日渐式微。这种文化产业存在的现实场景，更加深刻地揭示了重新认识文化产业本质的重要性。

自从法兰克福学派创造"文化工业"一词以批判资本对文化产品大规模机器复制的控制后，文化产业便紧紧地与资本、工业和工业化的生产方式相联系，成为工业文明的标志性产品之一。联合国教科文组织关于文化产业的定义就是由此而来的。然而，当农耕文明的文化产品——传统的工艺美术品、工艺品进入国际文化贸易的范畴，成为国际文化贸易的主要交易对象之后，实际上已经改写了联合国教科文组织以工业文明的生产方式定义文化产业的程序；此后，随着创意产业的提出和乡村旅游业的进一步发展，尤其是当"农家乐""民宿"及像中国乌镇这样的传统农村市镇被打造成为一种中国式"主题公园"——世界互联网大会永久举办地后，文化产业范围的进一步扩大和文化产业新业态的日新月异，使得无论是联合国教科文组织的文化产业定义，还是中国文化部的文化产业定义，面对中国文化产业的发展实践都变得缺乏解释力。农耕文明以个体手工业生产方式生产的创造性成果和形成的独特生活景观，被纳入国家和地方文化产业发展规划之后，不仅改写了原有的文化产业定义，也更深刻地揭示了文化产业与人的社会文化关系的变化。文化产业成为人们重建自我与社会全部社会文化关系的社会生物性接口。文化产业不再由政府来定义，而是由人们的社会实践来定义。在这个定义中，文化产业与人、社会、国家的关系被重构了。文化产业不再仅仅是国家意识形态机器，也成为每个人的自我表达载体；不再仅仅是社会生产力发展的动力工具，也成为新文化自觉的工作母机；不仅如此，由于以土地为基础的农业，以及自然山水、天空与海洋也都被文化产业发展所植入，人地关系和人地系统的被改写，使得文化产业就不再仅仅是传统意义上的人和社会的文化关系的结构方式，也是人和自然的文化关系结构方式。所谓"文化产业是人与社会一切社会文化关系的总和"是包含着深刻的人与自然的社会生态关系的。目前自然已经成为人们的社会生活构成的一个重要组成部分。离开了自然环境，社会是不存在的。文化产业从手工、机器、互联网，又走向农业、自然界、自然生态的演化路径，深刻地反映了这一变化以及关系建构的历史进程。正是在这一进程中，我们读到了人的社会文化关系变迁史、建构史和人的灵魂演化史；看到了在这一历史演化进程中，人的权利、社会的秩序和国家的意志是怎样在不断博弈中被建构的。迄今为止，在人与社会的一切文化关系中，还未见哪种产业形态如此深刻地界定和演绎、阐释了这种关系。只要还有文化产业这一文化生产力形态和文明形态的存在，文化产业的这一本质属性就不会改变。它将以不断更新的方式，揭示"文化产业在其现实性上，是人与社会一切社会文化关系的总和"这一本质。

参考文献

本尼迪克特·安德森：《想象的共同体——民族主义的起源与散布》，上海人民出版社，2005。

胡敬萍：《生态恶化与本土文化丧失有关》，《第一财经日报》2011 年 4 月 27 日，第 1 版。

马克思：《关于费尔巴哈的提纲》，载《马克思恩格斯选集》第 1 卷，人民出版社，1995。马克斯·霍克海默、西奥多·阿道尔诺：《启蒙辩证法》，上海人民出版社，2003。

撒切尔夫人：《治国方略》，转引自芦垚《G20 中国范式》，《瞭望东方周刊》2016 年 9 月 8 日。

文化部：《关于支持和促进文化产业发展的若干意见》，2003 年 9 月。

伊曼纽尔·沃勒斯坦：《现代世界体系》，高等教育出版社，1998。

《中国文化产业蓝皮书（2001～2002）》，社会科学文献出版社，2002。

"一带一路"倡议与我国文化产业的空间新布局[*]

花　建^{**}

摘　要： 我国文化产业的发展，要把握国家"一带一路"倡议和长江经济带战略的历史性机遇，构建新的空间战略布局：要打造文化产业发展的"π"型动力带，打造成为文化内外贸易的大通道、文化生产力的动力联动轴；要根据我国是一个超大型文明国家的国情，发展多样化的文化产业区域模式；要面对东西部文化资源的不平衡，发展文化产业服务平台体系；要以周边邻国，"一带一路"联通地区，以及北美、非洲和拉美等为近中远三重文化辐射带，投射中国文化的正能量。

关键词： "一带一路"倡议　文化产业　空间新布局

　　2013 年以来，中国领导人提出"新丝绸之路经济带""海上丝绸之路"两大倡议，提出发展长江经济带等战略，表明了中国扩大对外开放、构建合作共赢新秩序的大国胸怀和综合国力。"十三五"期间的文化产业建设，必须抓住这一重大的历史性机遇，构建新的空间战略布局，为提

---

　*　原文出处，《福建论坛》（人文社会科学版）2015 年第 6 期，第 104～110 页。
　　　基金项目，2013 年国家社会科学基金重大项目"增强我国文化整体实力和竞争力研究"（项目编号 13&ZD038）研究成果。
　**　花建，上海社会科学院研究员，文化产业研究中心主任，研究方向为文化产业、创意经济、城市文化研究和决策服务。

升中国的文化软实力，构建互联互通、合作共赢的全球文化新格局，做出新的贡献。

一 打造文化强国的"π"型动力带

以"一带一路"和长江经济带等为联动轴，打造文化产业发展的"π"型动力带，是我国文化产业空间新布局的核心内容。"一带一路"和长江经济带布局包括三大发展轴。第一条发展轴：我国沿海的南海、东海、黄海和环渤海的 11 个省市发展轴，为我国海上丝绸之路的起点和重要内容。第二条发展轴：我国亚欧大陆桥发展轴，起点江苏连云港，向西通过海陆联动江苏、安徽、河南、山西、甘肃、青海、新疆 7 个省区，贯穿我国东中西区域，从新疆阿拉山口出境，联动西亚、中亚和欧洲，它也是 21 世纪新丝绸之路陆上经济带的重要发展轴。第三条发展轴：长江经济带，覆盖上海、江苏、浙江、安徽、江西、湖北、湖南、四川、重庆、贵州、云南 11 个沿江省市，贯穿东中西。中国学者王战、郁鸿胜等指出：中国地图上这三条发展轴，如同一个巨大的"π"型战略①。此外，一带一路还包括渝新欧（重庆、新疆、欧洲）、蓉新欧（成都、新疆、欧洲）和义新欧（义乌、新疆、欧洲）等发展轴。

"一带一路"和长江经济带既有空间的广度，也有历史的厚度。丝绸之路是中华民族早期的国际商贸通道，包括陆上丝绸之路和海上丝绸之路，长江是中华民族的母亲河，长江经济带在历史上哺育了众多民族，是中国成为文明国家的动力源，联系起吴越、湘楚、巴蜀三大地域文化形态和 10 多个次级地域文化形态，文化商脉源远流长。2014 年 9 月，《国务院关于依托黄金水道推动长江经济带发展的指导意见》将长江经济带定位为具有全球影响力的内河经济带，东中西互动合作的协调发展带，沿海沿江沿边全面推进

---

① "上海参与建设长江流域经济新支撑带的若干问题研究"课题组：《"π"型战略格局中，上海该怎么做》，《解放日报》2014 年 12 月 25 日。

的对内对外开放带，以及生态文明建设的先行示范带。我国文化产业建设要依托"π"型三大发展轴，打造文化内外贸易的大通道、文化生产力的动力联动轴。

从全球范围看，文化产业和创意经济的发展，显示出集约化、规模化、区域性分布的趋势。它们并非在各个地区均衡分布，而是集中在文化、科技、金融结合度高，科技综合实力强，法律制度完善和市场体系发达，全球化联系密切，有一定区位优势的地区。比如，美国华盛顿州和加利福尼亚州的沿太平洋海岸，是著名的新兴产业集聚带；西雅图是亚马逊、微软、波音等企业巨头的聚集地；洛杉矶是世界级视听娱乐产业的重镇；旧金山湾区-硅谷是信息通讯、网络服务、动画视听等的摇篮。硅谷面积4700平方公里，人口仅为300万人，2013年贡献的GDP达到2580亿美元，成为驱动通讯、电脑、影视等产业发展的引擎。

"与其临渊羡鱼，不如退而结网"，中国要建设21世纪的世界文化强国，也必须有这样强劲的文化产业动力带，其重点就是充分利用长江经济带的金融资本、社会资本和文化资源，释放出如核动力般巨大的能量。长江经济带从东到西，存在发展阶段和经济能量上的明显差距。以上海为龙头的长三角地区，人均GDP达到1.5万美元左右，按世界银行的标准已经进入中等发达地区的行列；长江中游的湖南、湖北、安徽等省市，人均产出为6000～7000美元，达到中国大陆平均水平；长江上游的云南、贵州等省市，人均GDP达到3000～5000美元。如果孤立地看待，沿江省市的差距是一种消极的地区发展不平衡的标志；但在中国社会主义制度的优势背景下，它们可以连接成一个整体空间，并可以通过沿江省市的要素流通、产业转移、发展互动，体现出资源和模式的多样性，释放出巨大的资源禀赋、市场潜力和发展后劲。

长江经济带文化产业的新布局，将有力地推动这一广阔区域的文化产业向集约化、规模化和国际化发展。当年的"亚洲四小龙"和其他一些原本相对滞后，但有较好国际贸易区位条件的国家和地区之所以能够实现经济追赶的目标，和它们与发达国家之间的要素流动、产业转移以及市场的一体化密切相关，而这些在中国长江经济带内部就能实现。沿江省市可以相互学

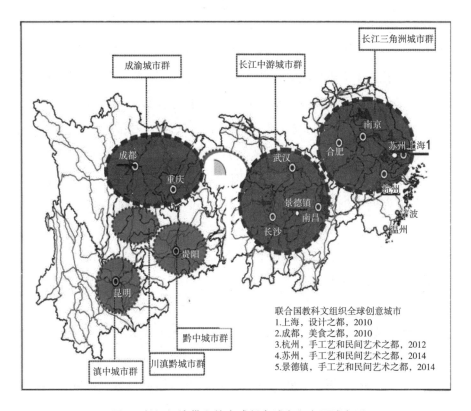

图1　长江经济带上的全球创意城市和主要城市群

习、互相补充，成为中国文化产业融合发展的黄金水道和强大动力带。例如，长三角是我国对外文化贸易的增长极之一，上海是我国发展对外文化贸易最有成效的领军城市之一。上海已经连续五年保持文化贸易顺差，2013年，上海文化进出口总额达159.60亿美元，贸易顺差达31亿美元。上海国际文化服务贸易平台于2007年9月启动，2011年10月27日被文化部命名为国家对外文化贸易基地，2013年依托上海自贸区的正式运作进入一个新的阶段。截至2014年，它聚集了301家从事国际文化贸易的企业，注册资本为87亿元，贸易规模达90多亿元；2013年，国内第一家艺术品保税展览服务机构——上海国际艺术品交易中心开始在基地运行①。上海和长三角

---

① 资料来自本课题组在上海自贸区国家对外文化贸易基地的调研材料。

过去的对外文化贸易主要是向东特别是向美、日、欧等国家开放。成都借鉴上海等的经验，在2014年为中西部地区第一个艺术品保税仓库揭牌，主题是"境内文化艺术品走出去，境外高品质文化艺术品走进来"。这一有效态势将与长三角地区形成一江贯通、东西呼应的大格局，带动中西部把丰富的文化资源开发成为大量文化产品，在向西和向东开放中发挥强劲的动力。

长江经济带文化产业的新布局，将推动和壮大"全球创意城市黄金水道"，这在全世界范围内是独一无二的壮观现象。联合国教科文组织于2004年首次倡导发展"创意城市"（UNESCO，Creative City Network），截至2015年1月，全球已经有69座城市入选。中国有8座城市入选，是全球拥有联合国创意城市最多的国家，其中有5座城市恰好沿长江经济带分布，包括设计之都——上海、美食之都——成都、手工艺和民间艺术之都——杭州、苏州、景德镇①（见图1）。正如联合国在2013版《创意经济报告》中所说："文化在创意城市中扮演了更加普遍的角色，艺术和文化促进了城市的宜居性（Liveability）、社会凝聚力（Social cohesion）和文化认同（Cultural Identity）"，形成了以人的知识、智慧、想象力和创造力为主要资源的新增长模式②。这5座创意城市把全球城市、川菜故乡、人间天堂、千年古城、工艺重镇等文化特色开发为生机勃勃的文化创意产业，兼顾了设计、美食、工艺等不同的产业领域，相互呼应、取长补短，对周边城市群和广大乡镇，特别是整个长江经济带都形成了文化创意产业的增长极作用。"创意城市黄金水道"显示了中国在全球文化创意产业中的宝贵经验，也提升了中国在全球文化领域中的话语权和影响力。

二 推动区域文化产业的多样模式

适应国家"一带一路"倡议，发展多样化的文化产业区域模式，是加

---

① 源自 www. unesco. org。

② UNESCO & UNDP Creative Economy Report 2013 Special Edition.

强我国文化地缘战略的重要举措。中国超辽阔的疆域、超巨大的人口、超悠久的历史，形成了区域资源的多样性和区域发展的不平衡性，正如马丁·雅克等国际学者所言："与近代许多单一的民族国家不同，中国实际上是一个具备多样性的文明实体。"① 有史以来，中国以超强的凝聚力融合了极为多样的文化实体，在历史纵向轴上累积了巨大遗产，如我国三星堆、金沙、马王堆等遗址在发掘中发现了多达 5 ~ 10 层的文化层；在空间横向轴上展开了齐鲁、燕赵、三秦、三晋、湘楚、吴越和巴蜀 7 大地域文化形态和 20 多个次级地域文化形态。同时，中国还是世界上周边邻国最多的大国，不仅与 14 个周边国家接壤，还与另外 10 多个国家在陆域和海域上邻近。近年来，支撑我国区域经济发展的许多基础性条件发生了深刻变化，包括国家对交通通信等基础设施的长期大量投资产生的累积性效应，特别是高速铁路网、高速公路网、区域航空网、江海联运网的形成，推动了要素资源在不同属性区域间的快速流动，从而为重塑我国区域发展的新格局提供了有利条件。

针对特殊的大国国情和历史性机遇，中国必须形成文化软实力的地缘新布局，发展多样化的区域文化产业模式。近年来，全国各地形成了近 10 种区域性文化产业发展模式，包括国际化大都市型、工商业强市/县和专业镇/街型、工业资源型和资源枯竭地区型、民族文化资源和历史遗产地区型、生态功能地区型、农林牧副渔功能地区型、对外开放前沿地区型等模式，培育了上海张江、浙江横店、陕西曲江、山东曲阜、深圳华侨城等区域文化产业先进典型，取得了初步的成效。要鼓励各地扩大探索，以优秀典型引路，从边疆地带到中原腹地，从沿海大城市群到工业资源型城市，因地制宜形成老工业基地型、沿海和岛屿型、港口城市型等 20 多种文化产业发展模式，用以分类指导"一带一路"和各个城乡的文化产业发展。

探索区域文化产业的发展模式，不是分散用力、平铺直叙，必须结合国家建设创新型国家的战略，服从产业升级的大局，特别是贯彻《国务院关

---

① 马丁·雅克：《当中国统治世界——中国的崛起和西方世界的衰落》，张莉、刘曲译，中信出版社，2010，第 159 页。

于推进文化创意和设计服务与相关产业融合发展的若干意见》，在诸多经济中心城市、工商业强市/县和专业镇/街地区，推进文化创意和设计服务等新型服务业与实体经济融合，探索创新驱动的新增长模式。我国东南沿海的山东、江苏、浙江、福建、广东等是海上丝绸之路的重点地区，也是我国经济实力最强、工商业强市/县和专业镇/街最集中的地区。改革开放30年来，这些省在"县域经济""镇域经济"蓬勃发展的背景下，形成了一大批工商业强市（县）和专业集镇，包括长三角的江阴、无锡、昆山、萧山、诸暨、平湖等，以及福建的石狮、晋江和珠三角的顺德、南海、东莞、宝安等，出现了一批GDP超千亿元的产业强市（县），它们下属的容桂、狮山、乐从、龙江、花桥、大唐、巴城等也形成了GDP超百亿元和双百亿元的产业强镇。2013年，广东省专业镇GDP总量突破1.65万亿元，占全省GDP比重的28%。与此同时，它们也面对着提升"珠江水、广东粮、粤家电、岭南衣"的传统广货优势，大力发展新兴产业，扩大"广货世界行"的紧迫任务。顺德、南海等著名城镇把文化创意产业作为创新驱动的动力，用文化创意刺激区域经济的升级。例如，美的集团在顺德建立了全国首个企业工业设计协会，获得国际工业设计最高奖项——红点奖；顺德以广东工业设计城、顺德创意设计产业园、德胜时尚创意产业园三大园区为核心的国家级基地初步形成；以"国际家具设计之都"著称、号称"为30亿人提供家具"的乐从镇，则计划通过3~5年努力，引入300~400名国际知名设计师，成为广东第三大工业设计产业集聚区之一。到2020年，顺德文化产业总产值将突破520亿元，占GDP比重的8%①。

探索区域文化产业的发展模式，必须统筹兼顾，攻坚克难，善于"借力"和"造势"。发展工业资源型和资源枯竭型城市的文化产业，是我国"一带一路"地区推动转型升级的另一项重要任务。这些城市一般是指依托自然资源包括矿产、森林等资源开发而兴起，以自然资源开采和初级加工业为支柱产业的城市。我国拥有工业资源型城市118个，其中煤炭城市63座、

---

① 资料来自本课题组对顺德文化产业的实地调研。

有色金属城市 12 座、黑色冶金城市 8 座、石油城市 9 座。全国约 80% 的资源型城市分布在中西部地区，许多分布在"一带一路"和长江经济带周边地区。这些城市发展文化产业必须把握三大要素：设计科学的定位，把握好人无我有、人有我优的差异化角色；进行目标的取舍，在发展替代性产业的过程中，选择最能发挥优势的文化产业领域；推动要素的配置，重点吸引优质资本、知识型人才的集聚。唐山市、枣庄市、铜陵市等工业资源型城市，就在发展文化产业的过程中，融入了产业整合和城市转型的大战略，与经济转型、社会转型、城市转型等相适应。例如，铜陵地处长江铜铁成矿带上，是国内外著名的"铜都"。在推动产业和城市双转型的背景上，铜陵对传统铜矿资源进行了系统的文化产业开发，初步形成以文化旅游、工艺美术、演艺娱乐、出版印刷、传媒广告五大板块为主导的产业结构，形成了飞越文化中心等 13 个文化产业项目，它们均被列入 2013 年安徽省"861"计划项目库。从现代文化产业的角度看，铜陵之铜，不仅是一脉矿产，而且是辉煌的古文明、雄浑的铜文化、丰富的铜艺术、壮丽的铜景观。铜陵青铜帝国铜文化产业集聚区，以三千米"铜韵水街"为经，展示了从古巴比伦花园到商周青铜艺术神殿的人类铜文化史册，在工业资源型城市的转型发展道路上进行了有效的探索，此类区域性文化产业发展模式应当多多益善。

三 建设文化产业的服务平台体系

适应国家"一带一路"倡议，壮大我国文化软实力，要面对东西部发展的不平衡，以文化产业服务平台体系为框架，集聚和联通各地文化生产力的资源。

中国国家领导人清醒地告诉全世界："中国仍然是世界上最大的发展中国家，发展中不平衡、不协调、不可持续问题依然突出，需要逐步解决。"[1]从中国东部、中部、西部、东北地区四大区域文化资源和实力的分布看，基

---

① 李克强出席博鳌论坛 2012 年年会开幕式并发表主题演讲：《中国经济发展态势没有改变》。

础设施、文化投资、产业主体、文化人才等大多集聚在东部地区，特别是三大城市群即京津唐城市圈、长三角城市群、珠三角城市群及东部沿海地区。亚太文化创意产业协会采用文化支持度、文化内涵度、文化融合度、文化创造力、文化发展力、文化影响力六大指标，从两岸城市中选出42个具有较强文化创意竞争力的城市，其中，东部地区有32个，占76%；中部地区有6个，占14%；西部地区有4个，占10%。东部地区城市具有绝对的优势（见图2）。

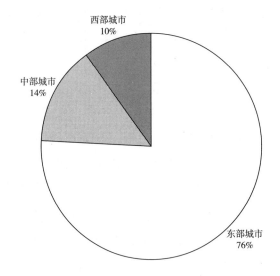

图2　两岸42座具有较强文化创意竞争力的城市分布比例（2013年）

资料来源：亚太文化创意产业协会：《2013两岸42座城市文化创意产业竞争力调查报告CCIA》。

从近年来全国各地的国家级文化产业示范项目来看，在国家级文化产业示范基地（1～5批）共273个单位中，东中西和东北地区的比重分别为46%、19%、25%和10%；在最有影响力的国家文化产业示范基地（1～2批）共20个单位中，东中西和东北地区的比重分别为80%、10%、10%和0%；在国家级对外文化贸易基地共3家单位中，东中西和东北地区的比重分别为100%、0%、0%和0%（见图3）。上述数据说明，中西部和东北地区缺少强有力的文化产业主体支撑点，在有些方面还是空白。

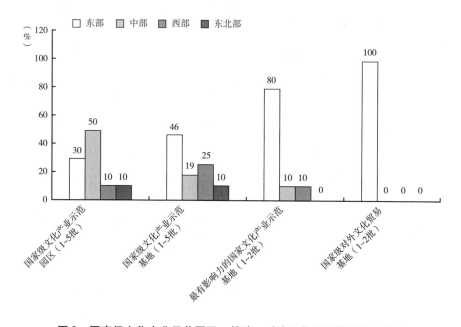

图3　国家级文化产业示范园区、基地、对外文化贸易基地分布比例

"工欲善其事，必先利其器"，为了扭转这种文化资源和文化主体不平衡的状态，迫切需要把文化服务平台链建设作为突破口，形成既适应区域战略规划，又能够辐射服务全国，连接全球文化资源和市场，专业化、集约化和国际化的文化产业服务平台体系。国内外大量实践证明，文化产业作为知识型、智慧型、创意型的新兴产业，需要依托服务平台体系，实现多种金融资本、社会资本和文化资源的集聚。"平台经济（Platform Economy）"本意指借助有效的服务系统和交易空间，促使经济活动的双方和多方之间形成广泛的交易和合作增值效应。随着互联网的升级和国际文化贸易市场的扩大，大量的金融资本、社会资本和文化资源被纳入文化产业领域中，这一领域中的平台建设可以发挥多种功能：1. 资源配置和交换交易功能，吸引大量的资金、技术、人才和项目集聚，有利于资源的优化配置；2. 企业孵化和产业培育功能，依托优良的基础设施和服务实体，有助于创造新的文化企业，培育新兴业态；3. 集成创新与产业联动功能，带动周边产业，产生物流、信息流、人流和资金流，形成产业集群。

在国家推动"一带一路"和长江经济带战略的背景下，要在文化产业平台建设方面采取以下四大举措。

第一，在具有地缘战略意义的城市群，重点建设五类文化服务平台。1. 创意研发设计平台，通过组合创意研发和设计的供需双方/多方，依托优良的基础设施和市场信息的精确匹配，降低开发的成本，加快创新研发的适度和效益；2. 投融资和交易平台，建立规范的投融资和交易规则；3. 资源配送和社交平台，通过信息精确匹配等方式，线上和线下相结合，把海量的客户和供应方形成双边/多边的配对，提供各类资源供应的效益；4. 企业孵化培育平台，通过降低服务成本，培育新兴的产业集群；5. 国际文化贸易平台，为国内外文化贸易企业在投资、设备、项目等的双向流通，提供通关、保税、租赁、仓储、会展等便利。

第二，以文化投融资和交易平台为核心，形成互联互通、统筹运行的平台链。在文化产业服务平台配置资源的多种功能中，核心是对资金的配置，关键是创新金融服务体系。在大工业时代，大规模生产的需求催生了以土地、厂房、设备、矿产、石油等重要自然资源和重型资产抵押、评估的金融体系。而在后工业化社会/创意经济时代，原有的金融服务体系已经不能适应现代社会经济发展的需要，轻资产型、知识型的新型金融服务体系成为大势所趋，它把传统意义上难以进行价值界定的文化资源和文化产品转化成可以抵押、投资、交易、租赁的文化资本，并与文化金融信用征信系统相结合。2015 年 2 月，上海文化产权交易所联合多家金融机构，在上海建设了全国第一个文化金融信用征信体系和相关数据库，与此同时，国家级文化金融征信系统建设项目正式启动，它包括建设文化产权市场机构信用评级体系、文化金融行业个人信用征信系统，发布"文金信用分"产品，把文化金融征信数据库投入市场化应用。

第三，要推动"双平台并举"，即鼓励政府投资的政策型文化服务平台和企业投资的商业型文化服务平台之间形成优势互补。前者应该体现国家意志和长远布局，在扶持文化产业的战略导向、基础设施、国际合作、培育新锐等方面多做贡献，如南京国家级文化与科技融合服务产业基地、雨花台区

国家数字出版基地、中国（浙江）影视产业国际合作实验区等。后者应该
体现市场敏锐性和服务灵活性，大力开发新兴文化市场，例如，南京文化艺
术产权交易所钱币邮票交易中心作为全国首家钱币邮票实物挂牌交易平台和
线上交易平台，2013 年 5 月获得批准，到 2014 年，注册的经纪会员机构已
达几百家，有 5 万多名交易会员，会员大部分来自江苏以外的 28 个省份，
日均交易额达 5 亿元。

第四，要扶持平台型的文化企业，它们具有"平企合一"（企业自主经
营与平台服务功能合一）的特点，如盛大、百度、聚力、东方财富等新型
企业。传统意义上的企业是追求利润最大化的主体，不把提供公共服务作为
主要功能。而根据互联网时代的叠层结构规律，这些新兴企业可以有多层结
构。最下面是免费/低价的公共服务层，吸引海量的用户集聚，在上面可以
叠加诸多付费/增值的商业服务层，其中，腾讯在 2014 年 4 月的 QQ/微信在
线用户就达 2 亿人。它们的"供应链管理支持平台"控制了管理多用户、
多供应商、多渠道的订单履行程序，实现用户与供应商、服务商的无缝连
接，成为开发新兴市场的强劲引擎。

四　拓展近中远三重对外文化辐射带

中国"一带一路"倡议，具有第二次地理大发现的深远意义。它包括
"一带一路"和两廊（从中国新疆喀什连接巴基斯坦瓜达尔港到阿拉伯海的
走廊、从中国云南连接中南半岛交通网经过未来的泰国克拉大运河直通印度
洋的走廊）的大战略框架，使新丝绸之路经济带和海上丝绸之路相互联通，
形成一个巨大的地缘平行四边形。该战略覆盖 40 多个国家，覆盖总人口超
过 40 亿人，经济总量超过 20 万亿美元。随着这一倡议的实施，中国将扭转
由于近代的积贫积弱，遭受外强割疆裂土、失去东北方向出海口的地缘灾
难，推动中国中西部成为直通欧亚大陆、连接太平洋和印度洋、海陆兼备的
大枢纽，也充分发挥中国对全球经济增长的动力作用，让欧亚非澳诸多国家
的人民依托一个互联互通的地缘经济合作网络，共享发展的成果。

历史上 15 世纪开始的第一次地理大发现，经过 19 世纪、二战后、20 世纪后期的三次地缘政治大扩散，把西方民主价值观扩散到了欧美、澳洲、拉美、东亚和东欧地区，正如新加坡学者郑永年所说，"西方国家把民主从西方扩展到西方之外的国家和地区，主要包括如下几种方式，即殖民地、军事占领、冷战阵线等"①。但这种西方价值观和民主政治模式正面临着越来越大的危机，如英国学者汤因比所说，"帝国的衰落来自对外的过度扩张和社会内部扭曲的扩大"。② 大国兴衰的历史证明，唯有一个大国自身保持不断创新的活力，率先提出和实践全球性的议题，引领全人类发展的价值观念和方向，才能吸引广泛的盟友，这就是国家文化软实力的精髓。英国学者马丁·雅克指出："每一个新兴大国，都会用一种全新的方式来创造和推广自己的体系，欧洲的典型方式是海上扩张加殖民帝国，美国则是空中优势和全球经济霸权，中国同样也会以崭新的方式来展现其实力。"③

中国经过 30 多年的改革开放，从一个被隔绝于全球经济体系之外的发展中国家，一跃成为全球第二大经济体、第一贸易大国，体现了与西方现代化模式不同的另一种成功模式。中国走向伟大复兴的根本道路是和平发展，和平是中国道路的旗帜，发展是中国道路的本质，科学是中国道路的思想方法。中国不但要实现经济的强盛，而且要通过文化外交、文化交流、文化贸易，在全球传播中国的价值观和现代化理念。我国的文化产业建设，要依托国家推动"一带一路"倡议的历史性机遇，提升我国在全球文化产业的价值链、文化资源的供应链、文化品牌的服务链中的地位，在全球范围内提供大量的文化产品和文化服务，扩大我国向国际社会投射的文化正能量。

第一，要以本土文化产业为动力源头，形成投射中国文化影响力的近中远三重辐射带，即我国的周边邻国，"一带一路"的联通地区，以及北美、非洲和拉美等地区。要大力发展各种文化合资、合作的产业项目，采用

---

① 郑永年：《地缘政治和民主秩序问题》，《联合早报》2014 年 9 月 30 日。
② 汤因比：《历史研究》，曹未风等译，上海人民出版社，1986，第 405 页。
③ 马丁·雅克：《当中国统治世界——中国的崛起和西方世界的衰落》，张莉、刘曲译，中信出版社，2010，第 209 页。

"中国故事、世界表述"和"世界内容、中国创意"等生产和传播形式。习近平总书记在坦桑尼亚进行国事访问时，在演讲中提到，"中国的电视剧《媳妇的美好时代》在坦桑尼亚热播，也让坦桑尼亚老百姓了解到中国老百姓生活的甜酸苦辣"[①]。而坦桑尼亚正处在海上丝绸之路的东非海岸。近年来，中国的电视真人秀和才艺节目，经过了从国外引进、消化吸收等过程，已经进入本土原创、输出海外的新阶段。例如，英国国际传媒集团从中国灿星制作引进、并且负责国际发行权和英国播出权的《中国好歌曲》，正是中国第一部输出海外的电视原创才艺节目。

第二，要扩大中国的对外投资，特别是拓展电子信息类文化出口市场。中国从 2013 年开始成为全球第三大对外投资国，2014 年，我国共实现全行业对外投资 1160 亿美元，如果加上第三地融资再投资，对外贸易规模应该在 1400 亿美元左右，这意味着我国实际上在 2014 年已经成为全球的资本净输出国[②]。随着我国对外文化投资的扩大，文化出口产品也在不断优化结构。例如，2014 年，我国自主研发的网络游戏产品在海外销售收入达到 30.76 亿美元，同比增长 69.02%。其中，客户端类游戏占总出口网游数量比重的 27.7%，网页游戏比重为 30.9%，移动类游戏数量比重为 41.4%，实际销售收入 12.73 亿美元，同比增长高达 366.39%，显示了我国网络文化产品出口的广阔前景[③]。

第三，要制订示范性规则，推广由中国创造的文化产业新业态。中国创新型的文化产业规则、模式、技术和平台，具有率先探索和示范的意义，是可以被各国共享的文化公共产品和财富，例如，上海、深圳两地的文化产权交易所开展的文化金融服务，被国际专业人士称为"中国在文化与金融的结合方面具有开创性的模式"，要把这些经验向海外推广，进一步发展中国

---

① 《习近平："媳妇的美好时代"在坦桑尼亚热播》，腾讯娱乐，2013 年 3 月 25 日，ent. qq. com。

② 李予阳：《2014 年我国实际对外投资已超过利用外资规模》，《经济日报》2015 年 1 月 26 日。

③ 李婧：《2014 年我国文化贸易的喜与痛》，《中国文化报》2015 年 2 月 28 日。

（海外）文化产权交易所等新形态。

第四，吸取各国文化资源，丰富中国向世界投放的文化产品。世界性大国都把掌握各国语言作为扩大文化软实力的战略性资源。美国《国防部语言技能、区域知识和文化能力的战略规划：2011～2016》显示，美国官方、军队和院校目前掌握的各国语言已达380种。要在我国长三角、珠三角、东北地区、北部湾等城市群，建立多层次的文化贸易语言服务基地，全面提高我国跨文化贸易的能力。2014年，上海今日动画影视文化有限公司尚在制作的26集原创动画片《泡泡美人鱼》，委托欧洲最大的电视代理公司——德国国家电视台国际公司（ZDF）作为全球销售总代理，仅在欧洲和北美等地的销售金额就超过1000万欧元，并且与著名美国电视连续剧《纸牌屋》的制作和播出平台Netflix公司签订了为期两年的播放授权，同时推出英、法、德、中四种配音版本，成为第一部在其视频网络上播出的中国原创影视作品。

参考文献

李婧：《2014年我国文化贸易的喜与痛》，《中国文化报》2015年2月28日。

李予阳：《2014年我国实际对外投资已超过利用外资规模》，《经济日报》2015年1月26日。

马丁·雅克：《当中国统治世界——中国的崛起和西方世界的衰落》，张莉、刘曲译，中信出版社，2010。

"上海参与建设长江流域经济新支撑带的若干问题研究"课题组：《"π"型战略格局中，上海该怎么做》，《解放日报》2014年12月25日。

汤因比：《历史研究》，曹未风等译，上海人民出版社，1986。

《习近平："媳妇的美好时代"在坦桑尼亚热播》，腾讯娱乐，2013年3月25日，ent. qq. com。

亚太文化创意产业协会：《2013两岸42座城市文化创意产业竞争力调查报告CCIA》。

郑永年：《地缘政治和民主秩序问题》，《联合早报》2014年9月30日。

带状发展："十三五"中国
文化产业发展新趋势 *

范建华 **

摘　要：　"十三五"是中国文化产业发展的重要拐点，带状发展成为
中国现阶段文化产业发展的新趋势。在带状发展的空间布局
下，我国的文化产业必将走向国际市场，丰富国内市场，提
升产品升级换代的速度，出现历史性跨越发展和几何级数倍
增的新特点；而大数据时代的到来势必要求我们做好顶层设
计和规划，实现大数据分析、决策、定位和拓展。在这个过
程中，必须突破现行行政区划限制、突破产业门类分割、突
破市场壁垒束缚、突破管理体制制约，最终使中国的文化产
业发展形成统一市场、统一标准、统一国民待遇的公平竞争
大格局。

关键词：　"十三五"　文化产业　带状发展　国际化

从中国文化产业发展的历史轨迹来看，可以将"十五""十一五"定位
为中国文化产业发展的起步阶段；"十二五"是中国文化产业的快速发展时
期，以培育产业体系、形成产业规模、打造产业园区、整合产业资源、聚合

---

*　原文出处，《云南师范大学学报》（哲学社会科学版）2015 年第 3 期，第 84~93 页。

**　范建华，云南省社科联主席，研究员，云南师范大学博士生导师，研究方向为人文地理学、
　　民族历史学、文化产业理论。

产业资本为重点；"十三五"则是中国文化产业进入大数据的时代，是新兴产业门类和新业态对文化产业进行大解构、大变革、大融合、大转型、大升级的历史机遇期。笔者认为，文化产业在"十三五"期间应该重点关注其带状发展的空间布局。所谓带状发展空间就是指在大数据时代，文化产业空间布局突破传统区域环状分布而代之以线性带状分布，将文化产业的诸多要素进行有机的市场化配置与整合，从而突破行政区划的阻隔和产业门类的分割，最终实现国际化生产、交换与消费的整体共赢的文化产业发展大格局。

一 "十三五"期间中国主要的文化产业带分布

（一）"一带一路"文化产业发展空间

2013年9月，习近平总书记访问哈萨克斯坦时提出，要用创新的合作模式，共同建设"丝绸之路经济带"。同年10月，习近平总书记在印度尼西亚国会发表演讲时提出，中国致力于加强同东盟国家互联互通建设，倡议筹建亚洲基础设施投资银行，愿同东盟国家发展好海洋合作伙伴关系，共同建设21世纪"海上丝绸之路"。此后，"一带一路"倡议被纳入国家战略规划，中央即刻着手落实：中国和俄罗斯就跨欧亚铁路与"一带一路"的对接达成了共识；中国—哈萨克斯坦（连云港）物流合作基地启用；2014年11月，习近平总书记在中国APEC峰会上宣布，中国将出资400亿美元成立丝路基金，为"一带一路"沿线国家基础设施建设、资源开发、产业合作等有关项目提供投融资支持；亚洲基础设施投资银行创始成员国在北京签署了政府间谅解备忘录。

从国际背景来看，"一带一路"是与经济全球化及区域经济合作发展大趋势相适应的，是中国进一步融入世界经济体系、强化与周边国家经济合作的客观要求。从国内背景来看，"一带一路"倡议是中国形成全方位开放新格局的一项重大政策。

"一带一路"文化产业发展空间的提出既是一种战略布局，更是一种实践推动。从外延来看，"一带一路"的发展空间是一个立体化的全方位发展的产业格局，文化产业可以在此战略格局下实现行业内的突破，并积极实现与其他产业的融合。

古老的丝绸之路给我们留下了沿线丰富的文化资源，通过发展丝绸之路文化产业，可以加快我国丝绸之路沿线地区特别是西部地区、边疆地区、民族地区文化产业的发展。有的区域甚至可以把文化产业培育成本区域经济支柱性产业，通过文化产业扩大就业、促进消费，从而推动经济的发展。

汉唐时期，我国与西方联系的主要国际通道就是以南、北陆上丝绸之路为主体。而宋元以后，我国与地中海区域的联系主要以海为主，从中国的泉州、福州、广州，通过马六甲海峡进入印度洋，再经红海抵达东非，进入地中海，到达北非和欧洲，这条路线成为我国主要的国际交流联系大通道。

"海上丝绸之路"是新陆上丝绸之路的延伸。陆上要和相关国家互联互通，海上无法互联互通的国家也要发展全方位的合作。"海上丝绸之路"不是具体指哪一条路，而是一个友好合作的概念，是面向所有国家的。"海上丝绸之路"从 3 个辐射起点联通其他地区：摩洛哥海岸向南北美洲辐射；巴基斯坦的瓜达尔港连接西亚、南亚、非洲东部；以台湾为核心的我国东南沿海向东北亚、东南亚和太平洋地区辐射，东南沿海没有陆路连通的国家都可以参与其中。

"一带一路"文化产业在发展空间上具有独特的优势，这种优势表现在以下几个方面。首先是文化产业发展的国际性。文化产业的大发展必须走国际化发展道路，在这个过程中，要加强丝绸之路沿线各国的文化交流和贸易往来，将我国优秀文化及和谐发展、和平共处的理念传播出去，使不同文化背景、不同宗教信仰的各国、各地区、各民族人民增进交流、理解、沟通、尊重，增强"一带一路"倡议的文化认同。其次是文化产业发展的多元性。不同的经济发展程度和社会政治背景，使得该文化带具有丰富多彩的经济基础和政治特色，多元性在带来更大变数的同时，也带来更大的发展空间。最后就是文化产业发展的关联性。该文化带不仅具有自身文化的特色，也具有文化带之间的纽带性质。它东连环渤海文化产业圈，南连藏羌彝文化走廊和泛亚国际大通道文化产业带，其繁荣具有得天独厚的条件。

当然，"一带一路"文化产业的发展，面临着内部省级行政区划的"各自为战"和外部跨国文化交流的现实障碍，尤其是对外的风险系数较高——在这一带状上的文化企业虽然面临着国家层面生态环境的利好政策，但企业维系自身长效发展的压力也比较明显和直接。"一带一路"是中国提出的倡议，国际认同和参与极为重要。在承载不同诉求的国家利益面前，如何牢牢把控住"一带一路"文化产业发展的主导权，是一大难题，但同时更是重大历史性机遇，只要抓住这个机遇不放手、一步一个脚印地播种耕耘，收获必然是长久的、可持续的。

（二）长江经济文化产业带

2014 年 4 月，中共中央政治局常委、国务院总理李克强在重庆主持召开座谈会，研究依托黄金水道建设长江经济带，为中国经济持续发展提供重要支撑。同年 9 月，国务院下发了《关于依托黄金水道推动长江经济带发展的指导意见》，将长江经济带定位为具有全球影响力的内河经济带、东中西互动合作的协调发展带、沿海沿江沿边全面推进的对内对外开放带和生态文明建设的先行示范带。长江经济带覆盖上海、江苏、浙江、安徽、江西、湖北、湖南、四川、重庆、云南、贵州 11 个省（市），建设长江经济带是新的历史机遇期中国区域协调发展和对内对外开放相结合、推动发展向中高端水平迈进的重大战略举措，既能促进经济发展由东向西梯度推进，形成直接带动超过 1/5 国土、涉及近 6 亿人的发展新动力，推动贫困地区脱贫致富，缩小东中西差距；又能优化经济结构，形成与丝绸之路经济带的战略互动，打造新的经济支撑带和具有全球影响力的开放合作新平台。

长江经济带文化资源丰富，拥有国家级历史文化名城 53 个，占全国总数的 43%，这一区域的山水文化、田园文化、民族文化、宗教文化、书院文化、民俗文化、商业文化、红色文化异彩纷呈。长江上游以巴蜀文化、夜郎文化、古滇文化为代表。巴蜀文化是中国四川盆地中成都的"蜀"和重庆的"巴"所代表的文化，与中原、楚、秦文化相互渗透，影响古滇文化、夜郎文化和后来的南诏大理文化，辐射东南亚；古夜郎疆域覆盖曲靖以东、四川自贡、泸州、广西中西部、湖南芷江等地，夜郎文化最大的特点是多元化；古滇文化以滇池为中心，劳浸、靡莫、叟等部落融合当地部族文化、中原汉文化及楚文化，形成具有浓郁地方特点和鲜明民族特色的民族文化。长江中游则以荆楚文化、湖湘文化、赣鄱文化为代表。荆楚文化是周代至春秋时期在江汉流域兴起的一种地域文化，包括炎帝神农文化、楚国历史文化、秦汉三国文化、长江三峡文化、现代革命文化等；湖湘文化源于楚文化，南北朝及唐宋以来，由于历史的变迁发展，使湖湘士民在人口、习俗、风尚、思想观念上均发生了重要变化，组合、建构出一种新的区域文化形态；赣鄱文化在上古时代脱胎于百越文化、吴楚文化，发展出以江右人民的生产实践为基础、以赣鄱农业文明为核心，历经数千年的一种特色文化。长江下游不同历史时期以吴越文化、徽派文化、海派文化为代表。吴越文化是分布在以太湖流域为中心，大致包括今日的苏南、江西东北的上饶地区、皖南、浙江省和上海市的地域文化，吴越文化可分为"吴文化"和"越文化"；徽派文化主要是指宋元明清以来，根植于徽州本土，并经徽州商帮和徽州士人向外传播和辐射，进而影响其他地域文化进程的一种区域性历史文化；海派文化植根于中华传统文化，融汇吴越文化的精华，吸纳西方文化元素，创立了海纳百川、善于扬弃、追求卓越、勇于创新的海派文化。

这些丰富多彩、兼具传统和现代特色的文化是长江文化产业带建设的优势所在。此外，该文化产业带还具有优越的经济基础，交通基础设施非常发达，尤其是依托长江黄金水道的文化旅游业已有一定的基础，综合立体交通走廊建设被纳入国家战略规划。该产业带连接着中国发达的沿海地区和发展后劲十足的中西部地区，具有坚实的物质基础。同时，该产业带也是中国文化、教育、科技水平发展程度最高的地区之一。产业带之内的上海、南京、武汉、重庆与成都等中心城市，是我国高校和科研院所集中之地，为文化产业的发展提供了充分的智力基础。

该文化产业带的建设应当注意以下几个方面。首先，该文化带的发展要坚持发展先进的、与国际接轨的文化产业，积极参与国际竞争，不应局限于国内，更不能满足于现状。其次，应给予传统文化必要的重视。虽然该地区文化发达，与国际文化极易融合，但文化之根还在中华。无根的文化是不能长久的，参与国际竞争，不能蜕变为海外文化，应当以传统文化的现代化"自然进化"为依托。最后，该地区文化的发达性极易使文化脱离本土需求。文化产业离不开大众消费，因此，文化产业应当基于志趣健康的大众文化，如脱离大众文化口味和合理需求，则无法建构经得起考验的可持续发展的文化产业。

（三）环渤海湾经济文化产业带

环渤海湾地区是中国当下最为重要的也是最发达的经济区之一。该区域涵盖京津冀都市圈、山东半岛城市群、京冀环首都经济圈、中关村国家自主创新示范区、天津滨海新区、曹妃甸循环经济示范区、辽宁五点一线沿海经济带。环渤海湾地区是我国北方经济集聚中心，拥有密集的城市群、完善的产业群和现代交通体系，文化旅游资源丰富，文化产业要素齐全，发展文化旅游互补性强，文化旅游合作的优势明显。在这样的背景下，北京市政府创办了"9＋10"区域旅游合作交流会，成员包括环渤海湾及北京周边9个省、区、市和10个国内热点旅游城市。该合作主要通过实施区域旅游发展战略，形成跨区域旅游合作体系，以产品和市场为核心，创新合作理念和方式，推动环渤海湾地区和国内热点旅游城市的深度合作，力争实现区域内的资源共享、市场共享、利益共享。

该文化产业带范围内的文化产业发展具有非常明显的优势。第一，该文化产业带属于当下中国经济最发达的经济区域，经济上的优势是文化产业建设与发展的重要基础。第二，该文化产业带拥有最便捷的交通和信息网络，在交通、人员流动和文化认同感上，都是其他地区无法与之相比的。第三，该文化产业带具有发达的文化、科技、教育基础，中国的政治中心也位于该区域，因此，具有丰富的、可供开发的政治文化资源。第四，该区域内文化产业的建设具有传统文化基础。齐鲁文化与燕赵文化是中国历史上重要的文化，也是特色分明的文化传统，这些传统都是可供利用的资源。第五，该区域是中国对外文化、政治交流的核心地区之一，对外交流基础极好，构成重要的文化出口基地。外向型的文化产业发展是其重要的优势。

该文化产业带在建设发展中应注意以下几个问题。首先，作为政治中心所在地，文化的政治立场非常引人注目，因此，在发展文化产业的同时，一定要注意文化的导向性。这就要求在追求文化产业经济效益的同时，不能忽视文化产业的社会效应和政治效益。其次，文化发达的同时可能带来文化的同质性。现代性总是以形式上的统一性为代价，因此，以文化资源为基础的文化产业，也极易在文化现代性的背景下走向同质性，从而使文化产业的根基不牢固。文化消费以文化的个性化、差异性、吸引力为前提，而同质化的文化产业则会缺乏吸引力。最后，要协调好该区域文化的传统性与现代性的关系，既不能以消费为导向而牺牲传统文化，也不能为了保障文化传统而牺牲文化产业的经济效应。

（四）藏羌彝文化走廊

1980 年，费孝通先生提出"藏彝走廊"这个概念，这个概念本身就暗示着一种特殊的民族文化带的存在。此后，国内一批重要学者如李绍明等进一步提出了青藏高原东南角沿岷江、雅砻江、安宁河谷至金沙江流域存在着一条自古就有的民族文化走廊——藏羌彝文化走廊。藏羌彝文化走廊以氐羌系统的多个民族生活地区为地理空间，以独特的民族文化及其融合为精神基础，是中国西部地区重要的经济文化长廊。在国际与国内经济文化相互融合发展的新常态下，从国家战略层面加强该区域的建设开发力度、形成以"走廊"为核心的带状发展布局，是"十三五"国家西部大开发的重大建设项目。该走廊的建设要突出藏羌彝民族文化的特色，建设具有民族特色的文化载体，从而形成具有典型民族特色的文化产品或服务。

从文化产业行业发展的角度来看，藏羌彝文化走廊的发展需要以以下三个方面为重点。首先，要重点发展民族文化旅游。文化资源是文化产业发展的基础，浓郁的民族文化风情资源是该文化产业带的根本生命力，将具有民族特色的文化资源转化为差异性的富有吸引力和市场价值的文化产品，形成具有藏羌彝特色文化走廊的旅游景区（景点），升级改造本区域内的历史文化名城、名镇、名村等，将是该文化产业带上产业发展的主要方式。其次，要发掘和开发民族特色文化产业，尤其是对列入非物质文化遗产名录的传统手工技艺（技能）予以重点传习和对外展示，促成一批既保留浓厚民族文化特色与风格，又适应现代审美标准与情趣的文化艺术产品进入文化消费市场，形成完整的文化产业链，以促进民族文化特色产业集约化、规模化、市场化发展的大格局。对藏羌彝文化走廊而言，民族手工艺产业的发展不仅是经济层面的支撑手段，更是民族传统文化保留和文化传承的重要方式，要强化旅游产品开发的民族特色，加强民族手工艺产品的发掘与开发；要加强品牌意识，强调独特性基础上的知识产权保护，促进工艺美术产业的规模化生产，利用现代公司研发、制作与销售上的优势，促进个体民族民间手工艺品的规模化生产和市场化营销。再次，要促进民族特色文化的创意生产及市场链接。从藏羌彝文化产业带发展的实际情况看，当前存在着两个基本的制约因素：一是创意不足，二是规模发展不够。因此，该文化走廊在发展特色文化产业时，一定要促进民族文化元素与现代设计的结合，大力推进文化创意和设计服务业，开发具有民族特色的创意设计、动漫游戏、网络音乐、演艺、广告及其他增值服务业，实现文化产业发展的升级跨越。同时，以廊带状分布的市场空间为载体，以交换平台建设为纽带，以市场需求为原则，创新经营模式，以销定产，增强多种方式的合作与协同创新，将分散化经营转变为集约化经营，扩大规模化发展，实现特色文化产品和特色文化产业的创新发展。

由于该走廊位于我国西部欠发达地区，地方财政与经济实体的经济实力有限，文化产业类的大型企业还没有完全形成。而且，该走廊地区的教育与科技水平相对比较落后，总体来说，由于地理地形的复杂与经济发展的相对滞后，使得该走廊区域的基础设施建设相对文化产业建设的需求还具有一定差距。这就需要在"十三五"发展阶段，国家从政策上予以适当倾斜，在财政上予以必要支持或引导发达地区资本的投入，在人才上予以扶持性培养。总之，由于特殊的地理位置与经济文化现状，政府需要加大资金、人才与基础设施建设在该文化走廊区域的倾斜，外部的"输血"虽然不能从根本上解决藏羌彝文化走廊文化产业发展面临的现实困难，却能从时间上缩短与东部地区的差距，更快地释放该走廊带状文化产业发展的红利，推动当地经济社会健康可持续发展。

（五）黄河中原地区文化带

华夏文明的主体是黄河文明，黄河文明的中心在中原地区，"黄河为中原大地提供了源源不断的生命活水，黄河为炎黄子孙造就了广阔、平坦、赖以生存的沃土，黄河为中原培育了无数英雄豪杰、仁人志士，黄河及其文化又为中原文化的繁荣发展奠定了坚实的基础，增添了丰厚的文化底蕴"。① 从地域上来说，黄河文明的范围很广，囊括了中原文化、齐鲁文化、三晋文化、秦陇文化、河套文化、黄河三角洲文化等不同的区域文化，而其中的中原文化是黄河文明的中心，主要以今天的河南省为主，向四面八方延伸，这里人口密集，仅河南省的人口就突破了一个亿。这里的农耕文明无论是过去、现在还是将来，都在整个国家发展中占据核心地位。黄河中原地区文化带堪称孕育中华文化的"母体"，更是传承中国传统文化的焦点文化带。这一文化带具有最为深厚的历史底蕴和文化遗产根基，毫不夸张地说，中华民族的伟大复兴首先要看的就是黄河中原地区文化带的复兴。

古老文明同现代产业相结合是当今世界文化发展的一大趋势，黄河中原地区只有打造"兼容并蓄"的文化产业集群才能实现新的发展，中国文化产业的蓬勃发展同样需要"逐鹿中原"——离开中原文化产业的崛起，中国文化产业将缺失重要的发展原动力而偏离主航道。众所周知，古代"丝绸之路"的起点之一就是洛阳，而洛阳又是中原文化的核心区域。国家"一带一路"倡议中的"丝绸之路经济带"建设，很重要的一环就是实现黄河中原文化带的振兴，尤其是推动河洛地区文化产业的发展。从开封到郑州

---

① 牛玉国、黄河：《中原文明孕育成长和繁荣发展的基石》，《黄河科技大学学报》2008年第4期。

数百公里沿黄河大堤构成的两岸滨河文化产业带必将是重振新郑古老文明和高扬北宋高度繁荣文明景象的又一次扬帆之旅，使中原黄河文化产业带重放异彩。古老河南登封少林文化产业已经成为中华文化产业的一道奇观，虽然饱受争议，却让我们对这一地区文化产业的发展充满了新期待。今后只有打破传统固化思维，抓住国家战略机遇，集聚传统文化正能量，释放实践探索红利，才能实现黄河中原地区文化产业的综合性发展。

（六）珠江经济文化产业带

珠江是华南地区唯一横贯东西的重要河流，干流总长度为 2197 公里，是东、西、北三江及下游三角洲诸河的总称。经过改革开放 30 多年的建设发展，珠江水系已初步形成了由西江航运干线、珠江三角洲、北盘江—红水河、右江、柳江—黔江等 3500 多公里国家高等级航道网和南宁、贵港、梧州、肇庆、佛山 5 个主要港口，以及北江、东江等区域重要航道和港口组成的航运体系，全流域航运量占全国内河航运量的 20% 左右。珠江经济带包括珠三角、北部湾经济区、黔中经济区和滇中经济区 4 大经济区，以及广州南沙新区、珠海横琴新区、深圳前海、贵州贵安新区、云南滇中产业新区等多个国家级发展平台。

建设珠江经济文化带是构筑我国西南华南地区东西走向的经济文化带框架的重要组成部分，对国家整体经济发展和现代化建设具有重要的战略意义。珠江经济文化带把经济发达的港澳珠三角和欠发达的滇、桂、黔连接起来，促进它们之间的协调发展，同时，将会更有利于中国与东盟及南亚的合作，推进 21 世纪海上丝绸之路的建设。

广东省在中华文化中是最具开放精神的一脉。2008 年 12 月，国务院批准了《珠江三角洲地区改革发展规划纲要（2008～2020 年)》，包括文化创意产业在内的现代服务业被纲要列为优先发展的产业。2010 年，广东省数字出版业产值占全国的 1/5，动漫和网络游戏产值约占全国的 1/3，网络音乐产值约占全国的 1/2，游艺游戏设备产值约占全国的 2/3。2011 年，广东省提出，"到 2020 年，珠三角地区文化创意及相关产业增加值占区域生产总值的比重达到10%以上，成为重要的战略性新兴产业、国民经济的带动性产业，成为经济结构优化的重要推动力、经济发展的重要增长点"。[①] 贵州省提出，以贵阳文化产业中心为枢纽，与黔东南苗侗文化旅游产业圈、遵义红色和茶酒文化产业圈、黄果树文化旅游产业圈，以及贵州西线喀斯特文化旅游产业带、黔南世界遗产和地质科技文化旅游产业带、梵净山佛教文化产业带、奢香古驿文化产业带、乌蒙夜郎文化旅游产业带、乌江文化旅游产业带共同构成"一心、三圈、六带"的空间布局结构。云南省则提出要充分发挥云南文化资源的独特优势，大力发展主导文化产业，培育新兴文化业态，推进都市文化产业，发展乡村文化产业，不断壮大文化产业发展规模，增强发展实力和竞争力，努力把文化产业打造为建设民族文化强省的重要引擎和经济发展新的增长点。同时，充分利用云南的文化资源优势和区位优势，深化与东南亚、南亚、西亚、东非国家的交流与合作，开拓国际文化市场，参与国际竞争，打造外向型文化产品。广西壮族自治区在2012年出台的文化产业发展"十二五"规划中，提出经过10年左右的努力，把广西建设成在全国有较大影响力的区域文化中心，成为对东盟文化交流的枢纽、中国文化走向东盟的主力省区，成为我国西部的文化产业高地，成为具有时代特征、壮乡风格、和谐兼容的民族文化强区。此外，珠江连接港澳经济和文化产业发达地区，对珠江经济文化产业带的国际空间成长也极为有利。在新的历史时期，尤其是国家"一带一路"倡议复兴"海上丝绸之路"之际，珠江经济文化产业带必将率先成为中华文化强起来和走出去的一支"铁军"。

建设珠江经济文化产业带应从以下几个方面入手。一是加快珠江经济文化带立体交通网络的构建。基础设施是珠江经济文化带建设的关键，要下大力气改善区域内尤其是中上游地区基础设施滞后的状况，加大基础设施建设力度，重点构建珠江经济带立体交通网络。二是建设文化产业系统的智力产业、高新技术产业、创意产业、媒体产业、民族艺术产业、城市景观产业、海洋文化产业、休闲产业等，应充分利用丰富的民族文化资源，大力发展具

---

① 余华泳：《珠三角，文化产业崛起正当时》，《中国文化报》2013年6月4日。

有民族特色的旅游产业，防止重复建设与同质化建设。要注重消除珠江经济文化带上地区间的封锁和贸易壁垒，实现文化资源与要素共享，建立统一开放的文化市场体系。同时，抓住建立中国—东盟自由贸易区的机遇，形成"沿海、沿江、沿边"的全方位对外开放格局，构建经粤港澳、滇黔桂连接亚太市场和东南亚、南亚市场进而面向世界的开放型经济文化带，最终形成竞争、有序、统一、开放的区域性大市场。珠江经济文化产业带的建设还有一个重要意义就是，在国家全方位向西开放战略中，可以有机地将陆上丝绸之路与海上丝绸之路连接起来，形成一个完整的网状结构，使"一带一路"倡议带状向西推进，并形成坚实的网状结构。

（七）京杭大运河文化带

京杭大运河河道绵延经过北京、天津两个直辖市和河北、山东、江苏、浙江四个省，流经中国最发达的东部地区，并将沿河的各个城市聚落串联在一起，形成了南北交融的经济带、政治带、交通带和文化带，京杭大运河沿线至今仍保存着璀璨夺目的文化遗产。2014 年 6 月，中国大运河正式列入世界文化遗产，其中包括以北京、杭州为始终的京杭大运河。作为世界文化遗产，京杭大运河堪称最具影响力的水道，并形成了一条特殊的运河文化带，即"京杭大运河文化带"。中国传媒大学文化发展研究院院长范周先生在《对大运河文化产业带建设构想的思考》一文中指出，"这 2 市 4 省的文化产业增加值占据全国文化产业增加值的半壁江山，文化产业的就业人数也占全国的一半以上，动漫、电子商务、新媒体等新兴文化产业主要集聚在这条线路上。种种数据证明，大运河沿线凝聚着中国文化产业发展的核心力量，而大运河的成功'入遗'为这些优质文化资源的整合优化提升带来了前所未有的机遇。申遗成功后，大运河及其周边资源如何可持续发展，是后申遗时代需要解决的重要问题"。①

① 范周：《对大运河文化产业带建设构想的思考》，http://news. xinhuanet. com/culture/2014 - 08/05/c - 126834821. htm，2014 - 08 - 05。

　　开发利用京杭大运河文化资源，打造京杭大运河文化产业带，不是简单的对园林、水务等的规划，而是围绕京杭大运河文化形成一个水系特色明显的文化经济和产业带，这是一个综合性和系统性的工程，其核心就是"将运河文化内涵渗透到文化产业乃至一产、二产中去，实现'运河文化有载体，产业运营有内涵'的运河文化开发模式，实现沿线城市与运河本身的共同发展"。① 大运河文化产业带迫切需要高水平、高素质的团队参与一系列文化产业项目的开发建设和管理运营，影视、音像制品、游戏、戏剧舞蹈、体育、文化旅游等都可以是运河文化产业发展的载体。在大众文化盛行的时代，一部影视剧带动一个城市发展已经成为可以复制的手段，打造一部运河带上的影视剧作品，自然也是可行的选择。京杭大运河文化产业带的建设不能保守和安于现状，必须敢于"跳出运河文化看运河"，将大运河的文化内核融合到其他产业形态中去，推动京杭大运河文化产业带的融合式、跨越式和超常规发展。全面深化改革的时代，京杭大运河文化产业带的建设迫切需要国家层面的顶层设计，而顶层设计的"落地"则必须发挥市场的主体作用。政府和企业要形成良好的互动模式，政府搭建平台，企业唱好市场这出戏，双方形成合力，把市场要素做好，实现共同利益。此外，京杭大运河沿线的各个城市之间也需要深化合作、有机分工、互通有无，根据自身特点因地制宜地发展好本地的文化产业。政企合力、城市齐心，才能真正推进京杭大运河文化产业带的建设。这项"功在当代、利在千秋"的时代伟业，完全可以在我们的手中成为现实。

　　通过以上对文化产业带的分析可知，"十三五"期间，中国文化产业发展的空间布局已突破以往的区域发展空间布局，成为全新的发展范式。由于大数据时代的到来，文化产业的生产、交换、消费都更加国际化和市场化，要将带状发展空间布局与产业发展国际化有机结合起来，需要我们充分把握大数据给文化产业业态带来的变化，适应新业态给我们的消费需求、消费习

---

① 范周：《对大运河文化产业带建设构想的思考》，http://news.xinhuanet.com/culture/2014 - 08/05/c - 126834821.htm，2014 - 08 - 05。

惯、消费方式带来的冲击，更有效地把握机遇、掌握国内国际两大市场，以获取最大化的效益。

二 文化产业带状发展的"国际化"认识与"大数据"理念的强化

（一）要有"五个国际化"认识

1. 国际化视野。文化产业的带状发展，首先需要文化产业界人士"睁开眼睛看世界"，在思想上打破只在乎脚下"一亩三分地"的狭隘思维。在建立文化产业的过程中，国际化是不可忽视的视角，在全球化时代，没有国际化视野就不可能走出去竞争和"创收"，只赚自家人的钱显然是个"逆循环"。文化产业，究其实质是将文化作为大众消费，这个大众不只是本国国民，也包括外国国民。因此，文化产业的跨越发展虽然离不开国家化的视野，但随着国内市场的稳定，走向国际化是必然的。在正确认识文化产业建设发展的客观规律、路径选择等方面，一定要拥有国际化的视野，这是文化全球化的内在要求。

2. 国际化市场。文化消费是基于大众对文化的一种鉴赏，这是无国界的。文化消费和其他消费一样，需要广阔的市场，消费主体越广泛，经济效益越高，文化的传播就越广泛，文化的影响力就越大。因此，建设文化产业带不能仅仅着眼于国内市场，更要积极开拓国际市场。国际化市场是客观的，需要那些具备国际化视野的文化产业界人士看到这一市场的存在；国际化市场又是充满竞争的，任何想获得国际化市场收益的人，都必须从激烈的国际竞争中"淘得真金"；中国文化产业的发展、先进文化产品的输出和文化利益的护卫，都需要借助参与国际市场的竞争来实现。孔子学院在一些西方国家正遭遇抹黑和抵制，事实上是被人为地贴上了"政治标签"，同时，也因为我们自己缺乏"产品竞争意识"。试问，如果将孔子的思想以文化产品如电影、电视、音乐等艺术产品的形式来输出，主动瞄准国际化市场去参与竞争，阻力是不是会小得多？充斥美国战争主义思维的《变形金刚》四部曲榨取了中国几十亿元的票房市场，我们的年轻一代愿意乖乖掏钱观看，很能说明问题。根据市场化思维，生产国际化的文化产品，将汇聚中华先进文化的文化产品——"孔子"改良为另一种形态的"擎天柱"，使之具备在欧美市场上所向披靡的实力，从而为国家创造更多的价值，这才是中国文化产业走出去的最终愿景。

3. 国际化资本。虽然当前我国逐渐成为资本净输出国，但并不意味着我们在特定的产业和市场不需要国际资本。国际资本的引入可以解决某些地区、某些产业短期内资本短缺的问题，尤其在我国一些经济落后地区建设文化产业，资金短缺是难免的，引进国际资本的同时也会带来先进的管理理念和管理技术。我们更擅长的是用自己的钱来生钱，而不是利用国外的钱来生钱，这是当前中国文化产业"走出去"的短板。我们的很多民族品牌面临着被外资控制的局面，文化产业领域的企业稍微好一些，但从长远来看危险很大，需要提前应对国际资本的冲击。在文化产业领域，我们缺少资本运作的人才，这是一个不争的事实。虽然人民币在美元体系中处于被动位置，但文化产业的国际化市场只有国际化资本参与才能撬得动，这一点是毋庸置疑的。因此，培养自己的国际化资本运作人才是当务之急。马云的阿里巴巴借助国外资本在美国成功上市，未来中国的文化产业企业也需要借助国外资本实现马云式的成功。

4. 国际化产品。国际化产品并非意味着我们的文化产品要引入外国因素或基因，而是指我们的文化产品在坚持自己特色的基础上，能够被世界认可。只有被广泛认可的文化产品才有市场，文化产品的国际化意味着产品的广泛认可性。欧美各国的文化产品在世界的输出，靠的是承载所谓的"普世价值"和基督教化了的"自由民主"，而我们的文化产品要赢得世界的广泛认同，同样需要阐释和附带普适性的文化内容。当然，我们不应照搬西方，搞被西方神圣化了的"民主性"产品，而是要从中华传统文化中汲取营养，创作出无国界的产品，以潜移默化的方式去点化被西方控制的文化制高点。我们的"好一朵美丽的茉莉花"就被西方各国承认了，我们需要更多的"茉莉花"，而且外国人必须自愿为观看"茉莉花开"掏钱，这样我们的文化产业才能在国际上走得出去、扎得下根基。

5. 国际化人才。文化产业与所有产业一样需要人才，包括管理人才、设计人才、营销人才等，人才的国际化是文化产业走向世界的重要基础。国际化视野的打开需要人才，国际化市场的竞争需要人才，国际化资本的运作需要人才，国际化产品的制作更需要人才，离开国际化人才，文化产业的国际化发展就难以成功。因此，当务之急是建立起国际化人才的培育机制，给人才以发展空间。苹果公司的产品，正是因为集合了国际顶尖人才团队的差异化思想碰撞，适应了多元化需求，才在各国受到普遍欢迎。我们的文化产业做大做强，成功走向世界，需要内外两方面的人才——对内是培育本国人才，对外是引进国外人才。这两种人才的思想碰撞和行为互补，必将形成符合国家文化产业发展需要的国际性人才团队。

（二）要强化"四个大数据"理念

文化产业建设怎么设计？绝不能摸着石头过河，一定要有顶层设计、顶层规划，一定要以大数据为基础，实行大数据分析、大数据决策、大数据定位、大数据拓展。

文化产业的建设涉及两个层面，首当其冲的是顶层设计。虽然我们已经结束了计划指令时代，但是顶层设计的指导作用是不能忽视的，是在一定程度上避免市场短视行为和认知不足的重要途径，因此，在文化产业建设上我们需要顶层设计。但是，必须保证顶层设计的科学性，这就离不开信息时代的"大数据"理念。

构建文化产业，我们要坚持以大数据为基础。大数据为建设文化产业提供以下两方面的基础：文化产业投资要与消费需求相适应，消费需求需要大数据；作为产业基础的基础设施建设的规模，也要建立在大数据的基础之上，否则就是盲目建设，造成资源浪费。

大数据的使用需要建立在科学分析的基础上。大数据分析是专业的，我们不能以个人尤其是领导个人的爱好对大数据反映的问题做主观揣测，大数据的分析是专家的工作，政府不能替代专家的分析工作。

政府不是大数据的分析者，而是根据大数据进行决策的机构。政府的决策是建立在大数据分析的基础上的。这样的决策才是科学的，没有大数据及其分析结论作为依据的决策是主观的，是违背科学规律和市场需求的，因此，大数据决策是顶层设计的重要理念。

政府在使用大数据时，不能定位于自己的利益，应当定位于社会利益、定位于市场需求。价值取向是使用大数据的前提，若没有正确的价值取向，大数据的使用在定位上出现偏差，顶层设计将必然出现问题，文化产业的构建就会偏离文化消费，甚至于偏离人们的价值追求，这样的文化产业必将因为没有市场而走向失败。

三　文化产业带状发展过程中"四个突破"与"三个统一"格局的形成

（一）要实现"四个突破"

在"十三五"期间，文化产业的带状发展必须突破行政区划限制、产业门类分割、市场壁垒束缚、管理体制制约。

毋庸置疑，文化产业直接带来的就是经济效益。面对经济效益，主体之间的竞争是在所难免的。众多文化产业带之间本身就存在着竞争关系，不同的文化产品之间也存在着竞争关系。因此，行政割据、部门划分及其带来的各种市场壁垒在所难免，国家的行政管理也会带来消极影响。这些都是我们在建设文化产业带时必须避免的。行政区划仅仅是市场壁垒的一部分，在文化产品上也存在着基于资金、知识产权、技术和自然地理而形成的市场壁垒。市场壁垒的产生是追求超额利润的必然结果，不利于市场的培育和形成。

行政管理是客观存在的，作为文化产业实现方式的文化产品的提供者总是处于一定的行政区划之中，受到区域行政管理。地方行政机关有为了地方利益进行区域限制的可能，这会给文化市场的形成与良好运行带来极大危害。不消除文化产业的行政区划限制和行政管理体制的约束，文化产业市场就不能真正建立起来，文化产品的价格也将被无形抬高，增加文化消费的成本，进而影响文化消费水平。要实现"四个突破"，需要做好以下几方面的工作。

首先，要坚持行政改革，处理好政府和市场的关系，充分发挥市场在资源配置中的决定性作用，最大限度地提高资源配置效率。政府要减少行政层级，精简办事机构，减少行政区划带来的市场割据、行政管理带来的体制性制约，进一步放权给市场，积极提升市场的效率，积极促进文化产业市场的形成。

其次，要加强文化领域的反垄断执法。对已经形成的文化产业垄断或正在形成的文化产业垄断，依法予以治理，促进文化产业市场的培育与形成，促进市场的自由竞争。

最后，要强化文化市场秩序规范和文化市场监管，规范中介组织的发展，完善行政执法、行业自律、舆论监督、群众参与相结合的文化市场监管体系，健全文化产品质量监管机制，严厉打击侵犯知识产权、商业欺诈等违法行为，维护和健全文化市场秩序。

（二）要形成"三个统一"的公平竞争大格局

"三个统一"即统一市场、统一标准、统一国民待遇。建设文化产业带、培育文化产业市场，目的在于建立统一市场。文化产业是市场经济的一个组成部分，文化产业也需要与其他产业一样，统一全国市场，甚至是国际市场。统一市场有利于消除市场割据带来的成本增加、腐败滋生、资本浪费和消费者权益受损现象。市场主体在统一的市场内自由竞争，促进产品的先进性、管理成本的下降和消费者利益的增加。

统一市场的建立离不开统一的标准，这个统一的标准体现在市场准入标准的统一、市场规范和税负的统一。市场准入标准的统一是指文化市场的准经营者要想参与到文化市场中，准入要求应当是统一的，不能存在歧视。既不能存在地区上的歧视，也不能存在身份上的歧视，更不能暗箱操作产生腐败。市场规范上的统一，是指市场经营者遵守同样的市场行为准则。在税负上，根据国家统一的税法，经营者承担相同的税负，不至于因为税负的不同而使得一方获得竞争优势，一方处于竞争不利地位。

文化产业市场实际上属于服务市场，这个市场具有国际性。中国已经加入世界贸易组织，根据世界贸易组织的规定，外国经营者进入中国服务业市场应当享受国民待遇，这是中国承担的国际义务。因此，在文化产业领域，一旦外商获得经营许可资格，他们的国民待遇即获得法律上的保护。国民待遇是消除贸易壁垒的重要法律保障手段，也是在文化产业市场实现自由竞争的重要手段。

实现"三个统一"，在法治已成为社会主义中国建设目标的大前提下，应该依靠法律来实现，而非行政手段。

参考文献

范周：《对大运河文化产业带建设构想的思考》，http：//news. xinhuanet. com/culture/2014 – 08/05/c – 126834821. htm，2014 – 08 – 05。

牛玉国、黄河：《中原文明孕育成长和繁荣发展的基石》，《黄河科技大学学报》2008 年第 4 期。

余华泳：《珠三角，文化产业崛起正当时》，《中国文化报》2013 年 6 月 4 日。

特色文化产业发展研究[*]

齐勇锋　吴　莉**

摘　要：　在文化强国战略框架下，加快特色文化产业的发展是实现中华民族文化大繁荣、大发展的重要途径。我国特色文化资源，尤其是民族文化遗产资源极为丰富，本文考察了我国特色文化产业的特点、发展现状，梳理在特色文化产业发展中存在的主要问题，并深入探讨其原因，提出相关政策建议。

关键词：　特色文化产业　文化资源　文化遗产　资源转换

21世纪以来，我国文化产业快速发展，在促进文化建设、经济结构调整和社会进步中发挥着巨大作用。发展文化产业离不开对文化遗产资源的保护、传承和开发。然而，伴随着文化产业的迅速崛起，各地在文化遗产资源开发过程中也出现了盲目性开发、破坏性开发、粗放式发展，缺乏有针对性的扶持政策等问题。如何切实保护好我国宝贵的文化遗产资源，成为我们面临的重要问题。必须在资源转换过程中处理好保护、传承和开发的关系，发挥我国文化遗产资源极为丰富的比较优势，使文化遗产资源在科学保护的基础上开发转化成具有民族特色的文化产品和文化财富，从而立足于本土文化资源，推动特色文化产业发展，彰显中华文化魅力，为中华文明的伟大复兴做出积极贡献。

---

* 原文出处，《中国特色社会主义研究》2013年第5期，第90~96页。

基金项目，本文系文化部文化产业司委托课题成果。

** 齐勇锋，中国传媒大学文化发展研究院教授；吴莉，中国传媒大学文化发展研究院博士生。

一 特色文化产业的内涵和基本特征

特色文化产业是指基于民族和区域传统文化遗产资源，从民间自发产生发展，其文化产品与服务在风格、品相、品种和工艺等方面都具有鲜明的民族和区域文化特点，拥有一定产业规模、市场占有率和影响力的文化产业形态。通俗地讲，特色文化产业就是某一民族和区域中的"草根文化产业"，包括特色文化旅游、工艺美术、戏剧演艺、节庆会展、健身运动和基于本土文化遗产资源题材的影视产业、动漫产业、出版产业，以及与此关联的特色文化饮食、酒文化和茶文化产业等。概括而言，特色文化产业是由区域性和民族性的多层次、多样化的特色文化产品，以及具有中华民族共性的价值内涵和民族风格的文化产业形态构成的一个庞大体系，是我国文化产业的有机组成部分和文化市场发展繁荣的重要推动力。除了绿色低碳、融合性和渗透性强等文化产业的一般特点之外，特色文化产业还具有以下四个基本特征。

一是自发性。特色文化产业植根于深厚的民族文化沃土，依托民族和区域文化资源及自然资源的比较优势，具有广泛而深厚的社会基础，是区域和民族历史文化的记录载体。二是传承性。特色文化产业作为社会特定群体文化传承的产物，产品形态源远流长，大多依靠师徒传承、家族或宗族心口相传，表现出活态性和延续性，具有顽强的生命力。三是区域性。特色文化产业依托当地的地理条件与自然资源发展壮大，体现出生活在不同地区民众的审美偏好，具有鲜明的区域性特征。一般而言，其产业规模不大，所对应的消费群体有限，属于"小众"文化产业。但不排除少数文化遗产资源经过现代转换而发展为大众文化消费产品，如有些民歌转换为流行歌曲。四是价值性。特色文化产业与当地民众的生活、生产习惯和社会风俗息息相关，是历史上不同民族、区域的社会群体的物质和精神生活、文化风貌的集中体现，承载着中华民族一体多元的价值取向和审美情趣，具有内容价值、社会价值、艺术价值、经济价值、文化传承价值等多方面的综合性功能和复合性价值，以及创造巨大的经济社会效益的发展潜力。

二　新形势下加快发展特色文化产业的重要意义

在全球文化产业大发展的潮流中，需要清醒地认识到，中华民族数千年来积累的特色鲜明、底蕴深厚的文化遗产资源是我国推进文化建设的天然优势。只有运用好这一优势，以本土资源为出发点，在继承的基础上创新发展，我国的文化建设才不会成为无源之水、无本之木，中国特色社会主义才能够在汲取民族文化营养的过程中获得源源不断的生命力。在当今经济全球化、政治多极化、文明多样化的大背景下，以科学发展观为指导，加快发展特色文化产业是传承、发展和创新民族文化，增强国民自信心、自豪感和凝聚力，建设社会主义文化强国和实现中华民族伟大复兴的重要前提。当清新的创意之泉注入民族文化资源的深厚沃土，发展特色文化产业便成了我国文化建设的战略基点。对内可以满足和丰富人民群众的精神生活，在一定程度上弥合经济与文化发展不同步的矛盾；对外可以塑造更加鲜明、生动、亲切的国际形象，把极为丰富的民族文化资源转化为中华文化的软实力和国际影响力，为全球文化生态的繁荣多样增添亮色。

一是有利于保护和传承文化遗产资源的价值。文化遗产资源是特色文化的主要载体和表现形式。作为人类历史文明的符号载体，文化遗产具有稀缺性、唯一性、不可逆性等特征，是一种特殊资源。当人类度过漫长的农业社会，进入现代工业化社会，标准化、规模化的经济发展方式和城市化进程对世界各地民族文化遗产的保护与传承构成严峻挑战。因此，既要重视文化遗产资源的脆弱性，对其加强保护；也应看到其蕴含的多重价值，通过科学开发与合理利用，使文化遗产在教育人民、促进发展中发挥更大的作用。

文化遗产资源的保护与开发并非对立，关键是找到二者之间的平衡点。发展特色文化产业，就是要通过创意转换、现代转换、科技转换和集成转换，挖掘文化遗产中最具魅力的活态性价值，在发展中保护，在创新中传承，使宝贵的民族文化遗产资源得以永续利用、造福人类。随着历史变迁与社会结构变化，一些民间传统文化与民众生活逐渐疏远脱离，这其中既有文化发展变化的自然规律，也有在工业化、全球化浪潮冲击下的非正常衰亡。借助产业开发的动能，激活传统民族文化资源的现代价值，就成为一种文化发展的自觉，使文化的传承与发展不再停留在文献记录、科学研究或小范围人群的传承接力之中，而是与富有生机活力的民众生活，尤其是与年轻一代形成良性的接触和互动，与现代人的审美、生活方式对接，让更多人感受到其中蕴含的文化特色和魅力，进而产生文化认同，使我国优秀的传统文化薪火相传，保持旺盛的生命力。由此可见，发展特色文化产业会对中华文化传承和文明复兴发挥积极的作用。

二是有利于把我国本土文化资源优势转化为产业优势和经济优势。我国历史悠久，地域辽阔且民族众多，是唯一历史文化传统没有中断的四大文明古国，历史文化资源积淀之丰厚举世罕见，具有发展特色文化产业的比较优势和优越的资源条件。2010 年，我国国内生产总值超过日本，成为全球第二大经济体，与此形成反差的则是经济发展方式转变的巨大压力。我国经济结构调整的迫切要求为文化产业发展预留了极大空间，而特色文化产业大多以文化遗产、非物质文化遗产为开发转换对象，不仅具有深刻的文化意义，也具备巨大的文化财富挖掘潜力。据联合国贸易组织统计，2008 年，我国大陆地区手工艺品出口额为 107.22 亿美元，占发展中国家的 33.17%，年增长率为 20.47%。① 特别是中西部经济欠发达地区，近年来依托丰富的文化遗产资源大力发展特色文化产业，云南、广西、贵州的文化旅游，青海、西藏的唐卡艺术品，陕西、四川、山西的民间演出，甘肃庆阳香包等，已经形成规模经济效应，成为文化脱贫、文化富民，拉动区域经济社会发展、推动经济结构调整的重要引擎。

三是就业价值十分突出。工业化时代以标准化、机械化、规模化生产为主要特点，后工业化时代则更多朝着个性化、柔性化、非标准化的服务业方向发展，产业结构的变化意味着人力资源需求结构的调整。特色文化产业属于第三产业服务业的范畴，具有劳动力密集型产业的特征，尤其是对手工制

---

① 联合国贸发会议：《创意经济报告》，三辰影库音像出版社，2011，第 133 页。

作要求较高的领域，在解决就业方面比工业更具优势。国家统计局的数据表明，每百万元固定资产，重工业安排94人就业，轻工业安排250人就业，手工艺行业则可安排800人就业。

四是有利于形成差异化、特色化的区域发展模式。我国幅员辽阔，区域之间的资源禀赋和生产要素差异极大，不同区域的发展需要差异化的定位。从我国文化产业发展的现状看，内容不足、同质化成为制约产业成长的瓶颈。而特色文化产业具有鲜明的民族特色和区域特征，这种天然差异性可以在一定程度上弥补我国目前存在的文化创新力不足和区域发展的同质化问题，促使各地区依托其文化资源优势，探索各具特色的文化产业发展路径和经济社会发展模式，培育区域竞争优势，形成新的增长点，避免同质化竞争。

五是有利于促进文化产业与相关产业融合发展，推动新型城镇化进程。城镇化的本质是产业结构、就业结构的转变以及城镇公共空间和社区结构的变迁。特色文化产业的文化价值内涵独特，产业链条长，具有明显的溢出效益和带动能力，可以促进文化产业与旅游产业、地方特色经济联动发展，有效促进农业劳动力向非农产业就地转移，为新型城镇化增添文化魅力和发展动力。广西阳朔的《印象·刘三姐》、湖南张家界的《天门狐仙》、福建武夷山的《印象·大红袍》等大型实景演出，就启用了一些当地文艺青年作为群众演员，不仅有助于发挥乡村的人力资源价值、提高年轻人的文艺素养，而且进一步开辟出新的城市文化空间。全国各地特别是大中城市彰显地方特色的各类节庆活动，使单一文化内容搭配多种载体的呈现形式产生了显著的范围经济效益，带动交通、通讯、餐饮、宾馆、服装、纪念品等相关服务业的发展繁荣，促进文化旅游价值的升华与城镇化发展。

六是有利于培育新的消费热点，拉动内需。特色文化产业区域性特征鲜明，贴近民生，群众喜闻乐见，内需市场潜力巨大。如今，一些特色文化产品还在创新设计与艺术含量上不断提升，具有收藏价值，市场前景一片大好。根据长尾理论，在市场中除了占据消费曲线前端的大众产品之外，还有处于曲线长尾部分的众多细分市场，代表了"精众"的消费取向。特色文化产品的品种和风格多样，虽然单一产品的规模不大，但在众多的细分市场上各领风骚，在当前消费结构转型升级中已经形成了新的热点。

七是有利于增强中华民族凝聚力和民族团结，维护国家繁荣稳定。我国有 56 个民族，各民族既有各自的不同特点，又都是中华民族大家庭中的成员，长期和谐共处，形成了一体多元的发展格局。大力发展中华民族本土化的一体多元的特色文化产业，可以起到保护和传承民族文化遗产、文化富民、增强民族自信心和国家向心力的多重作用，对于化解"藏独""东突"等分裂主义和恐怖势力的困扰、维护边疆的繁荣稳定也将产生积极作用。

八是有利于提升国家文化软实力和国际形象。保护本土文化遗产资源，发展民族文化产业，促进世界多元文化发展，是联合国和国际社会一贯倡导的方针。2001 年，联合国教科文组织大会第 31 届会议发表《世界文化多样性宣言》，提出"对于自然界而言，文化多样性与生物多样性一样重要"的观点。纵观全球，发达国家以经济实力为基础，以文化产业为依托，向世界输出其文化价值观。中国作为崛起中的大国，要实现中华文化"走出去"与价值观的输出，在全球多元文化生态格局中展示自己的形象，必须有优质的文化产品作为载体。

三 特色文化产业的发展态势和基础条件分析

随着近年来我国经济社会的迅猛发展和文化建设的快速推进，社会各界的文化自觉、自信意识明显增强，加快发展特色文化产业已经成为广泛共识。特色文化产业从民间起步发展，政府扶持力度逐步加大，进入了健康发展的快车道。

一是党中央、国务院对发展特色文化产业高度重视，提出了明确要求。《国家"十一五"时期文化发展规划纲要》提出，要积极发展我国西南、西北等地区具有鲜明地域和民族特色的文化产业群。《国民经济和社会发展第十二个五年规划纲要》要求加快文化产业基地和区域性特色文化产业群建设。2011 年，党的十七届六中全会再次将文化产业发展提升到前所未有的战略高度，提出要发掘城市文化资源，发展特色文化产业，建设特色文化城市，繁荣发展少数民族文化事业，开展少数民族特色文化保护工作。2012年发布的《文化部"十二五"时期文化产业倍增计划》提出，要"挖掘各地特色文化资源，通过规划引导、政策扶持、典型示范等办法，引导特色文化产业有序聚集，发展壮大一批特色明显、集聚度高的特色文化产业基地。鼓励各地积极发展依托文化遗产的旅游及相关产业，打造一批特色文化产品和服务，培育一批民族演艺、文化旅游、工艺美术等文化产业集群，着力推进藏羌彝文化产业走廊等重大项目，增强特色文化产业群发展的聚集力、辐射力和竞争力"。不难看出，"特色驱动"已经成为我国文化产业发展的基本方针和重要动因。

为促进文化遗产资源的保护性开发与生产性开发，文化部颁布《"中国民间文化艺术之乡"命名办法》，将民间文化艺术分为表演艺术、造型艺术、民间技艺、民俗活动四大类别，全国共有963个市、县（县级市、区）、乡镇（街道）被授予"中国民间文化艺术之乡"的称号，为彰显区域特色文化魅力、促进特色文化产业发展创造了有利条件。2011年，国家出台《非物质文化遗产保护法》，相继公布了三批总计1383项国家级非物质文化遗产及传承人保护名录，并将春节、清明、端午、中秋四大民族节日定为全国休假日，形成了社会各界广泛参与的浓厚氛围。随着国家对文化遗产的重视程度与保护力度越来越大，各地在特色文化资源的开发上也逐渐摸索出更多、更具可持续发展意义的开发模式。为此，文化部自2004年以来命名了8家国家级文化产业示范园区、7家国家级文化产业试验园区和5批国家文化产业示范基地，体现出政府扶持特色文化产业发展的引导、示范作用，同时也反映了中华文化的多样化特征，以及各地依托区域文化资源优势、发展特色文化产业取得的积极进展。

二是各地结合自身文化资源优势，制定了一系列促进特色文化产业发展的规划和政策措施。我国地域广阔，文化资源丰富多样，从中央到地方，多层次的开发促进了各地对特色文化资源的深度挖掘。依据国家文化产业发展战略，各省、市、自治区纷纷出台区域性文化产业发展规划，为特色文化产业群培育工程的进一步实施创造了前提条件。从各地发布的规划可以看出，依托所在区域的文化资源优势，成为未来大多数地区发展文化产业的基本思路。

三是各地特色文化产业发展初具规模，经济和社会效益初步显现。"十一五"以来，各地依托地方文化、民族文化和生态文化资源，着力发展民族民间演艺、民族民间工艺品、文化旅游和节庆会展等特色文化产业群，取得了积极的成效，为进一步实现跨越式发展创造了条件。

四是文化遗产资源富集的地区呈现出特色文化产业空间集聚的特征。文化遗产资源作为人类不同社会群体在历史发展过程中精神文化活动的结晶，由于区位和自然条件、人文环境的差异，在空间分布上很不均衡，呈现出分散与集聚相结合的多样化发展态势。由于特色文化产业的集聚效应和溢出效益与现代时尚消费高度契合，因此，在文化资源相对富集的地区，生产要素投入与文化消费需求的汇聚强度大，从而促进了特色文化产业链的不断延伸与产业集聚。目前，全国很多城市依托古城、古街道、古建筑群和历史文化遗址等特色人文资源建设的文化街、集聚区，如丽江古城、平遥古城、北京什刹海、北京南锣鼓巷、天津天后宫民俗文化圈、上海新天地、西安曲江文化产业园、杭州西湖文化圈、台北九份文化商业街等，把特色文化产品的生产消费与旅游、餐饮、小商品经营紧密结合，文化氛围浓厚，人气旺盛，带来了可观的综合经济效益。

四 特色文化产业发展存在的主要问题和原因分析

近年来，我国特色文化产业从起步发展到空间集聚，已经形成一定的产业规模，取得了积极的进展。然而，由于种种原因，特色文化产业还存在一些亟待解决的突出问题。

一是缺乏高端创意和技术人才，特色文化产业的创意设计和技术含量普遍偏低。文化遗产资源本身并不能作为消费品进行市场交易，因此，架设起从文化资源到文化商品的通路是发展特色文化产业的必要路径。只有将文化内涵落实到产品上，文化资源才具有商品属性与货币表达的可能性。随着社会的不断发展变迁，人们的生活方式、价值观、审美情趣也在悄然发生变化，文化产品的创意设计需要挖掘出特色文化与时代精神相契合的价值结合点，借助现代性、时尚性的表现形式和科技手段，才能满足现代人的文化消费需求。这些都对创意设计人才、管理人才提出了更高的专业化、复合性的要求。然而，目前特色文化企业大多由家族企业或家庭式小作坊发展而来，集中于二三线城市和县、乡（镇）乃至村级区域，创意设计和管理人才等生产要素稀缺，尤其是中西部地区创意人才总量少，复合型的高级文化产业人才十分短缺，导致其产品缺乏创意设计和科技手段支撑，技术含量较低，很难与现代审美趣味和市场需求契合。

高端创意设计和管理人才短缺的主要原因有以下三点。一是社会制度、经济结构和教育制度的变化，改变了传统文化的传承模式。现代经济的多元化发展，使很多年轻人失去了学习传统技艺的热情，不愿意潜心钻研传统技艺。二是现代工业生产方式对传统手工业模式的冲击。流水线式的分工生产大大提高了生产效率，提高了某道工序作业的熟练程度，但弱化了对产品整体质量的把控能力，缺少了整体概念，难以从内容到形式上进行传承创新。三是既懂文化艺术又懂经营管理的复合型高端人才的培养周期比一般人才的更长，因此，如果不加强人才培养，特色文化产业的可持续发展就会面临严峻挑战。

二是缺乏行业标准规范，产业链不完善，目前仍处于粗放式发展阶段。由于特色文化企业大多是由家族企业或家庭式小作坊发展而来，仍然沿袭传统的手工业家族经营方式，经营管理粗放，缺乏行业标准规范，一些特色文化产品存在着粗制滥造的问题，物质和劳动消耗高，生产要素利用率低，产品质量参差不齐，同行业之间无序竞争严重。文化产品的物质载体可以引入质量管理体系，但文化内容则难以通过制定产品标准来进行评价。同时，由于特色文化产业细分行业众多，产品和服务多元化、多样化，致使行业标准难以制定实施，给粗放式经营留下了较大空间。

三是产业政策扶持力度和针对性不强。资源难以有效整合，缺乏龙头企业和知名品牌，产业集中度低。由于特色文化产业的自发性和民间性，企业大都具有规模小、分布散、效益差的特点，产业链不完善，资源共享程度低。在特色文化产业发展的起步阶段，政策扶持是推动产业发展壮大和集聚的关键。虽然中央和地方政府已经出台了多项扶持政策，但由于政策扶持力度和针对性、配套性不强，无论是培育规模较大的龙头企业与知名品牌，还是扶持有竞争力的小微企业，都因缺乏有效的政策支持而导致资源难以有效整合，未能对整个特色文化产业形成强有力的推动作用。此外，由于文化立法严重滞后，政策作为一种行政管理手段，在引导市场资源合理配置方面存在局限性。

四是区域发展很不平衡，中西部特别是少数民族地区发展相对滞后。东部发达地区在产业一体化、规模化、集群化发展等方面已经达到一定的水平，产生了明显的经济和社会效益；而中西部特别是经济欠发达的少数民族地区虽然不乏亮点，但总体来看还处于民间的自发集聚状态和产业培育阶段。有些地方政府规划的特色文化产业园区还处于规划蓝图阶段，而且往往对当地财税贡献考虑多，对产业开发的整体性、一体化等长远价值考虑较少，导致发展后继乏力。与东部地区的文化产业发展水平与规模相比，中西部地区特色文化资源的多样化程度更高，但企业效益和带动相关产业发展的综合效益还十分有限。可以说，我国文化资源及特色文化产业发展的社会价值和经济效益的巨大潜力还远远没有发挥出来。

五　推动特色文化产业发展的政策建议

建设社会主义文化强国的战略目标对发展特色文化产业提出了新的更高要求。针对目前特色文化产业存在的突出问题，建议实施国家特色文化产业群试点和创建工程，制定并出台有针对性的财税政策、金融政策及配套措施，从人才培训、重大项目建设、龙头企业培育、集群配套和基础设施建设、公共技术和公共服务平台建设、创意研发能力提升、产品营销平台搭建、国内外市场拓展、投融资服务体系构建等方面加大扶持力度，引导和支持各地因地制宜、整合资源，形成一批产业特色鲜明、创新能力强、产业链完整、规模效应凸显的产业基地，以及集聚效应显著的园区和产业集群，大幅度提升专业化、规模化和集约化水平，推动特色文化产业加快发展。

1. 研究制定并实施大规模的人才培训和培养计划

人才是产业发展的第一要素。针对特色文化产业从业人员素质偏低，缺乏高端创意、管理和营销人才的问题，建议设立特色文化产业人才培训专项资金，定期对从业骨干进行创意设计、经营管理、市场营销、现代传播、技术与艺术等发展薄弱环节的专项培训，提高从业人员的专业素质。同时，在有条件的高校设立相关学科方向，培养中高级专门人才和复合型人才。创新人才培养模式，采取案例教学、现场交流、产学研一体化等培养方式，弥补传统的师徒传承、心口相传方式的缺陷。评选各行业的特色文化产业艺术大师、领军人物，激励高端人才脱颖而出，为民间艺术传承、产业发展和人才培养探索新路径。

2. 研究制定支持特色文化产业发展的财税优惠政策

建议从中央到地方，由财政出资设立特色文化产业专项资金，采取项目补贴、信贷贴息、奖励等方式，扶持大中型特色文化产业发展。进一步制定和完善税收优惠政策，在营业税、增值税、所得税等方面，通过税收减免、先征后返等方式，支持有市场前景的特色文化产业项目、企业和集聚区发展。研究制定有针对性的差别财税政策，引导东部沿海资源要素向中西部合理流动，扶持中西部特色文化产业的发展。

3. 研究制定促使特色文化产业加快发展的金融政策

建议在国家支持小微企业金融政策的框架下，进一步实行针对性更强的小额贷款、利率优惠、信贷优先的扶持政策，由政府主管部门出面与银行协商，对有发展前景的特色文化企业和项目给予大力支持。针对特色文化产业门类众多、产品样化、具有整合开发的巨大潜力等特点，综合运用财税政策和金融杠杆，依托龙头企业，以大带小、以强带弱，通过项目合作、股份制、收购兼并等方式推动资源整合，提高产业集中度和集约化水平，延长产业链，形成百花齐放、百家争鸣的繁荣局面。与此同时，加强投融资风险管理，发挥行业协会和文化投融资专家的作用，加强投资项目评审把关，对资本的逐利性有所监督与防范，避免单纯以营利为目的的投资者对文化价值的短期透支，对珍贵的文化遗产资源造成不可逆转的破坏或损毁。

4. 研究制定有利于特色文化产业健康发展的土地使用政策

建议在国家土地政策允许的范围内，在土地使用出让金、荒山荒地使用权等方面，出台相关的优惠政策。加强对申报用地企业及其特色文化发展项目的审查与后续监管，避免土地被挪作他用或因开发不力造成浪费。要制定更加严格的文化遗产管理和保护制度，对于开发古城、古镇、古村落、古街等历史文化遗产资源而建设的特色文化旅游项目，做好全面、科学的前期规划。要更加慎重、妥善地处理好古民居等建筑景观的保留、重建与原住民生活的关系，在新一轮城市化浪潮中，为历史文化留下足够的空间和记忆。要尽可能地利用原有建筑遗产，改造工业遗址，发展社区特色文化经济，在原有遗产空间的氛围中融入新的文化气质，为本土文化资源转换增添新的文化魅力，从而既节约土地资源，又促使特色文化产业和新型城镇化进入科学化发展的轨道。

5. 研究制定有利于特色文化产品"走出去"的扶持政策措施

特色文化产品作为我国文化出口的新亮点，承载着中华民族的文化审美情趣，向世界输出自己的价值理念。文化产业"走出去"的难点之一在于，如何创作及营销一批既能体现中华民族特色，又能让外国人看得懂、欣赏得了的文化产品。要借鉴韩国政府支持文化产品出口的系列政策，在外汇管理、项目审批、出口信贷、文化遗产保护与国际交流、版权贸易及技术和设备进口等方面制定并出台相关扶持政策，推动我国的文化产业特色文化产品更大规模、更大范围地进入国际市场。

6. 研究制定特色文化产品的政府采购政策

建议把特色文化产品列入政府采购名录，在政府预算中优先安排，通过纪念品、礼品、办公用品的政府采购方式，支持各地特色文化产业加快发展、提升档次质量。随着国内外经济文化交流的日益频繁，对优质精美的礼品有了更多需求，要积极争取把一些制作精美、代表中华文明特色的文化产品列入联合国和国际组织的采购名录中，以扩大其国际影响力，同时，推动企业提高品牌意识，开发更多、更精致、更具独创性的文化精品。

7.加强特色文化产业的公共服务平台建设

为支持特色文化产业健康、快速发展，中央和地方政府主管部门应按照建立公共服务型政府的要求，为产业发展提供综合性的公共服务平台。一是加强工商管理服务。各地工商管理部门要开辟绿色通道，简化手续、缩短时间、提高效率，为特色文化产业企业提供更便捷的优质服务。二是加强信息服务。政府主管部门或行业协会应着力搭建更具复合性功能的信息平台。三是增强营销推广服务。政府主管部门或行业协会应积极主办、承办特色文化产业博览会，为产品交流、交易、展示、推广提供平台。鼓励相关企业积极参加各类国内外相关推介会、招商会、文博会，并给予展位租金补贴。支持拍摄特色文化产业的专题片、纪录片、公益广告片，开展电子商务，通过国际文化交流活动，大力传播推广我国优秀的特色文化产品。

8.加强特色文化产业的基础设施和美育工程建设

一是要鼓励有条件的地区，由政府主导、社会资本参与，规划建设特色文化产品交易市场，为产品流通、拉动消费创造条件，中央或地方财政可给予一定的资金补助。二是在甘肃、河南华夏文明传承地发展实验区、藏羌彝文化产业走廊的基础上，鼓励有条件的地区建设特色文化产业集聚区或实验区，促进资源要素集聚和产业发展繁荣，政府主管部门给予一定资金补贴和相关政策支持。三是针对当前泛娱乐化时代低俗、媚俗节目泛滥的问题，实施青少年乃至全社会的文化美育工程，加大对民族和区域特色的文学、美术、戏剧、民间工艺等优秀文化的学习和审美情趣培养。

9.支持相关高校和科研院所成立特色文化产业研究中心

文化产业既是专业化分工的产业，也是高度复合性的产业，无论是理论研究、艺术和创意提升还是人才培养，都离不开教育和科研的支持。我们应该通过资源整合建立官产学研紧密合作、协同创新的研究平台，开展前沿性的理论研究和政府主管部门委托的政策研究、跟踪研究和咨询服务，不断为产业发展注入新的养分。

参考文献

胡惠林、王婧：《中国文化产业发展指数报告》，上海人民出版社，2012。

胡惠林主编《我国文化产业发展战略理论文献研究综述》，上海人民出版社，2010。

金宗云：《蔚县剪纸文化产业发展调研报告——特色文化资源的现代转换和产业发展》，中国传媒大学硕士学位论文。

李炎、王佳：《文化需求与特色文化产业发展》，《学习与探索》2012 年第 1 期。

梁晨：《北海市海洋文化产业调研报告》，中国传媒大学硕士学位论文。

毛伟：《河北曲阳雕塑文化产业调研报告》，中国传媒大学硕士学位论文。

祁述裕、王列生、傅才武主编《中国文化政策研究报告》，社会科学文献出版社，2011。

任瑞娜：《广西东兴市特色文化资源开发调研报告》，中国传媒大学硕士学位论文。

吴莉：《论马祖文化资源的现代转换与产业发展》，中国传媒大学硕士学位论文。

财务困境、成瘾消费与
国有文艺院团改革*

辛　纳**

摘　要： 文化的供给和需求具有自身的特殊性，文化供给者常常面临由生产力滞后等因素导致的财务困境问题。而文化需求的形成受成瘾消费等因素的制约，具有一个较为漫长的过程，由此导致了文化发展的一般性困局。中国的文艺院团面临体制、市场的双重约束，现有的改革仅仅解决了小部分问题，因此，严重制约了国有文艺院团改革绩效的生成。为深化国有文艺院团改革，从根本上建立缓解财务困境的体制机制，一方面要加大文化消费培育力度；另一方面，要以非营利组织模式改革面向小众市场的文艺院团。

关键词： 文艺院团改革　财务困境　文化消费

　　近年来，为了繁荣发展文化事业和文化产业、优化产业结构，我国以政府为主导，对以国有文艺院团为主的国有文化单位进行了改革。以培育文化市场的微观主体为目标的改革，取得了经营性文化单位的"转企改制"等

---

　　* 原文出处，《东岳论丛》2014 年第 8 期，第 100～107 页。
　　基金项目，国家社会科学基金重点课题《深化国有文化单位改革和文化管理体制机制改革创新研究》（项目批准号：12AZD023）。
　　** 辛纳，山东大学经济研究院博士研究生。

重大阶段性成果。然而，国有文化单位改革后并没有立即焕发出活力，更有不少国有文化单位"换汤不换药"，内部机制没有任何改变。那么，是什么原因阻碍了国有文化单位改革绩效的形成和展现？

实际上，文化的生产和消费具有一定的特殊性，国有文化单位改革要想获得成功，既要遵循文化产品的生产规律，更要紧紧盯住文化消费的特点和文化市场的需求。经常处于财务困境中是文化供给者的一般性特征，文化需求的累积性和漫长性是文化消费市场的基本特征。我国的文艺院团更有陷入困境的自身体制机制原因，要想让改革获得成功，就要消除自身弊端、适应市场要求。本文从文化供给和需求两个角度，运用消费成瘾理论将文化的供给和需求连接起来，为国有文化单位改革指出进一步的改革方向。

一　研究综述

1. 文化行为的经济特性

对艺术和文化进行经济分析是一个新兴的领域，这个领域的研究是从探讨文化部门尤其是偏离大众口味的高雅艺术面临的财务困境开始的。公认的研究起源为1965年威廉·J. 鲍莫尔和威廉·G. 鲍恩发表的《表演艺术：经济分析》一文，他们认为"与制造业不同，艺术产业中生产率的提高幅度并不能抵消整个经济中工资上升的幅度"。随后，文化经济学领域的文献不断涌现，詹姆斯·海尔布伦和查尔斯·M. 格雷（2007）首次讨论了美术和表演艺术（主要是非营利机构）的经济学特征和美国联邦、州、地方等各层级对艺术的公共政策。他们的研究表明，受教育水平是影响艺术参与率的最重要因素，表演艺术的独有特点是供给上的生产力滞后引发的财务问题和需求中的累积偏好即"逐渐养成的嗜好"引发的消费群体培育问题。

大卫·赫斯蒙德夫（2007）指出，文化产业有高风险、生产成本高但复制成本低的准公共物品等特征，这就要求文化产业的运作需要采取以下策略：生产大量作品以平衡失败作品与畅销作品，强化集中整合、知名度宣传、人为制造稀缺和格式化（明星体制类型化系列作品）等措施的统筹使用，实施对符号创作者从宽控制但对发行与市场营销从严控制的差别性对待措施。戴维·思罗斯比（2011）指出，经济驱动力和文化驱动力是影响人类行为的两种重要力量，经济驱动力是个人主义的，文化驱动力是集体主义的，因此，文化政策的制定应该同时考虑经济价值和文化价值。M. Bjørn von Rimscha（2012）则表示，影院娱乐需求与经济状况无关，因此，文化产业在一定程度上具有优化经济结构的功能。

2. 内生性偏好

对内生性（时间依赖）偏好的研究，可追溯到 Ryder and Heal 的成果。Ryder and Heal（1973）将"时间依赖"偏好应用到新古典最优经济增长模型中，这种时间偏好的研究方法随后被应用到金融、商业周期等领域。Ferraguto 和 Pagano（2003）依托于 Ryder and Heal（1973）的研究，给出了跨期依赖偏好和"AK"技术条件下的内生经济增长模型。Becker and Murphy（1988）运用相应商品消费情况代表消费的内生性偏好，构建了理性上瘾的数学模型，指出了潜在上瘾与邻近互补性（过去对某种商品的消费提高了当前消费的边际效用）正相关，成瘾性商品的长期需求比非成瘾性商品的需求更有弹性。近年来的文献开始关注时间偏好速率的作用，Drugeon 和 Wigniolle（2007）论证了上瘾的整体过程、餍足现象、事件偏好的速度特征和消费动态，认为跨期依赖偏好的研究方法对于培育和发展文化消费并进而解决文化单位面临的财务困境大有裨益。

3. 国有文艺院团改革

目前，国内关于国有文化单位改革的文献中，将艺术院团作为研究对象的居多，少数涉及报业和出版单位。文献普遍认为，国有文艺院团缺乏活力、难以适应市场需求，同时，市场需求不足也是制约院团发展的主要因素。谢伦灿（2010）指出，从 1986 年开始，国有院团演出场次和观众人数持续下降，国有院团普遍存在结构单一、机构臃肿、重复设置、人财物浪费和严重平均主义等弊端，国有院团的生存状况堪忧。赵雪梅（2011）总结了国有戏曲院团"转企改制"面临的三大矛盾：戏曲生产市场导向与戏曲市场大幅下降且难以把握的矛盾；传统戏曲形式与表现现代生活、适应现代人审美需求之间的矛盾；现行戏曲评奖机制不能适应转制后戏曲生产市场导向机制的矛盾。

那么，是哪些原因制约了改革绩效呢？樊小林（2010）认为，根本性的制约因素，一是演艺市场发育的不完善，二是大众文化消费方式的多样化。同时，国有文艺院团转制后并没有完成角色转换、健全治理结构、市场导向调整三个任务，需要进一步深化改革。杨绍林（2010）认为，文艺界人士将改革简单地归结为向政府要求更多的补助，这种错误认识是导致改革绩效较弱的重要原因之一。

二　国有文艺院团的财务困境

我国国有文艺院团财务困境的形成，既是表演艺术的独有特征决定的，又与我国院团的特殊发展背景有关。

1. 生产与消费的同时性和唯一性

作为文化产品的供给者，所有表演艺术具有两个显著的特征：生产与消费的同时性和生产力滞后特征。上述两个特征决定了现场表演艺术既难以广泛传播、难以广泛接近各类消费群体，又面临由成本上涨、高票价导致的消费高门槛问题。

表演艺术生产与消费的同时性是指，消费者必须在演出地观看表演艺术，将演出视为生产，将观看视为消费，两者必须同时进行。同时，表演艺术还具有一定程度的唯一性，不同的演出剧种异质性大、不同的剧团演出水平差异大，观众要观看感兴趣的演出要比吃连锁快餐困难得多。这就使表演艺术不能像影视业、出版业等其他文化产业那样利用现代传播和数字技术广泛接触各类消费群体。表演艺术生产与消费的同时性和唯一性相辅相成，使表演艺术的供给具有了稀缺性。

2. 生产力滞后特征

生产力滞后特征是指在单位时间内产出不出现任何增长。表演艺术是文化产业里典型的具有生产力滞后特征的艺术形式。比如，现在演出一场话剧所花费的时间、程序跟十年前几乎没有差别。只要剧本没有改变，就依然要按照剧本认认真真地部署和完成，这样才能保证演出的质量。也就是说，表演艺术的生产过程基本上是既定的，但相关投入却要增长，相关演出人员的工资和其他投入品的价格都在不断上升。因此，演出成本不断增加，进而使得表演艺术门票的价格不断上涨，从而在吸引低收入水平或中等收入水平的消费者方面变得越来越困难。演出单位往往通过采取"艺术赤字"① 的办法来应对，但这通常会降低演出的艺术水平。

3. 我国文艺院团的特殊历史背景更加剧了其财务的困顿水平

事业体制使得国有文艺院团长期以来在资金来源上主要依靠国家财政拨款，在演出上对上负责，实行计划演出，赠票组织观众。这种非市场化运营模式造成了院团的债务负担重、市场化观念落后、人才流失、剧目创新乏力、演出设施场所陈旧、员工"等靠要"观念严重、内部管理混乱等一系列问题，使院团的自身供给能力逐渐丧失。

我国的文艺院团发展更是由于多年来演出与市场需求脱节而使问题复杂化。文化消费市场的多元化发展，导致青年观众看戏的观念日渐淡薄，而传统文化消费群体又存在老龄化严重、习惯赠票或送票看戏等问题，这些因素的综合作用使院团产品的需求市场逐渐萎缩。在演出市场上，高雅艺术的演出状况堪忧，"从 2009 年、2010 年的演出剧种分布情况看，优秀民族戏曲、高雅艺术和涉外项目的演出场次，仅占全市年度演出场次的 12% 和 16% 左右"。②

---

① 通过改变保留剧目或制作过程的方式以寻求节约支出的方法。参见詹姆斯·海尔布伦和查尔斯·M. 格雷：《艺术文化经济学》，詹正茂等译，中国人民大学出版社，2007，第159 页。

② 金松乔：《社会艺术培训作为演出产业新型增长点的可能性探讨——以音乐艺术培训为例》，中国知网，2011。

近年来，我国艺术表演院团的演出收入只占总支出的 20%～30%，其他主要依赖财政拨款，且财政拨款主要用于发放员工工资和社会保障。其中，歌舞剧、轻音乐剧团和综合表演院团的自我生存能力最强，演出收入占支出的比例超过一半，而其他传统剧院团的占比均不超过一半，约占 30% 左右。2009～2011 年，全国艺术表演院团收入支出状况如表 1 所示。

表1　全国艺术表演院团收入支出状况（2009～2011 年）

类别		财政拨款（万元）	演出收入（万元）	支出情况（万元）	演出收入支出比(%)	演出场次（万场次）	政府采购场次（万场次）
国有艺术表演院团	2011 年	830148	207713	1133819	18	37.57	6.12
	2010 年	666673.2	170355.6	565566.6	30	38.19	—
	2009 年	607647.5	142612.8	513147.9	28	35.3	—

注：支出情况一列，2011 年为支出合计，2010 年为工资福利支出，2009 年为人员支出；"－－"表示相关数据为空。

资料来源：由中华人民共和国国家统计局网站发布的《中国统计年鉴（2010～2012）》整理得来④。

同时，现场表演艺术尤其是高雅和传统表演艺术在与大众文化的竞争中处于劣势。大众文化（影视、流行音乐等）以其低价、易得、通俗易懂等优势迅速占领文化市场，并通过影响青年群体的品位使之习惯了这种文化形式，高雅和传统艺术则由于艺术性强、对知识素质和经济能力要求高等因素而逐渐被边缘化，进而形成了消费缺乏的恶性循环。中国戏曲网的一项调查（总投票数为 25583）显示，在年轻人不喜欢戏曲的原因中，宣传程度不够占 30.78%，缺乏对历史和文化的了解占 40.83%，有地方色彩不容易被接受占 14.88%，其他原因占 13.51%①。

---

① 数据来自网站调查：《年轻人不喜欢戏曲的原因?》，中国戏曲网，2013 年 9 月 26 日，http://www.chinaopera.net/。

三　成瘾消费：偏好内生的文化消费模型

1. 文化消费偏好的形成特性：累积和互动

"对文化商品和服务的偏好是累积的"得到多数学者的认可。对文化商品的消费需要文化能力（鉴赏能力等），这是文化商品不同于一般商品之处。文化能力的形成可以通过自己的消费和他人消费的影响获得。文化消费具有内生性，因此，可以运用成瘾消费理论分析文化消费的内在规律。

成瘾消费框架下文化消费需求的形成实际上是"爱好—传染—互动"的过程。基于对某种特定文化商品的爱好，个体投入一定的时间、精力，或接受培训，或直接进行消费体验。个体的这种爱好不仅会传染邻近个体，同时也会受到有相同爱好的其他个体的影响。爱好者之间相互影响，从中得到更高水平的消费体验，并将这种体验传染给更多个体，进而逐渐扩大爱好者群体的规模，最终形成了一个具有足够规模的特定文化商品的消费群体。

在这个过程中，个体文化消费需求的形成和增长主要取决于两个方面，一是个人文化资本，二是社会文化资本。个人文化资本的积累取决于该文化商品的直接消费、所做的培训投入，以及宣传教育、广告等变量。社会文化资本的形成受其所在社会网络中所有成员对该文化商品直接消费的总量及其他变量（传统或习惯等）的影响。通俗地讲，个人文化资本存量主要由个体过去对文化商品的消费量决定，社会文化资本主要取决于相应社会网络中他人的选择，由家庭、身边人对文化商品的消费量决定。群体行为的传染性，尤其是对同样的文化消费的认可性，是推动个人文化资本不断累积，进而推动社会文化资本不断上升的关键。

2. 文化消费的内生模型

假设只消费一种文化商品，依据上述逻辑分析，个体文化消费模型表达如下。P_t 和 S_t 分别表示第 t 期期初，个体的个人文化资本存量和社会文化资本存量。个体在第 t 期的文化消费中获得的效用 u 取决于第 t 期的文化商品

消费量和第 t 期期初的文化资本存量大小，文化消费的内生性体现在文化资本的形成过程中，则有

$$u = u\delta_t PS \tag{1}$$

其中，C_t 为该文化商品在第 t 期的消费量，第 t 期形成的个人资本等于第 t 期投入的个人资本减去第 t 期期初的个人资本存量的贬值量，即

$$\dot{P}_t^- = I_{Pt} - \delta P_t \tag{2}$$

$$\dot{P}_t^- = P_{+1} - P_t^-, \tag{3}$$

δ 为个人资本存量的贬值率。

在此，如果将 C_t 简单理解为对文化商品的直接消费量，那么

$$I_{Pt} = C_t \tag{4}$$

如果将 Ct 理解为文化鉴赏/欣赏①，则有

$$I_{Pt} = f(C_t, e_t, \gamma_t) \tag{5}$$

其中，f 为消费者的"消费——个人资本"转化函数，当期个人资本存量的形成受当期对该文化商品的直接消费、所做的培训投入，以及其他如宣传教育、广告等变量的影响。e_t 为当期的艺术培训投入，γ_t 为影响当期个人资本形成的其他随机变量。显然，（5）式对于解释现实的艺术演出需求的形成更为合适。

文化消费被看作既得品味，是逐渐形成的嗜好，在个体的文化消费与个人资本之间往往存在着较强的互补性，表示为：$\frac{\partial^2 u}{\partial^2 C_t \partial P_t} / > 0$。这种互补性在成瘾性行为中被称为"增强效应"，指所消费的成瘾性商品和成瘾性资本是互补品。

---

① George J. Stigler and Gary S. Becker，"De Gustibus Non Est Disputandum"，*The American Economic Review*，*Vol. 67*，1997，No. 2，pp. 76 – 90.

个体社会资本的形成和水平的提高与个人所在社交网络的规模、网络中文化消费行为的同质性及其带来的认同感有着密切关系。与个人资本类似，第 t 期形成的社会资本等于第 t 期投入的社会资本减去第 t 期期初社会资本存量的贬值量，则有

$$\dot{S}_t^- = I_s - \theta S_t \tag{6}$$

$$\dot{S}_t^- = S_{+1} - S_t, \tag{7}$$

θ 为社会资本存量的贬值率。

同样，如果将 C_t 简单地理解为对文化商品的直接消费量，个体 i 的社会资本投资为

$$I_{St} = \sum_{j \neq i} C_t^j \tag{8}$$

如果将 C_t 理解为文化鉴赏/欣赏，则有

$$I_{St} = g\left(\sum_{j \neq i} C_t^j, \varepsilon_t \right) \tag{9}$$

g 为社交网络中对该文化商品的总的"消费—社会资本"产出函数，当期社会资本存量的形成受当期该社会网络中所有成员对该文化商品的直接消费总量及其他变量（传统或习惯等）的影响，ε_t 为影响当期社会资本投资的其他随机变量。

在作用关系上，个体的消费与个体的个人资本存量之间存在相互直接的影响，个体的消费不能直接影响个体的社会资本存量，个体的社会资本存量对个体消费的影响则是直接的（见图 1）。

图1　个体的文化消费与个体的个人资本和社会资本存量的作用关系

在控制关系和影响程度上，个体可以自由控制个人资本的投资，对社会资本的控制却要弱得多（取决于该个体所在的与该商品消费相对应的社交网络的大小）。尽管个体对社会资本的控制力较弱，社会资本对个体的影响却不容忽视，个体可能会仅仅为了仿效别人而去看一场并不喜欢的流行音乐演唱会、传统戏曲演出或球赛等。如果同一社交网络中的绝大多数人都受到了影响，那么社会资本的投资量将会大大改变。上述关系图还表明，个体的个人资本与社会资本之间存在着相互促进作用。当个体所处的群体对消费某种文化商品具有共同爱好时，群体范围越广，个体对该文化商品的偏好和消费水平则会越高。

3. 成瘾消费提高了文化需求形成的难度

文化消费需求的内生性，尤其是成瘾消费特性，首先使文化需求的形成门槛提高。文化需求的形成，不仅要求个体具备相应的文化产品供给能力和鉴赏能力，更要求社会具有一定的文化品赏氛围，这样才能激励社会不断内生出更多的文化需求。但是，这些条件的满足和文化需求内生循环的形成门槛都远远高于物质产品需求的形成门槛。其次，需要相当长的时间才能形成足够的文化消费需求。这个时间要求远远高于物质产品需求的形成时间。最后，也是最为重要的一点，文化需求形成的不同门槛条件导致在文化产品内部形成了一个筛选机制。比如，对通俗歌曲的需求之所以远高于对高雅艺术的需求，就在于对通俗歌曲的消费不需要消费者具备什么特殊的条件，而对歌剧等的鉴赏则要求消费者具备众多的条件。同时，通俗歌曲的爱好者也更容易发现相同爱好者，而歌剧爱好者要找到知音则十分困难。因此，通俗歌曲爱好者的规模远远高于歌剧爱好者的规模，通俗歌曲作为一种文化产品得到了更多的消费需求，而歌剧则在竞争中处于下风。

成瘾消费理论使我们更加清晰地认识到文化需求的形成机理。由此，可以得到两个基本判断：一是文化需求的形成需要较长时间的累积才能达到一定的水平，若要达到能为文化供给者提供足够生存空间的水平，所需要的时间更长；二是一旦形成后就能够长时间保持，形成较为稳定的文化发展动力。这也是文化需求不同于其他需求的关键性特征。

四　国有文艺院团改革：为改善财务困境做出的努力

财务困境是文化产品供给者面临的基本挑战，我国特殊的历史背景更使国有文化单位深深陷入财务困境中。对其进行改革，调整和转换产权结构及内部经营机制，是为了构建一个更为坚实的组织基础以更好地应对财务困境的挑战。

改革前，国有文艺院团存在自我发展能力薄弱、生存困难、基础设施薄弱、体制机制僵化等弊端，生产经营不符合市场经济和演艺业内在发展规律，没能发挥出文艺院团在繁荣社会主义文华中的中坚力量。我国自2003年开始开展文艺院团改革试点工作，逐步培养独立运营、自负盈亏的市场主体。2009年8月在南京召开的全国文化体制改革经验交流会，标志着改革的全面展开。2011年3月，党中央国务院出台《关于分类推进事业单位改革的指导意见》，全国事业单位分类改革加速。2011年10月，《中共中央关于深化文化体制改革推动社会主义文化大发展大繁荣若干重大问题的决定》中提出，要加快发展文化产业，推动文化产业到2020年成为国民经济支柱性产业。

近年来，国有文艺院团的改革进展迅速。截至2012年底，全国共有2103家承担改革任务的国有文艺院团按照"转制一批、整合一批、撤销一批、划转一批、保留一批"的改革路径基本完成了改革任务。其中，山东省共有118家国有艺术院团，除中央明确保留事业体制的2家院团外，全省承担改革任务的116家院团中，转企68家，撤销23家，划转25家，核销事业法人91个，核销事业编制4410名，转企院团占全省院团总数的58%。

在改革路径设计上，以院团的转企改制为核心，针对院团底子薄和需求少的现状，给予转企院团一系列支持和扶持政策。各省积极推动实施同城、同市、同类、同业院团的资源整合，组建省、市演艺集团，建立演出院线和演艺联盟。

在财政资金投入上，转制院团的原有正常事业费，转制后在过渡期（5年）内由财政继续拨付，主要用于解决转制前已经离退休人员的社会保障问题。同时，安排专项补贴，帮助转企院团弥补改革成本。更重要的是，财政投入方式有了转变，加大了投入力度，逐步由"养人"向"养事"方向转变。各专项资金向转企院团倾斜，对转制院团重点产业发展项目予以支持，专项资金和政府补贴都根据演出场次和质量发放。

基础设施建设上，按照"一团一场"的原则，改造、新建剧场，以配置、租赁、委托经营等多种方式供转制院团使用，为转制院团配备流动舞台车。此外，在人员安置、院团投融资、税收等方面给予优惠政策。

可以看出，现有改革的努力主要体现在改善院团自身条件、提高市场供给能力上，同时，改革在很大程度上也是对历史欠账的弥补。现阶段，政府在改善院团经营条件、提高市场供给能力上起主导作用。以上改革措施有助于缓解院团面临的财务困境，但还不足以使它们摆脱困境。未来更重要的是发挥院团的主体作用，在坚持社会效益优先的前提下，借鉴现代企业组织制度，以产权改革为核心，结合院团的生产运营规律，制定相应的激励和经营发展措施，促进院团进一步深化改革。

与院团转制相配套，政府推出了采购安排和补贴安排，加大了采购公益性演出的力度。政策宣传性演出、重大节庆演出、对外文化交流、送戏下乡和拥军慰问等公益性演艺活动，主要以政府采购的方式公开面向各类院团招标。同时，按照演出场次给予院团一定的补贴，鼓励院团增加基层演出。

可见，政府购买、需求培育在现阶段更多的是作为改善供给主体财务困境的附属工作品，改革主要是从供给而非需求角度做出了努力。相对于供给，院团产品需求的培育则缓慢得多，没有市场的改革注定了院团要比一般国有企业的转企改革之路艰难。也正因为文化需求没有显著增加和改变，文化改革绩效短时间内没有得到改善是可以理解的。

五　国有文艺院团的改革方向

供给上的财务困境和消费上的成瘾门槛，共同约束着文化发展。改革在很大程度上就是要尊重文化发展的客观规律，构建相应的机制，加大关键点的投入力度，突破约束，推动其进入良性循环阶段。国有文化单位的体制机

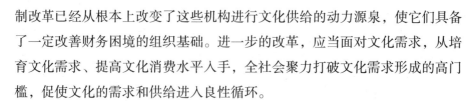

制改革已经从根本上改变了这些机构进行文化供给的动力源泉，使它们具备了一定改善财务困境的组织基础。进一步的改革，应当面对文化需求，从培育文化需求、提高文化消费水平入手，全社会聚力打破文化需求形成的高门槛，促使文化的需求和供给进入良性循环。

1. 潜力巨大的文化需求

相对于居民的消费总支出而言，我国文化消费支出的比例尚处于低点。文化部资料显示，2002 年以来，我国居民的文化消费占消费总支出的比重变化不大，基本保持稳定，城镇居民的文化消费占消费总支出的 7% 左右，农村居民的文化消费占消费总支出的 3% 左右①。考虑到统计内容（文化用品和服务）的广泛性，居民用于艺术演出的消费支出更低，观看文艺演出成为仅次于艺术品收藏的倒数第二个文化消费选项②。现阶段文化艺术需求的缺乏，使文艺院团成了无源之水、无本之木。

亚伯拉罕·马斯洛认为，求知需要和审美需要应居于尊重需求与自我实现需求之间，属于高层次的需求。文化艺术在一定程度上可以满足人的情感和归属需求，因此，文化需求也属于中高级需求。一般来说，对文化艺术的需求要建立在生理需求和安全需求得到满足的基础上。发达工业国家的文化发展路径表明，文化消费习惯最重要的变化来源于人们的休闲时间和可支配收入的持续增长，美国国内的休闲市场特质更是为其文化产业的发展提供了不竭的动力。

随着我国居民物质生活水平的提高、人均可支配收入的持续增加，文化消费的增长是一个必然的趋势。同时，经济发展成就的巩固和绩效的进一步改善，也要求有强有力的文化支持。文化软实力不仅是政治需要，更是社会凝聚、经济发展的需要。经济实力的提高也为文化繁荣提供了坚实的物质基础，文化需求的培育已经具备了充分的可行性。

---

① 中华人民共和国文化部：《我国居民文化消费状况分析》，2012 年 11 月，http：//www. ccnt. gov. cn/sjzz/sjzz_ cws/cws_ ggdt/201211/t20121107_ 390505. htm。
② 中华人民共和国文化部：《我国居民文化消费与需求调查研究》，2013 年 12 月，http：// www. ccnt. gov. cn/sjzz/sjzz_ cws/whtj_ cws/tjfx/201312/t20131213_ 424919. htm。

2. 以文化消费需求的培育为基础，稳步推进改革进程

研究表明，我国院团目前面临的最大问题是不成熟的文化消费市场，文化消费需求尤其是艺术消费需求的缺失是制约其发展的主要因素。因此，要坚持提高文艺院团文化供给能力和培育文化需求，两者缺一不可。

在需求的培育上，个人资本和社会资本存量的积累是艺术需求形成的关键，两者具有相互促进的关系，但起点是个体消费的增加。文化消费市场的现状表明，多年来的非市场运营使戏剧艺术逐渐成为一种边缘化、小众化的艺术，加上新的文化消费产品的盛行和文化产品市场的多元化发展，消费者对戏剧的消费传统和习惯已经逐渐消失，消费者关于戏剧消费的社会资本和个人资本存量同时处于低位，文化消费市场的发展任重而道远。

改革初期，对文化市场需求的培育主要体现在政府购买的公益性演出上，对艺术教育的关注也表明了政府在培养艺术消费者上的努力。现阶段，对文化需求的培育，政府和院团缺一不可，只依靠其中任何一方都是不可行的。质量是服务行业的立身之本，人力资本是演艺行业最重要的资本，院团应立足质量、坚持创新，以多种方式走近大众。随着社会财富的积累、教育层次的不断提高、素质的全面发展，最终会形成一个热爱艺术的消费群体。同时，政府购买公益演出、支持艺术创作、对受观众喜爱的优秀演艺作品给予奖励，帮助院团培养观众。院团与政府互为补充，吸引更多的消费群体尤其是青少年群体参与文艺的表演和消费，提高他们的个人文化资本水平，并通过他们个人文化资本的增长与各种各样的文化演出消费之间形成良性互动，巩固和提高个体社会文化资本的积累水平，进而逐渐形成文化消费的良好氛围，为文艺院团等文化单位的生存和发展提供足够的外部空间，最终促进文化单位运作实现由非市场循环（补贴、自我补贴、捐赠）向市场循环或半市场循环的转变。

3. 小众领域采取非营利组织模式深化改革

然而，即使文化消费呈现繁荣状态，市场总体需求旺盛，文化市场也依然会呈现较强的分割性，存在若干的小众市场。这些市场的容量难以支撑文化供给者的商业性存在。在一些小众市场内，文化需求及满足不适合用市场

交易的方式进行，更多是用交流和赏鉴的方式进行。因此，在这些小众市场领域，不宜采取以营利为目标的企业组织形式。可以借鉴非营利机构的组织模式，进一步深化国有文化单位的体制机制改革。

从世界范围来看，文艺院团及纯艺术组织大多采取了非营利机构的组织方式，营利性艺术机构与非营利性艺术机构互为补充，形成了一个良性的组织系统。美国和欧洲经验表明，赚取非劳动收入（补贴、捐赠等）是表演（高雅或传统）艺术团体运营的常态。在美国，戏剧、歌剧、交响音乐会和舞蹈等传统表演团体多以非营利组织的形式存在，一个非营利性表演艺术机构的门票和表演收入仅占其全部收入的 1/2 到 2/3。文化商品不同于其他商品，不同文化类别之间的异质性大，一旦消失就无法恢复。因此，借鉴国外非营利机构在法律、税收、补贴发放等方面的特殊制度安排，积极探索有利于我国文艺院团发展的中国化非营利机构模式不失为一个可取的方向。

林肯·柯尔斯滕将文化和艺术描述为标志并超越了个人时代的唯一值得纪念的遗产。发展文化产业和事业，传承和创新中国传统文化，是解决现代社会问题、提高精神生活水平的重要途径，中国的文化改革依然任重而道远。

参考文献

大卫·赫斯蒙德夫：《文化产业》，张菲娜译，中国人民大学出版社，2007。

戴维·思罗斯比：《经济学与文化》，张峥嵘译，中国人民大学出版社，2011。

樊小林：《对国有文艺院团转制后改革现象的思考》，《中国行政管理》2010 年第 10 期。

加里·贝克尔：《口味的经济学分析》，李杰，王晓刚译，首都经济贸易大学出版社，2000。

欧翠珍：《文化消费研究述评》，《经济学家》2010 年第 3 期。

谢伦灿：《阵痛与重生：国有文艺演出院团改革路径之抉择》，《湖南科技大学学报》2010 年第 2 期。

许亚群：《文化消费"3 万亿缺口"的背后》，《中国文化报》2012 年 12 月 12 日，第 2 版。

杨绍林:《国有表演艺术院团改革与发展求索》,《艺海》2010 年第 1 期。

詹姆斯·海尔布伦和查尔斯·M. 格雷:《艺术文化经济学》第二版,詹正茂等译,中国人民大学出版社,2007。

赵雪梅:《戏曲院团转企改制攻坚:几对突出矛盾的解决策略》,《中华艺术论丛》2010 年第 10 辑。

David Throsby, "The Production and Consumption of the Arts: A View of Cultural Economics", *Journal of Economic Literature*, 1994, Vol. 32, No. 1, pp. 1 – 29.

Gary S. Becker and Kevin M. Murphy, "A Theory of Rational Addiction", *Journal of Political Economy*, 1988, Vol. 96, No. 4, pp. 675 – 700.

George J. Stigler and Gary S. Becker, "De Gustibus Non Est Disputandum", *The American Economic Review*, 1977, Vol. 67, No. 2, pp. 76 – 90.

Giuseppe Ferraguto and Patrizio Pagano, "Endogenous Growth with Intertemporally Dependent Preferences", *JEL classification numbers*: D91, O41, E32, 2003.

Harl E. Ryder, Jr. and Geoffrey M. Heal, "Optimal Growth with Intertemporally Dependent Preferences", *The Review of Economic Studies*, 1973, Vol. 40, No. 1, pp. 1 – 31.

Jean-Pierre Drugeon and Bertrand Wigniolle, "On time preference, rational addiction and utility satiation", *Journal of Mathematical Economics*, 2007, 43, pp. 249 – 286.

M. Bjørn von Rimscha, "It's not the economy, stupid! External effects on the supply and demand of cinema entertain-ment", *Journal of Cultural Economics*, 2012, pp. 10 – 22.

W. J. Baumol and W. O. Bowen, "On the Performing Arts: The Anatomy of Their Economic Problems", *The American Economic Review*, 1965, Vol. 55, No. 1/2, pp. 495 – 502.

中国文化产业政策变迁及其
有效性实证研究[*]

——基于转型经济中的政府竞争视角

王凤荣　夏红玉　李　雪[**]

摘　要：　文化产业是朝阳产业和战略新兴产业，也是转型经济中各级
政府竞争的产业载体之一。1978 年至今，我国文化产业政策
的变迁路径，本质上源于中国式分权下中央与地方政府、地
方政府之间的竞争和博弈。本文运用面板数据模型，从政策
解构角度实证考量文化产业政策有效性。研究发现，财政政
策工具促进了文化产业发展；由中央政府和地方政府颁布的
不同层级文化产业政策具有时效性差异，并呈现总体意义上
的时滞特征；文化产业政策空间分布凸显东中西区域性差异
并显示出差异有效性。这些发现对匡正政府部门的竞争行为
与优化文化产业发展环境具有现实价值。

关键词：　文化产业　产业政策变迁　政府竞争　政策有效性

---

* 原文出处，《山东大学学报》（哲学社会科学版）2016 年第 3 期，第 13～26 页。
基金项目，国家社科基金重大招标项目《完善现代文化市场体系与培育骨干文化企业研究》
（14ZDA051）；国家自然科学基金项目《异质性融资约束、企业并购与实体经济资本配置效
率研究》（71573159）；国家社科基金重点项目《文化企业兼并重组的路径选择与效应评价研
究》（14AGL012）。
** 王凤荣，山东大学经济研究院教授、博士生导师；夏红玉，山东大学经济研究院硕士生；李
雪，山东大学经济研究院硕士生。

一 问题的提出与文献回顾

文化产业作为 21 世纪的朝阳产业，是我国中央和地方政府竞相发展的支柱产业，也是转型经济中各级政府竞争的产业载体。自 1994 年分税制改革以来，各地区被赋予了相对独立的经济利益。当地方政府有了相应的财权和事权后，也就有了相互竞争的政策工具，从而在分权制下展开了竞争（Montinola, Qian and Weignast, 1996[①]; Qian and Weingast, 1996[②]; 王凤荣和苗妙，2015[③]）。与财政分权相对应的是政治集权，这种基于政绩考核的制度性安排向地方政府提供了市场化的激励（Blanchar and Sheleifer, 2001）[④]。经济分权和政治集权的结合，为中国渐进式改革的成功提供了制度保证。然而中国改革实践中的一个不争事实是，中央和地方之间并没有正式的制度约束，地方政府基于本地经济利益的考虑而出台区域性政策法规，设置行政壁垒形成地方保护（黄玖立和李坤望，2006）[⑤]，导致产业政策体系冲突矛盾或重叠交错，从而影响或制约了相应产业发展。具体到文化产业，政治激励和经济激励双重驱动下的地方政府竞争，导致了以下三个困境。一是地方保护主义严重。以传媒业为例，我国采取的"属地化管理"政策导致广电和报纸呈现中央、省、地市和县的四级管理体制或中央、省、地市的三级、三级半管理体制，这种条状体制导致要素不能有效流动，加大了市场交易成本。二是重复建设、产业结构趋同现象严重。各地文化产业园区的争相发展即为一个典型案例。统计显示，截至 2014 年 1 月，在全国超

---

① Montinola, Gabriella, Yingyi Qian and Barry R. Weingast, "Federalism, Chinese Style: The Political Basis for Economic Success," *World Politics*, 1996, 48 (2), pp. 50 – 81.

② Yingyi Qian and Barry R. Weingast, "China's Transition to Markets: Market-Preserving Federalism, Chinese Style," *Journal of Policy Reform*, 1996, 1 (2), pp. 149 – 185.

③ 王凤荣、苗妙：《税收竞争、区域环境与资本跨区流动——基于企业异地并购视角的实证研究》，《经济研究》2015 年第 2 期。

④ Blanchard, O. and A. Shleifer, "Federalism with and without Political, Centralization: China versus Russia," *IMF Staff Papers*, 2001, 48 (48), pp. 8 – 81.

⑤ 黄玖立、李坤望：《吃喝、腐败与企业订单》，《经济研究》2013 年第 6 期。

过 2500 家的文化产业园区中，有 70% 以上处于亏损状态，真正盈利的不超过 10%①，很多园区运营商没有明确的发展目标，为了尽快收回成本，甚至让餐饮、娱乐等商业形态大举进驻，让文化产业园变得"不伦不类"，不少园区被迫转型。三是某些领域无序竞争、恶性竞争。例如，"历史文化名人资源争夺战"在许多地方频频上演。争夺双方更多关注的是文化名人背后的经济利益，文化名人本身所具有的文化内涵反而被淡化。这种无序竞争现象不利于民族文化的传承和发展，最终也损害了以此为载体的文化产业。

事实上，我国自改革开放以来，政府不断加大对文化产业的投入，同时出台了大量促进和规范文化产业发展的政策和措施。笔者依据文化政策图书馆进行梳理统计，剔除明显属于文化事业的政策文本后，发现自 1978 年以来政府出台且至今仍有效的文化产业政策有 3411 条，其中，中央政府出台的政策有 1977 条，地方政府出台的政策有 1434 条。数量如此庞大的文化产业政策，呈现怎样的变迁路径与分布特征，其实现的政策绩效如何？实证分析这些问题，既是对文化产业政策"生成机制"——政府之手在文化资源配置过程中的作用机理的客观刻画，也是对文化产业政策"作用机制"——文化产业发展效应的理性考量，这正是本文的宏观立意所在。此外，在理论上为政府干预理论的结构主义与新古典主义争论提供经验支持，同时，对匡正政府部门的竞争行为与优化文化产业发展环境具有现实价值。

对文化产业政策的既有研究主要集中在两个层面。一是文化产业政策内容。在产业政策的一般研究中，拉尔根据亚洲高经济增长国家产业政策的成功经验，将原有的二分法改为三分法，即在水平性产业政策和选择性产业政策之外增加功能性产业政策（Lall，2005）。这种新式划分标准更加突出了在全球经济竞争的格局中，如何运用产业政策提升一国国际竞争力的现代产

---

① 资料来源：http：//www.cnscn.com.cn/news/show - htm - itemid - 7278.html，2015 年 5 月 18 日。

业政策体系的核心内容，因此，也成为目前得到广泛认可的划分标准。具体到文化产业政策，国外学者的相关研究起步较早，Frith S. 将文化产业政策分为产业型文化政策、旅游型文化政策、装饰性文化政策和文化民主型政策等[1]。而 Kong L. 通过研究英国的文化产业政策，提出文化政策主要包含四个方面的内容，即增加对文化生产所需基础设施投资的政策、促进各种标志性开发的政策、投资公共艺术和雕塑建设的政策以及加强商业与公共部门合作的政策[2]。我国学者一般将文化产业政策分为产业结构政策、产业组织政策和产业发展政策，具体政策涵盖产业布局政策、产业技术政策、产业环保政策、产业外贸政策、产业财税政策、产业收入分配政策、规范文化市场的政策、培植大型文化服务企业的政策、具备民族文化特色的政策、促进文化产业发展的对外开放政策和创造宽松金融环境的政策等（陈家泽等，2006[3]；刘艳红等，2006[4]；曲博，2013[5]）。

二是文化产业政策的有效性。产业政策与经济发展之间的关系，或者说政府产业政策的有效性，是学术界长期研究的问题。二十世纪五六十年代流行的依据工业化理论制定的政策，在拉美等地的实施绩效普遍较差，这导致传统产业政策理论的破产。而东亚经济的崛起又催生了以"战略性贸易政策"为代表的新干预主义理论，为发展中国家制定产业政策、干预经济提供了微观理论基础。然而，1990 年以后的研究却表明，新干预主义的理论基础在实证检验中很难得到支持，面临着诸多困境和挑战（Beason and Weinstein，2006[6]；

---

[1] Frith S. , "Knowing one's place: The culture of cultural industries," *Cultural Studies from Birmingham*, 1991, 1 (1), pp. 135 – 155.

[2] Kong L. , "Culture, economy, policy: Trends and developments," Geoforum, *Special Issue on Culture Industries and Cultural Policy*, 2000, 31 (4), pp. 385 – 390.

[3] 陈家泽：《政府作用与文化产业政策设计》，《西安交通大学学报》（社会科学版）2006 年第 5 期。

[4] 刘艳红、韩国春、罗晓蓉、刘静、张亚卿：《对中国文化产业政策的探讨》，《云南师范大学学报》（哲学社会科学版）2006 年第 5 期。

[5] 曲博：《促进文化产业发展的公共政策研究》，哈尔滨商业大学，硕士学位论文，2013。

[6] Beason, R. and Weistein, D. E. , "Growth, Economies of Scale, and Targeting in Japan", *Review of Economics and Statistic*, 1996, 78 (2), pp. 286 – 295.

Ali M. El-Agraa，2007[①]；张鹏飞、徐朝阳，2007[②]）。国内针对文化产业政策有效性的研究相对较少，代表性文献有：李思屈、李义杰运用问卷调查法对我国八大国家级动漫游戏产业基地（园区）政府部门和企业分别设计了问卷[③]，针对文化产业政策内容和执行效果进行评价[④]；关萍萍提出 3P 模型，通过梳理文化产业政策文本，对文化产业政策体系现状和政策目标样本进行了较为系统的分析[⑤]。

由上可见，对文化产业政策的既有研究，多是定性的描述性分析，特别是国内学者基于我国特有的体制背景对文化产业外延的界定模糊，通常把文化事业囊括在内；还没有检索到对我国文化产业政策全景式和系统性分析的文献；鲜有学者将政策数量纳入对政策有效性的实证研究中。因此，本文首先运用政策文件解析法，对政策文件的时间分布、层级分布、文本内容等进行描述性分析，多维度刻画文化产业政策的变迁特征，从政府竞争视角探索驱动文化产业政策变迁的制度动因，探索文化产业政策的生成机制。在此基础上，从政策解构角度，利用面板数据模型实证分析文化产业政策与文化产业发展的关系，定量考察文化产业政策的作用机制。最后，从区域比较层面，对文化产业政策的东、中、西空间格局及其有效性进行了定量比较分析。本文从以下两个方面拓展或丰富了相关研究。第一，立足于政府竞争这一新视角，研究文化产业政策变迁问题，为转型经济中产业政策生成机制研究提供了经验证据。第二，从实证角度研究文化产业政策的有效性，探索了产业政策绩效及其影响机制。

---

① Ali M. El-Agraa，" UK Competitiveness Policy vs. Japanese Industrial Policy"，*The Economic Journal*，1997，107（444），pp. 1504 – 1517.

② 张鹏飞、徐朝阳：《干预抑或不干预——围绕政府产业政策有效性的争论》，《经济社会制度比较》2007 年第 4 期。

③ 李思屈、李义杰：《中国文化产业政策及其实施效果——基于国家八大动漫游戏基地（园区）政策调研的实证研究》，《西南民族大学学报》（人文社会科学版）2012 年第 3 期。

④ 李思屈、李义杰：《中国文化产业政策及其实施效果——基于国家八大动漫游戏基地（园区）政策调研的实证研究》，《西南民族大学学报》（人文社会科学版）2012 年第 3 期。

⑤ 关萍萍：《我国文化产业政策体系的 3P 评估》，《西南民族大学学报》（人文社会科学版）2012 年第 1 期。

本文结构安排如下：第二部分是相关理论分析，并在此基础上提出研究假设；第三部分为文化产业政策变迁及其动因分析；第四部分是研究设计和实证检验结果分析；最后是结论与启示。

二　理论分析与研究假设

（一）政府激励机制、竞争行为与文化产业政策演变

文化产业作为朝阳产业和战略新兴产业，在具有高回报预期的同时，也意味着高投入和高风险，由此出现市场失灵问题（乔治·泰奇，2002）[①]。因此，各国政府为引导文化产业的发展，纷纷制定产业政策。Thun 发现，中国的产业政策不像东亚经济体一样由中央政府全权负责，而是由中央和地方政府共同负责[②]。中央政府通过制度供给方式对地方政府实施激励，表现为财政激励和政治激励（周业安和章泉，2008[③]；王凤荣和董法民，2013[④]）。在财政激励方面，中国的财政分权使得地方政府在财政收支上具有部分自由处置权，可以通过预算内收支以及预算外和制度外收支来获得相应的自主权，但没有独立的税权。在政治激励方面，自 1978 年以来，中央政府不断强调经济增长的重要性，并在官员考核中加入了经济绩效的因素。地方政府官员围绕官职晋升展开了促进 GDP 增长的标尺竞争（王永钦等，2007[⑤]；李涛等，2011[⑥]）。

在财政激励和政治激励驱动下的地方政府竞争通常主要围绕资源集聚展

---

① 乔治·泰奇：《研究与开发政策的经济学》，清华大学出版社，2002。

② E. Thun, "Keeping up with the Jones: Decentralization, Policy Imitation, and Industrial Development in China", *World Development*, 2004, 32 (8), pp. 1289 – 1308.

③ 周业安、章泉：《财政分权、经济增长和波动》，《管理世界》2008 年第 3 期。

④ 王凤荣、董法民：《地方政府竞争与中国的区域市场整合机制》，《山东大学学报》（哲学社会科学版）2013 年第 3 期。

⑤ 王永钦、张晏、章元、陈钊、陆铭：《中国的大国发展道路——论分权式改革的得失》，《经济研究》2007 年第 1 期。

⑥ 李涛、黄纯纯、周业安：《税收、税收竞争与中国经济增长》，《世界经济》2011 年第 4 期。

开，而产业政策的执行或"再制定"是其重要抓手。陈玲等研究发现，地
方政府执行中央政府产业政策的实质动机是经济激励①。由于新兴产业的市
场回报无法现时兑现，且其发展前景与本地的资源禀赋情况密切相关，因
此，对地方政府的经济激励呈现很大的不确定性和差异性。地方政府故而在
平衡经济发展和政治晋升的情况下做出实动、暗动、伪动、缓动等不同选
择。在文化资源禀赋和经济发展水平差异化背景下，我国文化产业的发展在
东、中、西部存在着严重的不平衡性，东部地区文化产业发展速度最快，中
部地区次之，西部地区较差，并形成了东部地区市场主导型、西部地区政府
主导型和中部地区综合型的发展模式（梁君、陈显军，2012）②。各地文化
产业相互竞争造成了产业布局不合理，不仅没有形成优势互补、协同发展的
局面，还造成大量重复投资，带来资源浪费。

可见，文化产业政策作为政府干预经济资源配置的一种制度安排，是镶
嵌在中国经济转型制度框架中并伴随中国式分权改革而演变发展的，本质上
是中央政府与地方政府、地方政府之间竞争与博弈的结果。

（二）政策工具、政策层级与文化产业发展绩效

文化产业政策旨在促进文化产业的有效发展，但产业政策的有效性却是
学界争论不休的焦点问题。相对于产业政策有效论与无效论的一般论争
（Tullock，1967③；Krueger，1974④；青木昌彦等，2002⑤；Stiglitz，2004⑥；

---

① 陈玲：《双重激励下地方政府发展新兴产业的动机与策略研究》，《经济理论与经济管理》
2010 年第 9 期。

② 梁君、陈显军：《我国区域间文化产业发展差异研究》，《经济纵横》2012 年第 4 期。

③ Tullock，"the Welfare Costs of Tariffs，Monopolies，and Theft"，*Economic Inpuiry*，1967，5
（3），pp. 224 –232.

④ Krueger，Anne O.，"The Political Economy of the Rent-Seeking Society"，*The American Economic
Review*，1974，64（3），pp. 291 –303.

⑤ 青木昌彦：《市场的作用国家的作用》，中国发展出版社，2002。

⑥ Stiglitz，"The Parties'Flip-Flops on Deficit Spending：Economics or Politics？"*The Economists Voice*，
2004，1（2），p. 2.

皮建才，2008①），多数研究强调了文化产业政策对文化产业发展的积极效应。在 1982 年联合国教科文组织（UNESCO）举办的世界文化政策会议上，分析了政策支持对于文化发展推动的必要性。1998 年，联合国文化与发展委员会举办了主题为"促进发展的文化政策"的政府间会议，向众多国际会员国提议了"使文化政策成为发展战略的主要内容之一"和"促进文化产业的政策和实践"的行动目标，使得文化产业政策研究成为世界性的热点研究领域。李思屈、李义杰以我国八大国家级动漫游戏基地为样本，对我国文化产业政策实施现状进行了实证研究，认为我国文化产业当前具有良好的政策支持和发展环境，人才培养、金融支持、研发资金仍是企业发展中面临的主要问题②。关萍萍（2012）③ 发现，在我国文化产业快速发展过程中，文化产业政策起到了不可或缺的作用。

从政策解构角度实证考量政策有效性的文献较少，比较有代表性的研究视角，一是政策工具对政策有效性的影响。文化产业政策作为政府干预社会文化资源配置的制度安排，其常用政策工具有经济手段、行政手段、法律手段。经济手段包括财政措施（财政拨款或补贴、税收优惠等）和金融措施（低息贷款、政府保证贷款、信贷配给）。行政手段包括直接管理和限制，如对特定商品、资本、技术的进出口限制，外汇集中管理，对生产数量和投资的限制等；制度的创设与废止，如各种许可认可权制度等。法律手段包括各级政府颁布的具有法律效力的法律、行政法规、部门规章、通知等。学者们普遍肯定了经济手段对文化产业的促进作用。杜晓燕认为，美国文化产业的持续繁荣与财政政策的支持是密切相关的，优惠的财政政策是文化产业顺利实现投融资的有力保障④。很多学者研究了财税政策对促进产业发展的重

① 皮建才：《中国地方政府间竞争下的区域市场整合》，《经济研究》2008 年第 3 期。
② 李思屈、李义杰：《中国文化产业政策及其实施效果——基于国家八大动漫游戏基地（园区）政策调研的实证研究》，《西南民族大学学报》（人文社会科学版）2012 年第 3 期。
③ 关萍萍：《我国文化产业政策体系的 3P 评估》，《西南民族大学学报》（人文社会科学版）2012 年第 1 期。
④ 杜晓燕：《美国财政政策对文化产业投融资的支持探析》，《财政监督》2011 年第 12 期。

要意义（张新、安体富，2012①；郭玉军、李华成，2012②；毕佳，2010③）。我们认为，在中国投资驱动性经济增长模式下，财政政策工具能促进文化产业的发展。

二是央地关系视角下的政策层级对产业政策有效性的影响。在中国式分权背景下，产业政策的制定由中央和地方共同负责（Thun，2004④；闫帅，2012⑤）。关于政策的有效性，存在两种竞争性的观点。一种观点认为，中央有能力以政治激励方式对地方政府执行政策的行为进行有效的控制，约束地方政府的自利行为；而另一种观点则强调复杂的政府机构、多层委托代理使中央控制失效，导致地方政府在执行政策或再制定政策时偏离中央政府利益，转而追求自身的经济利益（殷华方等，2007⑥；陈玲等，2010）。我们认为，中国式分权制度安排决定了文化产业政策的层级性和时效性。短期来看，一方面，地方政府从本地实际出发制定本地区的文化产业政策，有利于提高短期效益；另一方面，地方政府过于看重经济利益尤其是任期内业绩，可能钻中央产业政策的空子，制定有利于本地区但与中央精神不符的条款，导致中央文化政策无法达到预期效果。从长期考量，地方政府的多样化和多种实验，具有社会发现更优协调的功能。中央政府通过产业政策调整及时反映地方诉求，则有助于提升文化产业政策的有效性，促进文化产业发展。

基于以上分析，本文提出以下四个假设。

---

① 张新、安体富：《对我国税收信息化现状的反思与国际借鉴》，《税收经济研究》2012年第52期。

② 郭玉军、李华成：《欧美文化产业税收优惠法律制度及其对我国的启示》，《武汉大学学报》（哲学社会科学版）2012年第1期。

③ 毕佳：《政府对中小企业金融扶持政策研究》，上海交通大学硕士学位论文，2010。

④ E. Thun, "Keeping up with the Jones: Decentralization, Policy Imitation, and Industrial Development in China," *World Development*, 2004, 32 (8), pp. 1289 – 1308.

⑤ 闫帅：《公共决策机制中的"央地共治"——兼论当代中国央地关系发展的三个阶段》，《华中科技大学学报》（社会科学版）2012年第4期。

⑥ 殷华方、潘镇、鲁明泓：《中央地方政府关系和政策执行力——以外资产业政策为例》，《管理世界》2007年第7期。

假设1：中央与地方政府、地方政府之间的竞争与博弈，是文化产业政策变迁的制度动因。

假设2：财政政策工具——文化财政投入对文化产业发展具有促进作用。

假设3：地方政府文化政策具有即时有效性，而中央文化政策具有长期有效性；文化产业政策效果在总体上具有时滞性。

假设4：文化产业政策分布具有东中西区域差异性并呈现有效性差异。

三　文化产业政策变迁：基于政府竞争视角的描述性分析

（一）我国文化产业政策的总括性描述

我国文化产业政策从改革开放起步发展至今，在政策数量和政策层级方面发生了巨大变化（见图1）。从政策数量来看，1978～2014年，我国文化产业政策数量呈现先升后降走势。1978～2006年，我国文化产业政策数量呈现上涨趋势；2006年至今，文化产业政策体系不断完善，文化产业政策

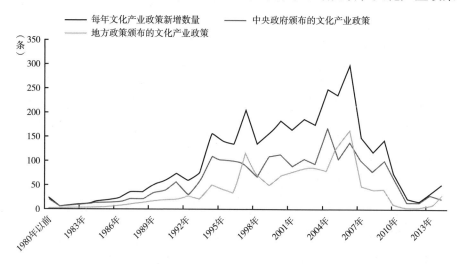

图1　我国每年新增文化产业政策变化

新增数量逐年下降。从政策层级来看，中央政府颁布的政策数量总体占优，凸显出政策驱动的自上而下特征；地方政府出台的文化产业政策数量自1992年以来出现快速增长，并阶段性超过中央，呈现领先态势。

（二）基于文本解析法的政策变迁及其动因研究

鉴于政策文本体现的是非量化信息，本部分接下来将运用内容分析法，对政策文本进行关键词抓取，进而对文化政策演变过程及其制度动因展开分析。具体来说，本文从人才与科技支持、资本结构调整、财政支持方式、文化产业组织、市场秩序管理和政府职能六个方面来选取关键词（见表1）。

表1 政策内容指标的关键词选取

指标类别	关键词
人才与科技	人才培养、人才引进、人才激励
	科技科研投入、信息化水平
资本结构调整	资金风险投资、外资、合资、民资
财政支持方式	专项资金、财政支出、财政扶持、免税、出口退税贴息补助、租金优惠
文化产业组织	建立文化企业、企业集团、重点文化产品、项目和经营部分跨地区、跨行业兼并重组、自主创新、市场准入
市场秩序规范	理顺文化市场管理体制、打击盗版、保护知识产权企业诚信体系、征信体系建设、文化市场体系、市场结构
政府职能转换	政企分开、完善行政审批制度、政府服务效率、政府采购

依据表1，在关键词抓取过程中，如果一个关键词在某条政策中出现的频率为5次以上，依旧按5次处理，然后把所有政策的关键词进行统计，具体统计结果见图2。

图2显示，我国文化产业政策经历了从管制、规范到鼓励、支持、引导文化产业发展的变迁。从政府之间关系的角度，我们将文化产业政策发展界定为以下四个阶段。

第一阶段（1978～1991年）是集权制下的"央主地从"阶段。受制于计划经济和政治集权制度，该阶段我国文化产业政策呈现自上而下的驱动特

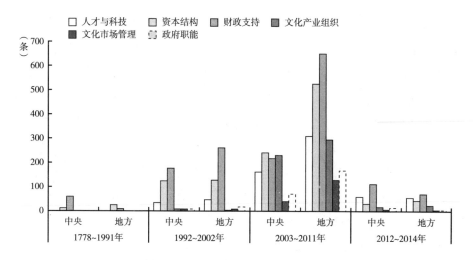

图2 我国文化产业政策层级与政策内容分阶段分布图

征，中央政府在政策制定过程中占主导地位。中央文化产业政策内容以管制为主，多表现为行政命令和强制性指令；政策工具主要倚重财政支持。地方政府和部门制定的文化产业政策数量相对较少，偏重于资本结构的调整。第二阶段（1992~2002年）是分权制下的"央地博弈"阶段。伴随着我国分权式改革，地方政府获得了一定的财权与事权。基于来自中央政府的政治激励与经济激励，同时，由于文化产业作为新兴产业的市场回报具有不确定性，地方政府以颁布地方法规形式促进文化产业发展，具有"试动"性①。该阶段，地方政府文化产业政策逐渐增多，但从数量来看，地方的文化产业政策并没有超过中央。地方政府出台财政补贴、税收、租金优惠的措施，实验性鼓励和促进当地文化产业的发展。第三阶段（2003~2011年）是分权制下的"地方竞争"阶段。基于中央集权下强化的政治激励，特别是官员晋升考核的经济绩效导向，地方政府进一步展开促进GDP增长的标尺竞争。为了促进当地文化产业经济的发展，实现以GDP为首的政绩考察目标，各

---

① 我们认为，在央地博弈模式下，除了陈玲等描述的地方政府在平衡经济发展和政治晋升的情况下做出实动、暗动、伪动、缓动等选择外，地方政府出台相应政策还具有试探和实验性质，属于"试动"。

地政府竞相出台文化产业政策，具有"实动"性。该阶段是文化产业政策数量的倍增阶段，地方政府制定的文化产业政策数量明显增加，显著超过中央颁布的政策数量。地方政府突出强化财政政策工具，文化产业政策内容趋于多样化，更加关注引入社会资本、培育文化产业组织和健全文化市场管理等。第四阶段（2012年至今）是文化产业政策进入分权—合作制下的"央地共治"阶段。该阶段，我国文化产业政策新增数量明显减少，政策制定过程逐步呈现出自下而上、央地共治特征。中央政府政策多为文化市场结构的调整和文化市场体系的完善等内容；地方政府制定的文化产业政策更加关注新兴文化产业和领域的发展，更加注重保护和发展小微企业，增大政策扶持力度，引导文化消费。在某些领域，地方政府政策创新先于中央政府，地方政府政策引领国家文化产业政策的演进。

由上可见，1978年至今，我国文化产业政策经历了集权制下的央主地从、分权制下的央地博弈与地方竞争到分权合作制下的央地共治四个阶段，这一变迁路径本质上源于中国式分权下中央与地方政府、地方政府之间的竞争与博弈。假设1得以证实。

四　基于面板数据模型的文化政策有效性分析

（一）样本数据来源

本部分选取全国总体及29个省份，时间范围为1996～2013年的年度数据。所有数据均取自《中国统计年鉴》《中国文化文物统计年鉴》及各省统计年鉴，所有计算均用计量分析软件Stata 12.0完成。

从东、中、西地区差异考虑，不同地区经济发展水平和文化资源禀赋不同，对文化产业的重视程度也不同，文化产业政策效果可能存在地区差异。在总体样本的基础上，为了进一步考察文化产业政策对东、中、西部地区文化产业发展的具体影响，本文将29个省级数据按地理区域进行划分，东部地区包括山东、浙江、江苏、福建、广东、海南、河北、辽宁、北京、上海、天津 11 个省、直辖市，中部地区包括湖北、湖南、江西、河南、陕西、吉林、黑龙江、安徽 8 个省，西部地区包括内蒙古、陕西、甘肃、青海、云南、四川、重庆、宁夏、贵州、广西 10 个省、自治区。

（二）变量的选取

1. 被解释变量。文化产业总产出（output），用文化市场经营机构总产出表示，剔除了公益性文化事业机构的产出部分，更符合本文的研究宗旨。文化市场经营机构是指从事文化经营和文化服务活动的机构，主要有演出经营机构、文艺表演团体、演出场所经营单位、娱乐场所、经营性互联网文化单位、互联网上网服务营业场所（网吧）、艺术品营业机构、动漫产业等。

2. 解释变量。第一类变量是财政政策工具——财政对文化产业投入的指标有文化、体育、娱乐固定资产投资（fixasste），公共财政文化体育广播传媒支出（pubfinance），文化文物部门财政拨款（fiscalfund）。第二类变量是代表政府对文化产业进行政策调控的文化产业政策数量。文化产业政策数量是根据中央、地方政府职能部门颁布的 1996～2013 年文化政策文本统计所得，主要考察政府出台的政策数量的频度对文化产业发展的影响，并区分由中央政府颁布和地方政府颁布形成的两个政策层级对文化产业发展所产生的不同影响。首先，我们将其划分为当年中央政府（部门）出台的文化政策数量（centralpolicy）、地方政府（部门）出台的文化政策数量（localpolicy）。考虑到政策一旦颁布，除非废止，一般持续有效，且政策自颁布到实际发挥效果一般具有时滞，我们加入了两个对比指标，1996 年至当年加总的中央文化政策数量（totalcentralpolicy）、加总的地方文化政策数量（totallocalpolicy）。

3. 控制变量。反映经济发展水平的人均 GDP（pergdp），反映文化消费水平的城镇居民家庭平均每人全年文教娱乐消费支出（consume），反映文化领域某一行业发展水平的图书出版总册数（books）、剧场影剧院收入（film）、旅游收入（tourism），反映文化产业市场化水平的指标（marketization）。其中，文化产业市场化水平用文化市场经营机构数/（文化市场经营机构数 + 文化事业机构数）得到。

（三）研究设计

在进行回归前，根据面板数据平稳性检验（LLC 检验、IPS 检验）发现有几个指标非平稳，为了得到平稳面板，也为了消除一些指标指数性增长趋势，对人均 GDP 用其增长率（gdp1）代替，图书出版总册数及四个政策数量指标保持不变，其余指标取 log。经过这些处理，所有指标都是平稳的。

模型的基本形式如下：

$$\begin{aligned}
\text{lnoutput}_{i,t} = & c_i + \alpha_1 \text{lnfixasste}_{i,t} + \alpha_2 \text{lnpubfinance}_{i,t} + \alpha_3 \text{lnfiscalfund}_{i,t} \\
& + \alpha_4 \text{centralpolicy}_{i,t} + \alpha_5 \text{localpolicy}_{i,t} + \alpha_6 \text{totalcentralpolicy}_{i,t} \\
& + \alpha_7 \text{totallocalpolicy}_{i,t} + \alpha_8 \text{lngdp1}_{i,t} + \alpha_9 \text{lnconsume}_{i,t} + \alpha_{10} \text{books}_{i,t} \\
& + \alpha_{11} \text{lntourism}_{i,t} + \alpha_{12} \text{lnfilm}_{i,t} + \alpha_{13} \text{marketization}_{i,t} + \mu_{i,t}
\end{aligned}$$

本文运用面板数据模型研究文化产业的政策效果，首先通过固定效应模型回归结果的 F 检验发现存在明显的个体效应，然后，由 hausman 检验发现个体效应与解释变量不相关，最终确定用随机效应模型，随后用 Stata 命令 xtcsd（Friedman 1937[1]、Frees 1995[2]）来检验横截面之间的相关性；用 xtserial（Wooldridge 2002[3]）检验时间维度上的相关性；用 xttest3（Modified Wald Test[4]）检验群组间的异方差并用 xtpcse[5]、xtscc[6] 进行修正。

（四）实证结果分析

1. 总体面板的描述分析（原始数据）

1996～2013 年，从全国平均水平看，人均 GDP 由 1996 年的 2093 元

① Friedman, M., "The Use of Ranks to Avoid the Assumption of Normality Implicit in the Analysis of Variance", *Journal of the American Statistical Association*, 1937, 32 (200), pp. 675 – 701.

② Frees, E. W., "Assessing Cross-sectional Correlations in Panel Data", *Journal of Econometrics*, 1995, 69 (2), pp. 393 – 414.

③ Wooldridge, J. M., "Econometric Analysis of Cross Section and Panel Data", Cambridge, *MA: MIT Press*, 2002.

④ Greene, W., "Econometric Analysis", *Upper Saddle River*, NJ: Prentice-Hall, 2000.

⑤ Greene, W. H., "Econometric Analysis". *7th ed. Upper Saddle River*, NJ: Prentice Hall, 2012.

⑥ Driscoll, J. C., and A. C. Kraay, "Consistent Covariance Matrix Estimation with Spatially Dependent Panel Data", *Review of Economics and Statistics*, 1998, 80 (4), pp. 549 – 560.

（最小值）增长到 2013 年的 99607 元（最大值）；城镇居民家庭平均每人全年文教娱乐消费支出由 374.95 元增加到 2233.5 元；经营性文化产业总产出由 206.5 亿元增加到 2033.88 亿元，文化产业财政投入也飞速增长。中央政府共出台了 1446 条文化产业政策，地方政府出台的文化产业政策总数为 1189 条（见表 2）。相比较而言，文化产业的消费、总产出的增长速度落后于经济总量的发展速度。

表 2　总体变量数据的描述分析

变量	观测值	均值	标准误	最小值	最大值
Shengfen（省份）	540	15.5	8.66	1	30
Year（年份）	540	2004.5	5.19	1996	2013
Output（文化产业总产出：千元）	540	4680598	16500000	20917	203000000
fixasste（文体娱固定资产投资：亿元）	540	92.87	383.75	0.15	5500
pubfinance（公共财政文体广传费用支出：亿元）	540	56.35	190.76	0	2500
Fiscalfund（文化文物部门财政拨款：千元）	540	1433010	6618551	1015	80600000
localpolicy（当年地方文化产业政策数：个）	540	4.29	14.76	0	161
centralpolicy（当年中央文化产业政策数：个）	540	80.33	37.07	13	154
totallocalpolicy（加总地方文化产业政策数：个）	540	48.38	150.95	0	1189
totalcentry（加总地方文化产业政策：个）	540	856.39	470.34	81	1446
pergdp（人均国内生产总值：元）	540	20128.51	18079.15	2093	99607
consume（城镇居民家庭平均每人全年文教娱乐消费支出：元）	540	1098.81	704.29	211	5300
books（图书出版总册数：亿册）	540	5.31	13.26	0.04	80.94
tourism（旅游收入：亿元）	540	1004.45	2142.34	0.08	25000
Film（剧场影剧院收入：千元）	540	17624.98	56935.49	0.2	965983
marketization（文化产业市场化水平：0－1）	540	0.78	0.15	0.23	0.99

2. 变量之间的相关性分析

财政政策工具指标——文体娱固定资产投资、公共财政文体广传费用支出、文化文物部门财政拨款与文化产业总产出高度正相关。文化产业总产出与当年地方文化政策数量、加总的地方文化政策数量、加总的中央文化政策数量正相关，与当年的中央文化政策数量负相关（见表 3）。

表3　变量之间的相关系数

	lnoutput	lnfixa ~ e	lnpubf ~ e	lnfisc ~ d	localp ~ y	centra ~ y	totall ~ y	totalc ~ y	gdp1	lncons ~ e	books	lntour ~ m	lnfilm	market ~ n
lnoutput	1													
lnfixasste	0.8167	1												
lnpubfinance	0.8269	0.791	1											
lnfiscalfund	0.7058	0.6618	0.6725	1										
localpolicy	0.3431	0.2635	0.394	0.3535	1									
centralpol ~ y	-0.2851	-0.3475	-0.3178	-0.2546	0.1466	1								
totallocal ~ y	0.5311	0.4834	0.6142	0.5101	0.5778	-0.0607	1							
totalcentr ~ y	0.5796	0.6364	0.5398	0.4959	-0.0857	-0.3909	0.1723	1						
gdp1	0.2406	0.2213	0.1549	0.2304	0.0511	0.0472	0.0444	0.4646	1					
lnconsume	0.6614	0.6758	0.6342	0.4746	-0.0147	-0.3511	0.214	0.8058	0.2828	1				
books	0.441	0.3285	0.5424	0.3972	0.682	-0.0318	0.7947	0.0165	0.0283	0.1064	1			
lntourism	0.7267	0.7651	0.7027	0.6673	0.2183	-0.2332	0.3554	0.4556	0.1148	0.5193	0.2663	1		
lnfilm	0.5047	0.4467	0.5346	0.2179	0.3368	-0.0748	0.4102	0.097	0.0235	0.3964	0.4512	0.2469	1	
marketizat ~ n	0.2718	0.2285	0.2285	-0.0652	0.0685	0.0309	0.0853	0.1758	0.1562	0.3359	0.1367	-0.0153	0.3806	1

表4　财政投入对文化产业发展影响的计量结果

变量	总体(1) lnoutput	总体(2) lnoutput	东部(1) lnoutput	东部(2) lnoutput	中部(1) lnoutput	中部(2) lnoutput	西部(1) lnoutput	西部(2) lnoutput
lnfixasste	0.176***	0.338***	-0.0704	0.130	0.297***	0.530***	-0.00695	0.291***
	(0.0329)	(0.0378)	(0.0705)	(0.0924)	(0.0932)	(0.0592)	(0.0614)	(0.0690)
lnpubfinance	0.314***	0.562***	0.724***	0.790***	0.133	0.125	0.120*	0.534***
	(0.0537)	(0.0521)	(0.113)	(0.0854)	(0.0897)	(0.101)	(0.0627)	(0.0797)
lnfiscalfund	0.171***	0.153***	0.0922**	0.194***	0.139***	0.160***	0.270***	0.168**
	(0.0204)	(0.0239)	(0.0403)	(0.0328)	(0.0463)	(0.0451)	(0.0610)	(0.0734)
gdp1	1.288*		-0.798		1.770**		0.832	
	(0.705)		(1.167)		(0.854)		(0.892)	
lnconsume	0.237***		0.311**		0.479**		0.358***	
	(0.0898)		(0.157)		(0.192)		(0.133)	
books	0.00541*		-0.138***		-0.0291		0.0168**	
	(0.00279)		(0.0183)		(0.0563)		(0.00729)	
lntourism	0.138***		0.277***		0.0282		0.200***	
	(0.0236)		(0.0838)		(0.0872)		(0.0351)	
lnfilm	0.0999***		0.0982**		0.0111		0.332***	
	(0.0239)		(0.0414)		(0.0661)		(0.0435)	
marketization	1.089***		1.149**		1.087***		1.351***	
	(0.223)		(0.559)		(0.331)		(0.253)	
Constant	6.124***	9.346***	5.969***	8.967***	6.507***	9.998***	2.760**	9.204***
	(0.520)	(0.273)	(0.853)	(0.346)	(1.188)	(0.523)	(1.219)	(0.755)
Observations	540	540	198	198	144	144	180	180
R-squared	0.807	0.772	0.790	0.671	0.827	0.785	0.834	0.682
Number of shengfen	30	30	11	11	8	8	10	10

注：***、**、*分别表示在1%、5%、10%的水平下显著。

3. 政策工具的有效性：财政投入对文化产业发展的影响

由前文的政策文本分析可知，财政政策是我国文化产业政策变迁过程中贯穿始终的重要政策工具，本部分实证考察这一政策工具的有效性。为此，本文对总体、东部地区、中部地区、西部地区分别做了两组回归，第一组是文化产业总产出对解释变量、控制变量的回归，第二组是文化产业总产出对解释变量的回归。总体来看，文化财政投入的三个指标都呈现显著正相关。

就东部地区而言，公共财政文体广传费用支出、文化文物部门财政拨款与文化产业总产出呈显著正相关，文体娱固定资产投资未通过显著性水平。就中部地区而言，文体娱固定资产投资、文化文物部门财政拨款与文化产业总产出呈显著正相关，公共财政文体广传费用支出符号为正，未达到显著性水平。就西部地区而言，公共财政文体广传费用支出、文化文物部门财政拨款始终显著，符号为正（见表4）。因此，从整体来讲，文化财政投入对文化产业发展起到显著促进作用。假设2得以证实。

4. 政策层级与政策时效性：总体与分期考察

为了对比分析中央和地方出台的文化产业政策对文化产业发展的影响时效，本文共做了六组回归（见表5）。前三组是文化产业总产出对当年的中央文化政策数量、地方文化政策数量的回归，其中，第一组回归的时间范围是1996～2013年，第二组的时间范围是1996～2005年，第三组的时间范围是2006～2013年。后三组是文化产业总产出对加总的中央文化政策数量、地方文化政策数量的回归，时间跨度与前三组相同。2006年是"十一五"规划的开局之年，从我们统计的文化产业政策数量来看，2006年以前，文化产业政策数量一直在稳步上升，2006年以后，政策数量大幅下滑，"十一五"后的政策数量明显小于"十一五"前，所以我们选择以2006年为分界点。

由回归结果可以发现，就地方文化产业政策而言，无论是当年的文化政策数量还是加总的文化政策数量，结果始终显著为正，并且后者系数小于前者。这表明，地方文化政策能够显著促进文化产业的发展，地方的文化政策落实情况比较好，随着时间的延长，颁布越久的地方政策效果越呈下降趋势。就中央文化政策而言，由前三组回归结果可以看出，当年的中央文化政策数量要么不显著，要么显著为负。后三组回归结果显示，加总的中央文化政策在2006年以前不显著，2006年以后显著为正，1996～2013年总体显著为正。由此可见，地方政府文化政策具有即时有效性，而中央文化政策具有长期有效性；文化产业政策效果在总体上具有时滞性；"十一五"时期后的中央文化政策效果明显好于"十一五"时期前。假设3得以证实。

表5 文化政策层级与政策时效性：总体与分期计量结果

变量	总体(1) 1996~2013年	总体(2) 1996~2005年	总体(3) 2006~2013年	总体(4) 1996~2013年	总体(5) 1996~2005年	总体(6) 2006~2013年
	lnoutput	lnoutput	lnoutput	lnoutput	lnoutput	lnoutput
localpolicy	0.0114***	0.0177***	0.0110**			
	-0.00344	-0.00492	-0.0051			
centralpolicy	-0.00403**	0.0044	-0.00276**			
	-0.00171	-0.00289	-0.00132			
totallocalpolicy				0.00170***	0.00224***	0.00428***
				-0.00045	-0.000779	-0.000401
totalcentralpolicy				0.000758***	0.00019	0.000776**
				-0.000168	-0.0003	-0.000376
gdp1	2.476***	1.297	0.707	1.016	2.264*	1.023
	-0.84	-1.136	-0.775	-0.799	-1.2	-0.709
lnconsume	0.649***	0.133	0.594***	0.178*	0.0534	0.730***
	-0.114	-0.117	-0.203	-0.105	-0.103	-0.184
books	0.0149***	0.00142	0.0216***	0.00817	0.0078	0.0295***
	-0.00367	-0.00614	-0.00394	-0.00519	-0.00534	-0.00712
lntourism	0.342***	0.340***	0.294***	0.332***	0.348***	0.252***
	-0.0181	-0.0271	-0.0215	-0.0179	-0.0281	-0.0212
lnfilm	0.141***	0.273***	0.0950***	0.188***	0.280***	0.0701**
	-0.027	-0.0343	-0.031	-0.0278	-0.0322	-0.0285
marketization	1.024***	1.011***	0.678***	1.113***	1.022***	1.015***
	-0.202	-0.265	-0.247	-0.185	-0.26	-0.229
Constant	5.517***	7.053***	7.202***	7.557***	7.692***	5.177***
	-0.666	-0.621	-1.384	-0.541	-0.548	-1.076
Observations	540	300	240	540	300	240
R-squared	0.755	0.734	0.63	0.77	0.728	0.694
Number of shengfen	30	30	30	30	30	30

注：***、**、*分别表示在1%、5%、10%的水平下显著。

5. 文化产业政策的区域分布与有效性分析

表6描述了对总体和区域的回归结果。第一组是文化产业总产出对当年中央政府颁布的文化政策数量、当年地方政府颁布的文化政策数量和控制变量的回归，第二组是文化产业总产出对加总的中央文化政策数量、加总的地

方文化政策数量和控制变量的回归。结果表明，就东部地区而言，地方文化政策始终有效，中央文化政策没有实际效果。就中部地区而言，无论是中央文化政策数量还是地方文化政策数量均不显著。就西部地区而言，当年颁布的中央、地方文化政策数量都没有通过显著性水平，加总的中央、地方文化政策数量均显著为正（见表6）。因此，整体来看，文化产业政策效果呈现出东中西区域差异性。假设4得以证实。

表6　文化产业政策区域分布与有效性计量结果

	东部(1)	东部(2)	中部(1)	中部(2)	西部(1)	西部(2)
VARIABLES	lnoutput	lnoutput	lnoutput	lnoutput	lnoutput	lnoutput
localpolicy	0.0248 **		0.00175		−0.0119	
	−0.012		−0.0184		−0.0295	
centralpolicy	−0.00448 **		−0.000306		−0.00184	
	−0.00202		−0.00208		−0.00197	
totallocalpolicy		0.00531 **		0.00833		0.0210 **
		−0.00238		−0.00754		−0.00836
totalcentralpolicy		−0.000415		0.000152		0.000842 ***
		−0.000275		−0.000539		−0.000217
gdp1	0.231	0.23	1.984 *	1.441	1.694 *	0.654
	−1.29	−1.302	−1.075	−1.123	−1.003	−0.999
lnconsume	0.680 ***	0.888 ***	1.075 ***	0.920 ***	0.553 ***	0.00654
	−0.154	−0.251	−0.19	−0.265	−0.151	−0.127
books	−0.142 ***	−0.148 ***	0.0303	0.021	0.00727	0.00970 *
	−0.0199	−0.0196	−0.0638	−0.0831	−0.00636	−0.00554
lntourism	0.546 ***	0.540 ***	0.281 ***	0.246 **	0.340 ***	0.291 ***
	−0.0565	−0.0656	−0.0726	−0.112	−0.019	−0.0241
lnfilm	0.170 ***	0.136 ***	−0.0363	−0.0215	0.393 ***	0.358 ***
	−0.0485	−0.0504	−0.0782	−0.0707	−0.0338	−0.0387
marketization	1.214 **	1.060 *	1.133 ***	1.131 ***	0.921 ***	0.842 ***
	−0.54	−0.583	−0.437	−0.412	−0.273	−0.245
Constant	4.340 ***	3.238 ***	4.142 ***	5.056 ***	4.359 ***	7.693 ***
	−0.778	−1.216	−1.124	−1.556	−0.945	−0.69
Observations	198	198	144	144	180	180
R-squared	0.749	0.749	0.791	0.794	0.8	0.84
Number of	11	11	8	8	10	10

注：***、**、*分别表示在1%、5%、10%的水平下显著。

6. 稳健性检验

为了考察实证结果的稳健性，本文对部分解释变量做了改变。解释变量文化文物部门财政拨款用文化事业费（lnshiyefei）代替，文化、体育、娱乐固定资产投资用文化事业完成投资（lninvest）代替，总体面板回归结果显示，解释变量的符号和显著性与原模型基本一致，因此，实证结果是稳健的（见表7）。

表7　稳健性检验

变量	lnoutput	lnoutput	lnoutput
lninvest	0.0704 ***	0.0687 ***	0.0682 ***
	− 0.024	− 0.0241	− 0.0248
lnpubfinance	0.112 **	0.126 **	0.0628
	− 0.054	− 0.0558	− 0.0496
lnshiyefei	1.025 ***	1.046 ***	0.871 ***
	− 0.0906	− 0.0848	− 0.0953
localpolicy	0.000841	0.00068	
	− 0.00161	− 0.00166	
centralpolicy	0.00159	0.00158	
	− 0.00125	− 0.00122	
totallocalpolicy	0.000377 *		0.000548 ***
	− 0.000193		− 0.000197
totalcentralpolicy	0.000105		0.000208 *
	− 0.000162		− 0.000125
gdp1	0.924	1.092 *	
	− 0.697	− 0.635	
lnconsume	− 0.00259	0.0436	
	− 0.094	− 0.084	
books	− 0.0113 ***	− 0.00898 ***	− 0.00756 **
	− 0.00356	− 0.00287	− 0.00345
lnfilm	− 0.0337	− 0.0433 **	− 0.00647
	− 0.0231	− 0.0207	− 0.0199
marketization	0.426 **	0.393 **	0.698 ***
	− 0.195	− 0.197	− 0.219
lntourism			0.0782 ***
			− 0.0248
Constant	1.625 **	1.240 *	2.701 ***
	− 0.809	− 0.643	− 0.655
Observations	540	540	540
R-squared	0.839	0.838	0.84
Number of shengfen	30	30	30

注：*** 、** 、* 分别表示在1%、5%、10%的水平下显著。

五　结论及政策建议

文化产业是朝阳产业和战略新兴产业，也是转型经济中各级政府竞争的产业载体。1978 年至今，我国文化产业政策经历了集权制下的央主地从、分权制下的央地博弈、地方竞争到分权合作制下的央地共治四个阶段，这一变迁路径本质上源于中央与地方政府、地方政府之间的竞争与博弈。本文运用面板数据模型，从政策解构角度实证考量政策有效性，研究发现，财政政策工具促进了文化产业发展，文化产业政策的层级性具有时效性差异，并呈现总体意义上的时滞特征；文化产业政策空间分布凸显东中西区域性差异并显示出有效性差异。这些发现对于匡正政府部门的竞争行为与优化文化产业的发展环境具有以下几点现实意义。

首先，刺激文化需求，鼓励文化企业发展。我国人均文教娱乐支出只占人均 GDP 的 6%，文化市场未得到充分开发。为此，政府应出台政策刺激消费者的文化产品需求，释放消费者对文化产品的消费潜力；同时，鼓励文化企业做大做强，增加有效供给。其次，适当加大财政投入，扶持文化产业发展。我国文化产业正处于快速发展阶段，应适当加大对文化产业的财政投入，提高财政支持的效率。再次，完善央地共治，促进文化产业发展。中央政府应当建立有效的激励机制与惩治机制，使中央、地方文化产业发展目标一致，提高政策之间的相互协调性；改变地方政府不良竞争现状，协调区域文化产业发展。最后，应扭转文化产业政出多门的现状，提高政府执政效率，为文化产业发展提供良好的生态环境。

参考文献

毕佳：《政府对中小企业金融扶持政策研究》，上海交通大学硕士学位论文，2010。

陈家泽：《政府作用与文化产业政策设计》，《西安交通大学学报》（社会科学版）

2006 年第 5 期。

陈玲：《双重激励下地方政府发展新兴产业的动机与策略研究》，《经济理论与经济管理》2010 年第 9 期。

杜晓燕：《美国财政政策对文化产业投融资的支持探析》，《财政监督》2011 年第 12 期。

关萍萍：《我国文化产业政策体系的 3P 评估》，《西南民族大学学报》（人文社会科学版）2012 年第 1 期。

郭玉军、李华成：《欧美文化产业税收优惠法律制度及其对我国的启示》，《武汉大学学报》（哲学社会科学版）2012 年第 1 期。

黄玖立、李坤望：《吃喝、腐败与企业订单》，《经济研究》2013 年第 6 期。

李思屈、李义杰：《中国文化产业政策及其实施效果——基于国家八大动漫游戏基地（园区）政策调研的实证研究》，《西南民族大学学报》（人文社会科学版）2012 年第 3 期。

李涛、黄纯纯、周业安：《税收、税收竞争与中国经济增长》，《世界经济》2011 年第 4 期。

梁君、陈显军：《我国区域间文化产业发展差异研究》，《经济纵横》2012 年第 4 期。

刘艳红、韩国春、罗晓蓉、刘静、张亚卿：《对中国文化产业政策的探讨》，《云南师范大学学报》（哲学社会科学版）2006 年第 5 期。

皮建才：《中国地方政府间竞争下的区域市场整合》，《经济研究》2008 年第 3 期。

乔治·泰奇：《研究与开发政策的经济学》，清华大学出版社，2002。

青木昌彦：《市场的作用国家的作用》，中国发展出版社，2002。

曲博：《促进文化产业发展的公共政策研究》，哈尔滨商业大学，硕士学位论文，2013。

王凤荣、董法民：《地方政府竞争与中国的区域市场整合机制》，《山东大学学报》（哲学社会科学版）2013 年第 3 期。

王凤荣、苗妙：《税收竞争、区域环境与资本跨区流动——基于企业异地并购视角的实证研究》，《经济研究》2015 年第 2 期。

王永钦、张晏、章元、陈钊、陆铭：《中国的大国发展道路——论分权式改革的得失》，《经济研究》2007 年第 1 期。

闫帅：《公共决策机制中的"央地共治"——兼论当代中国央地关系发展的三个阶段》，《华中科技大学学报》（社会科学版）2012 年第 4 期。

殷华方、潘镇、鲁明泓：《中央地方政府关系和政策执行力——以外资产业政策为例》，《管理世界》2007 年第 7 期。

张鹏飞、徐朝阳：《干预抑或不干预——围绕政府产业政策有效性的争论》，《经济社会制度比较》2007 年第 4 期。

张新、安体富：《对我国税收信息化现状的反思与国际借鉴》，《税收经济研究》2012 年第 52 期。

周业安、章泉：《财政分权、经济增长和波动》，《管理世界》2008 年第 3 期。

Ali M. El-Agraa, "UK Competitiveness Policy vs. Japanese Industrial Policy", *The Economic Journal*, 1997, 107 (444), pp. 1504 – 1517.

Beason, R. and Weistein, D. E. , "Growth, Economies of Scale, and Targeting in Japan", *Review of Economics and Statistic*, 1996, 78 (2), pp. 286 – 295.

Blanchard, O. and A. Shleifer, "Federalism with and without Political, Centralization: China versus Russia," *IMF Staff Papers*, 2001, 48 (48), pp. 8 – 81.

Driscoll, J. C. , and A. C. Kraay, "Consistent Covariance Matrix Estimation with Spatially Dependent Panel Data", *Review of Economics and Statistics*, 1998, 80 (4), pp. 549 – 560.

E. Thun, "Keeping up with the Jones: Decentralization, Policy Imitation, and Industrial Development in China," *World Development*, 2004, 32 (8), pp. 1289 – 1308.

E. Thun, "Keeping up with the Jones: Decentralization, Policy Imitation, and Industrial Development in China", *World Development*, 2004, 32 (8), pp. 1289 – 1308.

Frees, E. W. , "Assessing Cross-sectional Correlations in Panel Data", *Journal of Econometrics*, 1995, 69 (2), pp. 393 – 414.

Friedman, M. , "The Use of Ranks to Avoid the Assumption of Normality Implicit in the Analysis of Variance", *Journal of the American Statistical Association*, 1937, 32 (200), pp. 675 – 701.

Frith S. , "Knowing one's place: The culture of cultural industries," *Cultural Studies from Birmingham*, 1991, 1 (1), pp. 135 – 155.

Greene, W. , "Econometric Analysis", *Upper Saddle River*, NJ: Prentice-Hall, 2000.

Greene, W. H. , "Econometric Analysis". *7th ed. Upper Saddle River*, NJ: Prentice Hall, 2012.

Kong L. , "Culture, economy, policy: Trends and developments," Geoforum, *Special Issue on Culture Industries and Cultural Policy*, 2000, 31 (4), pp. 385 – 390.

Krueger, Anne O. , "The Political Economy of the Rent-Seeking Society", *The American Economic Review*, 1974, 64 (3), pp. 291 – 303.

Montinola, Gabriella, Yingyi Qian and Barry R. Weingast, "Federalism, Chinese Style: The Political Basis for Economic Success," *World Politics*, 1996, 48 (2), pp. 50 – 81.

Stiglitz, "The Parties'Flip-Flops on Deficit Spending: Economics or Politics?" *The Economists Voice*, 2004, 1 (2), p. 2.

Tullock, "the Welfare Costs of Tariffs, Monopolies, and Theft", *Economic Inpuiry*, 1967, 5 (3), pp. 224 – 232.

Wooldridge, J. M. , "Econometric Analysis of Cross Section and Panel Data", Cambridge, *MA: MIT Press*, 2002.

Yingyi Qian and Barry R. Weingast, "China's Transition to Markets: Market-Preserving Federalism, Chinese Style," *Journal of Policy Reform*, 1996, 1 (2), pp. 149 – 185.

中国文化产业税收政策的现状与建议[*]

魏鹏举　王玺[**]

摘　要： 当前，中国对文化产业发展的扶持以财政补贴政策为主，存在一定程度的不公平、不恰当等缺陷；税收扶持政策也存在过渡性、临时性等方面的不足。"营改增"对尚处在"幼稚期"的文化产业而言，既是机遇又是挑战。中国的文化产业税收政策需要在财税体系、政策机制、扶持方式等方面进行创新和改善。

关键词： 文化产业　财税政策　"营改增"

2013 年是中国文化产业发展的重要转型年。十七届六中全会及"十八大"确立了文化产业在中国社会经济发展中的战略性地位，文化体制改革的战略重点从转制向转型调整，文化企业的市场化发展能力亟待提升。在这个转型的关键时期，中国文化产业需要从政府投资推动向社会投资推动转变，文化产业相关税收政策的创新和完善是实现这一转换的关键性制度因素。

一　中国文化产业财税政策的主要问题

随着文化产业的发展上升到国家战略的高度，各级政府对文化产业的扶

＊　原文出处，《同济大学学报》（社会科学版）2013 年第 5 期，第 45 ~ 51 页。
＊＊　魏鹏举，中央财经大学文化经济研究院院长，教授，博士；王玺，中央财经大学税务学院。

持力度不断加大。现有的文化产业扶持政策以财政补贴政策为主，通过财政拨款成立的各级各类文化产业专项资金或投资基金层出不穷，额度越来越大。财政扶持方式对我国文化产业的发展无疑起到了重要的培育和推动作用，但同时也显现出一些弊端。

1. 财政补贴政策的缺陷

总体来看，我国文化产业财政扶持政策的弊端有以下四点。一是可能造成不公平。公有文化企业或大型文化企业容易受惠，非公企业尤其是中小微文化企业不易受惠。二是信息不对称可能造成的资金错配。一个政府文化资金管理部门很难对成千上万的文化企业或项目申报进行充分调查了解。三是权力寻租可能带来的腐败风险。大额文化产业专项资金由行政或事业部门进行管理和分配，很难杜绝各种形式的权力寻租。四是可能培养文化企业的惰性。许多企业热衷于申请财政补贴，对社会资本的热情衰减，造成市场进取心和竞争力的下降。

具体来看，财政资金日益成为许多经营性文化企业的重要利润来源，这种现象有加强的趋势。鉴于数据的可获得性，我们对四家上市公司 2012 年的年度报表进行了有针对性的分析（见表1）。

表1　四家上市文化企业的财政补贴比较

	2011 年财政补贴(元)	2012 年财政补贴(元)	2012 年财政补贴同比增长(%)	2012 年综合收益总额(元)	财政补贴占综合收益比例(%)
杭州宋城旅游发展有限公司	19792857.24	44709198.57	125.89	248553190.58	17.99
美盛文化创意股份有限公司	4967940.00	17303616.67	248.31	49015839.49	35.30
华谊兄弟传媒股份有限公司	27530988.40	65394237.93	137.53	561602263.67	12.53
时代出版传媒股份有限公司	35869426.63	58780494.29	63.87	318858627.30	18.43

从表1不难看出，四家文化企业 2012 年的财政补贴较 2011 年有着巨额增长，财政补贴的数额在综合收益总额中也占据相当可观的比例。这

只是选取了几个成功上市公司的数据，再查阅其他文化企业的财务报表，政府补贴几乎成了文化企业营业外收入的全部，并且补贴的数额一直呈现增长之势。

当前高比例的财政补贴是与文化产业仍处于初期发展阶段有关的，但长此以往则会显现出补贴的弊端，如果不注重每一笔财政补贴的后期审核，就会滋生企业的惰性，降低资金的利用效率。通过各企业的年度报告不难发现，每个企业获得的政府补助明细各不相同，例如，美盛文化创意公司明细下的"绍兴市创新创业启动资金及引才奖励"项目占据了很大一部分补贴，而时代传媒公司的"增值税返还"是其最大的补助来源。如果对发放的每项资金都跟进审查的话，势必浪费大量的人力物力，即使资金得到高效利用，公共政策效率也会大大降低。

从财政补贴这种支出型扶持自身而言，"越位"与"缺位"的结构是非常不好掌控的，无论出现哪种情况，都是低效率的体现。目前，虽然不能通过数据明确说明文化产业的财政补贴是否存在越位或缺位的现象，但相较于收入型的税收政策，财政补贴的有效性显然略微逊色。

针对文化产业财政扶持政策的问题，我们一方面需要探索更加合理有效的财政投入方式与绩效管理机制，另一方面，需要采取更具有产业促进长期效用的税收扶持政策。税收扶持政策对企业的激励作用更直接、更公平，政策一旦形成，对于产业发展的促进作用更长效稳定，可以有效避免财政扶持政策可能出现的行政职能越位的问题。更为重要的是，合理的税收扶持政策可以激励更多社会资本进入文化产业，是推动我国文化产业发展从政府投资主导向社会投资转变的基础性制度措施。

2. 税收扶持政策的不足

我国已经出台了30多项对文化产业发展的税收扶持政策，主要作用表现在以下三个方面。其一，推动经营性文化事业单位转企改制。与文化体制改革相配套，这方面的财税扶持力度一直很大，按照十七届六中全会的决定，这方面的扶持政策还要再延续五年。其二，培育文化产业的重点行业。比如，对于广播电视、新闻出版等传统的核心文化产业行业，有比较明确的财税优惠政策；对于新兴文化产业行业的财税扶持力度也比较大，比较突出的就是动漫行业，近年来先后出台了一系列专门的财税扶持政策。其三，支持文化产品和服务出口。为了扭转我国文化国际贸易的巨大逆差，作为文化"走出去"战略的支持手段，近几年，我国先后出台了相关财税激励政策。

我国文化产业的税收政策总体上呈现过渡性和临时性特征，立法层次不高，在稳定性、公平性、针对性等方面存在明显的不足。

文化产业税收优惠政策通常以通知、公告的形式出现，立法层次不高，时效性不强，且部分政策仅适用于一般纳税人，众多中小文化企业被排除在优惠政策范围之外，位于产业链中下游的企业很难享受到政策的优惠，因此，出台的政策往往不能达到预期的效果。一些地方政府为了提升本地文化产业的竞争力，可能以先征后退等"地方特色"替代税收优惠，不仅导致了地区间的税收恶性竞争，更动摇了中央政策的权威性。所以税收政策不仅立法层次不高，还缺少与地方的协调性。

文化产业的税收政策大多数是临时的，缺乏必要的稳定性和持续性。就动漫产业来说，2009 年《财政部、国家税务总局关于扶持动漫产业发展有关税收政策问题的通知》规定，2009 年 1 月 1 日～2010 年 12 月 31 日，对属于增值税一般纳税人的动漫企业销售其自主开发生产的动漫软件，按 17% 的税率征收增值税后，对增值税实际税负超过 3% 的部分，实行即征即退政策。该项政策仅规定两年的执行期。2011 年《关于扶持动漫产业发展增值税、营业税政策的通知》对这一优惠政策进行了延续，优惠方式和幅度均保持不变，但优惠期为 2011 年 1 月 1 日～2012 年 12 月 31 日，同样只有两年。目前，2011 年出台的政策时效已过，也尚未有新政策填补上去。一方面，稳定性较差的税收政策不利于建设规模的税收体系；另一方面，也使企业难以预测未来的趋势，打压了市场主体的信心，削弱了税收政策对文化产业的导向性。

文化产业发展的不平衡也与税收的不公平有关。文化产业区分了不同性质和不同规模的企业，但针对中央文化企业和党报党刊制定了一系列包括增值税、企业所得税等在内的优惠政策，将众多中小文化企业排除在税收优惠政策之外，造成了税负的不公平，不利于调动非国有资本对文化产业投资的积极性。因此，目前的税收政策带有体制性不公。

现有的税收政策多以流转税减免的形式出现，针对所得税的政策并不多，对文化创新与传承的扶持和激励不足。文化产业的税收优惠多以税率优惠和税额优惠为主，较为看重企业的利润和产品的流通，缺少鼓励创意创新的税基式优惠，这样一来，短期效应明显而长期效应不足，可能影响产业的持续发展。作家的正式出版物稿酬起点仍为800元，近30年来未曾改变，还低于我国普通职工的个人所得税起征点，这会大大降低创作个体的创作积极性。不合理的税收政策及缺少必要的税收扶持，也是非物质文化遗产逐渐消亡的一个诱因。由于一些传统技艺极难掌握，如土族盘绣、苏绣，即使是技艺娴熟的艺人也需要两周左右的时间来完成，但其市场售价却被压得很低，再加上要按照全额缴纳个人所得税，而且一些传统美术类的技艺制成品被归入轻工产品中，需要按17%的税率缴纳增值税，但购入的原料大多来自偏远地区或者小个体户，很难取得增值税专用发票，最终使得从业者税负沉重、利润微薄，导致人才流失，非物质文化的传承与开发都面临严峻的挑战。

二 "营改增" 对文化产业发展的作用评估

营业税改增值税（简称"营改增"）是我国一项重大的结构性减税改革，文化产业被纳入其中，足见国家对文化产业的重视和期待。文化产业的"营改增"试点是对文化产业现有税制结构的一次重大调整，是中国文化产业税收政策发展中的重要部分。分析和评估"营改增"对文化产业发展的作用，对于进一步创新和完善文化产业税收政策意义深远。

1.纳入"营改增"试点企业的一般纳税人企业税负测算

对于试点的部分文化服务企业来说，"营改增"后，应税服务项目如广告收入、知识产权服务等，由原来5%的营业税率改变为现在6%的增值税率。表面上看适用税率增加，但增值税涉及一个进项抵扣的减税作用，因此，税负究竟是增加还是减少，要看企业实际的抵扣额度。这就与企业所处的流通环节有关，在下面的分析中，我们会按照企业是否处于流通环节的源头来进行税负测算。

（1）源头文化企业的"营改增"税负测算

从测算结果来看，华谊嘉信作为纯服务性源头企业的代表，进行"营改增"后的税负不降反增（见表2）。它处于服务链的顶端，需要投入大量的人力和无形脑力资本，对于它们来说，新产生的销项税额没有与之对应的进项税额来抵扣，在买方市场主导的当下又不敢贸然提高价格将费用转嫁接受方，因此，这类企业在进行"营改增"后，税负实际会增加。

表2 华谊嘉信"营改增"税负测算（2011年）

单位：元

项目			金额	适用税率	税额
销项	主营业务收入		1011422959.77	6%	57250356.21
进项	本费用中可抵扣进项税额	营业成本	418219325.54	6%	23672792.01
		销售费用：			
		执行、服务费	12106037.41	6%	685247.40
		中介、咨询费	795090.30	6%	45005.11
		IT维护费	673609.11	6%	38128.82
		水电杂费	1261357.33	13%	145111.91
		小计	42139698.28		913493.23
	购进固定资产可抵扣进项税额	购进固定资产：			
		办公设备及其他	5002097.40	17%	726800.48
		运输工具	315500.00	17%	45841.88
		小计	5317597.40		772642.36
	合计				25358927.60
应纳增值税					31891428.61
实缴营业税					13872689.61
税负增加					18018739.00
增幅					130%

作为源头企业的另外一种——服务生产混合性企业，它们既有应税服务，又存在广告、咨询等销售收入。对于像报刊、图书出版等以生产性为

主、原本就存在进项税流入的企业来说，其广告收入也纳入进项抵扣范围，就免去了调整进项税转出的步骤，能够进行完全抵扣。显然，这种混合型源头企业因为"营改增"而受益颇多（见表3）。

表3　某报业集团"营改增"前后的税负对比

单位：万元

应税服务	改革前			改革后			税负变化
	收入额		税率	实际税负额	收入额	税率	实际税负额
报刊发行	21341	13%	4547	21341	13%	4547	0
报刊广告	61898	5%	3355	61898	6%	3714	359
综合税负	83239		7902	83239		6488	–1414

（2）非源头文化企业的"营改增"税负测算

"营改增"使人力成本和摊销折旧较少的非源头企业能够减轻税负，它们自身就有应税的进项税额存在（见表4）。随着越来越多的项目纳入试点范围，只要企业能够取得相关的增值税发票，最终的税负肯定会降低。我国文化企业大多为非源头企业，因此，从整体而言，现阶段的"营改增"试点仍旧会使整体税负下降。

2. 纳入"营改增"试点企业的小规模纳税人企业税负测算

"营改增"试点将500万元的应税服务年销售金额作为申请一般纳税人的标准，所以有相当一部分的文化企业被归为小规模纳税人。在"营改增"之前，小规模纳税人需要按照含税营业额的5%缴纳营业税；在"营改增"之后，则按照3%的简易税率征收增值税。假设小规模纳税人企业的年营业额为X，则"营改增"前的税金为5%X，"营改增"后为X／（1+3%）×3%=2.91%X。将近40%税负的下降是"营改增"给小规模企业带来的最大好处，这可以极大促进小规模企业的发展。

3. 文化产业"营改增"产业链的扩围税负测算——以影视服务业为例

国务院总理李克强于2013年4月10日主持召开了国务院常务会议，决定进一步扩大部分现代服务业"营改增"试点。自2013年8月1日起，将

表4　蓝色光标 2011 年"营改增"税负测算

单位：元

项目			金额	适用税率	税额
销项		主营业务收入	1265598234.17	6%	71637635.90
进项	成本费用中可抵扣进项税额	营业成本	815803900.42	6%	46177579.27
		销售费用：			
		办公费	5387185.88	17%	782753.50
		服务费	12199311.19	6%	690527.05
		小计	167090825.99		1473280.55
		管理费用：			
		办公费	5081983.05	17%	738407.79
		服务费	6192505.51	6%	350519.18
		审计评估费	2071526.00	6%	117256.19
		小计	81047774.12		1206183.16
	外购固定资产可抵扣进项税额	购进固定资产：			
		办公设备	7472968.52	17%	1085815.94
		运输工具	1244001.99	17%	180752.43
		小计	8716970.51		1266568.36
	可抵扣进项税额合计				50123611.35
应纳增值税					21514024.55
实纳营业税：		实缴营业税总额			46427368.96
		扣除房租收入应缴营业税			−23003.36
合计					46404365.61
税负降低					24890341.06
降幅					53.64%

广播影视作品的制作、播映、发行等纳入试点，这是对文化产业的进一步扶持。

影视制作企业如何取得进项税源是关乎其成本的大事，虽然影视服务业的成本差距较大，但种类却相对固定，因此，我们通过不同种类的成本来分析进项税源，以检验其"营改增"效果。人力成本及无形资产在整个创作成本中所占比重最大，包括演员片酬、工作人员酬金及编剧等其他相关人员的薪酬，如果是购入剧本，则购入剧本作为无形资产进行处理。人力部分支出并不能取得增值税发票，仅能代扣代缴个人所得税，因此，人力成本并不能取得进项税的税源。"营改增"后，购入剧本可以取得小规模纳税人发票，因此，也不能作为进项税的税源。食宿费及交通费是整个剧组正常拍摄的基本保证。目前，伙食及住宿费的支出并未纳入试点范围，交通费中的机票可以在税前扣除，因此影响不大；铁路运输费在现阶段仍处于"择机纳入试点范围"过程中，也不能取得增值税专用发票；搭乘出租车更是无法取得增值税专用发票，不能作为进项税的税源。道具、场地、布景等支出，无论是自制还是租赁，由于费用较大，理论上都能取得增值税专用发票，因此，大部分可以作为进项税抵扣。后期制作费用近年来所占的比重越来越大，随着科技的发展和人们对视觉效果的追求，用于特技、后期美化剪辑的费用越来越高，由于尚未纳入"营改增"试点，也无法取得增值税专用发票来抵扣进项税。

再对各主体进行税负分析。发行公司作为连接制作企业与放映企业的中间企业，如果上游制作企业属于试点纳税人，则发行公司可以拿到免征增值税的版权，减少了自身的成本支出。如果下游放映企业同样为试点纳税人，那么发行公司还可以从下游取得用于进项抵扣的增值税专用发票，进一步减轻自己的税负。放映公司以个人客户为主，因此现阶段较难取得增值税专用发票。如果自己作为试点单位，还要给发行公司开具增值税发票，反而会增加自己的税负。如果选择成为小规模纳税人，那么很可能会面临发行公司让你补足税款的局面，也会增加自身的税负。

4. 文化产业"营改增"试点中存在的问题及解决方案

减税只是"营改增"的目的之一，更大的意义在于通过"营改增"来调整税制结构，减少在流通环节的重复征税，争取做到公平。在试点过程中确实发现了一些问题，只要能对其进行及时调整，就能产生积极的意义。

由上文数据测算可知，部分源头文化企业的税负不降反增。针对这一问题，一是要规范增值税发票的使用与管理，扩大能够开具增值税发票的企业范围，规范抵扣体系；二是要加强对这部分企业的税收优惠支持力度，如为其设立专项资金、鼓励研发工作等。

按照现行的一般纳税人规定，目前，大部分中小文化企业属于小规模纳税人，按照3%的简易税率征收增值税尽管能在一定程度上缓解其税收负担，但在试点过程中，小规模纳税人既无法扣除上一环节的已纳税款，也不能为下一环节提供税款抵扣。这就使小规模纳税人与"营改增"出现了一定的脱离。因此，"营改增"试点在进一步推广时，可以考虑适当地降低一般纳税人的标准，使更多的企业能够参与试点、享受税收优惠，或给予小规模纳税人在进项税、销项税方面的特殊扶持规定。

针对扩围后的影视服务业，尽快打通整个产业链是当前较为有效的一个途径。如果整个影视产业链的各环节均为一般纳税人，能够开具增值税专用发票，则各方应税业务环环相扣，重复征税现象自然能够消除，但税负可能会发生一定程度的转嫁。如果既存在一般纳税人，又存在小规模纳税人，由于税率差异和发票问题，重复征税只能略微缓解而已。

三　对完善文化产业税收政策的若干建议

文化产业的迅速发展是必然的趋势，它作为一种"软实力"正成为经济增长的全新动力。税收政策作为一种调节手段，在促进文化产业发展方面的作用日益凸显。需要结合现有税收政策，对接我国的税制改革，从国家文化创新的高度逐步创新和完善文化产业税收政策。

1. 构建完善的税收政策体系

促进文化产业的立法工作，提升文化产业政策的立法层次。文化产业税收政策应由国务院单独制定一个特别优惠法案，把各处的文化产业税收政策进行分类整理，再统一颁布执行，充分发挥其在文化产业税收政策中的统领作用。根据最新的文化及相关产业统计体系，探讨覆盖整体文化产业发展的税收政策体系。尊重文化产业发展规律，适当延长相关税收政策的时效，适当延长国家关于推动文化体制改革和"转企改制"的税收政策的时效，同时，将受益主体延伸至各类文化企业，实现文化产业公平竞争，鼓励社会资本投资文化产业。推动我国文化产业税收政策体系从保障文化体制改革向促进文化产业大发展大繁荣转型。比照对高新技术企业的税收扶持政策，将国家对文化产业的税收扶持作为一项长期的税收政策纳入税法，并辅以配套实施办法，建立较为完善的文化产业税收体系。

2. 优化财税扶持机制

目前，针对文化企事业单位的财政补贴明细种类繁多，涉及各级政府和部门，管理起来极为复杂。如能将补贴款改为企业的税额减免则较为方便。例如，针对企业的出口补贴，可以利用出口退税的方式进行返还；部分企业的会演奖励经费可以全额纳入免征增值税的范畴；对基地建设费用的专项补贴，可以纳入固定资产的加速折旧。当然，前期的财政补贴是最为便捷的一个方式，但从长远而言，收入型的扶持政策更能激励产业的效率。

3. 改善税收扶持方式

借鉴"营改增"经验，不断完善文化产业税收扶持政策，加强税基式优惠，引导企业的创新式扩张。促进文化产业发展的税收政策中应该减少直接优惠，增加间接优惠。对于重点扶持的文化产业，允许其税前据实扣除各类准备金和加速折旧；对于投资于文化基础设施的企业或中小文化企业，可按投资额的一定比例给予税收抵扣。鼓励文化内容创新，探索抵免文化内容创新投入成本的文化产业增值税等相关政策；激励文化科技创新，在现有的科技税收政策基础上，充分考虑文化科技的特征，制定更有力度的税收优惠政策。文化企业利用传统文化资源、非物质文化遗传等，生产、创作符合国家产业政策规定、有利于弘扬本国传统文化的产品、剧目等所取得的收入，在计算应纳税所得额时可全额减计收入。

4. 创新文化"走出去"的税收扶持政策

进一步研究完善文化产品与服务出口的税收优惠政策，探索建立鼓励"中国内容"的一揽子税收激励政策。无论是中资企业或个人，还是外资企业或个人，如果以"中国内容"为创造对象、以"中国内容"为传播对象，而且是我们认可的、符合中国文化价值和文化属性的，我们就应该给予一定的财税激励，通过这种方式，让全世界的文化生产者和文化传播者来传播中国文化。另外，有必要研究借鉴上海、北京的文化保税区（保税中心）的成功经验，制定国家层面的文化保税区（保税中心）或文化经济自由贸易区财税专门政策。

（感谢中央财经大学郭明瑜硕士、武汉理工大学于雪皎同学

对本文文献与数据的收集整理！）

参考文献

郭玉军、李华成：《欧美文化产业税收优惠法律制度及其对我国的启示》，《武汉大学学报》（哲学社会科学版）2012 年第 1 期。

兰相洁：《促进文化产业发展的税收政策选择》，《经济纵横》2012 年第 6 期。

厉无畏：《文化创意的产业化与产业创新》，《同济大学学报》（社会科学版）2009 年第 1 期。

刘天勇：《"营改增"给文化创意企业带来了什么》，《中国文化报》2012 年 11 月 24 日。

缪洁：《浅析"营改增"税改对于文化创意业的影响》，《新会计》2012 年第 8 期。

史新华：《从紫砂行业看制定文化产业税收激励政策必要性》，《中国税务报》2013 年 3 月 20 日。

孙金水、李开军：《报刊类媒体企业营业税改增值税可行性政策建议》，《中州大学学报》2012 年第 5 期。

王松华、廖嵘：《产业化视角下的非物质文化遗产保护》，《同济大学学报》（社会科学版）2008 年第 1 期。

魏鹏举：《完善文化产业税收扶持政策》，《中国文化报》2013 年 5 月 2 日。

姚静：《影视服务业"营改增"试点分析及政策建议》，《新会计》2013 年第 3 期。

张剀：《"营改增"扩围，文化企业该做哪些准备》，《中国税务报》2013 年 4 月 22 日。

朱国辉：《近十年来我国文化产业政策分析研究》，山东大学硕士学位论文，2011。

我国文化产业并购热的解析与反思[*]

潘爱玲　邱金龙^{**}

摘　要：　近年来，我国资本市场上掀起了文化产业并购热潮。理性看待这股并购热潮，对文化产业的健康发展具有重要意义。文化产业并购可分为四种不同的类型，行业和区域集聚、标的资产高溢价、业绩补偿协议成为并购的主要特征。文化产业并购热潮的形成，是理性因素和非理性因素共同作用的结果。深入分析发现，我国当前的文化产业并购还存在许多亟待解决的障碍和隐患：部分企业过度追求政策红利，盲目进行跨界并购；条块分割与进入壁垒降低了跨地区并购的效率；国有资本与民营资本缺乏实质性融合，跨所有制并购难度大；"三跨"并购整合效果不理想；等等。本文从政府、中介和企业三个层面提出了规避粗放型并购、提升并购绩效的对策建议：政府层面，从政策推动转向体制和法律保障；中介层面，大力发展文化中介，完善中介服务职能；企业层面，正确评估自身的并购能力，健全公司治理机制，做好核心人力资源的整合。

关键词：　文化产业　企业并购　无形资产

---

* 原文出处，《华中师范大学学报》（人文社会科学版）2016 年第 5 期，第 75 ~ 86 页。
基金项目，国家社会科学基金重大招标项目"完善现代文化市场体系与培育骨干文化企业研究"（14ZDA051）；国家社会科学基金重点项目"文化企业兼并重组的实现路径与效应评价研究"（14AGL012）。
** 潘爱玲、邱金龙，山东大学管理学院、投融资研究中心。

一 引言

文化产业作为中国的新兴产业，已经成为转变经济发展方式、调整产业结构、参与国际文化竞争的战略支点，日益受到政府、市场和学界的广泛关注。并购作为企业实现快速扩张的有效路径之一，对培育骨干文化企业、整合全国文化资源、推动文化产业成为国民经济支柱性产业、增强文化产业竞争力具有重要意义。党的十八届三中全会明确提出，要鼓励文化企业跨地域、跨行业、跨所有制兼并重组，提高文化产业的规模化、集约化、专业化水平。政府政策的引导和市场需求的刺激，加上文化产业的高科技含量、高文化含量和高附加值特点，促使文化产业在资本市场上掀起了并购热潮。根据 wind 数据库统计①，在上交所和深交所上市的公司，2015 年发生的与文化产业②相关的并购数量高达 354 起，涉及金额高达 2140 亿元人民币。

国内外学者专门研究文化企业并购的文献不多。王乾厚研究了文化产业规模经济与文化企业并购重组行为之间的关系，指出根据规模经济理论和范围经济理论，通过并购重组，文化企业利用专业分工、技术开发的规模效应和管理创新的激励作用，能够提升文化产业的竞争力③；范周也认为，并购是迅速进入新领域的有效手段，是应对新技术对文化产业冲击的有效路径④。Baum，Liand Usher 的研究表明，以并购重组为手段整合出的大型文化

---

① 本文数据来源于 wind 数据库，主要对在深交所和上交所上市的公司参与的文化产业并购重组事件进行整理，下同。

② 关于文化产业的定义，本文借鉴了国家统计局发布的《文化及相关产业分类（2012）》。文化及相关产业是指，为社会公众提供文化产品和与文化相关产品的生产活动的集合，范围包括：以文化为核心内容，为直接满足人们的精神需要而进行的创作、制造、传播、展示等文化产品（包括货物和服务）的生产活动；为实现文化产品生产所必需的辅助生产活动；作为文化产品实物载体或制作（使用、传播、展示）工具的文化用品的生产活动（包括制造和销售）；为实现文化产品生产所需专用设备的生产活动（包括制造和销售）。

③ 王乾厚：《文化产业规模经济与文化企业重组并购行为》，《河南大学学报》（社会科学版）2009 年第 6 期。

④ 范周：《新经济、新知识、新思维——对现代传媒产业的发展思考》，《新闻研究导刊》2014 年第 14 期。

航母，能够拓展产业链，通过协同效应的发挥快速打造文化产业的领头企业①；王克明则指出，当前的文化产业并购以上市公司为主体，社会资本较国有资本更活跃，为了应对新一轮的文化产业并购热，需要以混合所有制经济为方向，通过并购平台的搭建，从战略角度引导文化产业并购②。Stephanie Peltier 以 1998～1999 年的 11 家传媒企业为样本进行实证分析，结果表明，并购并不必然导致规模经济、范围经济及其他协同效应的产生，并购行为与并购后绩效的关系尚待进一步检验③。

综观当前针对文化产业并购的研究，仍然以规范研究和现象描述为主，对并购背后机理的研究不够深入，缺乏管理学、经济学的理论支撑；对文化企业并购的动因、特点缺乏总结，对文化企业并购热背后存在的问题和障碍缺乏系统的分析和把握。基于此，本文依托管理学、经济学和生态学理论，通过收集整理文化产业的并购事件和案例，采用定性研究和定量研究相结合的方法，揭示现阶段我国文化企业并购呈现出的动因和特征，寻找阻碍文化企业并购的障碍和并购热潮背后的隐患，从政府、中介机构和企业三个维度提出相应的对策建议，为文化企业并购的健康发展提供理论支持和决策借鉴。

本文的第二部分梳理了文化企业并购的类型和特征，第三部分剖析了文化产业并购热的驱动因素，第四部分解释了隐藏在并购热背后的障碍和风险因素，第五部分提出了提升文化产业并购绩效的对策，第六部分是结论。

二 当前文化产业并购的类型与特征

1. 文化产业的并购类型

在政策和市场的双重刺激下，并购作为企业快速进驻文化产业、做大做

---

① Baum, Joel A. C., Li S. X., Usher J. M., "Making the Next Move: How Experiential and Vicarious Learning Shape the Locations of Chains'Acquisitions." *Administrative Science Quarterly* 45, no. 4 (2000): 766-801.

② 王克明：《新一轮文化产业并购潮的特点、动因及其应对》，《昆明理工大学学报》（社会科学版）2015 年第 5 期。

③ Stephanie Peltier, "Mergers and Acquisitions in the Media Industries: Were Failures Really Unforeseeable?" *Journal of Media Economics 17*, no. 4 (2004): 261-278.

强文化产业的重要手段，日益受到资本市场的青睐。表1列出了2010～2015年文化企业的并购数量和金额。从表1可以看出，上市公司每年发生的与文化产业相关的并购数量不断增多，从2010年的22起增加到2015年的354起；并购金额不断提升，2015年的并购交易金额高达2140亿元。根据企业的发展战略，这些并购可以分为以下四种类型①：第一类，拓展产业链、打造文化帝国的文化产业内部相关并购；第二类，以互联网为平台，致力于打造文化产业生态圈的平台式并购；第三类，传统行业转型，入驻文化产业的跨界并购；第四类，借壳上市，摆脱IPO困境的曲线并购。

表1 2010～2015年文化企业的并购数量和并购金额

时间	并购数量（起）	并购金额（亿元）
2015	354	2140
2014	247	1150
2013	119	455
2012	36	137
2011	35	134
2010	22	54
合计	813	4070

资料来源：作者统计整理。

（1）第一类：拓展产业链、打造文化帝国的文化产业内部相关并购

杜龙政等认为，随着全球竞争的加剧，产业链之间的竞争已经取代了原有的企业间的竞争和企业集团间的竞争②。培育"龙头企业""七寸企业"

---

① 第一类并购的主体是多元化经营的企业，通过并购将文化产业纳入其经营范围；第二类并购的主体是以文化产业为主营业务的企业，通过并购打造文化航母，其主业不发生变更。第一类并购和第二类并购的最主要区别在于文化产业在整个企业集团主营业务中的地位不同。对前者来说，文化产业是其中的重要一环，如BAT（百度、阿里巴巴和腾讯），这类企业以互联网为平台，凭借平台优势，将文化产业纳入其中，以平台用户为潜在客户，借助文化产业实现盈利；对后者来说，文化产业几乎是其全部，如广告营销盈余的蓝色光标，通过并购重组获取企业稀缺的资源和能力，增强企业的竞争力。

② 杜龙政、汪延明、李石：《产业链治理架构及其基本模式研究》，《中国工业经济》2010年第3期。

成为提升产业竞争力的关键①。此外，完善的产业链能降低公司单一经营带来的风险。在明确战略布局的基础上，许多文化企业借助兼并重组，提升其在行业中的地位，通过发挥协同效应打造文化产业中的龙头企业，在文化产业生态系统中占据有利的生态位②。

实施该类并购的企业主要是文化产业中的领头公司，以凤凰传媒、浙报传媒、华闻传媒、蓝色光标等为典型代表。坚持数字化和国际化发展战略的蓝色光标，以兼并重组为工具，扎实稳健地推动企业战略的实施。在大数据、互联网思维的冲击和政府"走出去"战略的引导下，2014 年，蓝色光标收购了 We Are Very Social Limited、密达美渡传播有限公司、北京美广互动广告有限公司等八家公司，在资本市场的频繁并购行为是其实施外延发展战略的重要体现。同时，蓝色光标通过并购实现了对稀缺资源的补充和对服务内容的完善，增强了在数字营销领域中的服务能力。根据资源基础理论，以并购为手段获得稀缺资源，对蓝色光标维持和提升在文化产业中的市场竞争力大有裨益，也是其打造数字营销帝国必不可少的重要战略举措。

（2）第二类并购，以互联网为平台，致力于打造文化产业生态圈的平台式并购

生态圈是生物学领域的概念，是生物与其生存环境及生物与生物之间相互作用，进行物质循环、能量流动和信息交换的系统。平台生态圈是通过构建一个多边群体合作共赢机制，在核心业务的驱动下，各个衍生覆盖业务模块经过有机协同而形成的系统③。根据共生理论，处于一个生态圈的业务模块，相互依赖形成一个共同体，可以通过协商与合作，降低交易成本，

---

① 吴金明、钟键能、黄进良：《"龙头企业""产业七寸"与产业链培育》，《中国工业经济》2007 年第 1 期。

② Levins 指出，生态学中的生态位（niche）是一个生态系统中的物种在其种群和相应生态系统中的分布单元。在将生态位的概念引入经济管理领域以后，邢以群、吴征在《科学学研究》2005 年第 4 期发表的论文《从企业生态位看技术变迁对企业发展的影响》中认为，生态位可以用来说明企业间的竞争过程和环境的相关性，反映了组织的实际能力和对资源独特的需求。

③ 王千：《互联网企业平台生态圈及其金融生态圈研究——基于共同价值的视角》，《国际金融研究》2014 年第 11 期。

缓解技术溢出带来的负面效应，提升企业的经营效率。平台生态圈的打造需要构建核心平台，在核心平台的支撑下，以并购为手段加速生态圈的完善。

随着互联网技术的发展，互联网的平台作用日益突出，以互联网为平台打造属于自己的生态圈是当前众多互联网文化企业的战略选择。BAT（百度、阿里巴巴和腾讯）依托互联网优势，以并购为手段，致力于打造文化生态圈。相对于百度和腾讯而言，凭借电子商务和支付宝起家的阿里巴巴在文化产业的布局方面起步较晚，但其布局速度、并购强度丝毫不亚于百度和腾讯。阿里巴巴依托娱乐宝对将要投拍的影视作品进行市场调研，利用阿里影业进行内容创新，发挥华谊兄弟的制片优势，依托华数传媒的营销手段和新浪微博的碎片化宣传，以优酷土豆为播放平台，形成了完整的生态圈（见图1）。阿里巴巴以并购为成长路径，通过技术和资本将生态圈内的各个业务模块紧密联合在一起，使生态圈内的企业互融共生、互利共赢，保持相对稳定的状态。

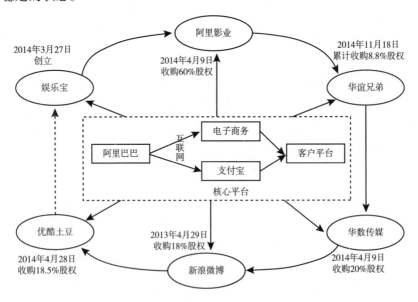

图1 阿里巴巴的文化生态圈

资料来源：作者根据阿里巴巴集团网站披露的信息进行绘制。

（3）第三类：传统行业转型，进驻文化产业的跨界并购

根据产业生命周期理论，产业的生命周期分为"新兴—成熟—衰退"三个阶段，处在衰退期的企业必须谋求转型，实现第二次转型发展。我国许多传统的制造业企业主营业务的营利能力持续下降，企业具有富余的自由现金流，但缺乏投资机会，此外，在互联网的冲击下，传统的营销方式被颠覆，不能适应"互联网模式"的发展也使传统制造业企业雪上加霜。而受到市场热捧和政策扶持的文化产业本身就处在新兴的发展阶段，高成长性、高营利性吸引资本源源不断地涌入。原有产业的推力和文化产业的拉力使许多传统制造业企业向文化产业转型。例如，处于机械制造行业的利欧股份并购了上海氩氪、琥珀传播两家数字广告公司，形成了"机械制造＋互联网广告营销"的模式；同样是机械设备公司的申科股份并购了海润影视，开始转型，进驻影视业。转型势在必行，但跨界并购也面临很大风险，许多企业因跨界并购失败影响了公司业绩。材料生产和销售企业禾盛新材、烟花出口企业熊猫烟花、餐饮业的湘鄂情等企业试图通过跨界并购进入文化产业的失败案例都是典型代表。

（4）第四类并购：借壳上市，摆脱 IPO 困境的曲线并购

企业通过上市不仅可以实现融资的目的，而且能够提升自身的知名度。但 IPO 上市的排队时间很长，上市成为困扰许多企业的难题，通过并购进行借壳上市可以摆脱 IPO 的压力。另外，产业的发展存在黄金期，一旦错过就会丧失很多机会，目前，在市场的引导和政策的扶持下，文化产业已经迎来黄金发展期，许多企业迫切希望尽快上市，抓住时机快速发展。因此，部分文化企业选择通过并购方式，实现借壳上市的目的。在资本市场上涌现出了如长城影视借壳江苏宏宝、分众传媒借壳七喜控股、巨人网络借壳世纪游轮等典型案例。

2. 文化产业并购特征

2010～2015 年发生的并购事件，根据企业战略布局的不同分为四类，但这四类并购事件又存在着一些共同特点。文化产业以内容创新而非产品制造为核心，相对于一般产业，文化产业的相关并购存在突出特色：标的选择

存在明显的行业集聚和区域集聚；"互联网＋"模式明显；并购标的存在普遍的高溢价现象；并购交易过程频现业绩承诺。具体表现为以下三点。

（1）并购标的呈现行业集聚：影视、游戏行业成为热门标的，"互联网＋"模式明显

在传统行业式微的情况下，很多谋求转型的企业开始向高营利性的影视、游戏行业靠拢。熊猫烟花、皇氏乳业等传统企业转型进入影视业，梅花伞、华谊兄弟和光线传媒也通过并购的手段进驻游戏行业。2014年，共发生56起并购影视公司的事件，涉及金额达430亿元人民币，其中，非文化企业并购影视公司的事件有19起；在28起并购游戏公司的事件中，非文化企业并购游戏公司的事件有15起。影视和游戏的高营利特性吸引了许多企业的关注。

另一方面，以并购的手段实现互联网与文化产业的融合也是当前文化产业发展的重要趋势之一。文化产业是内容产业和创意产业，内容与创意的生产、传播都需要一定的载体支撑，而互联网以其技术含量高、传播速度快、传播渠道多和受众面广的特点成了文化产业的载体，文化产业与互联网具有天然的契合性。"互联网＋文化产业"的并购模式，一方面提升了文化产业内容创新的速度和质量，另一方面颠覆了传统的营销方式，以互联网思维进行产品营销，改变了传播方式、提升了传播速度、扩大了传播受众。

（2）参与并购的文化企业具有区域集聚效应

文化企业的成长与所在区域的经济发达程度、政策导向和区域资源禀赋密切相关。目前上市的文化企业和参与并购的文化企业都具有明显的区域集聚特征：在2014年发生的248起并购中，62.5%的标的企业集聚在北京、上海和广东省，这显然与这些地区发达的经济水平、宽松的政策有关。此外，浙江和湖南省也是文化企业并购的多发省份。相比于其他省份，浙江省起步较早，占据先发优势，许多大型影视集团落户浙江省；在创新方面，湖南省以其灵活多变的思维在广播影视方面处于领先地位。由于技术的溢出效应，文化企业的集聚能够提高企业的创新效率，降低成本。

（3）文化资产标的呈现普遍的高溢价

并购溢价是在股权转让过程中标的企业收到的价款减去其股权价值的部分。文化企业在并购过程中普遍存在的高溢价现象震动了整个资本市场。以网游为例，2013 年初，浙报传媒以 32 亿元、溢价 17 倍收购杭州边锋、上海浩方两家游戏公司 100% 的股权；2013 年 7 月，华谊兄弟以 6.72 亿元、溢价 15 倍收购银汉科技 50.88% 的股权；2013 年 8 月，天舟文化以 12.54 亿元拟收购神奇时代，溢价 21 倍。表 2 显示了 2014 年游戏行业并购溢价的基本数据①。从表 2 可以看出，2014 年，游戏行业并购的平均溢价高达 25.72 倍，中位数为 17.83 倍，最大值为 124.67 倍。2014 年 4 月 15 日，在奥飞动漫并购三乐公司事件中，标的企业的净资产价值为 - 2736.00 万元，而奥飞动漫的出价高达 2000 万元；2014 年 5 月 20 日，拓维信息宣布以 8.1 亿元收购火溶信息 90% 的股权，溢价近 31 倍；2014 年 12 月 16 日，星期六以 9000 万的价格收购亿动非凡 15% 的股权，而亿动非凡所有者权益的账面价值只有 7.16 万元。

表 2　2014 年并购游戏行业的交易对价基本情况

单位：万元

	观测值	均值	最大值	最小值	标准差	中位数
并购交易对价	28	56904.85	266000	622.65	59570.45	57525
标的所有者权益的账面价值	25	3326.31	16570	- 2736	4053.46	2118.60
溢价率（倍）	24	25.72	124.67	0.33	28.86	17.83

资料来源：作者根据有关资料整理。

我们可以从两个方面看待这种高溢价现象。一方面，这种高溢价的存在有其客观原因。以轻资产运营为主要特征的文化企业资产的"评估

---

① 根据 wind 数据库统计，2014 年并购游戏产业的事件共有 28 起。其中，2014 年 9 月 3 日，世纪华通并购天游软件和七酷网络，2014 年 3 月 8 日，拓维信息并购 CAH28% 的股权在公告中没有披露标的企业的净资产价值；2014 年 4 月 15 日，在奥飞动漫并购三乐公司事件中，标的企业的净资产价值为 - 2736.00。因此，标的所有者权益的账面价值的观测值为 25，溢价的观测值为 24。

难"源自文化资产的自身特性，以创意为核心的文化资产具有无形性，这些无形资产很难在资产负债表中体现。而文化资产的"难评估"主要受到当前会计准则和资产评估方法的影响。现有的会计准则主要是对有形资源的确认，缺乏一套完善的针对文化资产的会计准则，此外，未来收益折现的评估方法提升了资产评估溢价水平①。宏观政策的扶持及竞争溢价的存在进一步提升了文化企业的并购溢价率。另一方面，过高的溢价也会影响并购效果并存在较大的商誉减值风险。吕长江和韩慧博认为，并购净现值＝并购协同效应－并购溢价②，也就是在并购协同效应一定的情况下，过高的溢价必然影响并购效果。在并购交易过程中，并购溢价影响了并购双方利益分配的格局。在并购整合阶段，并购溢价的消化程度也是检验并购效果的重要组成部分。并购的高溢价在一定程度上转化为企业的巨额商誉，巨额商誉的处理问题将会给许多企业带来巨大的挑战。

（4）并购过程频现业绩承诺，结果参差不齐

业绩承诺协议的出现是并购双方利益诉求的结果。业绩承诺协议的本质是一种对赌协议，是交易双方在达成并购协议时对未来不确定性达成的一种合约③。主并企业通过业绩补偿协议发挥其对标的企业的激励作用，减小并购后的整合风险，标的企业通过业绩承诺向主并企业、资本市场传递积极的信号，降低交易双方的信息不对称程度，进而提高交易价格，基于此，业绩承诺协议的出现往往伴随着较高的并购溢价，并购的交易对价往往是标的企业当前净利润的数倍。表3和表4以影视业为例，显示了2014年影视标的企业业绩承诺协议的基本情况。

---

① 李彬：《文化企业并购高溢价之谜：结构解析、绩效反应与消化机制》，《广东社会科学》2015年第4期。

② 吕长江、韩慧博：《业绩补偿承诺、协同效应与并购收益分配》，《审计与经济研究》2014年第6期。

③ 吕长江、韩慧博：《业绩补偿承诺、协同效应与并购收益分配》，《审计与经济研究》2014年第6期。

表3　2014 年影视标的企业业绩承诺协议的基本情况

业绩承诺协议	数量	占比(%)
存在业绩承诺协议	37	62.27
不存在业绩承诺协议	18	32.73
合计	55	100

表4　2014 年影视标的企业业绩承诺协议的具体情况

单位：万元

	观测值(17)	均值	最大值	最小值	中位数	标准差
①并购对价	37	107570.4	601197.8	600	65000	140355.8
②标的企业净利润	35	4634.464	27474.04	-1463.66	3030.51	6260.874
③2014 年业绩承诺额	28	8890.885	42980	300	6275.34	8719.979
④承诺额/标的净利润（④=③/②）	24	3.25	16.61	1.12	1.92	3.534314
⑤2014 年实际完成额	15	8641.405	43614.2	350.31	4283.7	11790.67
⑥完成度(⑥=⑤/③)	15	101%	135%	43%	104%	0.2677543

资料来源：作者整理和计算。

从表3和表4可以看出，62.27%的影视并购选择了业绩承诺协议，业绩承诺额往往是标的企业净利润的数倍，均值为3.25倍，尽管业绩承诺协议具有激励作用，但较高的标杆值可能给标的企业带来巨大的压力。从实际完成度来看，业绩承诺协议的执行情况不一，最少完成了43%；从均值和中位数分析，标的企业基本上能够完成承诺额，说明业绩承诺具有一定的激励作用。

三　文化产业并购热潮的成因分析

文化产业并购热潮的成因有哪些？从宏观环境来看，既有市场的需求，也有政策的引导和推动；从微观的角度看，既有主并企业进行战略布局、战略转型的需要，又有标的企业寻求合作发展或借机退出的动机；并购热还受到一些非理性因素的干扰。文化产业并购热的动因分析如图2所示。

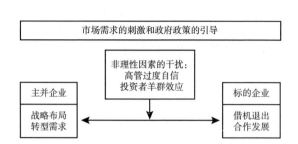

图2　文化产业并购动因分析

资料来源：作者绘制。

1. 市场需求的刺激和政府政策的引导

我国文化消费需求市场巨大。魏鹏举指出，按照国际发展经验，现阶段我国居民的文化需求满足程度不足国际同等发展程度国家的1/4[①]。文化产品供给和需求的矛盾不断刺激文化产业做大做强，进而提供更丰富的文化产品以满足社会大众的需求。此外，我国的文化产业起步较晚，尽管近年来发展迅速，但我国现阶段的文化产业在规模、布局和创新方面都与文化产业发达国家有很大差距，同质化现象严重，市场的需求刺激文化企业进行转型创新，从文化产品的供给侧进行改革，优化文化要素和文化资源的流动，兼并重组无疑是顺应市场需求、推动文化产业发展的重要战略。

政策的引导也是推动文化产业并购的重要动力。基于文化产业自身的特性，在尊重市场规则的基础上强化政府的积极扶持是发展文化产业的必然[②]。文化产品的价值引导功能，使其在舆论导向、国民教育方面发挥不可替代的作用，政府政策必然会支持和规范文化产业的发展。从2009年出台的《文化产业发展纲要》到2011年的《中共中央关于深化文化体制改革推动社会主义文化大发展大繁荣若干重大问题的决定》，再到2015年的"十三五"规划，以及2016年出台的《文化企业无形资产评估指导意见》，这些政策文件不仅指出了发展文化产业的重大意义，明确提出"鼓励文化企

---

① 魏鹏举：《我国文化产业的融资环境与模式分析》，《同济大学学报》（社会科学版）2010年第5期。

② 唐毅泓：《我国文化产业融资现状及融资体系构建研究》，《理论与改革》2014年第4期。

业跨地域、跨行业、跨所有制兼并重组"，而且针对文化企业的特点，对文化企业无形资产评估提出了明确的指导意见。这些政策和文件对文化产业的生存与发展具有强大的制度支撑作用和指导作用。

因此，市场这只"看不见的手"和政府这只"看得见的手"的双重机制是推动文化产业并购热潮的重要动力。

2. 传统产业谋求转型、占据有利生态位的需要

传统产业的竞争日趋白热化，互联网的出现又颠覆了传统的营销模式，"转型"已经成为许多企业的关键词。转型的企业涉及很多行业：材料生产、餐饮、汽车、乳制品等，这些相对成熟的行业已经形成比较稳定的生态圈，后发企业或实力弱小的企业很难在同质化严重的行业内再占据一席之地，向新型领域转型成为后发企业可持续发展的关键。而文化产业属于典型的新兴领域，由于我国文化产业起步晚，产业的优势生态位还未被完全占领，生态系统还没有达到相对稳定状态，提前进入文化产业成为先发企业摆脱传统主业被动局面的明智选择。

不仅许多传统制造业面临转型的压力，文化产业内部也存在着转型压力。龙头企业不满足现有的"群雄割据"局面，需要谋求优势生态位，于是对行业内比较有潜力的小企业展开了并购；而影视、报业、出版等传统的文化业态也迫切需要应对新业态的冲击。例如，近几年异军突起的影视企业华谊兄弟，其利润的波动性很大程度上源于其电影作品质量的高低，而通过并购能够使其实现人才资源的优化组合，构建编剧、导演、明星三位一体的运营模式。因此，以创新为核心、以并购为手段的战略，不仅可以保证文化企业在行业内的地位，而且有助于文化产品内容的创新和主营业务利润的可持续性。

3. 目标企业寻求合作或借机退出的战略布局

一方面，以 BAT 为代表的互联网巨头通过实施系列并购可以实现"以资本为支撑，以互联网平台为基础，以互联网用户为目标客户，通过内容创新和营销方式创新，形成影视传媒、游戏、软件开发、营销和即时反馈为一体"的生态圈；另一方面，各个子行业的龙头企业也在拓展和完善产业链，

伴随着大企业的"大制作、大宣传"，许多小企业在资本方面无力与大企业进行抗争，生存环境不断恶化，借助市场和政策的刺激、以高溢价寻求合作或退出，已经成为明智选择之一。

4. 高管"过度自信"和投资者"羊群效应"等非理性因素的干扰

资本市场中的"理性风险规避"和"不理性投资"总是相伴而生的。而管理者和投资者作为资本市场的重要参与者，都避免不了"非理性"因素的干扰。文化企业高管团队的特征与企业的财务绩效存在紧密的相关关系，高管的非理性因素表现为管理者的自大[1]、高管的过度自信[2]。高管的"非理性"常常表现在投资的"羊群效应"上，当文化产业的并购给投资者带来较高收益之后，投资者便会扎堆出现在文化产业领域，这种群体性跟风的非理性因素也是促成文化产业并购热的重要因素。

四　文化产业并购的障碍与隐患

近年来，文化企业和部分传统企业抓住契机，通过并购从供给侧进行改革，在一定程度上缓解了文化市场的供求矛盾。同时，文化产业并购也存在一些障碍和隐患，影响了并购效果和文化企业的创新成长。

1. 过度追求政策红利，忽视并购风险，盲目进行"拼盘式"跨界并购

虽然文化产业高附加值和高营利的特征具有巨大吸引力，但并购重组是多方主体利益博弈的结果，涉及主并企业、标的企业、中介组织和其他利益相关者，是一项十分复杂的系统工程，而且文化产业的再生产过程与传统产业不同，对人才的要求也不同，投入产出存在非线性关系。如果不了解文化产业的特点，在准备不充分的情况下，盲目进行"拼盘式"跨界转型，必定会面临很大风险。部分企业过度看重文化产业政策红利的影响，没有从本

---

① Roll R., "The Hubris Hypothesis of Corporate Takeovers." *Journal of Business 59*, no. 59 (1986): 197–216.

② 吴超鹏、吴世农、郑方镳：《管理者行为与连续并购绩效的理论与实证研究》，《管理世界》2008 年第 7 期。

企业的实际情况出发，忽视了企业自身的实力和并购整合能力；在标的企业的选择过程中，对极其重要的"尽职调查"重视不足，对并购双方在经营和管理方面的协同性考察不充分，盲目选择以并购为手段跨界向文化产业转型，出现了诸多类似湘鄂情等传统企业大举并购失利的事件，扰乱了文化产业市场。

以实业投资、投资管理、建材和矿产品的销售为主营业务的上市公司万好万家（现更名为万家文化）在 2014 年 8 月拟收购兆讯传媒、翔通动漫和青雨影视三家公司 100% 的股权，涉及广告、动漫、影视三大领域，通过跨界并购向文化产业转型（见表 5）。

表 5　万好万家收购三家文化企业的基本情况

单位：万元

主并企业	2014 年 1~6 月净利润		2014 年 6 月 30 日净资产	
万好万家	－1138.60		52972.01	
标的企业	2014 年 1~4 月净利润	2014 年 4 月 30 日净资产	并购对价	溢价率(倍)
兆讯传媒	3145.88	18396.96	110000.00	4.98
翔通动漫	1702.61	19320.75	125000.00	5.47
青雨影视	－585.90	11588.71	71500.00	5.17
合计	4262.59	49306.42	306500.00	5.21

资料来源：根据万好万家发布的并购公告进行的整理。

主业式微的万好万家以平均 5.21 倍的溢价率跨界转型。在文化企业管理经验相对匮乏，文化产业人才相对稀缺，对文化市场、文化产品的认识都需要进一步考察的条件下，突然涉足"广告＋影视＋动漫"领域，而且标的之一的青雨影视净利润为负。由于标的企业的未来营利存在很大的不确定性，因而遭到证监会的否决。在证监会否决其拼盘式并购预案之后，万好万家在 2015 年 4 月修改了重大资产重组预案，将并购标的进行了收缩，剔除了兆讯传媒和青雨影视，单独收购了翔通动漫 100% 的股份并通过了证监会的审核。万好万家 2016 年披露的上市公司年报显示，翔通动漫在 2015 年的经营状况良好，实现净利润 9173.26 万元。

2. 条块分割与进入壁垒的限制降低了跨地区并购的效率

在跨区域并购过程中，文化产业的各个细分子行业表现出不同的特征，企业的产权性质在其中扮演了重要角色，如影视类、动漫类、游戏类和软件开发类文化企业在跨区域并购中面临的阻力较小。从企业的成长史来看，这些细分行业的企业成长史较短、行业龙头企业尚未完全成熟、产品市场趋向于完全竞争，跨区域并购的壁垒尚未形成；从产品开发过程和产品销售市场来分析，这些企业有别于传统的制造业，依托互联网技术打破了区域限制，借助互联网进行产品开发和产品营销，通过跨区域并购获取稀缺资源、打开新市场已经不再是这些企业的关注点，是否跨区域并购对企业的影响不大。

相对于这些行业来说，历史相对较长的报业、出版、印刷企业的产品市场壁垒已然形成，各个省份已经出现了龙头企业，基本上形成了寡头垄断的产品市场。由于文化产业的意识形态属性，报业、出版扮演着政府价值导向和舆论宣传的作用，导致地方政府对其他区域的报业、出版企业入驻干预较多，区域之间的界线天然地形成了出版、报业企业跨区域并购的壁垒。从2009年起，山东省大众报业集团先后与潍坊的《潍坊晚报》、临沂的《沂蒙晚报》和《鲁商晚报》、菏泽的《牡丹晚报》、青岛的《青岛早报》和《青岛晚报》等实现了战略合作，这些报业企业都没有超越山东省的边界，省内的整合已经开始；但在其尝试进行跨省份并购合作时则遇到了困难，使得省份与省份之间的整合无法完成。《人民日报》在跨区域整合过程中，与多地报业企业商谈，也一直没有得到令人满意的结果。由此可见，报业、出版企业的跨区域并购整合仍然存在较大的阻力。

3. 国有资本与民营资本缺乏实质性融合，跨所有制并购难度大

《中共中央关于全面深化改革若干重大问题的决定》明确指出，要积极发展混合所有制经济，国有资本、集体资本、非公有资本等交叉持股、相互融合的混合所有制经济是基本经济制度的重要实现形式，有利于国有资本放大功能、保值增值、提高竞争力，有利于各种所有制资本取长补短、相互促进、共同发展。但是，目前在文化企业跨所有制并购方面，民营企业与国有

企业之间的界限依然明显，国有资本与民营资本的融合很不充分，除影视制作等领域外，跨所有制并购案例较少。原因主要有以下几点。首先，出版、报业等领域的意识形态属性成为民营资本进入的屏障，这是短期内难以改变的；其次，现有国有文化企业高管的考核机制和激励机制未能提供吸引民营资本进入的充分动力；再次，国企领导人创新意识和危机意识不足，对引入社会资本的重视程度不够；最后，国有资本与民营资本融合后的保障机制和退出机制不完善；此外，民营企业通过跨所有制并购取得国有企业部分所有权后，能否获得同等的经营权也是民营资本重点关注的问题。以上因素限制了文化产业混合所有制经济的发展和文化企业的跨所有制并购。

4. "三跨"并购整合效果不理想，高溢价带来了较高的商誉减值风险

近年来，国家政策大力推动了文化企业跨行业、跨地区、跨所有制兼并重组（简称"三跨"并购），但是，"三跨"并购的总体整合效果有待提高。潘爱玲、邱金龙和闫家强以 2008～2013 年的上市文化企业为样本，分析并实证检验文化企业跨区域、跨行业、跨所有制并购对其综合竞争力的影响，结果显示，与区域内和行业内并购相比，跨区域并购和跨行业并购降低了文化企业经济效益和社会效益方面的竞争力，跨所有制并购虽然能提升文化企业竞争力但结果并不显著[1]。

另一方面，文化企业并购标的资产的高溢价必然带来高商誉，也给企业未来带来了较大的商誉减值风险。根据现有企业会计准则，商誉是在非同一控制企业合并过程中，收购方付出的对价超过标的企业可辨认净资产公允价值的部分。较高的并购商誉是对标的企业未来营利能力的预期。但是，商誉过高的企业一旦经过减值测试确定需要进行减值时，将直接影响企业的净利润，甚至会极大地损害股东利益。一直活跃在并购市场中的蓝色光标 2015 年净利润同比下降 90.49%，关键在于"收购的西藏山南东方博杰广告有限公司在 2015 年的实际经营业绩完成情况与收购时所承诺业绩有较大差距"，

---

① 潘爱玲、邱金龙、闫家强：《"三跨"并购与文化企业综合竞争力提升研究——来自 A 股上市公司的实证证据》，《山东大学学报》（哲学社会科学版）2016 年第 3 期。

导致企业净利润大大下降。2013 年，蓝色光标以 16.02 亿元收购了博杰广告 89% 的股权，当时博杰广告的所有者权益为 2.52 亿元，承诺在 2013～2016 年实现的净利润分别不低于 2.07 亿元、2.38 亿元、2.73 亿元、2.87 亿元。2015 年，博杰广告净利润同比下降 66.60%，仅为 0.95 亿元，与承诺的净利润相差 1.78 亿元，蓝色光标因此确认了 1.09 亿元的商誉减值准备，导致其 2015 年的净利润仅为 0.78 亿元，同比下降 90.49%。类似案例还有不少。标的企业业绩不达标导致主并企业计提巨额商誉减值准备的情况，严重拖累了主并企业的财务状况和经营成果，影响了其市场形象。

五 规避粗放型并购，提升文化产业并购绩效的对策

解决隐藏在文化产业并购热潮背后的隐患，消除并购障碍，规避粗放型并购，提升并购绩效，需要结合文化产业自身的特点、发展历程和我国的制度环境，从政府层面、中介层面和企业层面共同努力，在一些关键点上进行突破。具体对策建议有以下三点。

1. 政府层面，从政策推动转向体制和法律保障

文化产业与文化事业不同，其经济属性要求市场在资源配置中发挥基础性作用，而政府的角色定位应是引导、支撑和监管。王列生指出，文化市场的主体性被漠视，政府的支撑和监管角色越位，出现了叠合型政府、缝隙型政府和权力性型政府，阻碍了文化产业的发展①。文化产业政策作为政府干预社会文化资源配置的制度安排，其常用政策工具有经济手段、行政手段和法律手段。在坚持政府干预与市场调节相结合的过程中，政府应该做到以下几点。

（1）理顺管理体制，多部门协调，改变"政出多头"的现状。文化产业的经济属性和意识形态属性决定了文化产业的监管需要多个部门的协调配合。在以往针对文化产业的监管中，宣传部、国资委、财政部、网络信息办公室、

---

① 王列生：《论政府对文化产业制度支撑的功能缺位》，《艺术百家》2010 年第 1 期。

新闻出版广电总局、文化部等多个部门都有权力在自身范围内指导文化企业发展，不同政府部门出台的政策文件可能是重复的甚至是矛盾的，相互之间的配合性较差。基于此，全国很多省市开始尝试联合多部门组成独立办公室，这样比较容易协调，能够较好地解决"政出多头"的问题。由多部门组成的新部门不应是简单的联合体，需要具有实际权力，能够出台相关政策并对自身出台的政策负责。这样有利于解决"政出多头"、协调效率低下的问题。

（2）在区域一体化的进程中逐步打破区域行政壁垒，促进文化产业的跨区并购。文化产业省份之间的壁垒已经形成，这种壁垒的破除不是一朝一夕能够完成的，需要逐步实现。"十三五"规划中提出，发挥城市群辐射带动作用，优化发展京津冀、长三角、珠三角三大城市群，形成东北地区、中原地区、长江中游、成渝地区、关中平原等城市群。作为过渡性措施，可以考虑以区域协调发展的政策为契机，逐步打破文化产业跨区域并购的约束，鼓励文化企业在上述城市群区域内通过并购重组进行资源整合，实现对资源的更合理利用，然后逐步打破省份之间的壁垒，进行全国范围内的资源整合。

（3）解放思想，打破民营资本进入壁垒，推动文化企业跨所有制并购。民营资本经营管理更加灵活、风险意识更强、对市场机遇的把握也更加精准，而国有资本实力雄厚、政策敏感性和传递性较强，以并购为媒介实现民营企业与国有企业的结合，能够增强文化企业的创新能力和风险应对能力。从发展混合所有制经济的历史来看，民营资本与国有资本的结合并非一帆风顺，破除二者结合的障碍，目前仅靠市场的力量是不够的，需要从政府层面解放思想、大力推动，文化产业尤其如此。政府必须在观念上接受民营资本，不仅要有顶层设计，而且要有具体的实施细则，避免因为文化产业的意识形态属性而"一刀切"地拒绝民营资本。政策推动和透明监管是突破跨所有制并购障碍、实现民营资本与国有资本实质性融合的必要条件。

（4）完善相关法规，加强并购信息披露监管。通过规范并购过程中的信息披露，能够帮助资本市场的投资者识别风险较大的并购特别是拼盘式的跨界并购。在跨界并购过程中，应当规定主并企业披露跨界并购的背景、目的，标的企业的营利质量，主并企业与标的企业在财务、经营和管理方面的协同性，跨界并购后存在的风险，并购行为对企业的影响等。《上市公司收购管理办法》和《上市公司重大资产重组管理办法》的修订和实施规范了企业在并购过程中的信息披露，但是，综观各上市公司在证券交易所披露的信息，经常存在前后矛盾和不准确的问题，这些问题的解决需要依靠后续的监管。

2. 中介层面，大力发展文化中介，完善中介服务职能

（1）大力发展文化中介。文化中介组织是连接文化产业生产、流通和消费环节的服务性企业，是沟通政府、文化企业和资本市场之间的桥梁和纽带，在文化企业并购过程中发挥重要职能。目前，我国的文化中介在数量和结构上难以与丰富的文化资源相匹配，真正能够体现文化特色的中介组织非常少，在行业规范制定、行业动态数据收集与评价，以及在定价、咨询、推介方面的职能作用无法充分发挥，而且目前的中介组织多偏向于事业型，不熟悉文化市场体系和文化产业运作规律，导致其市场化职能发挥不够。以文交所为例，我国的文化产权交易所尚处于初始阶段，在运行机制、产品服务等方面的创新能力难以满足利益相关者的多元化诉求，使文交所在服务内容、配置效率等方面处于偏离状态，演变成国有产权交易的"后花园"，无法吸引民营产权和外资产权进入，导致其无法为文化企业的跨所有制兼并重组提供平台。文交所大都是各地政府根据政策取向和自身偏好组建而成，因此，具有明显的行政属地性质，导致各地市场处于封闭的地方性市场状态，这种文化市场割裂往往会导致其失去最重要的文化资本定价权和话语权，更无法发挥其在文化要素跨区域流动及文化企业跨区域并购中的产权交易中介职能。无论是基于文化资本的本质属性、产权市场的发展趋势还是巨大的市场潜力，文交所都应该把为文化企业价值发现、资源调配等作为核心职能，同时，重点建设在文化体制改革和文化产业发展中的信息集聚、制度规范等多维功能①。应进一步改进文交所的运行体制，在"政府监管、市场化运作、企业化经营"的基础上，重点创新运行规则和交易模式。

---

① 李彬、潘爱玲：《文化产权交易中心：中国情境下的定位、异象和创新》，《贵州社会科学》2015年第7期。

　　基于目前我国文化中介的现状，当务之急是搭建结构合理、定位清晰、具有品牌效应的文化行业和中介组织体系，从市场与职能定位、运行机制和惩罚退出规制等方面进行顶层设计，为文化企业并购的健康发展和文化资源的整合提供有效平台。

　　（2）逐步完善文化资产评估体系，改进文化企业会计准则。标的资产定价是并购重组业务中的核心问题，尤其对于"轻资产"创意型的文化企业而言，在并购过程中遇到的最大问题就是"文化资产"的评估问题。行业特点决定了文化企业有形资产投入较为有限，且不构成企业的核心资产。文化企业更多地依靠专利权、著作权、特定情形下的经纪服务合同权益等无形资产来创造收益，而此类无形资产的"生产"则又依赖于企业拥有的创意型人才，他们才是文化企业的核心价值所在。因此，文化企业的资产具有"特殊性"，而这种"特殊性"也决定了文化企业价值的考量有别于一般企业，需要特别关注其核心价值——创意和人才，需要深入了解各类文化资产的特性，逐步完善文化资产评估体系和方法，最大限度地提高文化资产估值的准确性，确保并购中标的资产定价科学合理。

　　另外，当前的财务会计报告体系是建立在资产基础上对有形资源的构造及运营结果的反映[①]。依据现有会计准则，文化企业的很多无形资产无法在报表中体现，主要是由于目前还没有提出一种合理的方法对"创意"等无形资产进行计量。但是，创意在文化企业的实际运营中发挥着关键作用，给企业带来了经济效益，这部分效益应该与创意资源挂钩，但由于创意的成本不可计量，实现的营业收入被分配到其他可以被确认的资产上面，这种会计处理导致收益脱离了其本质来源，同时也违背了会计的基本原则。大量文化企业无形资产无法进入会计报表，不仅隐藏了文化企业最重要的资源、限制了文化企业的融资和投资，而且对会计信息的使用者造成了误导。因此，当前的财务报告体系已经与知识经济下的新兴主体——文化企业的特殊性不相

[①] 李玉菊、张秋生、冯卫东：《以企业资源为基础的财务报表体系研究》，《会计研究》2011年第5期。

匹配。文化企业作为未来经济发展的重要支柱，财务报告体系必须进行重要改革。在会计准则修订的过程中，需要进行充分的调研，研究文化资产的特性，从而准确地对文化资产进行确认、计量，这样才有利于并购的实施和并购信息的披露。

（3）完善中介机构服务职能，在并购中发挥积极作用，防止盲目并购。券商、会计师事务所、资产评估机构、律师事务所等中介机构要熟悉文化企业的特点，在并购过程中发表独立意见，帮助文化企业尽职调查、进行合理的并购定价、降低盲目并购的风险。根据资本市场的"五指理论"：大拇指是投资者，食指是券商及会计师事务所、律师事务所等其他中介机构，中指是应保持客观、中立的媒体，无名指是上市公司，小指是证监会。在并购过程中，中介和媒体发挥了重要的作用，券商是主并企业和标的企业联系的媒介，进而可以影响会计师事务所和律师事务所的聘请，会计师事务所主要负责审计工作，资产评估机构负责资产估值，律师事务所解决合法、合规性问题，各个中介各司其职，其独立性地位能够增强信息的透明度，弱化信息不对称对文化产业并购的不利影响。随着信息技术的发展，新闻媒体对公司并购的关注度也越来越高，很多失败的并购案例都源自新闻媒体的质疑，比如，禾盛新材并购金英马影视就遭到了媒体质疑，尽管禾盛新材发出了媒体澄清公告，也没有阻挡其并购失败的步伐。2007～2014 年，上市公司共发布了 3400 条澄清公告，对媒体的质疑进行一一解释。但是，媒体的质疑同样应该被理性看待，对上市公司及投资者造成损失的失真和不公正的媒体信息，政府应当制定规章条例要求媒体进行赔偿。

3. 企业层面，并购企业要增强自身的整合能力，提升并购绩效

并购的成败最根本还是取决于企业自身是否努力。文化企业需要从增强自身的并购能力和整合能力、完善公司治理机制、培育文化人才等角度入手提升并购绩效。

（1）评估企业自身实力和并购风险，防止盲目并购。并购战略的设计和实施应当以企业的实际经营状况为基础，在实施并购战略之前，需要充分评估企业自身的实力，降低由于无法评估标的企业过去的经营绩效和当前的

企业价值所带来的并购风险。同时，评估并购的不确定性风险，预测并购战略能否给并购双方带来正的协同效应，在把握自身实力、评估并购风险的基础上，降低盲目并购的概率。

（2）合理利用中介，发挥信息中介的风险过滤功能。在并购过程中，通过聘用专业机构，发挥其风险过滤功能，可以降低并购双方的信息不对称、提高并购成功率。信息中介能够利用其专业优势和丰富经验控制风险[1]。信息中介包括会计师事务所、律师事务所、投资银行、资产评估机构等，这些信息中介在政策解读、信息甄别方面发挥着无可比拟的优势[2]。在政策解读方面，信息中介能够利用掌握的专业知识对政策进行解读，在并购的操作中，以政策为依据，最大限度地降低因财税政策、货币政策和产业政策等的调整对并购带来的不利影响。在信息甄别方面，信息中介拥有的工作经验能够降低"噪音"对并购的干扰，在尽职调查的基础上，努力解决并购双方存在的信息不对称问题。尤其是在跨界并购的过程中，信息中介在识别目标公司的盈余管理、疏通信息传递渠道等方面更具有无可比拟的优势。因此，文化企业在并购中要充分利用专业的信息中介，以提高并购效率。

（3）完善公司治理结构，重视人才培养和并购整合。文化企业不同于传统企业，同时具备经济属性和意识形态属性使其肩负着传播核心价值观的责任[3]，这也导致了长期的行政干预惯性很难被打破，因此，在公司治理制度的建设方面一直滞后于市场的发展水平，存在先天不足的弱势。完善的公司治理机制能从一定程度上削弱高管由于过度自信、盲目进行并购给企业带来的价值毁损。因此，企业要完善公司治理结构，发挥股东大会、董事会、监事会的决策和监督职能，为企业并购战略的实施提供支持和保障。

① 孙轶、武常岐：《企业并购中的风险控制：专业咨询机构的作用》，《南开管理评论》2012年第4期。
② 李彬：《公司并购中的中介治理效应——基于风险过滤视角的实证分析》，《兰州学刊》2015年第8期；韩倩倩、李彬：《会计师事务所选聘与并购风险过滤——基于信息、政策与治理的分析》，《理论学刊》2015年第8期。
③ 潘爱玲、郭超：《国有传媒企业改革中特殊管理股制度的探索：国际经验与中国选择》，《东岳论丛》2015年第3期。

培养和留住文化创意人才。文化企业的核心在于"创意"，创意又以人才为载体。企业并购的最终目的是实现"1+1＞2"的协同效应，无论是管理上的协同效应、经营上的协同效应，还是财务上的协同效应，都是以人力资源为基础实现的。文化企业核心人力资源包括高管团队和创意团队，高管团队能够识别文化企业区别于一般企业的特征，根据文化企业的特殊性来经营企业；创意团队是文化企业保持核心竞争力的关键，通过内容创新、渠道创新保证企业的市场地位。文化企业并购的目的之一是解决内容不稳定对主营业务利润率的影响，内容的稳定离不开创意人才的稳定。然而，当前的文化产业并购对外披露的信息中很少涉及管理团队、创意团队，如何识别核心管理人才、创意人才，如何保持管理团队、创意团队的稳定性，如何激励管理团队、创意团队等重要的并购整合议题都没有得到资本市场和投资者的足够重视。

能否识别、维持和激励高管团队、创意团队关系到并购的成败。人才的识别是基础，在并购调查的过程中，应当充分了解目标企业的基本状况，掌握目标企业的核心人才情况；人才稳定是提升文化企业并购绩效的关键，在并购过程中，应最大限度满足核心人才的要求，合理利用《劳动法》的"竞业禁止"条款，实现企业与核心员工的绑定；激励是激发员工创意的重要动力，企业应适当实施股权激励，优化工作环境，从物质和精神两个维度提升核心人才的工作积极性，减少并购中的人才流失，提高并购绩效。

六　结论

本文以当前文化企业的外延式发展路径——并购为研究切入点，通过大量数据和案例，借助管理学和经济学等学科的理论，从定性和定量两个角度研究了当前的文化产业并购浪潮，总结了当前文化产业并购的类型和特征，分析了文化产业并购热产生的原因及并购背后的问题和隐患，提出了规避粗放型并购的纠偏机制和对策。文化产业并购可以分为四种类型：拓展产业链的内部并购、以互联网为依托的平台式并购、传统行业转型的跨界并购和借壳上市的曲线并购；并购以行业、区域积聚、高溢价及业绩补偿协议为主要特征。并购热的形成既有政府的推动、市场的驱动、企业的战略需要,也有非理性因素的干扰。本文打破单一主体的限制,从"政府—中介服务机构—企业"三个层面提出了提升文化产业并购绩效的对策。政府要从政策推动转向体制和法律保障,要更新理念、理顺管理体制、打破区域封锁和所有制壁垒,从制度和法律层面引导和保障文化产业并购的健康发展;要大力发展文化中介,完善其服务职能,健全文化资产评估体系,改进文化企业会计准则,为文化企业并购提供平台和服务;企业要正确评估自身能力,充分发挥中介在资产评估和风险过滤中的作用,通过健全公司治理结构和机制、整合和留住关键人力资源等措施,提高并购效率。

理性与非理性因素的交织促成了现阶段文化产业的并购热潮。在并购热潮之后,经过一段时间的整合,会有部分企业由于无法消化吸收目标企业而拖垮整个企业集团。但是,物竞天择、适者生存,文化产业也需要这样一个淘汰过程才能形成稳定的生态圈。尽管并购目前还存在着许多问题,并购绩效也有待提高,但不能否定并购在文化企业成长壮大过程中的重要作用。从当前文化企业的并购浪潮分析,与文化产业相关的并购还会持续一段时间,随后文化企业内部的整合就会成为新的热点。文化企业内涵式创新发展是未来值得关注的一个重要问题,在企业通过并购重组做大以后,如何通过内部创新提高管理效率、经营效率,将是影响文化企业做强的关键因素。

参考文献

杜龙政、汪延明、李石:《产业链治理架构及其基本模式研究》,《中国工业经济》2010 年第 3 期。

范周:《新经济、新知识、新思维——对现代传媒产业的发展思考》,《新闻研究导刊》2014 年第 14 期。

李彬:《公司并购中的中介治理效应——基于风险过滤视角的实证分析》,《兰州学刊》2015 年第 8 期;韩倩倩、李彬:《会计师事务所选聘与并购风险过滤——基于信息、政策与治理的分析》,《理论学刊》2015 年第 8 期。

李彬：《文化企业并购高溢价之谜：结构解析、绩效反应与消化机制》，《广东社会科学》2015 年第 4 期。

李彬、潘爱玲：《文化产权交易中心：中国情境下的定位、异象和创新》，《贵州社会科学》2015 年第 7 期。

李玉菊、张秋生、冯卫东：《以企业资源为基础的财务报表体系研究》，《会计研究》2011 年第 5 期。

吕长江、韩慧博：《业绩补偿承诺、协同效应与并购收益分配》，《审计与经济研究》2014 年第 6 期。

潘爱玲、郭超：《国有传媒企业改革中特殊管理股制度的探索：国际经验与中国选择》，《东岳论丛》2015 年第 3 期。

潘爱玲、邱金龙、闫家强：《"三跨"并购与文化企业综合竞争力提升研究——来自A 股上市公司的实证证据》，《山东大学学报》（哲学社会科学版）2016 年第 3 期。

孙轶、武常岐：《企业并购中的风险控制：专业咨询机构的作用》，《南开管理评论》2012 年第 4 期。

唐毅泓：《我国文化产业融资现状及融资体系构建研究》，《理论与改革》2014 年第4 期。

王克明：《新一轮文化产业并购潮的特点、动因及其应对》，《昆明理工大学学报（社会科学版）》2015 年第 5 期。

王列生：《论政府对文化产业制度支撑的功能缺位》，《艺术百家》2010 年第 1 期。

王千：《互联网企业平台生态圈及其金融生态圈研究——基于共同价值的视角》，《国际金融研究》2014 年第 11 期。

王乾厚：《文化产业规模经济与文化企业重组并购行为》，《河南大学学报》（社会科学版）2009 年第 6 期。

魏鹏举：《我国文化产业的融资环境与模式分析》，《同济大学学报》（社会科学版）2010 年第 5 期。

吴超鹏、吴世农、郑方镳：《管理者行为与连续并购绩效的理论与实证研究》，《管理世界》2008 年第 7 期。

吴金明、钟键能、黄进良：《"龙头企业""产业七寸"与产业链培育》，《中国工业经济》2007 年第 1 期。

Baum, Joel A. C. , Li S. X. , Usher J. M. , "Making the Next Move：How Experiential and Vicarious Learning Shape the Locations of Chains' Acquisitions." *Administrative Science Quarterly 45*, no. 4（2000）：766 – 801.

Roll R. , "The Hubris Hypothesis of Corporate Takeovers." *Journal of Business 59*, no. 59（1986）：197 – 216.

Stephanie Peltier, "Mergers and Acquisitions in the Media Industries：Were Failures Really Unforeseeable?" *Journal of Media Economics 17*, no. 4（2004）：261 – 278.

我国文化产业创新的制度环境及优化路径[*]

李凤亮　潘道远[**]

摘　要： 我国文化产业制度环境分为核心和外围两个维度，其中，直接产业政策与文化政策是构成核心制度环境的主要元素。产业创新、技术创新和文化创新有内源与外源的区别，三者共同构成文化产业的创新体系，两种制度环境分别从不同渠道作用于文化产业的内源和外源创新。优化政策制定与实施框架，核心制度设计粗线条化，提升外围制度环境的弹性和包容性是优化制度环境的具体路径。

关键词： 文化产业　制度环境　优化路径

一　引言

近年来我国文化产业发展迅速，国家"十三五"规划中明确提出，将文化产业建设成为国民经济支柱型产业，文化产业面临着如何实现创新发展的问题。目前，学术界针对文化产业创新的研究大致可分为两类。一是对文

* 原文出处，《江海学刊》2017 年第 3 期，第 226～233 页。
基金项目，本文系国家社科基金重大项目"文化与科技融合创新的内在机理与战略路径研究"（项目号：11&ZD023）的阶段性成果。
** 李凤亮，南方科技大学党委副书记，深圳大学文化产业研究院院长、教授、博士生导师；潘道远，深圳大学文化产业研究院博士研究生。

化产业创新现象的总结和归纳，这类文献一般疏于研究文化产业创新具体机理。二是从纯制度分析框架研究文化创新政策，这类研究政策梳理较多，缺乏从政策到产业再到创新的层级逻辑：政策本身并不构成生产创新，只有作用于政策对象并形成激励时才会促进创新，研究政策创新的最终目的，是研究新的政策如何调整激励以促进社会生产的创新。

文化产业发展至今，呈现出多元化和开放化的态势，单从文化角度或产业角度的分析并不能涵盖实际状况，将创新系统纳入文化产业分析是一种趋势。但从方法上看，研究产业创新系统的理论模型大多过于抽象，文化产业的创新体系又存在独特性——文化创新既是文化产业创新的结果，又是其来源，这种循环因果关系在其他产业中不具备普遍性。

创新除了科学进步引致的技术创新，还包含产业创新，即产业内部、关联产业之间互相竞争、反馈、融合、模仿引致的创新，以及伴随文化产业发展孕育出的文化创新，三种创新均是经济发展的主动力，对制度环境有依赖性。文化产业创新体系构建是市场自发、企业主导和全民参与的过程，政府政策在其中发挥着举足轻重的引导作用。研究政策对文化产业创新的具体作用机制，必须从政策体系与制度环境的关系入手。

二　文化产业创新的制度环境构成

制度环境是制度在某一特定区域和某一特定时段内的静态呈现，通过制度安排来实现，通过制度变迁形成动态发展路径。一种制度安排一旦确定，会在一段时间内构成相对较稳定的制度环境，它是产业成长的土壤。福里斯（Frith）将文化产业政策分为两个层面，即核心层和辅助层[①]。本文以政策为中心研究产业制度环境，可借助这种分类方法：文化产业创新的核心制度环境由各类直接作用于产业的政策构成，外围制度环境由相关政策、法律法

---

① Frith S., "Knowing one's place: The culture of cultural industries", *Cultural studies from Birmingham*, 1991, 1 (1), pp. 134～155.

规和其他社会因素构成。

核心制度环境由国家文化政策和各类直接作用于文化产业的产业政策组成。其一，文化政策的一个重要作用是引导和规范主流文化。随着改革开放和市场化进程的深化，我国文化事业出现了诸多变化，一个重要特征是吸纳社会资本进入后，文化产业融合进文化事业，并成为推动文化事业发展的一股重要力量。以文化治理为目的的文化政策必定直接影响文化产业的组成和发展，构成文化产业创新的核心制度环境。其二，在我国众多产业政策中，有一类产业政策以文化产业相关行业为政策对象，直接作用于文化产业的各经济主体，例如，从中央到地方的文化产业规划、文化产业下属各行业的发展规划、文化产业与其他产业融合政策等均是直接性产业政策，这类政策引导社会资源在产业间流动，影响企业投资决策，也构成文化产业创新的核心制度环境。

外围制度环境由多种因素组成，从经济角度看，首先是相关产业政策和区域政策，其次是法律法规、社会习俗、人文历史、区位环境、地方经济水平等。相关产业政策并不直接作用于文化产业，但从外围构成文化产业创新的支撑力——产业之间具有相互关联性，一些产业是文化产业生产链中的上下游或平行产业，如制造业，针对其实施的政策能产生整合效应或协同效应；另一些则是国民经济的基础支撑产业，如金融业，针对其实施的政策能对文化产业创新产生支持作用。区域政策则决定了文化产业的地区平台，其最重要作用是决定要素资源的空间分布，从而引导文化产业的集聚或集群，形成创新的基础。法律法规、社会习俗、人文历史等社会条件也是文化产业创新的外围制度环境，其形成时间长，具有内在影响力，但不具备短期调整的性质，应是长期改善和构建的对象。

有两点需要强调，一是应区分文化政策和文化产业政策。根据学者米勒和尤迪斯的观点，文化政策是指，以制度上的支持来引导美学创造性和集体生活方式，并是串联这两个方面的渠道和桥梁。[①] 麦圭根则认为，文化政策包含

---

① Miller T. , Yúdice G. , *Cultural policy*, SAGE, 2002, p. 35.

有关文化政策"本身"的政策和作为文化"展示"的政策，前者包括公共经费资助艺术的政策、媒介调控政策、文化身份的协商构建政策，后者包括国家形象放大的政策和经济还原主义的政策。① 利用经济手段还原文化活动的政策不包含在文化政策"本身"以内，文化政策本身并不包含稀有资源的分配，侧重于政府对文化发展的引导和规制，影响文化产业却不仅限于文化产业政策的范畴。比较而言，文化产业政策则是经济政策的从属，侧重于政府对文化市场的干预，包括产业结构政策、产业组织政策、产业布局政策、产业技术政策等领域的政策总和。

二是通常划分制度环境的维度是外在制度和内在制度（即正式制度和非正式制度），法律法规和政府政策同时归类为外在制度。本文将一部分政策视作核心制度环境，将法律法规视作外围制度环境，是基于以下两点考虑。首先，中国的实际国情是，从中央到地方政策较多，但法律法规相对薄弱，在美国等国家，一部知识产权法能涵盖大部分行业，各州也有独立的法律，却少有文化产业政策，而中国的政策几乎能驱动整个产业发展，政策体系不能不作为制度环境考虑的重点。其次，将法律法规归类到产业创新的外围制度环境，落脚点在产业创新。少有直接鼓励创新的法律，常有鼓励创新的各种政策，所以对创新而言，法律提供外围保障，而不是驱动力。例如，知识产权法是为了促进和保障技术创新，并不直接作用于产业融合、新业态生成等形式的产业创新。但是，"外围制度环境"不等同于"不重要的制度环境"，只是发挥作用的途径不一样。

三 制度环境对文化产业创新的作用机理

（一）产业内源创新与外源创新

文化产业的创新有内外两种来源，外源创新是来自产业内或产业外不受

---

① 吉姆·麦圭根：《重新思考文化政策》，何道宽译，中国人民大学出版社，2010，第18页。

产业结构和形态影响的纯技术创新。传统的"熊彼特主义"创新经过发展演化出以技术变革为对象的技术创新经济学和以制度变革为对象的制度创新经济学。尽管侧重点不同，但两者都以技术创新为核心分析问题，后者只是将创新主体的激励机制与外部制度环境结合起来，目标仍是寻求有利于技术创新的制度体系。技术创新根源是人的智慧才能，受知识水平、技术积累的限制，制度的作用是在已存知识技术条件下给予最大限度的激励。这种创新内生于经济发展，对产业而言却是外源创新，因为创新能力的高低既不受企业家的控制也不因产业规划者的意志而改变。无论是技术创新还是制度创新，均不是发生在真空环境中，技术创新所推进的产业动态和制度创新维系的产业结构均着力于产业，互联网时代的产业要实现多元化融合发展，必有一种内源创新推动产业革命。

文化产业的内源创新来自产业内部或产业之间融合形成的创新，有以下三条具体创新路径。

1. 文化产业通过空间集聚或集群达成信息和资源共享，或与科研机构合作产生知识溢出效应，生成新企业、新产品，或提高行业内和地区内的整体生产效率。这类创新的主要方法是模仿和移植，知识和技术在集聚区形成的"洼地效应"对中小企业尤为重要。产业集群使公共资源更集中，企业投资或政府设立交易平台、服务中心、科研中心可大幅提升信息流通的效率，为技术和创意移植提供便捷性。例如，创业孵化器以低成本为创业者提供办公条件和服务设备，让初期创业团队共享资源信息、共同成长。2016年，中关村内平均每天诞生科技型企业40家，均来自创意共享基础上的产业创新。

2. 产业链中上下游企业整合，产生新的综合性生产企业或分工更专业的中介企业，提升产业链整体运作效率。文化生产面临创意成果转化的问题，原来产业链中较分散的文化资源通过实力较强的核心企业整合，实现内容与渠道融合创新。例如，恒大成立文化产业集团，整合电影制作、经纪、发行、唱片、院线和动漫六个板块，实现影视娱乐文化全产业链的运营，能优化影视、音乐等文化资源配置；蓝海创意云和猪八戒网等一批新生互联网创意企业，将创意或技能转化为经济价值，形成新的产业链中介，进一步拓展和挖掘产业链中人的价值。这些均来自产业链的创新。

3. 以文化创意为核心媒介，与其他产业融合形成新的产品和业态。这种创新以文化产品市场的消费为牵动力，是典型的需求拉动型创新。较常见的，一是文化内容填充科技平台。例如，微信结合内容产业形成微信生态圈，内容提供者利用微信账号，以垂直媒体方式迅速形成推送惯性，通过扩大影响力的方式获取经济收益。二是传统文化产业在互联网模式下的复兴。例如，故宫博物院利用自主研发的"胤禛美人图""皇帝的一天"等手机应用积攒用户，进一步通过互联网电商发布和销售文化产品，实现互联网时代传统文化的活化与复兴。三是文化创意渗透以制造业为代表的其他行业。例如，东莞一家名为"葫芦堡"的传统儿童家具企业，通过注入文化基因升级为"家具＋动漫"企业，生产出的智能胎婴床还未上市就收到全球各地的数千万元订单。由于加工制造利润的持续降低，大量传统制造企业谋求转型，将文化创意与其他行业融合并组成新企业、诞生新模式、形成新业态，这种现象构成了产业创新的一条重要路径。

文化创新兼具内源创新和外源创新两种品质。一方面，作为文化艺术创作形式的创新，文化创作者带来新思想、新作品、新观念、新创意，无异于纯技术创新；另一方面，作为思想观念和社会习俗的革新，文化创新又是社会大众从科技进步和产业创新中吸取新知识、新思维，并综合、加工、改造、重塑传统文化的过程，是产业创新的结果。因此，凡是有利于内源和外源创新的制度环境改善，均能促进文化创新，但是，在此过程中需要由文化政策把握文化创新的方向，以剔除文化创新过程中产生的文化糟粕和不良风气。

（二）制度环境的作用

制度环境对文化产业创新的作用模型如图1所示。文化政策和直接产业政策的主要作用是促进文化产业集聚并与相关产业联动。文化政策在主导国家文化发展的同时发挥对主流文化的选择功能，对产业的作用有以下两点。一是通过国有企业和事业单位主导文化事业，在产业化过程中会导致集聚，如我国各地的广播电视、新闻报纸等行业均是国有或国资控股占主导地位，产业集聚度高。二是符合政策扶持的产业可获得丰富的文化资源，如印象丽江文化产业公司与政府联合开发《丽江印象》等具有民族特色的实景歌舞表演，类似富集文化资源的企业容易成为产业核心。直接产业政策则是直接规划、引导、规制产业集聚或联动。

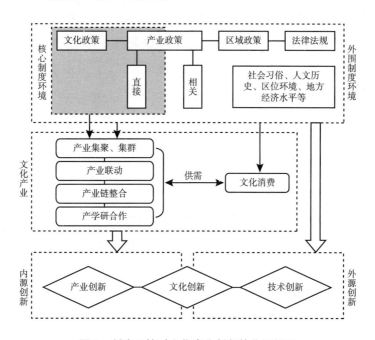

图1 制度环境对文化产业创新的作用机理

区域政策的主要作用是促进产业的空间集聚与集群。一些直接与文化产业政策结合使用的区域政策，如华侨经济文化合作试验区、平潭国际旅游岛等，会通过特定行业税收优惠、政府补助、置地便利、人才补贴和完善基础设施等方式吸引投资，以支持区域内文化产业的发展，形成以某一具体行业为核心的文化产业群。但大多数区域政策并不针对具体产业，而是决定一个区域内多数产业的资源配置，地方政府会以主导产业为核心引导产业集群。此时，如果文化产业是地区非主导产业，一方面会作为配套产业参与集群，并在产业结构升级的过程中逐渐发展成主导产业；另一方面，能通过文化创意的渗透力连接和融合相关产业。

相关产业政策的主要作用是促进产业链的整合和产学研合作，此外，相关产业政策也在产业集聚、集群和联动中起辅助作用。对国民经济发挥基础性支撑作用的产业政策均能促进产业链整合或产业集聚，如金融产业中鼓励企业融资并购或降低中小企业融资成本等政策。2015 年，文化传媒行业共发生并购事件 166 起，并购总规模达到 1499.04 亿元，横向并购加剧产业集聚，纵向并购促进产业链中资源的整合，并购案例增加的基础因素是金融产业政策支持。另外，科技政策、产业园区政策和教育产业政策等会影响一个地区内产学研合作平台的数量和质量。文化产业与知识创造部门的协作创新也受到这些相关产业政策的直接影响。

产业的需求即文化消费受整个产业外围制度环境的综合影响。产业政策能发挥一定的功能：一方面，相关产业政策会驱动文化消费的行业间替代，如电子书、有声读物的兴起，导致人们对传统出版业的需求逐渐转移至网络阅读平台，互联网电商的扶持政策会加剧这种倾向；另一方面，产业规制政策可以直接影响文化消费品的需求种类，如中国国家新闻出版广电总局公布的相关禁令，会影响广播电视、影视制作方面的国内需求。然而，文化需求是人类社会中相对高层次的需求，影响需求量和种类的深层因素应该是经济发展水平和地区文化氛围。例如，上海的会展业在国内名列前茅，会展行业需求旺盛得益于上海在经济高水平运行下孕育出高度集中的服务业；北京音乐产业发达，首都音乐文化创意产业集聚区、音乐北京博览会等在国内首屈一指，得益于北京作为首都的流行文化氛围。因此，通过扩大文化需求数量和范围以刺激产业创新是持久的过程，产业政策是短期突破口，围绕经济和文化的外围制度环境建设才是根本。

四　我国文化产业创新制度环境演进

（一）制度环境的演化历程

改革开放后，我国文化产业创新制度环境演进经历了四个阶段。

第一阶段是文化产业萌芽和制度环境酝酿期（1978~2001年）。该阶段，改革开放刚起步，文化产业逐步摆脱文化政治教育功能，体现出一定的经济属性，但文化产业的发展仍以文化事业建设为核心路线。直至该阶段的后期，1998年成立文化部文化产业司、2000年国民经济"十五"计划建议中首次提出"文化产业政策"的概念，文化产业的正式和核心制度环境才出现雏形。

第二阶段是文化产业制度环境的形成期（2002~2008年）。2002年，党的十六大报告首次将文化产业与文化事业相提并论，标志着文化产业成为文化体制改革中的经济主体，在国民经济中占有独立地位。该阶段大量直接作用于文化产业的政策出台落实，鼓励非公有资本的参与、鼓励文化产品与服务出口、制定产业分类标准，基本形成文化产业的核心制度环境。

第三个阶段是文化产业制度环境的纵深发展期（2009~2012年）。该阶段，核心制度环境日趋完善，外围制度环境开始体现支撑力和推动力。2009年，我国第一部文化产业专项规划——《文化产业振兴规划》正式出台，标志着文化产业已经上升到国家战略性产业。围绕该项规划，各部门、各地方出台了一系列针对文化产业及其细分行业的补充政策。同时，以法律法规和相关产业政策为具体体现的外围制度环境逐步形成，如2011年正式实施的《中华人民共和国非物质文化遗产法》、2011年发布的《中华人民共和国电影产业促进法（征求意见稿）》，以及《出版管理条例》《音像制品管理条例》《营业性演出管理条例》等一系列法律法规；《关于金融支持文化出口的指导意见》《关于金融支持文化产业振兴和发展繁荣的指导意见》等一系列相关产业政策共同构成外围正式制度环境框架。框架下如动漫、影视、软件、网络与信息服务等新兴文化产业出现井喷式发展，行业内生成的资本集聚和消费需求引发的市场热情极大地充实了非正式制度内容。

第四个阶段是制度环境的融合创新期（2013年至今）。党的十八大报告中，将促进文化和科技融合提上议程，标志着文化产业制度环境进入新的调整期。在文化产业发展跨过初级阶段后，文化迸发出其内生的创新力和渗透力，逐渐影响并融入经济社会的其他部门。知识、思想、创意借助互联网传播，并迅速与其他产业结合形成新业态，同时又反馈回文化产业，加速产业融合升级。新时期的文化产业已与传统的有很大不同，以至于很难区分一个具体的企业是否隶属于文化产业。这种转变的典型特征是企业由提供文化产品和服务转变为提供创意思维或创造新生产生活方式。构建适应跨门类、跨要素、跨行业、跨地域和跨文化融合新业态的体制成为制度环境改善的基本方向。

（二）当前制度环境的特征与问题

表1列举并归纳了2013年以来中央及各地方政府出台的相关政策，由此构造出文化产业制度环境的主体框架。

表1　当前中国文化产业制度环境的政策构成

制度环境	类别	具体内容	发布主体与时间
核心	文化政策	《文化部"十二五"时期公共文化服务体系建设实施纲要》	文化部2013年1月
		《深化文化体制改革实施方案》	国务院2014年3月
		《关于加快构建现代公共文化服务体系的意见》	国务院2015年1月
	直接产业政策	《关于推进文化创意和设计服务与相关产业融合发展的若干意见》	国务院2014年3月
		《关于加快发展对外文化贸易的意见》	国务院2014年3月
		《关于印发文化体制改革中经营性文化事业单位转制为企业和进一步支持文化企业发展两个规定的通知》	国务院2014年4月
		《关于做好政府向社会力量购买公共文化服务工作意见的通知》	国务院2015年5月
		《关于推动文化文物单位文化创意产品开发若干意见的通知》	国务院2016年5月
		《关于深入推进文化金融合作的意见》	财政部2014年3月
		各细分行业政策，如《国务院关于加快发展体育产业促进体育消费的若干意见》《国务院关于促进旅游业改革发展的若干意见》等	国务院、各部门
		各地方关于促进文化与旅游结合发展的相关政策、促进文化与科技融合的相关政策、推动特色文化产业发展的相关政策等	各地方

制度环境	类别	具体内容	发布主体与时间
外围	相关产业政策	《关于大力推进大众创业万众创新若干政策措施的意见》	国务院 2015 年 6 月
		《关于积极推进"互联网+"行动的指导意见》	国务院 2015 年 7 月
		《深化体制机制改革加快实施创新驱动发展战略的若干意见》	国务院 2015 年 3 月
		《国家创新驱动发展战略纲要》	国务院 2016 年 5 月
		《关于金融支持文化出口的指导意见》《关于金融支持文化产业振兴和发展繁荣的指导意见》等	各部门、各地方
	区域政策	《关于依托黄金水道推动长江经济带发展的指导意见》	国务院 2014 年 9 月
		《关于支持汕头经济特区建设华侨经济文化合作试验区有关政策的批复》	国务院 2014 年 9 月
		《关于加快实施自由贸易区战略的若干意见》	国务院 2015 年 12 月
		各地区区域规划,如成渝城市群、长江三角洲城市群、平潭国际旅游岛等	
	法律法规	《中华人民共和国广告法》《中华人民共和国电影产业促进法(草案)》《中华人民共和国促进科技成果转化法》《中华人民共和国商标法》《中华人民共和国文物保护法》《出版管理条例》《音像制品管理条例》《营业性演出管理条例实施细则》《广播电视管理条例》等	2013 年以后发布或修订
	其他	国际公约、行业协议、行业论坛、博览会等	

可以发现,中国文化产业制度环境进入融合创新期后,呈现出以下四个特征。

一是中央出台的直接产业政策和文化政策有减少趋势,数量和速度相对滞后于迅猛发展的文化产业。我国文化产业占 GDP 比重从 2012 年的 3.48% 增长至 2015 年的 3.97%,四年产值平均增长率达到 12.6%。文化创意与众多领域交叉融合,成为经济增长的亮点,但在 2013 年后国务院公布的带有"文化"二字的相关政策中,除了各地区文化名城批复之外,具体只涉及设计服务、贸易和文物单位三个方面。例如,在文化产业制度环境酝酿期,国务院和文化部在 1978~2002 年出台的相关政策法规只有 37 条;在 2003~2012 年的形成期和纵深发展期则多达 466 条;而进入融合创新期后,在

2013～2016年只有64条。一些新业态尚未形成规模，导致文化产业呈现混合式发展态势，凸显出总体规划性政策相对行业发展有空白区，产业创新的制度空间大。

二是存在地方性制度需求，且倾向于引导文化与其他产业融合创新。我国区域发展不平衡，各地区积累的文化和经济资源在数量和内容上均有差异，不同地区发布的产业政策均结合实际情况，有融合引导倾向。例如，2012年安徽省的《关于加快推进文化科技融合发展的实施意见》，2013年福建省的《关于加快推进文化与科技融合发展的实施意见》，2013年广东省的《关于促进文化和科技融合发展的意见》，2016年山东省的《关于进一步促进文化和旅游融合发展的意见》等一系列省级融合性政策及各地市级相关政策，共同构成地方性政策体系。地方性政策有两大热点方向，一是鼓励文化产业与科技融合，二是鼓励文化产业与旅游业融合，表明各地方政府正致力于为地区文化产业创新发展提供积极的制度支持。

三是外围支持政策日趋完善，但法律法规仍有不足。近年来，中央及各地方出台的支持文化产业的相关政策涉及金融、外贸、科技和制造等领域，并逐渐打造出紧密关联的产业平台，无论是文化产业自身创新还是与其他产业融合创新均能得到政策支撑。但是，文化产业内细分行业交错复杂，新兴业态生长速度快、涉及领域多，我国的法律法规制定相对落后。例如，近几年兴起的网络直播行业，并没有相关法律加以规制，导致行业中乱象丛生。"互联网＋"时代诞生出一批此类产业，法律上只有《网络安全法（草案）》予以涵盖，缺乏针对性，针对新生行业的法律法规亟待完善。

四是行业内交流增多，但影响力仍需增强。近年来，国内如文化创意产业论坛、文化产业新年论坛、文化科技创新论坛、文化产业高峰论坛等一系列跟文化产业相关的论坛和会议蓬勃开展；北京文博会、深圳文博会、西部文博会、海峡文博会等各种文化产业博览会遍地开花。大量民间或半官方论坛、行业会议、博览会等行业交流形成常态化的非正式规范，逐渐成为外围制度环境改善的重要推动力。但值得注意的是，一些行业交流活动缺乏广泛的影响力和品牌效应，如果行业交流中不能形成有影响力的评价标准或行业共识，则会降低文化产业创新的激励水平。

五　制度环境的优化路径

（一）优化政策制定与实施框架

由上文分析可见，我国文化产业创新的制度环境是由多个部门、中央和地方、政府和社会共同构建的复杂体系，政府政策在其中发挥主要作用。因此，构建合理的政策结构、连贯的政策思路、高效的政策落实是优化制度环境的根本路径。

当前中国与文化产业相关的各种政策存在两个问题。一是政策制定者分散，从国务院到下属各部门如文化部、科技部、财政部和工信部等均发布过文化产业的相关政策。二是政策目标分散，各部委制定的政策均只涉及自己所管辖的领域，政策之间缺乏连接贯通。优化政策结构首先要从优化政策制定过程着手，例如，在日本，产业政策通常由通产省负责制定并加以统筹实施。中央政府明确政策思路，并由具体的部门负责政策研究、制定、考查和反馈，其他相关部门负责配合政策落实。具体到文化产业，政策制定可由国务院牵头，文化部负责具体操作实施，相关部门共同参与制定。

在保证政策结构合理性的同时，还要保证政策的有效性。一方面是政策制定的有效性，政策部门应平衡以公共文化事业建设为主干的文化政策和以经济建设为主干的产业政策，最大限度地调动文化资源和经济资源，打破产业壁垒，积极修改落后的政策规定，保证政策的经济性和时效性。另一方面是政策实施的有效性，中国是一个大国，政策的落实依赖于各地方政府，从中央政策到地方配套的过程必须以适当的制度激励作为保障，因此，中央政策要给地方政府腾出足够因地制宜的空间，以保证政策的有效实施。

（二）核心制度设计粗线条化

文化产业政策具体可分为产业结构政策、产业组织政策和产业发展政策。过去我国产业政策多注重行业规划和布局，但随着"互联网＋"时代的到来，产业融合加速，产业形态多元化，文化产业发展面临的新形势和问题不断涌现，产业规划相对于产业发展往往具有滞后性。如果产业新动态不能及时反映到政策规划层面，政策规划就成为一种约束性制度环境。文化产业已经从"分业发展"走向融合发展，"文化产业内各个行业主管部门规划式的发展，将越来越为跨行业的融合发展所取代，甚至为文化经济普遍融合发展所取代；文化产业将从区域性竞争发展走向统一市场条件下的整体协调可持续发展，地方政府本位的发展模式将被国家层面、由综合经济管理部门主导的发展模式所取代"[①]。

更加复杂的行业环境和快速变化的行业动态要求顶层设计关注文化产业的核心和通用内容，由粗线条规划取代细分行业规划。发达国家文化产业顶层设计往往不以具体产业为核心，如美国文化产业秉承自由主义传统，强调文化产品生产、销售的高度市场化和政府干预的最小化，美国没有直接的文化产业政策，但通过知识产权制度维护了文化产业的繁荣；日本文化产业政策则注重内容规制，日本在内容方面的产业政策非常系统，政府把振兴"内容"上升到国家战略的高度进行统筹谋划。我国文化产业发展壮大也面临着体系庞杂、产业规划过细的问题。核心制度环境优化应从以产业发展政策为重心转移到以产业组织和结构政策为重心，例如，以保护知识产权、促进市场有效竞争为核心，设置负面清单，尽量简化行政规划的政策，能更大限度地激发市场自主创新潜力。

（三）提升外围制度环境的弹性和包容性

提高外围制度环境的弹性要以完善法律法规为主，以放松政策性规制为

---

① 王家新、章建刚：《中国文化产业发展报告（2012～2013）》，社会科学文献出版社，2013，第8页。

辅。相对于快速发展的文化产业，我国的文化产业立法较为薄弱。尤其是文化产业下的细分行业，在立法缺失的情况下，基本依靠出台一些临时性的政策措施来解决发展中的问题。政策易变性强、导向性强，法律相对稳定、效力强，能够将行之有效的措施固定化，降低制度变化的不确定风险；政策一般同时规定"有何为"和"有何不为"，而法律一般规定"有何不可为"。因此，从导向性和适应性的角度，政策相对缺乏弹性而法律富有弹性。当前文化市场上，盗版、假冒、有偿新闻、虚假广告、暴力色情等现象泛滥，凸显了行业法律法规的不完善，亟待加强知识产权保护、文化资源保护、消费者权益保护及文化产品和服务内容、质量等方面的法律建设，构建公平竞争秩序，保障文化产业创新的内在激励。

外围制度环境对经济行为应有足够的包容性，重构对文化产业的经济性规制是主要途径。一些发达国家的经验表明，市场机制是发挥内源创新、激励外源创新的有效制度，政府对市场的包容性在于维护而不是限制。外围制度环境应以促进市场竞争，确立和强化市场在文化资源配置中的基础性作用，打破条块分割的市场格局，建立开放的市场体系为建设目标。例如，在可引入竞争机制的行业，放松或取消阻碍竞争的规制措施；对于政府确应有所管理但不必审批的事项，可转变管理方式，如改为核准或备案。

参考文献

吉姆·麦圭根：《重新思考文化政策》，何道宽译，中国人民大学出版社，2010。

王家新、章建刚：《中国文化产业发展报告（2012~2013）》，社会科学文献出版社，2013。

Frith S. , "Knowing one's place: The culture of cultural industries", *Cultural studies from Birmingham*, 1991, 1（1）, pp. 134~155.

Miller T. , Yúdice G. , *Cultural policy*, SAGE, 2002, p. 35.

新时期中国文化产业发展
面临的几大问题[*]

范周　张芃**

摘　要： 经过多年的不懈探索，文化体制改革取得了历史性成就，文
化产业随着文化生产力的解放取得了跨越式发展。但随着改
革进入深水期、攻坚期，中国文化产业跑马圈地的发展模式
即将成为过去，发展过程中暴露出的一些问题亟待解决。本
文从政策、文化服务、投融资、人才培养等多个方面论述新
时期文化产业发展的现状，并对新型城镇化发展、互联网时
代崛起的产业背景进行新的思考。

关键词： 文化产业　产业投资　互联网思维

在党的十五大上，"文化产业"第一次在党的文件中出现，到党的十八
届三中全会提出"建设社会主义文化强国，增强国家文化软实力"的重要
指导意见，我国的文化建设尤其是文化产业经历了由起步探索向产业成熟、
体制深度改革发展的阶段。新的历史时期也开辟了我国文化建设的新征程。
我国文化建设由原来的理论探讨逐步发展为党和政府的工作重点，进而成为
全国经济社会工作的重要组成部分，进一步凸显了文化的重要影响，突出了

---

　* 原文出处，《北京联合大学学报》（人文社会科学版）2014 年第 2 期，第 40～45 页。
　** 范周，中国传媒大学文化发展研究院教授、博士生导师；张芃，中国传媒大学文化发展研
　　究院。

文化经济的重要地位。

然而，在新的历史时期，伴随文化产业发展出现的几个突出问题，值得我们认真研究和思考。

一 文化产业顶层设计亟待加强

我国文化产业发展政策多是问题导向型，以实践的变化和需求推导出解决方案。随着问题和情况的不断变化，由于缺少预判性的规划设计，对现实反应的滞后导致部分政策的缺失。我国文化产业经历了一个时期的发展，文化体制改革和产业运行模式逐渐成熟。随着国家全面深化改革工作的开展，政治、经济、社会、文化、生态五位一体的发展思路需要各要素之间的良性互动和系统化发展，亟待出现系统把握全局、贯彻协同理念和战略布局的设计蓝图。新的时期，渐进式、修补式的政策道路遭遇挑战，"摸着石头过河"的实践模式需要进行调整，科学合理的整体设计规划迫在眉睫。文化产业的顶层设计就是要加强对全国文化产业发展的统筹力度，把文化体制改革、文化市场建设、文化产业区域布局、文化产业人才培养等指导方针、基本内容及实施路径进行更具操作性的连接，具有权威性和指导意义。要突破目前经济社会发展五年规划的期限范围，进行更为长期的战略性布局，进行全面性、科学化、有预判的设计和统筹规划，实现"一张图纸建设到底"。

（一）加强区域统筹

中国地区经济发展的不平衡，使得文化产业在区域发展中存在一定的差异性。一是目前东中西部的产业发展定位不清，传统、新兴文化产业盲目并进，千城一面现象突出，存在同质化竞争的问题。例如，北京、上海、广州、深圳等重点城市，在产业布局上存在一定的领域重复，而中部地区、西部地区则存在盲目超前发展的情况。因此，在顶层设计上需要做好区域统筹，合理配置资源，发挥各自优势。东部地区可以借助广泛的智力资源来推动文化和科技的结合，推动设计和创意在产业上的体现，发展新兴业态；中部地区需要发展内容生产型文化产业，使中部地区成为东、西部地区产业的接续地点；西部地区可以继续发挥特色，加强与传统产业门类的融合，关注民生领域，做好生产性文化产业和文化旅游业、创意农业等融合业态。

二是实现全国范围内的文化成果与服务普惠，消除城乡文化产业"隔离带"，实现城乡文化一体化发展，使城乡各级区域都能够公平、均衡、充分地享受政府提供的文化政策，推动农村发展与之相适应的产业模式。

三是"自下而上"与"自上而下"的统筹相结合。既要充分发挥顶层高度的前瞻性、决策性，又要注重基层民主和改革的创新力量，二者不可偏废。

（二）建立科学的产业评估体系

文化产业是经济属性和社会属性的结合。作为产业而非艺术来说，文化产品需要成熟的评估体系对其进行定位准确的创意设计、标准化的生产和流程化的操作。作为精神文明的重要载体，文化产品需要时刻把握自身的传播内容、价值取向和文化内涵。对文化产品的评估贯穿在文化内容研发与制作、生产、传播、衍生开发及反馈评价的各个环节。需要建立面向文化产业的评价体系和激励机制，完善文化产品和服务的标准体系建设，培养评价人才队伍，建立健全评价管理机制，以提高文化产品质量、促进市场提供健康向上的文化产品和服务，从而推动产业发展和文化软实力的提升。

二 文化产业应成为民生工程

实现文化产业占GDP的5%，推动文化产业成为区域经济发展的支柱性产业已成为我国多数地区政府发展文化产业的重要评测目标。出于政绩的考虑，一些地区出现不少快速上马的文化项目和文化综合体，政绩工程意义大于产业发展的现实需求。文化产业对经济发展的推动，不仅体现在GDP比重上，更要考虑文化建设对促进文化共享、拉动就业、推动消费的重要作用。只有人民群众的日常精神文化得到满足，才能更好地促进教育、科技等其他文化领域的发展，甚至推动整个中国社会文明、政治文明的进步。加强文化建设的目的，就是为了满足人民需求、解决民生问题。文化是重要的民生工程，"文化民生"应该随着改革的全面深入而成为今后文化产业的重要发展定位。文化强国的建设需要注重人民文化生活的幸福指数，强调文化产业发展为基层老百姓带来的实惠，使文化民生成为文化产业发展的重要测评点，使文化生活成为幸福生活的重点，使文化服务成为民生工程的突破点。

（一）公共文化服务推动民生基础建设

从国际范围内公共文化服务的发展进程来看，将公益性服务与政府、事业单位硬性结合的想法是片面的。随着文化惠民工程的开展，公共文化产品与服务的供给规模、方式和渠道不仅是政府着力的重点，也是未来企业、个人、NGO 组织投入的重点。文化民生以政府为主导，市场、公民社会多方参与、互动合作、协同发展，充分发挥市场要素和社会力量，实现公共文化服务提供主体和提供方式的多元化，有助于提高公共文化服务的供给效率。通过多元的文化主体实现公共文化服务与现实环境的协调统一，内容不断升级与丰富，从普通的"三馆"（博物馆、图书馆、文化馆）建设向信息化、数字化技术拓展，使公共文化服务能够贴近产业前沿与技术应用。

（二）文化产业推动民生要素

民生涉及就业、教育、分配、社保等问题。原创和高端文化产业不仅在"微笑曲线"两端——研发与市场实现上扬，还会同时带动就业与相关产业的发展。据欧盟 2010 年发布的统计数字显示，文化创意产业总产值占欧盟国内生产总值的 3.3% ~4.5%，同时创造了 700 万~800 万个就业岗位。[1]

通过文化产业发展，提升民生要素建设，创造发展机会与能力。文化产

---

① 王寰鹰：《欧盟欲通过文化创意产业拉动就业和经济》，http://world.xinhua08.com/a/20120928/1032411.shtml? f = arelated。

业是服务业，企业规模趋向中小微型企业，能够有效地开发就业岗位，促进自主创业与就业。文化产业同时也是推动其他相关产业发展的重要动力，有利于带动其他领域、其他产业的创新发展，实现更多人的就业创业；通过树立正确的价值观、人生观，实现社会的稳定与团结。

（三）文化社区推动生活美学

生活美学是文化民生的一种效应体现，即在基础文化设施建设、拉动就业、转变经济增长方式的同时，更加体现文化由表及里的渗透。社区作为城市生活单位，对于社会文化生活的构建意义重大。许多城市的文化建设规划往往侧重于文化场馆设施的兴建，而忽略建成后文化设施的运行管理和社会功能的规定与设计。因此，要建立健全公共文化设施日常管理运作机制和服务绩效评估机制，实现公共文化服务的有效性。

三　文化产业发展标准尚需完善

标准化是提高文化产品和服务质量、实现市场良性秩序与经济效益最大化的技术基础与重要保障。无论在国际还是国内，标准化在经济领域日益受到重视。不统一和不完整的统计数据无法准确反映文化创意产业的真实发展状况，势必影响组织领导推进，影响产业政策保障，影响产业规划指导，影响产业资金支持，影响产业投融资服务，影响现代文化市场服务，影响产业人才支撑。

（一）战略性标准的制定

党的十七届五中全会明确提出了"推动文化产业成为国民经济支柱性产业"的战略目标。因此，支柱性产业的达标判定至关重要。支柱性产业要符合以下几个要求：在国民经济发展中有着举足轻重的地位；增加值在国民经济中占5%以上，对国民经济增长的贡献度大，能为国家提供大量积累；符合产业结构演进方向，有利于产业结构优化；产业的关联度强，能够带动众多的相关产业发展。

按照标准设计和规划的产品才能最大限度地发挥产业化生产和运营的优势，降低成本、提高效率。同时，商品流通、社会分工和专业化生产，使文化产品得以在世界范围内流通。国际文化贸易的兴起，使标准建设成为内在需求。

据有关文献资料统计，美国文化产业增加值占 GDP 的 31% 左右，日本是 20% 左右，欧洲是 10%~15%，韩国高于 15%。① 然而需要看到的是，美国版权产业包罗万象，英国将体育、餐饮等全盘算入文化创意产业领域。从国际文化市场的发展来看，防范、扭转各国文化产业统计上的"各行其是"，遏制文化创意产业"泛化"及空洞化趋势，制定文化产业各门类标准细则，对于判定、规范行业秩序至关重要。为了在国际文化市场中占有优先地位，必须对内通过统一标准来规范市场秩序、促进产业升级，对外争取率先建立国际标准以消除贸易壁垒。

（二）行业标准的规范

一是文化产业基础性建设存在定性标准居多、定量标准不足的问题，导致行业发展呈现无序状态。例如，文化创意产业园区企业进驻标准、硬件环境建设标准、考核管理标准等缺失，导致园区产业集而不聚、园区间同质化竞争严重。在文化部管理的各个领域中，标准化工作真正在一定程度上受到重视的只有两个领域：一个是剧场领域，一个是图书馆领域。即便是相对成熟的剧场行业舞台机械领域，也存在着标准数量少、类别少、宣传贯彻差等问题。②

二是文化产业行业性标准不够科学。文化产业是经济、文化、技术等相互融合的产物，是多学科交叉、产业高度相关的产业类型，融合共生成为产业发展的重要趋势。如何界定现有文化产业，并对各类融合型的新兴业态做

---

① 周文彰：《文化的出路就是经济转型升级之路》，《北京联合大学学报》（人文社会科学版）2012 年第 3 期。

② 阎平：《文化产业标准化问题研究》，《湖北大学学报》（哲学社会科学版）2010 年第 6 期。

出前瞻性预测，是涉及 GDP 比重、区域支柱性行业界定的问题，也关乎区域文化产业发展的科学判定和未来走向。因此，对文化产业统计口径、文化产业行业标准进行统一规范的需求变得格外迫切。

三是政策扶持标准缺失，导致产业后劲不足。行业标准的缺失导致政府管理标准缺少抓手，政府治理缺少判定依据，人才、项目、融资的认定标准不完善，知识产权难以评估。政府需要在标准制定的基础上，推动文化产业标准化专业人才认定、产业无形资产评估、标准化管理组织和机制的建立等工作。

政府需要发挥引导、规范作用，通过政策的科学制定与修正进行顶层设计与规划，用"看得见的手"推动产业的正常运行。当前，我们的任务是全面深化改革，推动市场化发展，实现经济稳健快速增长。但如何推动国民福利提高，需求格局更加平衡、文化生活更加丰富、社会更为和谐有序的产业现状，真正实现"有福利增长"，是抛弃"唯 GDP"观念下政府应该抓紧思考的问题。中国的文化产业发展不应一味地追求"硬指标"，更应该注重发展的质量，按照我国经济社会发展的一般规律促进文化产业循序渐进。

四　文化产业投资缺少切入点

文化市场是否真的缺少资本。我们固有的思维是文化企业由于资产无形无法量化和质押，导致融资不畅。事实上，现在国家和地方对文化行业的投入越来越大，民间资本更是蜂拥而至。2012 年，文化产业来自银行信贷的额度超过 1000 亿元人民币，企业股权融资约为 400 亿元，各级政府的补贴和奖励资金约为 300 亿元，17 家文化企业的上市募资超过 100 亿元，发行企业债融资 20 亿～30 亿元。① 在金融支持文化产业政策的推动下，政府、银行和社会机构不断加大对文化产业的扶持力度，不断创新文化金融产品、

---

① 刘德良：《创新文化产业投融资模式》，《经济日报》2013 年 2 月 21 日，第 15 版。

创新投融资模式，引导企业公平进入。我国文化产业投资虽然发展迅速，但缺少准确的切入点，导致部分行业出现投资泡沫、投资不均衡等现象。

（一）资本扶持不均衡

由于"轻资产"、无形资产的不稳定性，文化信贷体系和风险评估体系不健全，存在"嫌贫爱富"现象，从而使投资对象"冷热不均"，不能满足多层次尤其是较低层次的文化企业的融资需求。政府扶持资金偏向于低风险、有保障、传统类的文化项目，对国有文化企业与民营文化企业扶持不均衡；小微企业、新企业营利能力较差、成长缓慢，很难满足资本快速兴起对文化产业投资项目的需求，小微企业融资难的现象依然存在。在文化企业中，中小企业占的比例大，很多企业缺少土地、设备等固定资产，财务状况和制度达不到上市和银行贷款要求，很难获取资金。[1]

（二）投资领域单一

我国文化产业投资基金的主要投资行业门类十分有限，投资范围主要固定在传统媒体、新媒体和文化关联行业三个领域。影视产业是投资的重要区域，而影视制作收入的高风险性导致投资人正逐渐将投资的方向转向院线建设。综合性文化产业制作已获得较高投资关注，关联产业投资居多、硬件建设较多而软件环境建设不足。有些项目甚至从基础建设入手，实则变相圈地，脱离产业实质和文化内涵。

（三）专业投资不充分，优质项目开发较少

文化产品无形资产价值本身难以客观评估，使投资面临更大的不确定性，影响了文化产业的投资效率。资本市场的专业化评估体系存在不足，专业投资人才缺乏，再加上受政策红利的影响，大量资金集中在个别区域，容易导致投资失败。银行信贷、风险投资、股权投资存在优质项目储

---

[1]　白学东：《我国文化产业投融资的问题和对策》，《中外企业家》2013年第33期。

备不足问题。

党的十八届三中全会提到要"建立多层次文化产品和要素市场，鼓励金融资本、社会资本、文化资源相结合"。可以看到，三中全会进一步强调了资本市场的重要作用，而资本市场的运用是多方面的。多层次资本市场体系的建立、丰富的资本产品的打造是下一步的工作重点。

五　文化产业人才培养期待突破

核心竞争力应当具有独特性和差异性，同时也应是可持续的，即创意的源头、动力与根基是能够挖掘、整合和开发的。美国芝加哥大学教授、著名经济学家舒尔兹在人力资本理论中认为，传统的经济理论把经济增长仅仅归结为物质资本的增加，而实际上人力资本的提高对经济增长的贡献比物质资本的增加更为重要，因此，人力资本是最重要的资本。人才资源是发展文化产业的核心要素，文化创意的产业化即是人的创意价值的产业化。能否建立一支适应文化产业发展的人才队伍，关系到文化产业是否能够可持续发展。中国长期以来的教育观念是"不唯灵活、不唯创意、只唯学历"，这显然无法适应产业发展需求和国际市场的竞争环境。

（一）学科建设有待完善

相较于产业发展的火热进程，文化产业学科建设仍处于冷门。一方面，文化产业尚未作为独立的学科门类进行建设，仍依附于艺术学、管理学、新闻传播学等传统学科，在学科建设中往往被边缘化，导致相应的教育资源和配套政策无法跟进。文化产业作为新兴的交叉学科，目前，全国有近 100 所高校为其设置了本科专业，中国传媒大学在戏剧与影视一级学科下增设了独立二级学科"文化产业"，云南大学在民族学一级学科博士点下自主设置了"民族文化产业"二级学科博士点，但正如郑州大学汪振军教授所言，文化产业学科归属仍没有解决，文化产业学科处于现有学科的边缘，发展前景堪忧。另一方面，作为交叉学科，文化产业的理论基础和学科知识是零散的，未能科学、系统地整合相关学科，形成独立的学科体系。这就需要相关的教育部门，如高等学校文化产业学科建设指导委员会等机构来规范设计、统筹安排。

（二）知行教育有待突破

在旧有教育观念下，高等教育与社会需求脱节的现象在文化产业领域也非常突出。如何培养适应改革需要、市场需求、产业发展的综合型、实践型人才是高等学校、企业和社会的共同话题。文化从业者培养的一个突出特点就是，人才的培养要以实用性和社会需求为出发点，这就要求高校将课程设置和学科方向的设置与实际相结合，使文化创意的教育成果能够推广到市场上、应用于生活中、服务于政府决策，塑造包括社会学、经济学、美学、管理学等多学科融合的专门的文化从业者，建设相关的学习基地和孵化器，促进创新创造，提高职业技能和职业素质。

（三）政策扶持有待强化

如何通过政策扶持、国家认定、人才认证等完善人才就业的途径。我们目前的教育体系尚未对文化建设的相关学科和专业进行认定，相关的毕业就业信息和招聘平台未能及时增设相应的专业和方向，导致文化产业人才资源信息无法有效整合，不利于规模化、科学化的人力资源集成与配置。党的十八届三中全会提出，市场要在资源配置中起决定性作用，因此，要更加重视发挥市场机制的作用，善于运用市场手段配置人才资源，促进人才科学有序流动，拓宽人才评价发现的途径。

六　文化产业在新型城镇化中应合理定位

党的十八大提出的新型城镇化战略部署，成为我国调整经济结构、转变发展方式的重大战略举措。而紧随十八届三中全会后召开的中国改革开放以来的第一次城镇化工作会议表明，中国城镇化道路正在做大幅度的转弯调整，从之前的"速度型"转向"质量型"，从"以物为本"的道路转向"以人为本"的道路。

（一）以文化人，推动文化治理

"以人为本、产城一体、土地集约、以文化城"等核心思想构成了新一轮城镇化建设的总基调。城镇化带来的是相对聚合的人文环境和氛围，是社会传统、文化风俗、信仰、价值观的进一步融合，是文化氛围的进一步提升，是人本关怀的进一步体现。从这个意义上讲，新型城镇化不仅要进行户籍制度的改革、财税政策的调整，更要关注文化民生，以提升城市的文化、公共服务等内涵为中心，在产业链的层级关系上进行突破，以文化人，更要考虑文化建设对促进文化共享、拉动就业、推动消费的重要作用。文化民生工程能有效改善社会管理效果，推进政府职能从"管理"向"治理"转变，要吸引社会力量参与城镇化建设，用文化治理实现城镇化管理的过渡，避免城乡统筹"硬着陆"，推进治理体系建设。

（二）以文促改，推动产城协同

在城镇化建设中，城市经济功能、政治功能、社会功能的实现分别依赖于主导产业、社会管理、公共服务三大要素。文化是城市的灵魂，是城市发展五位一体模式中的重要一环，对城市功能起到整合和完善的作用。文化与其他产业的融合，推动经济结构转型升级。第一次城镇化以"工业科技"为特征，实现了我国经济社会的巨大飞跃；以内涵式、集约式发展为核心要义的第二次城镇化，以一种更加绿色、更加文明、更加文化的视角去呈现新的发展历程，对发展理念、发展模式的提升将改善环境质量、促进生态文明建设。也正是这种智能化、信息化、人本化的特征，为文化产业的"城市包围农村"搭建了载体和桥梁。

通过文化产业从业、就业，可以实现"人的城镇化"。要因地制宜地扶持和打造有优势的文化产业项目，减少发展文化产业的自发性和盲目性，走符合当地文化特色的文化产业发展之路，做到既尊重城市和社会发展的客观规律，通过传统的城镇化推动农民向产业工人的转化，加速中国现代化进程，又善于借鉴和利用新型城镇化的发展路径，走集约高效创新发展之路，实现文化产业发展与新型城镇化的双螺旋交替上升之路。

七 传统产业需强化互联网思维

互联网时代的到来，使文化产业的业态融合加剧，新兴业态不断涌现。与此同时，各类关联产业和传统产业也都在互联网的影响下加速转型。通过智慧、资源、数据，互联网思维正在冲击传统行业的旧秩序。

（一）互联网催生"文化产业＋"模式

互联网产业发展初期，以媒体属性为核心，以传播为功能，有力抗衡传统媒体，并日益成为信息消费的主流平台。随着互联网规模化发展，其业务逐渐向日常生活与服务拓展。2014 年 1~2 月，腾讯完成了在证券业、百货业、便民交通等多个领域的投资项目开发。据有关数据表明，腾讯现拥有多达 305 款产品，涵盖通信、社交、游戏、支付、金融、搜索等几乎所有互联网领域[1]。腾讯通过业务和资本融合，实现了互联网思维、技术、交流平台向传统产业的渗透，使传统互联网产业的产业链条得到极大延伸，数字化、信息化技术和平台建设得到极大提升，有效推动了集约化、高效化管理与服务水平，推动智慧城市、数字城市的建设。

（二）互联网催生"传统产业＋"模式

在淘宝网开店的公司有 900 万家，比较活跃的有 300 多万家，店主、客服加上物流业、IT 业的相关从业人员，覆盖的就业人数可达上千万人。[2] 截

---

① 中国网：《联姻腾讯激发市场激情》，http：//finance. china. com. cn/stock/2014 0218/2190828. shtml。

② 林琳：《"双 11"：见证消费"奇迹"，不忘市场原则》，http：//politics. people. com. cn/n/2013/1112/c70731 – 23511482. html。

至 2013 年底，国内已成型的淘宝村数量增加到 19 个，涵盖网店 1.5 万个，带来 6 万人的直接就业。[①] 小米手机以零工厂、零专卖店的资产架构实现含税销售额 316 亿元，销售量同比增长 160%，靠的是以互联网方式进行的口碑营销、饥饿营销。电子商务的出现，使城乡剩余劳动力迅速转化为生产力，推动农村产业结构向非农方向转移，促进了城镇化发展；制造业已经从传统重资产方式向互联网时代的轻资产、重品牌营销的新兴模式迈进，通过互联网思维塑造传统产业品牌与核心竞争力。

《2013 年工业通信业发展情况》表明，2013 年，我国信息消费整体规模达到 2.2 万亿元，比 2012 年增长 28%。以互联网为主要渠道的大数据挖掘，使信息化、数字化的生活方式精确定位每个人的生活，已经渗透政府公共管理、制造业、健康医疗、社会安全的方方面面。然而，我国地区间的"数字鸿沟"较为明显，人均宽带与国际领先水平差距较大，以信息化推动城镇化、现代化、国家治理的任务依然较重，互联网对个人隐私和国家网络安全的威胁也在加剧。面对严峻的安全形势，我们有必要加快构建相关的互联网安全机制，既满足日益增长的信息消费需求，也确保国家的网络与信息安全。

参考文献

白学东：《我国文化产业投融资的问题和对策》，《中外企业家》2013 年第 33 期。

樊文泽：《淘宝村论坛开幕 带头人分享经验》，http：//www. nfncb. cn/2014/xiaofei_ 0110/87113. html。

林琳：《"双 11"：见证消费"奇迹"，不忘市场原则》，http：//politics. people. com. cn/n/2013/1112/c70731 – 23511482. html。

刘德良：《创新文化产业投融资模式》，《经济日报》2013 年 2 月 21 日，第 15 版。

孙奇茹：《小米去年销售额增长 150% 超额完成年初目标》，http：//finace. qq.

[①] 樊文泽：《淘宝村论坛开幕 带头人分享经验》，http：//www. nfncb. cn/2014/xiaofei_ 0110/87113. html。

com/a/20140103/003670. html。

王寰鹰:《欧盟欲通过文化创意产业拉动就业和经济》,http://world. xinhua08. com/a/20120928/1032411. shtml? f = arelated。

阎平:《文化产业标准化问题研究》,《湖北大学学报》(哲学社会科学版) 2010 年第 6 期。

中国网:《联姻腾讯激发市场激情》,http://finance. china. com. cn/stock/2014 0218/ 2190828. shtml。

周文彰:《文化的出路就是经济转型升级之路》,《北京联合大学学报》(人文社会科学版) 2012 年第 3 期。

创意产业空间集聚的演化：
升级趋势与固化、耗散[*]
——来自上海百家园区的观察

孙　洁[**]

摘　要： 梳理国内外创意产业集聚演化的主要观点："创意场域"、艺术
"自我毁灭"、"创意社群"和"创意城市"；立足于实地调研，
剖析上海百家创意产业园区的集聚现状与问题。在理论研究与
实践论证的基础上对创意产业集聚演化趋势进行判断：经营良
好的品牌类园区有"演化升级"趋势，主要有孵化器、体验终
端、社区营造、创意地产、业态融合、主题衍生六类不同的发
展走向；仍有相当数量的创意产业园区可能出现"空间固化"
和"集聚耗散"的消极走向；当然也存在新的发展机遇和条件
下集聚业态的"潜在进入"倾向。针对不同的集聚演化趋势，
提出方向性控制、分类指导和机制创新的进一步思考与建议。

关键词： 创意产业　空间集聚

近几年，虽然创意产业园区在全国范围内的发展势头依旧高涨，但对于

---

[*] 原文出处，《社会科学》2014 年第 11 期，第 50～58 页。
基金项目，本文系国家哲学社会科学基金项目"小微文化企业孵化集聚的组织生态环境研
究"（项目编号：14CGL059）、上海市哲学社会科学基金项目"集群租金视角下上海文化创
意产业园区演化升级的路径依赖与政策引导"（项目编号：2013EGL004）的阶段性成果。

[**] 孙洁，上海社会科学院部门经济研究所助理研究员、博士。

园区发展进程中定位不明确、模式雷同、集聚效应不明显等问题，已经引发了广泛的探讨。创意产业的空间集聚究竟朝什么方向演化，存在哪些升级的可能，还有哪些衰退的隐患，如何解决普遍存在的问题，如何引导园区从"量的发展"走向"质的提升"……一系列问题已经在实践中摸索展开，也需要进行理论思考与解答。

一 创意产业集聚演化的理论基础

国外针对创意产业空间集聚演化的理论研究并不局限于特定的产业空间，而是聚焦于"旧区改造"和"城市复兴"（urban regeneration），重点论述创意产业园区在生产更新、景观重建、城市空间结构重新配置、内城空间的重新地方化和地方社区再生中发挥的作用①，以及相关的政策架构②。国内学者研究创意产业空间集聚多立足于园区本身，从共生、复杂系统、演化博弈、模块化等不同的理论视角，围绕创意产业集聚的内涵与特征③、与经济发展方式转变的耦合机理④、网络组织的生产运作模式⑤、知识溢出与价值创造⑥、

① Hutton T. A., "The New Economy of the Inner City", *Cities*, 21（2），2004；Sassen, Saskia, *Cities in a World Economy*：*Thousand Oaks*, CA：Pine Forge Press, 1994.

② MOMMAAS H., "Cultural Clusters and the Post -industrial City：Towards the Remapping of Urban Cultural Policy", *Urban Studies*, 41（3），2004；Neil Bradford, *Creative Cities*：*Structured Policy Dialogue Report*, Canada Policy Research Networks, 2004.

③ 蒋三庚：《中央商务区创意产业集群的类型与特点》，《经济与管理研究》2009 年第 3 期；王发明：《创意产业集群化：基于地域根植性的理论演进及其政策含义》，《经济学家》2010 年第 5 期。

④ 厉无畏、王慧敏：《创意产业促进经济增长方式转变——机理·模式·路径》，《中国工业经济》2006 年第 11 期。

⑤ 毛磊：《演化博弈视角下创意产业集群企业创新竞合机制分析》，《科技进步与对策》2010 年第 4 期；李好、陈军：《创意产业经济网络的分析与决策——基于有向节点赋权网络的测度方法》，《华东经济管理》2011 年第 6 期。

⑥ 花建：《产业丛与知识源：论文化创意产业集聚区的内在规律和发展动力》，《上海财经大学学报》2007 年第 4 期；李崟、潘瑾：《基于知识溢出的创意产业集群效率影响因素实证研究》，《江淮论坛》2008 年第 2 期；刘奕、夏杰长：《全球价值链下服务业集聚区的嵌入与升级——创意产业的案例分析》，《中国工业经济》2009 年第 12 期；殷永萍：《创意产业的创造力模型及其实证研究——以山东省为例》，《科技进步与对策》2011 年第 7 期。

绩效评价与指标设计①、文化传承与社区营造②、国外园区的运营方式借鉴与动力机制③等内容展开论证。

综合国内外学者的研究，虽然研究视角与方法具有多样性，但基本认同创意产业的集聚演化是企业演变及空间创新、产业结构调整和城市空间重构的高效协同与耦合。代表性观点有以下四种。

一是 Scott 的"创意场域"论（creative field），认为创意场域是促进学习和创新效应的结构，"是生产和工作集聚结构中文化、惯例和制度的一种表达，主要由基础设施和地方大学、研究机构、设计中心等社会间接资本组成"④。相互交流的多面向过程是产业综合体中思想、灵感和洞察力产生的关键要素⑤。二是 Richard Caves 提出的艺术"自我毁灭"论。针对纽约艺术中心的研究结果表明，现代艺术品市场的空间分布有"自我毁灭"的特性，"更高的土地利用价值和商业成本，损害了现存的文化基础和文化经济并导致艺术家的日益边缘化"⑥。"自我毁灭"指，艺术家的带动效应使区域从艺术中心演变成昂贵的商业中心，最终又"逼走"艺术家们。三是 John Eger 提出的"创意社群"论（creative communities），主要指"人"与"社区"的结合。这种结合将使城市未来的发展更加注重文化艺术、人文环境、生态保护等方面的建设。构筑文化、艺术、商业和社区之间的关联非常重要，从实际载体来看，"创意社群表现为各类动态、松散，甚至虚拟的网络、平

---

① 刘爱华、贺兴时、张文娟：《文化创意产业指标体系及评价模型》，《西安工程大学学报》2011 年第 2 期。

② 余正龙等：《社造型文化产业蜕变现象之研究——以白荷陶坊为例》，《建筑学报》2009 年 6 月。

③ 田媛、高长春：《创意产业集群运营模式国际比较分析——以上海和伦敦为例》，《科技进步与对策》2012 年第 6 期；易华、易小云、刘嫦娥：《世界城市创意产业园区发展动力机制理论研究述评》，《经济问题探索》2012 年第 2 期。

④ Scott, Allen, "The Cultural Economy of Cities", *International Journal of Urban and Regional Research*, 21 (2), 1997.

⑤ Edquist, C., *Systems of Innovation: Technologies, Institutions, and Organizations*, London: Pinter, 1997.

⑥ Richard E. Caves, *Creative Industries: Contracts between Art and Commerce*, Cambridge. MA: Harvard University Press, 2000.

台、主题活动或交流机制"①。创意社群是一片特殊区块，"那里文化设施高度集中，具备完善的组织、明确的标示以供综合使用，区块内艺术与居民生活紧密结合"②。四是 Landry 的"创意城市"论（creative city），认为"创意城市是创意经济时代城市发展空间的新取向"③。世界主要大城市的共同点，在于经济能量、文化创造力和群众活力，在强调城市硬件的同时，这些城市更关注人际交流互动，强调个体的活力张扬，从而间接保证公众的生活品质。创新性和主题性是创意城市的两个重要属性。"创意城市是一个动态的、实验的创新场所"④，拥有高度创意的城市，在很大程度上是那些旧秩序正遭受挑战或刚被推翻的城市。自 2004 年联合国教科文组织推出"创意城市网络"以来，创意城市的主题化趋势更加显著，在全球范围内形成了文学之都、电影之都、音乐之都、民间手工艺之都、设计之都、媒体艺术之都、美食之都等众多创意城市。产品本身的符号性变化被吸收到它被生产出来的地点的文化资产中。地方习俗、传统文化，以及某项技能的特殊潜质，形成创意产业集聚的"地区象征"，"集聚形态成为产业发展在空间上的映射，它对城市的全面转型和空间布局的重构，产生很大的影响作用"⑤。

二　上海百家创意产业园区的集聚现状与问题

上海是国内最早推进创意产业，也是发展最为迅速的城市之一。创意产业增加值占全市 GDP 的比重从 2004 年的 6.1% 上升到 2013 年的 11.5%。无论是产业总量、年增长幅度，还是贡献值占全市 GDP 的比重，上海在全国

①　厉无畏、王慧敏：《创意社群与创意产业的持续发展》，《社会科学》2009 年第 7 期。

②　Frost-Kumpf, Hilary Anne, *Cultural Districts: The Arts as a Strategy for Revitalizing Our Cities*, New York: Americans for the Arts, 1998.

③　Charles, Landry, *The Creative City: A Toolkit for Urban Innovators*, Earthscan Publications, LTD, London, 2000.

④　Neil Bradford, *Creative Cities: Structured Policy Dialogue Report*. Research Report F145 Family Network, Canada Policy Research Networks, 2004.

⑤　孙洁：《文化创意产业的空间集聚促进城市转型》，《社会科学》2012 年第 7 期。

均名列前茅。创意产业园区作为重要的载体形式，规模已达百余家。基于上海园区的调研分析和判断，具有一定的代表性和示范意义。

（一）数据事实与基本现状

本研究的数据来源为实地调研和访谈，覆盖了上海98家挂牌的文化创意园区①，其中长宁区12家，虹口区14家，静安区10家，徐汇区12家，杨浦区13家，普陀区7家，浦东新区6家，黄浦区5家，嘉定区、闵行区各4家，宝山区、青浦区各3家，闸北区、金山区各2家，奉贤区1家。

从现状来看，上海创意产业园区的整体运营状况呈"橄榄状分布"。约占总量10%左右的园区主题突出，进入品牌化阶段，如M50、八号桥、红坊等园区在全国范围内具有示范意义。极少数园区处于"名存实亡"的状态，或企业迁移、土地基本闲置，或随意提供与文化创意完全无关的房屋租赁。"两头除外"的绝大部分园区运营收益良好，但多依赖于工业用地的"土地红利"，并存在明显的同质化竞争。

表1　上海创意产业园区的现状描述

	基本判断	数据事实
区位条件	中心城区、近郊、远郊在园区品牌认知、租金水平、出租率、公共平台建设等方面处于不同的发展阶段	中心城区园区占79.4%；近郊园区占8.7%；远郊园区占11.9%
土地性质及用途	1. 大部分为国有划拨工业用地，少量为国有出让工业用地或者商业用地 2. 个别园区为集体流转土地、军队用地	国有划拨土地占79%，国有出让占17%，集体用地占3%，军产占1%；工业用地占81%，商业用地占13%，其余为科教用地、宣传用地等
主导产业类型	1. 单个产业集聚度高的园区数量不多，创意园区的行业类型较分散 2. 多数园区中工业设计和网络信息业占据主导	以工业设计和网络信息业为主导产业的园区数量最多，占比为18%和17%；以休闲娱乐业和软件业为主导产业的园区最少，占比6%和7%

---

① 调研及数据采集由上海社会科学院创意经济研究室的研究团队共同完成。

	基本判断	数据事实
运营主体性质	外资、民营与国有运营园区在战略决策、经济效益、人才激励、资金渠道等方面存在较大差异	国有企业运营的园区占54%，民营运营的占41%，外资占5%；外资园区在平均收入方面可达内资园区的3倍，而平均投资额只有内资园区的1/3
营利模式与品牌化	1. 绝大多数园区依靠租金收入 2. 少量园区通过提供增值服务、微股份置换等方式获取利润 3. 品牌类园区的利润较好	纺控集团"M50"的品牌输出，使其管理面积扩张到25万平方米；弘基集团"创邑系列"覆盖园区近10家；锦和行业的"越界"品牌园区达15个；德必集团的七项增值服务辐射到十多家德必园区
租金水平	1. 租金水平差异主要取决于土地级差 2. 租金水平也与运营方的理念与战略决策有关	租金水平差异较大；中心城区和郊县可相差5倍；外资园区平均租金可达内资园区的3倍；同一园区内，针对休闲配套类的租金是产业扶持类企业（如工业设计）的2~3倍

注：中心城区，包括黄浦等九个区的园区，涵盖浦东新区原南汇的一家园区；

近郊，包括嘉定、宝山和闵行三区的园区；

远郊，包括青浦、松江、奉贤、金山和崇明五个区县的园区。

（二）主要问题与演化瓶颈

创意产业园区的发展尚存在产业特色不鲜明，专业化服务水平不高，"重形态、轻业态"，同质化竞争等问题。由于创意产业门类的多样化、园区主题性不强等因素的存在，大多数园区除了日常物业管理外，无法提供有针对性的专业化公共服务。即使部分园区内设立了公共服务平台，往往也形同虚设，实用性不强。目前，园区的开发主体有国有企业集团、品牌化专业园区开发运营商，以及仅运营个别园区的小型园区开发运营商，各类主体均不具备整合全市各类园区资源、实现联动发展的能力。同时，"招商引资"的简单复制，导致了创意产业园区的同质化，彼此争夺有限的企业资源。

从上海百家创意产业园区的后续发展来看，其演化瓶颈主要体现在以下两个方面。

一是要素瓶颈。突出表现为园区演化对土地要素的过度依赖。创意产业的发展陷入了同制造业相似的依赖土地资源的思维定式：资本通过土地开发获取地产出租利润，政府则通过引入项目获得税收。在相对低风险、稳收益的"租金模式"中，园区可以持续获得"工业用地"红利，也因此可能造成经营上的惰性与僵化。

二是管理瓶颈，即园区管理面临多头化、标准化困境。现有118家市级挂牌的文化创意产业园区是由原来的文化产业园区和创意产业集聚区整合而成，由分属上海市委宣传部、市经济和信息化委员会等不同部门管理，转变为由"文化创意产业推进领导小组办公室"在17个委办局成员单位内整体协调。虽然管理架构已逐步理顺，但在操作层面仍存在部门分割、配套政策分散等"多头化"管理问题。此外，针对园区的管理评估主要是基于近几年的"园区年检制度"，虽然评估指标体系能够客观反映园区运营情况，但经济指标上的标准化设计无法体现"边界宽泛"的创意产业园区在多元化、个性化方面的巨大差异。

三 创意产业集聚演化的趋势研判

创意产业的集聚演化符合"路径依赖"规律，一定程度上依赖于当下园区空间形态与布局的延展，即过去的绩效对现在及未来具有强大的影响力，会产生自我强化、自我累积的特性。因此，对创意产业集聚演化趋势的判断，依托于创意产业园区现实的发展态势与走向。同时，国内外学者前瞻性的研究也为创意产业集聚演化趋势的推断提供了理论参考。产业集聚的演化规律具有类似生物种群的"进化"特征和生命周期属性，分为"起始阶段、收敛阶段、重新调整阶段、衰退阶段"[1]，据此不难判断创意产业集聚演化的基本走向。"创意场域"等基本论断也为集聚演化的升级可能提供了理论参考。

---

[1] Pouder R., St John C. H., "Hot Spots and Blind Spots Geographical Clusters of Firms and Innovation", *Academy of Management Reviews*, 21, 1996.

（一）对集聚演化的方向判断

创意产业的集聚演化有四种倾向，其中两类是具有积极效应的正面走向：一是经营良好的品牌类园区"演化升级"倾向，是现有集聚条件下"质的提升"；二是在新的发展机遇和条件下集聚业态的"潜在进入"倾向，即创意产业园区勃兴后仍存在"量的扩张"可能。比如，《上海市工业区转型升级三年行动计划（2013～2015年）》中提到的"中外环间老工业基地转型"为创意产业园区发展带来新的契机。与此同时，园区的演化发展还可能出现"空间固化"和"集聚耗散"的消极走向。部分园区由于惰性和僵化，停留于简单的物业管理，只有当园区的运营开始寻求创新和挖掘衍生服务时，园区的"固化空间"才能逐步改善。还有少数园区可能由于土地归属权的变更、房屋租赁到期等不确定性因素，出现园区功能与形态的衰退，逐步变成"空壳"，走向集聚耗散。

（二）对演化升级的趋势判断

在集聚演化升级方面，"创意场域"、艺术"自我毁灭"、"创意社群"和"创意城市"的基本论断提出了演化提升的关键：促进学习和创新效应的"场域"结构（如孵化器的建设），在艺术与商业的权衡中追求更高的土地利用价值（如创意地产经营），构建人与文化艺术、社区、商业的链接网络（如文化体验塑造、社区整体营造等），创意城市的主题性趋向与新技术、新业态、新模式的创新试验（如特别主题的衍生、产业融合背景下的新兴业态培育等），由此形成孵化器、体验终端、社区营造、创意地产、业态融合和主题衍生六种不同的演化升级趋势（见表2）。

1. 孵化器。创意产业园区主要服务于资本运作、技术转化、市场拓展等方面能力较弱的创意型中小企业，企业孵化空间的功能培育日益受到园区运营方的重视。早期在一定程度上需要以"政府成本"为代价，通常以减免房租、物业费，以及免费提供公共设施、咨询信息等方式降低企业的创业和经营成本。目前，相对成熟的孵化器主要集中在文化与科技紧密结合的多

表2 创意产业集聚演化的方向——基于对上海园区的研判

一、演进升级					
	空间规模	演化特征	参与主体	演化障碍与瓶颈	同类型园区举例
孵化器	规模小	专业化强	创业和生产创作者	量多质不优,运行机制缺乏效率	张江文化产业基地;动漫衍生园
体验终端	规模小	互动、开放	消费者	营利模式不确定	M50、卓维700、东纺谷
社区营造	规模大,不限于园区空间	与城市规划结合	企业员工、社区居民	不具备NGO和NPO介入的成熟环境	创智天地、智造局、环同济
创意地产	规模较大,与周边配套呼应	服务创意企业,释放土地潜能	开发商	可能流于一般商业地产	海上海
业态融合	规模大	文化休闲与农业、旅游业的渗透融合	园区经营者	休闲农业、乡村旅游的业态创新困境	金山廊下乐农、七宝古镇
主题衍生	规模较大	行业集中度较高,关注产业链培育	行业协会等特殊部门	需要特殊资源和政策支撑	嘉定中广国际、金山国家印刷产业基地、松江时尚谷
二、空间固化					
收租模式物业管理	上行空间(指向"演进升级"):衍生与创新——品牌连锁,管理运营模式创新,挖掘衍生服务				
	下行空间(指向"集聚耗散"):惰性与僵化——在低风险、稳定收益的基础上,持续赚取"工业用地"红利				
三、集聚耗散					
丧失园区的形态与功能	集聚耗散的可能原因: • 土地资源的影响和制约,如土地归属权变更改变园区现状 • 房屋租赁到期带来的不确定性 • 政府综合管理部门有关创意产业发展空间布局的战略调整 • 区位条件好的园区逐步融入周边区域的商业板块,商业配套功能取代原有的产业集聚				
四、潜在进入					
其他工业空间的转型利用	上海中外环间老工业基地的转型利用				

媒体设计、数字出版、动漫网游等行业类型，产业融合的特性使创意企业可以被纳入科技政策扶持体系，如对上海科技创业苗圃、科技企业孵化器、科

技小巨人等较大力度的资金扶持，有效促进了科技型文化创意企业的发展。孵化器拥有优惠的政策、充足的项目资金、先进的设备设施、专业的服务平台及创意人才，能吸引同类型的企业集聚，并形成广泛的协作关系。行业协会、专业机构的加盟将促进孵化器社会化、网络化程度的提高，由此为园区在孵企业提供更加全面和有深度的孵化服务。例如，在种子基金申请与发放、专业化设备设施的廉租服务、产业化引导及相关的信息服务等方面实现资源的多元化供给，通过政策资源、创新资源和社会资源的综合配置，维系企业个体、孵化平台和市场环境的动态平衡。

上海在中心城区和近郊区域的各类园区出现了较多的专业孵化器，如创智天地的"创新工场"、安垦的"荷兰设计孵化器"、南翔智地的科技孵化器等。从投资运营的主体来看，外资运营的园区多关注设计类企业的孵化、新兴设计师的育成等；国资背景运营的园区更注重"资金杠杆"的运用，尤其聚焦于科技文化融合领域。从区位来看，孵化器有逐步从中心城区向外围、近郊区域梯度转移的趋势。

2. 体验终端。一方面，不同于制造业大批量、流水线的生产方式，创意生产强调定制与体验。具有地方特质的自主性与差异性渗透园区，融入消费者与产业的互动，成为新产品推向市场的"试水区"。另一方面，园区是文化被消费的场所。不同于演艺剧场等文化旗舰项目，园区的文化包容度更加"多元"，强调开放性、异质性与个体的互动。资源与人才的汇集创造出类似于"创意市集""DIY艺术创作"等文化消费和体验学习空间，培养和提升民众对美学价值的感悟。作为城市重要的美学资产，创意产业园区不仅让本地居民受益，还通过各种活动吸引游客的参与，带动相关产业的发展，生成区域经济的"乘数效应"。

"体验终端"作为演化升级的可能走向，主要存在于商业成熟度和生活便利度较高的中心城区，满足体验性和社交性需求。艺术类、时尚类园区可能演化成"文化创意"、"生活艺术"与"商业消费"之间媒介的最佳平台。这类实践在上海的创意产业园区中已经初见端倪。例如，东纺谷的"服装快速反应平台"在纺织高新技术的支撑下实现了服装设计、定制的个性化与即时化；卓维 700 的陶艺谷、M50 的漫生快活陶艺体验馆围绕陶艺设计、制坯、彩绘上釉、窑炉烧制、绘画等各个环节开放了设计创作与体验中心。集聚空间朝着体验、互动、开放、共享的方向发展是其显著趋势。但在现阶段，艺术消费空间的经济效益仍有上升空间。商业模式的创新、营利模式的突破是其可持续发展的关键。

3. 社区营造。创意产业园区从产业集聚向园区、社区、街区一体化发展的高级阶段不断演化，成为涉及经济、文化、社会各层面的地方导向型、内发型的发展策略。首先，这类园区一般规模较大，且多在中心城区，与大片的城市旧区改造相结合；其次，园区多由国资背景的企业运作，或在政府的规划与引导下运作，其运营理念类似于日本的"社区总体营造"、中国台湾的"参与式设计"和"社区参与"，"通过实施兼顾经济效率、文化育成、生态平衡和民众参与的各类举措，成为城市更新与社区重建的催化剂"①。"鼓励普通大众的知识增长和创造性参与"是社区营造的关键环节，通过激发企业员工的创造活力、改造社区居民的价值观、重新建立社区价值与社区意识，让产业与社区发展构建"共生关系"。其中，社群力量的投入是重要支持。各种功能的社团或学术机构与社区内文化创意企业的适度结合，有助于建立动态的学习体系，提升社区学习能力并回馈地方。现阶段的社群力量中，非政府组织（NGO）和非营利组织（NPO）的运作在中国尚不成熟。

在上海的园区实践中，部分中心城区的园区演化已经开始与大片的城市改造相结合，比如，新黄浦区的江南智造，融入了八号桥的二期、三期，大尺度规划了 20 万平方米的范围，逐步形成创意经济和高端服务外包集聚的品牌效应。创智天地和环同济立足于杨浦"创新型试点城区"的定位和"三区融合、联动发展"的核心理念，依托高校的教育资源和创新氛围，不断完善"大学校区、科技园区与公共社区"的融合型规划和整体功能布局。这些园区的演化发展不再局限于封闭的空间，而是同旧区改造、新城建设完

---

① 余政龙等：《社造型文化产业蜕变现象之研究——以白荷陶坊为例》，《建筑学报》2009 年 6 月。

全融为一体。

4. 创意地产。中心城区稀缺的土地资源、显著的级差地租，使老厂房改建的园区可能走向"地产演化"的路径。创意地产的本质在于政府主导下经营城市土地的行为，追求城市价值的最大化而非商业地产开发中土地价格的最大化，即通过城市土地和历史、文化等资源的协同开发，释放土地资产的巨大潜能。创意地产的属性涉及土地资源、建筑的新建或改建、物业管理和开发主体等，但并不局限于地产运作，更重要的是营造适合创意产业发展的建筑空间。它以经营文化、时尚、体验为特色，在追求资本投资收益的同时，关注人文价值。

上海已经存在一些创意地产的项目，但这些项目在区位条件及开发的规模、档次方面与甲级商务写字楼仍存在着差距，租金水平相对较低，但容纳的行业类型相对聚焦，如各类设计企业。开发商通过对部分工业地产的二次利用及商业地产的综合开发，进行产业培育、生活设施配套、体验项目设计等，打造主题明晰的产业发展综合体。比如，上海杨浦区的海上海项目，其开发商上实集团在长期实践中选择合作伙伴，不断调整园区产业业态，探索创意地产的开发模式。

5. 业态融合。在数字融合的基础上，为适应产业发展而出现的产业边界收缩甚至消失，引发了产业融合现象。在农业领域，农村经济已经成为农业经济、工业经济及知识经济等各种经济形态的交错与混合，它从单纯关注农业的产能转向全面挖掘农业的潜能。在旅游业领域，"一项创意、多重使用"的文化创意价值体系融入了传统的旅游业，"在创意、技术、产品、市场有机结合的基础上重新构建融合型、跨行业的旅游产业复合体"[1]。随着创意农业、创意旅游等新兴业态从无到有、从起步到逐渐成熟，具有特定文化资源优势或地域空间优势的都市远郊区域，可能出现"业态融合"、物理空间淡化的大尺度园区。这些园区不同于大量的生产型园区，它们主要以消

---

① 厉无畏、王慧敏、孙洁：《论创意旅游——兼谈上海都市旅游的创新发展思路》，《经济管理》2008 年第 1 期。

费为主，却又不同于中心城区"体验终端"的艺术互动、商业消费。它们满足的是都市居民在空间局促的市域范围内无法享受到的对自然资源、文化资源的休闲体验需求。

上海金山区的廊下乐农和闵行区的七宝古镇，是市级挂牌的文化产业园区，也是创意农业和创意旅游的实践前沿。要想在"泛化"的乡村旅游、水乡古镇中独树一帜，需要它们在"业态创新"替代"形态构建"的过程中寻找突破。

6. 主题衍生。还有一类较为典型的"自上而下"扶持型园区，多有明确的主题指向，在具有特定产业支撑或市场优势的地区，通过给予特别优惠政策引导相关行业集聚。有的是专业机构、行业协会发挥着重要作用，有的是如挂牌国家级园区等强有力的优惠政策吸引着企业集聚。这类园区将逐步成长为行业集中度较高、产业化进程显著的"主题衍生"型园区。它们多集聚在空间相对宽裕的城市近郊或远郊区域。然而，靠政策的倾斜和扶持吸引企业只是短期举措，长期来看，政府在企业空间集聚过程中发挥的作用应该是"促进者"和"中间人"，即聚集相关参与方，为企业提供支撑性的基础设施，建立有效的激励机制，形成动态的比较优势及有助于产业链培育和集群化发展的制度框架。

上海嘉定中广国际广告创意产业基地和松江时尚谷在中国广告协会、中国纺织工业协会的协助下引入了广告类、纺织类的企业资源，举办了大量行业活动。虽然郊区的区位条件并不理想，但这两个园区成长迅速。同样主题性非常明晰的还有金山国家绿色创意印刷示范园区，它借助国家绿色转型产业政策，吸引了技术应用领先的企业，集聚效应也在逐步显现。

四　进一步思考

在对园区演化趋势进行充分研判的基础上，进一步思考创意产业的集聚演化。首先，明确"园区是企业的园区，而非政府的园区"，它的意义在于产业"共生环境"的营造，而非企业的空间"扎堆"。因此，园区演化需要的是整合社会资源的网络化思维，而非政策"自上而下"布局的线性思维。

（一）对园区集聚演化的方向性控制

创意产业是一个"活态产业"，建设创意园区的目的是在园区、基地的"局部区域"内先行营造出适合创意企业成长的良好软环境，充分发挥各类主体要素的作用，使创意管理决策者、创意生产者、创意消费者之间形成整体合力和良性互动，形成规模化的创意产能，实现创意产业链的融合联动及创意空间的演化升级。除了演化升级的走向外，园区还可能出现"空间固化"乃至"集聚耗散"的态势，同时，随着新的老厂房资源的挖掘，也会出现"潜在进入"的新一类园区。

对于园区的不同演化走向，应探索构建"进入—退出—引导—激励"的反应机制，重点考虑以下几个关键点：对于经营较好的"品牌类"园区，能级提升的突破口与制约瓶颈有哪些，如何实施政策引导；对于绝大多数的"物业类"园区，停滞于物业服务的原因及激励难度在哪里；对于少数已与文化创意不再关联的"空壳类"园区，闲置土地再开发可能面临什么障碍；对于可能新开发的老厂房资源，它们成为创意园区的必要性有哪些。从管理角度看，园区演化的方向性控制需要全面掌握园区和企业动态。创意产业涉及领域广泛、市场变化迅速，同时，近年来新增园区数量众多，仅上海就已达百余家。如果缺乏"及时反馈"，可能出现信息滞后，因此，有必要定期开展园区的"面上调研"和"点上剖析"，全面梳理各类园区的正面和负面典型案例。

（二）对园区能级提升的"分类指导"

创意产业涵盖的行业类型多样，园区能级提升的六种演化路径也存在显著不同。针对这些差异，应当对园区实行"分类指导"，以营造"需求导向"的适宜软环境。

对可能演化为体验终端或社区营造的园区，可适当开辟公共艺术空间，提供财政资金专项扶持，为艺术交流和体验互动创造环境，并鼓励市民参与。在孵化器的演化进程中，应围绕专一产业集中建造公共支持的设备设施、引导对接风险投资基金，同时，争取优惠政策。比如，针对设计类孵化器，可以参照技术研发类企业的部分政策，设计投入费用与研发费用一样享受150%抵扣所得税的优惠等；针对数字内容、数字媒体等新兴业态孵化器，应争取对接高新技术企业的优惠政策；主题衍生类园区的演化，需要避免"主题化思路下的行政锁定效应"，要建立"阶梯式"优惠政策框架，在政策优势可能逐步弱化的同时，强化园区系统的"自组织"和"内循环"生态环境，激发企业的创新活力。业态融合型的园区需要做好产业和区域发展规划并进行试验性探索，尤其需要体制层面的综合协调，可以由地方发改委牵头，定期举行相关部门的联席会议，对大型项目"旅游化"进行沟通和协商。创意地产的发展走向需要更多监督，应建立创意园区产业发展和土地利用绩效综合评估体系，评估结果既可作为土地管理部门分类管理的依据，又可作为园区自我改进的导向要求。还应针对"工业用地上的商业地产项目"启动用地清退程序，对闲置、低效用地的单位和个人，收取高于平均水平的土地闲置税。

（三）对园区"一揽子"管理的机制创新

创意产业相关扶持政策多来自经济、文化、教育、科技、知识产权等不同部门，各自为政的现象比较普遍。这些政策大多沿袭了传统的制造业思维，以生产导向型为主，部门分割、内容单一，缺乏整体和系统的政策框架，不利于创意产业园区形成上下游产业链的联动，也不利于促进园区创意产品与市场的对接。

近几年，国内多个城市通过顶层制度设计，探索实践高层平台上的协调机制，形成创意产业的推进合力。上海在市级层面和17个区县均成立了文化创意产业推进领导小组及下设办公室，推动了园区归口管理在宣传文化、经济、科技等部门的深度融合，改变了"多头管理、多条政策"的局面。面对现有的百余家文化创意产业园区，应进一步进行文化艺术、设计、科技的归口认定，并实行分类考核、分类扶持的"一揽子"方案。规划和土地管理部门应在产业规划布局与土地政策方面进行分类指导，统计部门在创意产业统计指标体系的完善、工商部门在创意企业登记注册的流程、人力资源部门在创意人才的资质认证等方面，也都应给予保障配合。

参考文献

调研及数据采集由上海社会科学院创意经济研究室的研究团队共同完成。

花建：《产业丛与知识源：论文化创意产业集聚区的内在规律和发展动力》，《上海财经大学学报》2007 年第 4 期。

蒋三庚：《中央商务区创意产业集群的类型与特点》，《经济与管理研究》2009 年第 3 期。

近郊，包括嘉定、宝山和闵行三区的园区。

李好、陈军：《创意产业经济网络的分析与决策——基于有向节点赋权网络的测度方法》，《华东经济管理》2011 年第 6 期。

李鉴、潘瑾：《基于知识溢出的创意产业集群效率影响因素实证研究》，《江淮论坛》2008 年第 2 期。

厉无畏、王慧敏：《创意产业促进经济增长方式转变——机理·模式·路径》，《中国工业经济》2006 年第 11 期。

厉无畏、王慧敏：《创意社群与创意产业的持续发展》，《社会科学》2009 年第 7 期。

厉无畏、王慧敏、孙洁：《论创意旅游——兼谈上海都市旅游的创新发展思路》，《经济管理》2008 年第 1 期。

刘爱华、贺兴时、张文娟：《文化创意产业指标体系及评价模型》，《西安工程大学学报》2011 年第 2 期。

刘奕、夏杰长：《全球价值链下服务业集聚区的嵌入与升级——创意产业的案例分析》，《中国工业经济》2009 年第 12 期。

毛磊：《演化博弈视角下创意产业集群企业创新竞合机制分析》，《科技进步与对策》2010 年第 4 期。

孙洁：《文化创意产业的空间集聚促进城市转型》，《社会科学》2012 年第 7 期。

田媛、高长春：《创意产业集群运营模式国际比较分析——以上海和伦敦为例》，《科技进步与对策》2012 年第 6 期。

王发明：《创意产业集群化：基于地域根植性的理论演进及其政策含义》，《经济学家》2010 年第 5 期。

易华、易小云、刘嫦娥：《世界城市创意产业园区发展动力机制理论研究述评》，《经济问题探索》2012 年第 2 期。

殷永萍：《创意产业的创造力模型及其实证研究——以山东省为例》，《科技进步与对策》2011 年第 7 期。

余正龙等：《社造型文化产业蜕变现象之研究——以白荷陶坊为例》，《建筑学报》2009 年 6 月。

余政龙等：《社造型文化产业蜕变现象之研究——以白荷陶坊为例》，《建筑学报》2009 年 6 月。

远郊，包括青浦、松江、奉贤、金山和崇明五个区县的园区。

中心城区，包括黄浦等九个区的园区，涵盖浦东新区原南汇的一家园区。

Charles, Landry, *The Creative City*: *A Toolkit for Urban Innovators*, *Earthscan Publications*, LTD, London, 2000.

Edquist C. , *Systems of Innovation*: *Technologies*, *Institutions*, *and Organizations*, London: Pinter, 1997.

Frost-Kumpf, Hilary Anne, *Cultural Districts*: *The Arts as a Strategy for Revitalizing Our Cities*, New York: Americans for the Arts, 1998.

Hutton T. A. , "The New Economy of the Inner City", *Cities*, 21（2）, 2004; Sassen, Saskia, *Cities in a World Economy*: *Thousand Oaks*, CA: Pine Forge Press, 1994.

MOMMAAS H. , "Cultural Clusters and the Postindustrial City: Towards the Remapping of Urban Cultural Policy", *Urban Studies*, 41（3）, 2004; Neil Bradford, *Creative Cities*: *Structured Policy Dialogue Report*, Canada Policy Research Networks, 2004.

Neil Bradford, *Creative Cities*: *Structured Policy Dialogue Report.* Research Report F145 Family Network, Canada Policy Research Networks, 2004.

Pouder R. , St John C. H. , "Hot Spots and Blind Spots Geographical Clusters of Firms and Innovation", *Academy of Management Reviews*, 21, 1996.

Richard E. Caves, *Creative Industries*: *Contracts between Art and Commerce*, Cambridge. MA: Harvard University Press, 2000.

Scott, Allen, "The Cultural Economy of Cities", *International Journal of Urban and Regional Research*, 21（2）, 1997.

政府补助、公司性质与文化产业就业[*]

——基于 161 家文化上市公司面板数据的分析

臧志彭^{**}

摘　要：　文章通过对 2011～2013 年 161 家文化产业上市公司的面板数据进行分析时发现，政府补助对文化企业就业既有直接促进效应，又能产生带有滞后性的间接促进效应，但效应强度明显偏弱，且全行业就业贡献率仅为 1.58%。国有文化企业的政府补助就业促进效应在当期和滞后期分别低于其他所有制企业 0.143 个单位和 0.189 个单位，没有表现出所有制优势效应，民营企业调节效应不显著。文化制造行业中政府补助的就业促进效应明显高于文化服务行业；劳动密集型行业产生了显著的正向调节效应，技术密集型行业总体显现正向促进效应，但也产生了明显的挤出效应。文章建议，国家从根本上重视文化产业就业问题，构建与支柱性产业定位相匹配的文化产业就业扶持政策体系，促使文化产业为解决中国就业问题做出更大贡献。

关键词：　文化产业　政府补助　就业扶持　调节效应

---

　*　原文出处，《中国人口科学》2014 年第 5 期，第 57～66 页。
　　基金项目，本文是教育部人文社会科学研究青年基金项目"网络文化产业动态演化与治理机制顶层设计——基于技术与制度协同创新的实证研究"（编号：13YJC860039）的阶段性成果。
**　臧志彭，华东政法大学人文学院讲师。

一 引言

制造业向来是解决就业的主要经济部门，然而，随着高新技术的引入、先进制造业的普及、产业的升级换代，大量的劳动力正逐渐被机器设备"挤出"传统的劳动密集型产业。这部分被"挤出"的劳动力就业问题该如何解决，将是中国今后可能面临的重大问题。实际上，早在二十世纪八九十年代，欧美等发达国家就已面临这一问题，并找到了一条可能的解决路径——大力发展文化产业。欧洲委员会在1998年公开发表的《文化、文化产业与就业》报告中明确指出，文化活动和文化产业是解决欧洲未来就业问题的重要财富。报告显示，20世纪80年代，在总就业量基本不变的情况下，英国文化创意产业就业率增长了34%，法国增长了36%，德国仅1980～1994年就增长了23%。1995年，文化产业就业人口占欧盟15国总就业人口的2%，2002年的这一比例达到2.5%（苑浩，2006）。中国政府在2009年颁布的《文化产业振兴规划》中也明确提出，要充分发挥文化产业在增加就业、推动发展中的重要作用。然而，中国文化产业在解决就业方面贡献率并不高。根据国家统计局和中宣部最新发布的数据分析，2004年，中国文化产业从业人数在全国从业人员总数中仅占1.18%，2008年占1.33%，2012年占1.58%[①]。由此可见，中国文化产业就业空间尚未开启，就业容量增长潜力巨大。

西方学者对政府补助与就业关系问题进行了较多的理论探讨，主要结论分为三类：第一类认为政府补助对就业有正向的促进效应，如Carl（1983）、Jenkins等（2006）的研究；第二类认为政府补助会对就业产生挤出效应，如Harris（1991）的研究；第三类认为政府补助与就业的关系在企业不同的生命周期阶段有着不同的表现，如Colombo等（2013）的研究。此外，一些国外学者关注到文化产业领域的就业问题，并通过实证研究发现，文化产业

---

① 根据《中国文化及相关产业统计年鉴（2013）》数据汇总计算。

就业增长率高于平均就业增长率的情况在多数国家普遍存在（Scott，1997；Pratt，1997；Power，2003；Kloosterman，2004；Mossig，2011），国内学者张晓明（2003）、钱紫华和闫小培（2010）的研究都指出了发展文化产业对扩大就业的积极影响。然而，政府补助对文化产业就业的促进效应究竟是怎样的？这种促进效应在国有企业与民营企业、文化制造业与服务业、劳动密集型行业与技术密集型行业之间是否存在明显的调节效应？这些问题都是政府制定补助政策和就业扶持政策的重要依据，但相关研究至今仍然十分匮乏。鉴于此，本文试图通过对 2011~2013 年 161 家文化产业上市公司的实证分析，并结合文化产业统计数据对上述问题进行解析。

二　理论分析与模型构建

（一）政府补助对文化产业就业促进效应分析

为了引导经济发展与促进就业，无论是发达国家还是发展中国家，政府通常都会采取多种形式的政府补助给企业以经济支持。所谓政府补助是指，"企业从政府无偿取得货币性资产或非货币性资产，但不包括政府作为企业所有者投入的资本"，政府补助的主要形式包括"财政拨款"、"财政贴息"、"税收返还"和"无偿划拨非货币性资产"4 种。按照这 4 种形式，结合政府补助在文化产业中的应用实践，可以将政府补助与文化产业就业之间的关系概括为 3 种效应。

一是直接促进效应。此类效应主要体现在财政拨款上。按照财政部的规定，"财政拨款是政府无偿拨付给企业的资金，通常在拨款时明确规定资金用途"。在中国当前文化体制改革、经营性文化事业单位转企改制的背景下，财政拨款类的政府补助，很大一部分用途是"鼓励企业安置职工就业而给予的奖励款项"[1]。例如，上市公司华数传媒 2013 年"改制员工安置

---

[1] 《财政部关于印发〈企业会计准则——应用指南〉的通知》。

费"政府补助金额达到 447.50 万元①。实际上，政府补助直接用于文化产业就业也是西方发达国家通常采用的策略。英国政府通过长期对文化创意产业的扶持补助政策，使文化创意就业人口占总就业人口的近 20%（熊澄宇，2012）；德国更是明确提出，创造就业岗位是发展文化产业和就业政策制定者的最终标准，在这一标准的推动下，文化产业就业总量几乎是汽车与化学工业的 3 倍②。此外，还有一部分财政拨款用在了文化类企业的就业培训方面。以文化及相关产业上市公司为例，在飞天音响的 2013 年政府补助中，用于职工就业培训补贴的为 16.13 万元；在紫江企业的 2013 年政府补助中，职工培训补贴高达 157.22 万元③。上述政府补助都会对文化产业就业产生直接的促进效应。

二是间接促进效应。在政府财政拨款补助中，除了直接用于安置职工和就业培训的规定用途之外，还有大量资金用于各种文化专项基金、文化项目扶持补贴。例如，百视通在 2013 年收到上海市文化创意产业推进领导小组办公室"促进文化创意产业发展扶持资金"50 万元，其中，用于"基于 OTT 技术的双模电视智能终端研制及运营平台建设"项目的为 48 万元；歌华有线用于"新业务研究及实现"的政府补助经费为 25 万元；大地传媒用于"绘本网上少儿移动全媒体开发读物项目"的政府补助为 100 万元④。虽然上述政府补助的直接目的在于扶持项目，但企业开展新项目必然需要配备相应的人力资源，从而间接促进了文化企业就业岗位的增加和就业人口的增加。

三是混合促进效应。按照目前财政部对于政府补助的规定，只有财政拨款规定了资金用途，而财政贴息和税收返并未规定资金用途。企业在拿到政府的财政贴息和税收返还之后，完全可以根据企业发展需要自行决定如何使

① 华数传媒 2013 年度报告。
② 贝恩德·费瑟尔、迈克尔·松德尔曼：《德国：文化和创意产业发展报告》（http://wzb.mof.gov.cn/pdlb/tszs/201208/t20120809_674364.html），2012 年 8 月 9 日。
③ 相关上市公司 2013 年度报告。
④ 相关上市公司 2013 年度报告。

用补助资金。对于正常经营的企业，通常会将这部分政府补助用于扩大再生产，以谋求更好的发展。在这个过程中，会有一部分资金直接用于招聘与培训新员工，起到直接的就业促进作用；同时，还可能有大量资金用于开展新项目、发展新业务，起到间接的就业促进作用。然而，究竟有多少资金发挥了直接效应，多少资金发挥了间接效应，很难有具体的数据统计，但可以通过定量模型对其进行研究。

综上所述，无论何种形式的政府补助都或多或少会对文化产业就业产生直接或间接的促进效应。但直接效应有多大？间接效应是否存在？其强度如何？Harris（1991）、郭东杰（2012）的研究都指出，公司性质会对政府补助的就业促进效应产生调节效应。那么，这种调节效应在文化领域是否存在？表现如何？本文将通过构建计量模型对其进行实证研究。

（二）模型构建

基于上述理论分析，本文分别构建以下三个计量模型。

模型 1 主要考察政府补助对文化产业就业的直接促进效应和间接促进效应：

$$\text{Employ}_{i,t} = \alpha_0 + \beta_1 \text{Gov}_{i,t} + \beta_2 \text{Gov}_{i,t-1} + \beta_3 \text{Asset}_{i,t} + \lambda 0 \text{Year} + \varepsilon_{i,t} \tag{1}$$

其中，$\text{Employ}_{i,t}$ 表示第 i 家文化企业第 t 年的就业水平，采用上市公司年报中披露的"职工总数"作为反映文化企业就业水平的指标；下标 i 表示公司（$i \in [1, 161]$），下标 t 表示时间（$t \in [2011, 2013]$）；$\text{Gov}_{i,t}$ 表示第 i 家文化企业第 t 年获得的政府补助数额，结合《企业会计准则第 16 号——政府补助》的有关规定，采用上市公司年报披露的"计入当期损益的政府补助"（以下简称"政府补助"）指标；在控制变量方面，$\text{Asset}_{i,t}$ 表示上市公司的总资产，采用上市公司年报披露的"总资产"指标，Year 表示年度波动因素，$\varepsilon_{i,t}$ 表示公司和时间混合差异的随机误差项。

模型 2 主要考察文化企业所有制性质差异产生的调节效应：

$$\begin{aligned} \text{Employ}_{i,t} = {} & \alpha_0 + \beta_1 \text{Gov}_{i,t} + \beta_2 \text{Gov}_{i,t-1} + \beta 3 \text{Own\_k}_{i,t} \times \text{Gov}_{i,t} \\ & + \beta_4 \text{Own\_k}_{i,t} \text{Gov}_{i,t-1} + \beta_5 \text{Asset}_{i,t} + \lambda 0 \text{Year} + \varepsilon_{i,t} \end{aligned} \tag{2}$$

其中，$Own\_k_{i,t}$ 代表调节虚拟变量——上市公司所有制性质类型。目前，中国文化上市公司所有制性质主要包括 5 种：国有文化企业、国有相对控股文化企业、集体文化企业、民营文化企业和中外合资文化企业。因此，k 的对应取值设定为 [1，5]。

模型 3 主要考察文化企业行业属性差异产生的调节效应：

$$Employ_{i,t} = \alpha_0 + \beta_1 Gov_{i,t} + \beta_2 Gov_{i,t-1} + \beta_3 Ind\_m_{i,t} \times Gov_{i,t} \\ + \beta_4 Ind\_m_{i,t} \times Gov_{i,t-1} + \beta_5 Asset_{i,t} + \lambda_0 Year + \varepsilon_{i,t}$$
(3)

其中，$Ind\_m_{i,t}$ 代表调节虚拟变量——上市公司所属行业类型，包括：新闻出版发行服务、广播电视电影服务、文化艺术服务、文化信息传输服务、文化创意和设计服务、文化休闲娱乐服务、工艺美术品的生产、文化产品生产的辅助生产、文化用品的生产、文化专用设备的生产。因此，m 的对应取值设定为 [1，10]。

在数据来源方面，本文主要采用 2011～2013 年沪深 A 股上市公司中的文化及相关产业公司的面板数据进行实证研究。按照年报披露信息中的"所属行业"和"主营构成"，对比国家统计局《文化及相关产业分类 (2012)》的分类标准进行一一筛选，最终得到 161 家文化及相关产业上市公司①。上市公司的各项指标数据全部来自 2011～2013 年上市公司年度报告，所有年报都从中国证监会指定信息披露网站"巨潮资讯网"下载。

三 政府补助对文化产业就业促进效应实证分析

（一）政府补助促进就业的直接与间接效应分析

模型 1 的检验结果（见表 1）表明，当期政府补助对文化产业就业水平产生了正向的促进作用（对应 P 值小于 0.01），但作用效果较弱（系数仅为

① 根据作者统计，2012 和 2013 年，文化及相关产业上市公司数量实际为 171 家，为了满足面板数据结构平行性的要求，这里统一采用 2012 年以前上市的 161 家公司为研究对象。

0.05）。同时发现，一阶滞后的政府补助对文化产业就业水平的正向促进作用在 10% 的显著性水平下得到验证，但正向促进效应仅为 0.038，效应也很弱。上述实证结果表明，政府补助对文化产业就业既有直接促进效应，也有间接促进效应；但无论是直接效应还是间接效应，其效应强度都偏弱。造成政府补助就业促进效应偏弱的主要原因在于国家对文化产业就业问题缺乏足够的重视：一是国家至今未出台文化产业就业方面的专项政策；二是在目前出台的文化产业重要文件中，对就业问题要么避而不谈、要么寥寥几笔带过。不受重视的结果是，2004～2012 年，文化产业从业人数平均每年仅增长 4.82%，对全国就业贡献率仅增长 0.4 个百分点；2012 年，全行业就业贡献率不足 1.6%[①]（见表2），无论是文化产业就业人数增长率还是就业贡献率都远低于西方国家 20 世纪 80 年代水平。就业贡献率越低，国家越不重视，越不重视就越难增长，从而陷入了恶性循环。

表1　模型实证分析结果

变量	模型（随机效应）	
	系数	显著性（P 值）
$Gov_{i,t}$	0.050 ***	0.004
$Gov_{i,t-1}$	0.038 *	0.070
$Asset_{i,t}$	0.004 ***	0.000
Year	-293.239 ***	0.035

注：*、**、*** 分别表示在 10%、5%、1% 水平下显著。

表2　文化产业从业人员情况

	年份		
	2004	2008	2012
文化产业从业人员数（万人）	873.26	1008.22	1209.69
全国从业人员总数（万人）	74264.00	75564.00	76704.00
文化产业从业人员占比（%）	1.18	1.33	1.58

注：由于《中国文化及相关产业统计年鉴（2013）》中未公布 2012 年文化产业从业人员数据，作者根据规模以上文化制造业企业、限额以上文化批发和零售业企业、重点服务业文化企业、非重点服务业文化企业、文化服务业事业单位及文化服务业其他单位年从业人员数汇总计算得到。

---

① 根据《中国文化及相关产业统计年鉴（2013）》公布数据进行统计。

当前中国的就业市场正面临产业结构调整带来的就业结构深度调整的压力，以及城镇化进程加快带来的新增劳动力转移压力及大批高校毕业生就业困难的压力。根据国家统计局的最新界定，文化及相关产业实际上涵盖了10个大类、50个中类和120个小类，涉及众多细分行业和领域，产业扩散效应强、就业容量大、就业形式灵活多样，能够吸纳不同年龄、性别、学历、特长的各类人群就业，文化产业具备解决三重就业压力的战略性就业承载功能。

（二）基于公司所有制性质的调节效应分析

由于样本中"国有相对控股文化企业"、"集体文化企业"和"中外合资文化企业"数量都太少（不足5家），本文主要对具有代表性的国有文化企业和民营文化企业两种所有制性质企业进行实证分析。

1. 国有文化企业没有体现所有制优势效应

当文化企业所有制性质为国有企业（即 Own_ki, t 中 $k=1$）时，调节变量与解释变量及其一阶滞后项的交互项统计性显著，P 值分别为 0.032 和 0.002（见表 3），需要通过回归模型进行进一步分析。根据模型系数进一步计算得到预测模型为：

$$
\begin{aligned}
Employ_{i,t} &= 618606.6 + 0.200Gov_{i,t} + 0.202Gov_{i,t-1} \\
&\quad - 0.143Own\_1_{i,t} \times Gov_{i,t} - 0.189Own\_1_{i,t} \times Gov_{i,t-1} \\
&\quad + 0.004Asset_{i,t} - 306.733Year \\
&= 618606.6 + 0.057Gov_{i,t} + 0.013Gov_{i,t-1} \\
&\quad + 0.004Asset_{i,t} - 306.733Year
\end{aligned}
$$

从上述预测模型的系数可以看出，当文化企业的所有制性质为国有企业时，当期政府补助对企业就业水平具有 0.057 个单位的促进作用，而一阶滞后政府补助也具有 0.013 个单位的促进作用。这种正向作用分别比其他所有制类型的企业低 0.143 个单位和 0.189 个单位。由于所有制优势，国有企业往往能获得较多的政府补助。2011～2013 年，国有文化上市公司获得政府补助是不同所有制性质企业中最高的，占比 70% 以上；2013 年，所获补助总额达到 50.63 亿元，平均每家国有文化企业获得 8438.67 万元，分别是民营文化上市公司的 3.93 倍和 6.28 倍[①]。上述实证结果表明，虽然国有企业在获取政府补助方面具备所有制优势，但没有转化为就业促进效应的优势。

表 3　模型实证检验结果

变量	国有企业		变量	民营企业	
	系数	P 值		系数	P 值
$Gov_{i,t}$	0.200 ***	0.002	$Gov_{i,t}$	0.049 ***	0.006
$Gov_{i,t-1}$	0.202 ***	0.000	$Gov_{i,t-1}$	0.043 **	0.048
$Own\_1_{i,t} \times Gov_{i,t}$	− 0.143 **	0.032	$Own\_4_{i,t} \times Gov_{i,t}$	− 0.012	0.915
$Own\_1_{i,t} \times Gov_{i,t-1}$	− 0.189 ***	0.002	$Own\_4_{i,t} \times Gov_{i,t-1}$	− 0.093	0.307
$Asset_{i,t}$	0.004 ***	0.000	$Asset_{i,t}$	0.004 ***	0.000
Year	− 306.733 **	0.031	Year	− 277.349 **	0.048
_cons	618606.6 **	0.031	_cons	559869.6 **	0.047

注：* 、** 、*** 分别表示在 10%、5%、1% 水平下显著。

2. 民营文化企业所有制劣势效应不明显

当文化企业所有制性质为民营企业（Own_ ki, t 中 k = 4）时，调节变量与解释变量及其一阶滞后项的交互项均为负数，但不显著（见表 3）。这说明，当期和滞后期，政府补助对文化企业就业水平的正向促进作用在民营企业中有负向调节效应，但效应不显著。产生这一结果的原因可能是政府补助力度偏低。实际上，在中国目前的文化就业市场中，民营文化企业是主要的就业载体。根据对《2013 中国文化及相关产业统计年鉴》的公开数据分析发现，2012 年，民营文化企业（包含规模以上制造业企业、限额以上批零企业和重点文化服务企业）从业人数为 207.75 万人，是同期国有企业的 3.54 倍，占全行业就业人数的 44.38%。而且上述数据仅统计了达到一定规模的企业，如果扩展到小微企业，民营文化企业的就业贡献率将更高。然

① 根据 2011~2013 年文化产业上市公司年报进行统计。

而，民营文化企业在获得政府补助方面大大低于国有企业，根据年报数据统计，2012 年，平均每家民营文化上市公司获得 1409.14 万元的政府补助，仅为国有文化上市公司的 19.21%。从全产业就业贡献角度来看，民营文化企业是绝对的主力，其就业贡献率高于国有文化企业 3 倍之多。但从就业贡献率绝对值来看，2011～2013 年，国有文化上市公司每年的就业贡献率均在 63% 以上，3 年的就业率均值达到 63.95%，是民营文化公司的 2.58 倍；从单位企业平均就业人数来看，国有文化上市公司 3 年的平均职工人数为 9521 人，是民营文化公司的 4.23 倍。

（三）行业属性的调节效应分析

不同行业的就业吸纳能力存在着明显不同（黄涛等，2002；郭东杰，2012）。本研究对国家统计局《文化及相关产业分类（2012）》中的 9 个行业门类（不包含第三类"文化艺术服务"，因该行业没有上市公司）进行逐一回归发现，在"文化用品的生产"、"文化专用设备的生产"和"文化休闲娱乐服务"3 个行业中，政府补助的就业促进效应存在显著差异（见表 4）。

1. 劳动密集型文化制造业正向调节效应显著

当 $Ind\_9_{i,t} = 1$ 时，计算得到以下预测模型：

$$\begin{aligned}
Employ_{i,t} &= 370259 - 0.131Gov_{i,t} - 0.063Gov_{i,t-1} + 0.226Ind\_9_{i,t} \times Gov_{i,t} \\
&\quad + 0.122Ind\_9_{i,t} \times Gov_{i,t-1} + 0.004Asset_{i,t} - 183.053Year \\
&= 370259 + 0.095Gov_{i,t} + 0.059Gov_{i,t-1} + 0.004Asset_{i,t} - 183.053Year
\end{aligned}$$

根据模型系数及其显著性可知，在"文化用品的生产"行业中，当期政府补助对企业就业水平的正向促进作用得到显著增强（交互项系数为 0.226，说明高于其他行业 0.226 个单位，综合计算后的复合效应为 0.095）。实际上，根据国家统计局《文化及相关产业分类（2012）》的分类标准，"文化用品的生产"行业包含视听设备（如电视机等）、办公用品、乐器、玩具、文化用纸、文化用油墨颜料、文化用化学品、游艺器材及娱乐用品等的生产制造，是为人们消费文化产品与服务提供物质载体的经济部门，大部分企业属于劳动密集的制造行业。此类行业对就业人员的要求不

表 4 模型实证分析结果

变量		新闻出版	广播电视	文化信息	文化创意	文化休闲	工艺品生产	辅助生产	文化用品生产	专用设备生产
$Gov_{i,t}$		0.048 ***	0.050 ***	0.053 ***	0.049 ***	0.085 ***	0.050 ***	0.050 ****	-0.131 ***	0.053 ***
		(0.007)	(0.004)	(0.003)	(0.005)	(0.000)	(0.004)	(0.005)	(0.000)	(0.002)
$Gov_{i,t-1}$		0.042 *	0.039 *	0.040 *	0.037 *	0.038 *	0.038 *	0.039 *	-0.063	0.512 **
		(0.054)	(0.067)	(0.064)	(0.076)	(0.061)	(0.072)	(0.067)	(0.186)	(0.017)
$Ind\_m_{i,t} \times Gov_{i,t}$		0.074	-0.075	-0.113	-0.921	-0.266 ***	-0.554	0.223	0.226 ***	-0.034
		(0.625)	(0.900)	(0.281)	(0.193)	(0.000)	(0.401)	(0.785)	(0.000)	(0.827)
$Ind\_m_{i,t} \times Gov_{i,t-1}$		-0.039	-0.249	-0.021	-0.365	-0.035	0.257	-0.247	0.122 **	-0.172 *
		(0.724)	(0.620)	(0.851)	(0.499)	(0.951)	(0.806)	(0.644)	(0.017)	(0.069)
$Asset_{i,t}$		0.004 ***	0.004 ***	0.004 ***	0.004 ***	0.004 ***	0.004 ***	0.004 ***	0.004 ***	0.004 ***
		(0.000)	(0.000)	(0.000)	(0.000)	(0.000)	(01000)	(0.000)	(0.000)	(0.000)
Year		-293.821 **	-280.453 **	-286.174 **	-281.773 **	-242.248 *	-283.495 **	-298.648 **	-183.053	-295.004 **
		(0.036)	(0.046)	(0.041)	(0.043)	(0.073)	(0.043)	(0.033)	(0.173)	(0.033)
_cons		592933.7 *	566068.9 **	5775577.7 **	568827.1 **	489036.4 **	572195.8 **	602666.4 **	370259	595352.1 **
		(0.035)	(0.046)	(0.040)	(0.042)	(0.072)	(0.043)	(0.032)	(0.171)	(0.033)

注：*、**、*** 分别表示在10%、5%、1%水平下显著。

高，进入"门槛"比较低。当有政府补助用于扩大就业时，劳动密集型文化企业通常可以在较短时间内招聘到大量符合基本要求的从业人员，因此，政府补助的就业促进效应（特别是在当期）就会得到体现。

2. 技术密集型文化制造业促进效应与挤出效应并存

当 Ind_ 10i，t = 1 时，计算得到以下预测模型：

$$\begin{aligned} Employ_{i,t} &= 595352.1 + 0.053Gov_{i,t} + 0.512Gov_{i,t-1} - 0.034Ind\_10_{i,t} \times Gov_{i,t} \\ &\quad - 0.172Ind\_10_{i,t} \times Gov_{i,t-1} + 0.004Asset_{i,t} - 295.004Year \\ &= 595352.1 + 0.019Gov_{i,t} + 0.340Gov_{i,t-1} + 0.004Asset_{i,t} - 295.004Year \end{aligned}$$

对于"文化专用设备的生产"行业，虽然行业属性与当期政府补助交互项系数不显著，但行业属性与一阶滞后政府补助交互项系数为 -0.172，P值为 0.069，在 10% 的水平下显著，表明行业差异效应主要体现在滞后期。综合计算得到的行业复合效应为 0.340，也就是说，在"文化专用设备的生产"行业，当年每增加 1 个单位的政府补助，会导致下一年度企业就业水平增加 0.340 个单位，而这一水平比其他行业平均低 0.172 个单位，产生了明显的挤出效应。究其原因，"文化专用设备的生产"行业实际上包含了印刷专用设备、广播电视电影专用设备、其他文化专用设备（如幻灯投影设备）的制造细分行业，属于典型的技术密集型行业。根据上市公司年报数据统计，2013 年，该行业的技术研发人员数量占整个文化产业人员数量的27.06%。然而，近 10 年来，中国已面临严峻的"技工荒"：2002～2012年，高级工、技师和高级技师岗位一直供不应求，且差距逐年拉大，平均求人倍率 10 年来分别增长了 54%、78% 和 70%（丁一、吕学静，2013），在这种情况下，政府补助的就业促进效应发挥必然有滞后性。此外，文化与科技融合已经成为文化产业发展的国家战略[①]，"文化专用设备的生产"行业正是履行文化与科技融合战略的典型代表，出现技术替代劳动的情况实属行业发展的必然。

---

① "十八大"报告明确提出要"扎实推进社会主义文化强国建设，增强全民族文化创造活力，促进文化与科技的融合"。

3. 文化服务业负向调节效应明显

根据模型系数计算得到预测模型（当 Ind_ $6_{i,t}$ =1 时）为：

$$
\begin{aligned}
\text{Employ}_{i,t} &= 489036.4 + 0.085\text{Gov}_{i,t} + 0.038\text{Gov}_{i,t-1} - 0.266\text{Ind\_6}_{i,t} \times \text{Gov}_{i,t} \\
&\quad - 0.035\text{Ind\_6}_{i,t} \times \text{Gov}_{i,t-1} + 0.004\text{Asset}_{i,t} - 242.248\text{Year} \\
&= 489036.4 - 0.181\text{Gov}_{i,t} + 0.003\text{Gov}_{i,t-1} + 0.004\text{Asset}_{i,t} - 242.248\text{Year}
\end{aligned}
$$

在"文化休闲娱乐服务"行业，当期政府补助对文化企业就业水平没有起到正向的促进作用，而是产生了 0.181 个单位的负向削弱效应。"文化休闲娱乐服务"行业是典型的文化服务业，此类行业之所以会产生负向调节效应，还是由于其行业特性。以"文化休闲娱乐服务"行业为代表的文化服务业，其就业需求具有明显的短期化、临时性和多样化属性，这些属性导致绝大部分文化服务业企业不愿意或没有足够实力去长期雇工，进而产生了此类行业中普遍存在的非正规用工问题（袁红清、李荔波，2013）。在高昂的人工成本压力下，即使通过政府补助刺激，也很难引导此类文化服务企业改变当前已属行业常态的低成本用工方式，企业可能更倾向于将有限的政府补助用于基础设施改善、仪器设备升级改造维修等非人工投入方面，因此，也就很难产生有效的就业促进效应。

四 主要结论与政策建议

本文通过对 2011～2013 年文化产业上市公司面板数据的调节效应模型分析，检验了政府补助与文化产业就业的关系，得出的主要结论有以下三点。（1）政府补助对文化产业就业水平具有直接促进效应和间接促进效应，但从作用程度来看，目前的促进效应强度偏弱。说明中国文化产业的就业现状与其应有地位相去甚远，且没有受到应有的重视。（2）国有文化企业的政府补助就业促进效应低于其他所有制企业，并没有表现出所有制优势效应。在上市公司层面，国有文化企业是就业主力，而在中小型企业层面，民营文化企业贡献率最高。这一结论表明，在不同企业规模层面，国有和民营文化企业各有其自身的就业承载优势。政府对文化产业的就业补助政策要充分考虑这一因素。（3）政府补助在文化制造行业产生的就业促进效应明显高于文化服务业。在劳动密集型的"文化用品的生产"行业中，政府补助的就业促进效应得到了显著加强；在技术密集型的"文化专用设备的生产"行业中，在总体正向促进效应的同时，也产生了明显的挤出效应；在"文化休闲娱乐服务"行业则产生了一定的负向调节效应。

鉴于上述结论，笔者提出以下三点建议。（1）政府在制定对文化产业的补助扶持政策时，应将政策制定的价值导向与社会效益性政策目标设置其中；同时，要充分发挥政府补助在文化产业总体层面的就业促进效应，建立与文化支柱性产业定位相匹配的就业促进政策，在财政预算中安排专项资金保障文化产业就业政府补助资金的持续稳定来源，并加强对文化企业政府补助就业资金的使用监督和管理，建立政府补助就业效应评估机制，最大化地发挥政府补助对文化企业就业的直接和间接促进效应。（2）对文化企业的政府补助政策需要充分考虑不同所有制企业性质，并结合企业规模因素进行细致考量：一是要构建更加公平的政府补助分配机制，让民营文化企业能够获得与国有文化企业同等的获取政府补助的机会和公平竞争的平台；二是要加快建立国有文化企业现代管理机制，尽快消除转制阵痛，并大幅度提升国有文化企业政府补助的利用效率；三是建立专项政府补助机制，充分发挥民营企业在中小微型企业层面的巨大就业容纳能力优势。此外，还要积极培育市场化的文化就业服务中介机构，解决中小微型文化企业多样化的就业服务需求。（3）政府补助政策应根据文化制造业、文化服务业的不同特点建立有针对性的政府补助就业政策；建立劳动密集型文化制造行业的就业扶持基金，并配套一定比例的职业技术培训资金，以应对产业转型升级的必然趋势；对于技术密集型的文化行业，要注重政府补助对就业的间接促进效应，通过促进企业经营绩效的改善和生产规模的扩大，带动更多就业；要着力加强政府对文化服务行业的就业引导扶持和对用工行为的监督与规范化管理，尝试建立持证上岗制度、就业培训制度、资格认证制度等，逐步将该行业低级、非正规的劳动力市场改造为有序、规范的就业市场。

参考文献

丁一、吕学静，2013，《提高退休年龄与开发高技能老年人才资源：作用机制及制度设计》，《经济学家》第 10 期。

郭东杰，2012，《中国细分行业的就业创造研究》，《中国人口科学》第 3 期。

黄涛等，2002，《中国行业吸纳就业的投入产出分析》，《经济科学》第 1 期。

钱紫华、闫小培，2010，《西方地理学界关于文化产业研究述评》，《人文地理》第 2 期。

熊澄宇，2012，《英国创意产业发展的启示》，《求是》第 7 期。

袁红清、李荔波，2013，《休闲娱乐行业外来女性非正规就业分析》，《管理世界》第 11 期。

苑浩，2006，《全球文化产业发展的最新趋势及政策分析》，《国外社会科学》第 1 期。

张晓明等，2003，《2001～2002 年中国文化产业蓝皮书总报告》，社会科学文献出版社。

Carl H. 1983. *Public Subsidies to Industry：The Case of Sweden and Its Shipbuilding Industry*. World Bank Staff Working Papers.

Colombo，MG.，Giannangeli，S.，Grilli，L. 2013. *Public Subsidies and the Employment Growth of High-tech Start-ups：Assessing the Impact of Selective and Automatic Support Schemes*. Industrial and Corporate Change. 22（5）：1273 – 1314.

Harris，RID. 1991. *The Employment Creation Effects of Factor Subsidies：Some Estimates for Northern Ireland Manufacturing Industry 1955 – 1983*. Journal of Regional Science. 31（1）：49 – 64.

Jenkins J. C.，Leicht K. T.，Jaynes A. 2006. *Do High Technology Policies Work? High Technology Industry Employment Growth in U. S. Metropolitan Areas，1988 – 1998*. Social Forces. 85（1）：267 – 296.

Kloosterman R. C. 2004. *Recent Employment Trends in the Cultural Industries in Amsterdam，Rotterdam，the Hague and Utrecht：A First Exploration*. Tijdschrift Voor Economischeen Sociale Geografie. 95（2）：243 – 252.

Mossig，I. 2011. "*Regional Employment Growth in the Cnltural and Creative Industries in Germany 2003 – 2008*". *European Planning Studies*. 19（6）：967 – 990.

Power D. 2003. *The Nordic "Cultural Industries"：A Cross-national Assessment of the Place of the Cultural Industries in Denmark，Finland，Norway and Sweden*. Geografiska Annaler：Series B，Human Geography. 85（3）：167 – 180.

Pratt A. C. 1997. *The Cultural Industries Production System*：*A Case Study of Employment and Change in Britain*，1984 – 1991. Environment and Planning A. 29（11）：1953 – 1974.

Scott A. J. 1997. *The Cultural Economy of Cities*. International Journal of Urban and Regional Research. 21（2）：323 – 339.

略论文化创意小镇的建设理念与方法[*]

王国华[**]

摘　要： 人类的居住历史及特色城镇的发展历程表明，城镇化的本质是人类生活方式不断提升的过程，也是人类创造力不断发挥的过程。任何宜居、宜业、宜游、宜养的文化创意小镇，必定都具备特色文化、特色产业、特色景观、特色品牌、特色机制、特色运营等功能特征。建设文化创意小镇的目的，不只是为了培育特色产业以发展小镇的经济，还是为了不断提高自我生活品质。城镇化的核心理念是依靠人的创意来不断转变人类的生产与生活方式，提升人类适应自然、征服自然及改造自然的能力。文化创意小镇建设的成功，不在于建设者在城镇特色产业方面的创新，而在于对城镇建设文化理念的创新，以及在这种理念支撑下所构建出的城镇发展价值体系。

关键词： 城镇化　文化创意小镇　城镇价值体系　城乡统筹发展

　　人类最伟大的成就之一，就是在不断缔造着各式各样的特色城镇。特色城镇是人类作为一个具有非凡想象力的物种所缔造的恢宏巨作，它证实了人类具有能够以最深远而持久的方式重塑自然的能力。特色城镇的建造，表达

---

　*　原文出处，《北京联合大学学报》（人文社会科学版）2016 年第 4 期，第 8～16 页。

　**　王国华，北京工业大学文化创意产业研究所所长、教授，首都社会建设与社会管理协同创新中心研究员。

和释放着人类的创造性欲望。全球公认的未来学家和城市问题研究权威、美国当代著名学者乔尔·科特金说过："城市的演进，展现了人类从草莽未辟的蒙昧状态繁衍扩展到全世界的历程。城市也代表着人类不再依赖自然的恩赐，而是另起炉灶，试图构建一个新的、可操控的秩序。"①

"城市"与"城镇"两个词在今天的社会里往往被人们混合互用，人们常说的"城市化""城镇化"（urbanization/urbanisation）两词，所表达的意思相差不大，都是指一个国家或地区从以农业为主的传统乡村型社会向以非农产业为主的现代城市型社会转变的历史过程。似乎大多数中国人都清楚，"城市"的概念要比"城镇"的概念在规模、范围、建制、格局等方面略微大一些。同时，当代中国人普遍认为，城镇的生产与生活方式要优于传统农村的生产与生活方式。

毋庸置疑，当今中国依然存在着较为明显的城乡差别和地区差别，这也是改革开放以来中国政府坚定不移地推进城镇化战略、倡导城乡统筹发展的主要原因。不同国家和地区的历史文化差异及制度差异，导致城镇化的道路丰富多样且千差万别。在我国30多年的城镇化过程中，社会经济发展既取得了巨大成就，也遇到了巨大挑战，尤其是以获取经济利益为目标、以城镇硬件建设为手段、以大量拆迁农村居民点而获取商业用地和房地产用地为营利方法的所谓"房地产开发模式"的"城镇化"，受到了全社会的质疑与阻止。

如何深入推进国家新型城镇化战略？如何创新城镇化发展模式？如何缩小城乡差别、实现城乡统筹发展？如何将特色小镇建设变成"创新、协调、绿色、开放、共享"发展的重要功能平台？对此，当代中国的城镇建设者们做出了许多卓越探索，取得了令人瞩目的成就。例如，近几年浙江省的特色小镇建设，为我国新型城镇化建设提供了全新的路径。本文拟从中外特色城镇建设与发展的历史沿革入手，通过分析与总结中外各类特色城镇在创意设计、规划建设以及管理运营方面的特征，力求探索出一种独特的创建文化创意小镇的方法和路径。

---

① 乔尔·科特金：《全球城市史》，社会科学文献出版社，2010，第11页。

一 历史传承与现实创新

人类在漫长的城镇建设历程中，创造了许多风格各异的特色城镇。有的以产业特色鲜明而著称（如世界香水之都——法国的格拉斯小镇）；有的以建筑风格独特而闻名（如美国新墨西哥州的圣塔菲小镇）；有的则以文化名人聚集而瞩目（如江西婺源）；有的以特殊的地理位置而显赫（如新疆的吐鲁番镇）；有的以独特的文化氛围而享誉世界（如云南丽江）。不同的小镇有不同的特质，而本文所论述的文化创意小镇则是以个人独特的创意为核心资源，以社会经济发展的高端要素聚合为显著特征，集特色文化、特色产业、特色景观、特色品牌、特色机制及特色运营等功能特征为一体，具有突出的宜居、宜业、宜游、宜养功能的特色小镇。

"特色小镇"是一个综合概念，前浙江省省长李强认为："特色小镇是浙江特色产业、新型城市化与'两美浙江'建设碰撞在一起的产物，既非以业兴城，也非以城兴业；既非行政概念，也非工业园区概念……是要在有限的空间里充分融合特色小镇的产业功能、旅游功能、文化功能、社区功能，在构筑产业生态圈的同时，形成令人向往的优美风景、宜居环境和创业氛围。"[①] 理论界认为：特色小镇是相对独立于市区，具有明确产业定位、文化内涵、旅游功能、社区特征的发展空间载体。它被赋予了全新的时代内涵和浙江特色，不是行政区划单元的"镇"，而是产业发展的载体；也不是传统工业园区或旅游功能区的"区"，而是同业企业协同创新、合作共赢的企业社区；更不是政府大包大揽的行政平台，而是以企业为主体、市场化运作、空间边界明确的创新创业空间。[②] 文化创意小镇是被包含在"特色小镇"范围内的，是在特色小镇的基础上以文化创意为可持续发展核心资源

---

① 李强：《特色小镇是浙江创新发展的战略选择》，《今日浙江》2015 年第 24 期。

② 郭远祥：《浙江特色小镇建设经验启示》，http：//mp. weixin. qq. com/s? _ _ biz = MzA3ODA1MzMwNw = = &mid = 2650471633&idx = 2&sn = 0d67f919eb98d b2f465ac3bcd3b2b589&scene = 1&srcid = 0830J3ovaAmrA1mZXiqJBMEn#rd〕。

的全新的创新创业综合平台。它从文化创意的角度，赋予了小镇更多的文化创意特色和城镇价值体系的丰富内涵。可以认为，文化创意小镇都是特色小镇，但不是所有的特色小镇都是文化创意小镇。

文化创意小镇的基础是"特色小镇"，但文化创意小镇的建设以小镇的文化特征挖掘和价值体系构建为核心，加以现代化的文化创意及内容设计，既保留小城小镇的历史文脉和文化基因，又衍生出现代城镇的时尚特点和流行思潮。文化创意小镇是融合特色文化、特色产业、特色景观、特色品牌、特色管理、特色运营于一体的创新创意空间。

由此可见，文化创意小镇集合了文化传承、文化品格、文化产业、文化服务和文化主体等多项功能，是一条传承历史文化、充满人文情怀，并能创造新产业、新就业、新价值的建设发展之路。大力倡导对文化创意小镇的建设，是实施国家新型城镇化战略的一种新举措，也是提升小城小镇品牌形象和核心竞争力的重要手段。

文化创意小镇该如何建设？这是一个既简单又复杂的问题。说它简单，是因为我们有太多的城镇建设样本与历史经验可供借鉴，依照某一种城镇建设模式，可以很快建设出一个新的城镇。说它复杂，是因为任何一个特色小镇都涉及社会生活的方方面面。中国工程院院士、发展中国家科学院院士、浙江省农业科学院院长陈剑平认为，特色小镇建设要处理好八大关系：历史与未来的关系；传统农民与职业农民的关系；生产与生活的关系；样板展示与辐射带动的关系；基础研究与应用推广的关系；农业与信息化交融的关系；生态平衡与效益最大化的关系；租售比例与复合运营的关系，即商业模式的关系。①

现代城镇之间的竞争越来越激烈，任何一个简单的模仿都会成为将来城镇发展的致命障碍。因为每一个城镇都是一个独特的生命个体，它有独特的生命之源、独特的地理与人文环境、独特的地脉与文脉、独特的经济方式和生活方式。这一切都说明文化创意小镇的建设不是一个简单的模仿建设问

---

① 陈剑平：《特色小镇应是五生融合的共同体》，《温州日报》2016 年 8 月 16 日。

题，而是一个既要传承前人宝贵经验又要开拓创新的艰难探索。

乔尔·科特金在他的新著《全球城市史》中，对中国城镇发展和世界城镇的未来走向进行过卓有远见的论述。他从宗教根源以及远古中石器时代城郭如何形成与发展的角度入手，探索了古代印度和中国古代集镇的起源，并由此分析"正统城市"如何发展到今天的"后工业化城市"和理想的"郊区化城市"，让我们深切地体验了一次"穿越城市时空隧道的奇妙旅行"。科特金用"神圣、安全、繁忙"6个字，简洁而深刻地总结了世界上能够持续发展的成功城市所拥有的共同规律。

从全球城市发展进程的视角来看，文化创意小镇的建设，正是在力图构建一个全新的、可以操控的城镇秩序，这种努力和畅想也是历代城市建设者对"理想城市"模式探讨的一种延续。从"乌托邦"城市到19世纪末的"理想城市"和20世纪的"田园城市"，再到今天大力倡导的"特色小镇"及文化创意小镇，人类一系列的理论主张与城镇建设实践，都是在探索如何使现代城镇在空间上、秩序上、精神生活和物质生活上维持平衡与和谐。因此，关于文化创意小镇建设的倡导得到了当下众多专家学者的赞同与支持，也引起了学术界的热烈讨论。

我们并不缺乏城镇建设的经验。众所周知，人类具有漫长的建城历史，目前看来，最清晰的人类早期城市聚落的建设实践和古城遗址的历史记载大约可以追溯到五六千年前的美索不达米亚（又称两河流域）。苏美尔人是古代两河流域文明的先驱者，也是人类城市建设的最早实践者，"乌尔"是古代两河流域南部的一个苏美尔人城邦，乌尔始建于公元前30世纪上半叶，大约在公元前2006年，埃兰、古提（库提）人和苏巴里（Subari）人联合击灭乌尔。其他较有名的苏美尔人城邦有埃利都、基什、拉格什、乌鲁克和尼普尔。中国的建城历史早在公元前30世纪就已经开始了，在河南省登封市发掘出的夏朝都城遗址，已经出现了十分完备的城市下水道系统。在公元前1600～前1046年的商周时期，我们的祖先已经建设了许多城邦，那个时期的城市建设与国家政权的演进常常被自觉或不自觉地联系在一起。被誉为"中国20世纪100项考古大发现"之首的河南安阳殷墟，证明了中国的城市建设早在四五千年前就已经十分成熟，殷墟的城市面积达 24 平方公里，比苏美尔人建设的"乌尔"古城（占地 150 英亩）要庞大得多。殷墟于 2006 年 7 月被联合国"世界文化遗产"名录收录，说明了"盘庚迁都于殷"这个历史传说的真实性。殷墟的发现，客观地再现了这个在当时看来是如此浩大的都城建设工程的磅礴气势，也生动形象地体现了中国古人建设城池的独特理念。

我们也不缺乏城市发展过程中的种种范式的引导。从远古乌尔城邦到拜占庭和中东的伊斯兰城市；从中世纪的欧洲威尼斯商业城市到 16 世纪伦敦、纽约等工业帝国城市的崛起；以及近代的理想田园城市和今天的生态城市、数字化城市、文化创意小镇等，可供我们选择的城市模式非常多。

通过对人类城镇发展历史的梳理，我们能够清晰地认识到，城镇化的本质是人类生活方式不断提升的过程，也是人类创造力不断发挥的过程。任何宜居、宜业、宜游、宜养的文化创意小镇，必定都具备其特色文化、特色产业、特色景观、特色体验、特色品牌和特色运营。文化创意小镇建设的目的，不只是为了培育特色产业以发展小镇的经济，还是为了不断提高生活品质。城镇化的核心理念是依靠人的创意来不断改变人类的生产与生活方式，提升人类适应自然、征服自然及改造自然的能力。文化创意小镇建设的成功，不在于建设者在城镇特色产业方面的创新，而在于对城镇建设文化理念的创新，以及在这种理念支撑下所构建出的城镇发展价值体系。

如何设计、规划、建设与管理文化创意小镇，是一项艰巨而又具有创新意义的工作。

二 立足本土与对标国际

它山之石，可以攻玉。立足本土文化，对标国际经典小镇，分析总结其发展规律，对于我们建设文化创意小镇有着积极的借鉴意义。

首先，我们来分析位于英国英格兰东北部乌兹河畔的约克小镇。它留给世人最深刻的景观印象是著名的约克大教堂、克利福德塔、中世纪城墙以及谢姆伯街。约克小镇的规划特点有以下几方面：在地理区位上，它地处伦敦到爱丁堡的中心，是连接南北的交通枢纽；在交通设计方面，它以古城区作为中心原点呈放射网状发展交通路网，交通十分便利，西北—东南向的乌斯河成为其水上景观的通道；在空间结构方面，乌斯河缓缓穿过小镇，以古城及地标教堂为中心，街道狭仄多弯，保持着中世纪的格局，小镇建筑与花园植被相邻，呈现建筑与景观的呼应；在小镇功能培育方面，约克小镇有许多商业和服务设施，具备宜游、宜居、宜养等功能，属于历史体验型旅游目的地；在小镇形象方面，约克小镇典雅古朴、文化底蕴深厚，是英国历史的一面镜子，具有地标特征。

其次，我们来分析意大利西北地区的波托菲诺小镇。该镇因"原始""宁静"的风格而闻名，是意大利著名的旅游景区。波托菲诺小镇给人印象最突出的是：建筑错落有致、面朝大海且色彩斑斓。该镇的规划特点有以下几点：在区位选择上，小镇面临大海，把海景资源运用得淋漓尽致；在交通设计上，曲折蜿蜒的临海道路和水上交通成为让游人难忘的景致；在小镇空间结构方面，商业中心与宁静的小村融为一体，海景与山景各显特色；在功能培育方面，商业与休闲设施齐全，海边的面包店、咖啡馆营造了艺术氛围浓郁的休闲空间；在小镇形象的打造上，"诗意盎然而又原始宁静"成为游人对波托菲诺的印象。

再次，我们分析一下美国的圣塔芭芭拉小镇。地处美国加州太平洋岸洛杉矶西北部约130公里处的圣塔芭芭拉，是一个具有典型西班牙风格的滨海小镇。它的标志性建筑是圣塔芭芭拉使命教堂和县法院。该镇红瓦白墙的西班牙风格建筑，背靠大山、面朝大海的小镇格局，使人记忆深刻。小镇在区位选择上，充分运用海景与半盆地地形结构，营造出悠闲惬意的生活氛围；在交通方面，充分利用山形与海景交汇的地貌特征安排交通，使得整个交通线路都是景观道路；在空间布局上，整个小镇疏朗而紧凑，街道设计给人舒缓轻松之感；在功能培育上，海滨公园、各类美术馆和博物馆汇集于此，适宜旅游休闲和艺术体验。圣塔芭芭拉小镇给游人的印象是自在悠闲的梦幻空间，这里是大学生最青睐的旅游目的地。

最后，再来分析日本的特色小镇。位于日本冈山县西部的高粱小镇，带有典型的东方民族风格。该镇的备中松山城、赖久寺、吹屋、磐窟溪、磐窟洞、鹤首城等著名景点使游人记忆深刻。高粱小镇的规划特点有以下几点。所在区位：高粱市是位于日本冈山县西部的城市，与广岛县接壤；交通设计：高粱川作为主要水路，博备线铁路从北至南穿过小镇；空间结构：位于高粱川流域旁的一块三面环山的盆地之中，结构随地势蔓延，整体呈南北走向，街道呈网格状；功能培育：文化旅游、养生休闲；小镇突出形象：安逸平静，可以长久地驻留欣赏。

梳理国际上的这些著名小镇，我们可以看到，它们普遍具备以下六个特征。（1）几乎所有小镇都是名家、名匠、名流们的得意之作，都经历了长久的构思、酝酿与精心的规划，并多方借鉴前人造城建镇的经验。（2）建筑风格千姿百态，人类社会各个历史时期的特色建筑琳琅满目，如古希腊式的、古罗马式的、巴洛克式的、拜占庭式的、哥特式的，给人视觉上的强烈冲击力和思维上的启示力；小镇的街巷建设精致而典雅，虽然风格各异，但大都诗意盎然、曲折有致，给人以深厚的历史感。（3）小镇规划格局均匀适中，教堂和服务设施等公共空间往往位于小镇中心位置，它们与私人空间相互呼应、布局合理。欧洲小镇的建筑制高点大多是教堂，文化精神建筑是小镇的核心。（4）完备的设施配套与社区服务。各种公共设施、商业娱乐设施、文化设施、市政配套与社区配套互补，功能齐全。（5）本真的生活形态的营造。小镇的平和、朴实、恬淡宁静形成了和谐、高雅的生活格调，浓郁的生活气息是这些小镇最吸引人的地方。（6）丰富多彩的活动。几乎所有的特色小镇都创造了自身独特而悠久的节庆与风俗活动，使得小镇居民有着发挥自我创意的空间、平台和吸引游客的产业空间，在旅游经济不断发展、衍生产品不断涌现的同时，也给游人增添了无尽的乐趣。

我们建设文化创意小镇，既要对标国际，借鉴国际通行的经验，也要立足地域特色，发挥民族文化优势。近年来，国内掀起了建设特色小镇的热潮，其中浙江省走在全国的前列，形成了一整套发展理念和模式。下文通过比较分析这些特色小镇独特的发展思路和管理办法，为我们创建文化创意小镇提供借鉴。

一、艺尚小镇，位于杭州余杭区临平新城核心区。它以时尚产业为主导，把推进国际化、体现文化特色与加强互联网应用相结合作为小镇的主要定位特色。规划形成"一心两轴两街"的基本格局，"一心"为小镇的形象之心、交通之心、功能之心，"两轴"为沿海快速路及其延伸段形成的山水文化轴和沿迎宾路形成的产城融合轴。

二、梦想小镇，位于杭州未来科技城，临近西溪湿地，拥有仓前粮仓、太炎故居等极具人文气息的历史遗迹，是浙江省、杭州市、余杭区三级重点培育的创新创业综合服务平台，致力于打造众创空间的新样板、特色小镇的新范式和信息经济的新增长点，成为世界级的互联网创业高地。梦想小镇定位于"互联网创业小镇"和"天使小镇"双镇融合发展。

三、青瓷小镇，位于浙江龙泉市。它以上垟镇龙泉瓷厂旧址为核心，整合周边资源，深入挖掘龙泉青瓷文化内涵，建设成为开放式、生态化的人文景区。青瓷文化园是青瓷小镇项目的核心。目前，该镇建设了披云青瓷文化园、龙泉古窑青瓷博物馆、青瓷研究所、"青瓷寻踪"等游览观光景点。该镇在规划方面的特点如下：在规划区位方面，以古窑旧址为创意生发基点，以古窑文化为资源挖掘基础；在交通规划方面，以53省道为主路线，道路以北多有路径分支；在空间结构方面，省道两侧均是山峦地形，村落依地势平缓处而居，成条状分布；在小镇功能方面，定位于文化旅游、休闲体验、寓教于乐；小镇的形象定位是青瓷之都。

四、良渚文化村，位于杭州余杭区。良渚地区是著名的良渚文化的发祥地。良渚小镇目前已经建有良渚文化村、美丽洲公园、良渚文化博物馆、良渚国家考古遗址公园、良渚风情街、良渚教堂等特色景点。该镇的区位特色：位于余杭中部，南邻仓前、余杭两镇，北与湖州隔溪相望，西连瓶窑镇；交通特征：104国道、杭州绕城高速、杭宁高速、宣杭铁路贯穿其中，东苕溪与东西大道横贯全境，东部京杭大运河南北穿行而过，东西南北形成了公路、铁路、水路交通体系；空间结构：是余杭区中部中心城镇、杭州市"一主三副六组团"总体规划中"良渚组团"的核心。良渚文化村的核心构架是"二轴二心三区七片"；功能定位是宜居、适合节日旅行及创业；形象定位是集文化基石、创意产业于一体的宜居环境。

通过对上述几个浙江省特色小镇的分析，我们可以大致归纳出它们的三个基本特征。（1）强调小镇特色产业的选择与再造。正如李强省长所言，这些小镇在产业选择方面，十分注重产业的转型升级，"特色小镇必须定位于最有基础、最有特色、最具潜力的主导产业，也就是聚焦支撑浙江长远发展的信息经济、环保、健康、旅游、时尚、金融、高端装备七大产业，以及茶叶、丝绸、黄酒、中药、木雕、根雕、石刻、文房、青瓷、宝剑等历史经典产业，通过产业结构的高端化推动浙江制造供给能力的提升，通过发展载体的升级推动历史经典产业焕发青春、再创优势"。[①]（2）强调小镇的规划，注重生产、生活、生态三方面的融合与共生。大多数小镇都有着各类规划，并依照"多规合一"的方式找准小镇的特色定位。政府发文要求，特色小镇要按照3A级旅游景区标准进行规划建设，旅游小镇要按照5A级景区进行规划建设。（3）注重小镇建设的"制度创新"。政府建立了一系列标准具体、奖惩分明的措施；在服务上突出"定制"；在市场主体登记、审批流程再造等方面，追求效率的最大化。

通过对上述案例的分析，我们可以归纳出构建文化创意小镇所必备的条件与要素（见图1）。

三　城镇形态与价值体系

城镇形态是看得见、摸得着、走得进的有形可感的城镇物理形态，而支撑着这些城镇形态特征的却是看不见、摸不着的城镇价值体系。我们常常说，一座美丽的城镇往往是"看得见的城镇风光与看不见的城镇建设'价值体系'的完美契合"，"价值体系是一个民族在一定时代、一定社会中形成和发展起来的，是一定社会、民族在一定时代社会意识的集中反映。价值

---

① 李强：《特色小镇是浙江创新发展的战略选择》，《今日浙江》2015年第24期。

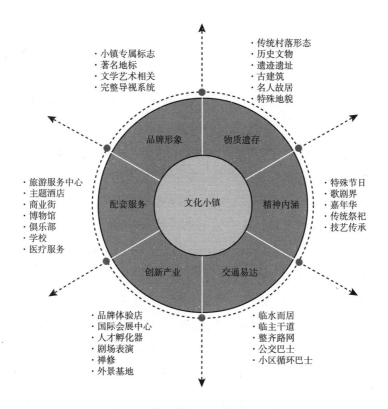

图1　文化小镇的必备条件与要素

体系是一个整体系统，包含着丰富的内容和诸多要素，如指导思想、理想、信仰、信念、价值取向、价值评价等"①。

　　城镇价值体系是指在城市规划、建设、运营与发展过程中，城市决策者与全体市民所认同的城市建设指导思想、理想、信仰、信念、价值取向、价值评价等整体理论系统。在某种程度上，它是城市精神的核心灵魂，是城市形象的内在支撑，是城市发展的核心要素。

　　城市的诞生与发展，既有着共同的、普遍性的城市建设的价值认同，也有着千差万别的新旧城市价值体系的冲突。由于城市统治者的更替和

---

① 王国华：《文化产业发展与社会价值取向》，《北京联合大学学报》（人文社会科学版）2015年第2期。

城市环境的变化，不同地域、不同民族、不同所有制的城市价值体系也在不断发生着变化。传统城市价值观念会不断地受到新的城市价值观的挑战，这种价值冲突的结果导致了人类对未来城市发展的不同理解与憧憬。正因为这些不同城市价值体系的建立，才有了无数形态各异的城市聚落。

无论是两河流域的苏美尔人创建的"乌尔"古城，还是东方华夏民族创造的嵩山夏都，以及"盘庚迁都于殷"的中国商代殷墟古都；无论是欧洲罗马帝国城市，还是中世纪的威尼斯商业城市；无论是中国唐代政治中心长安，还是近代的伦敦、纽约等工业城市，以及当前以洛杉矶、圣荷塞硅谷为代表的现代数字化城市，由于其价值体系的共同性，人类城市的发展具有相同特征。乔尔·科特金把城市概括为"神圣、安全、繁忙之地"。他用简洁的6个字——"神圣、安全、繁忙"来归纳世界著名城市持续发展的根本原因。他认为，世界名城都必须具备精神、政治、经济（即神圣、安全、繁忙）这三个方面的特质，三者互为关联、缺一不可。所谓"神圣"，主要是指精神层面要有公认的道德操守约束和城市精神的价值认同；所谓"安全"，是指一个城市必须具备一个强有力的安全机制，并能给它的市民带来实际意义的安全感和心理上的堡垒印象；所谓"繁忙"，是指城市永远保持着"有活力的经济"，商业市场完善，城市的中产阶级发展成熟。

那些遵循并秉持着"神圣""安全""繁忙"特性的城市，一直在源源不断地吸引着无数农村人口，这在客观上促使城市的规模越来越大、城市的文化越来越复杂和多元化。在当前中国的城市化进程中，有一种值得警惕的倾向就是：城市体量越建越大、楼房越盖越高、空气污染越来越严重、交通越来越堵，由此引发的"大城市病"（资源短缺、环境污染、空间冲突、文化摩擦）越来越突出。因此，人们渴望有类似文化创意小镇的城镇形态来解决日益严重的"大城市病"，以提升城镇化的价值。

正因为人类城市在发展进程中所面临的人与自然、人与人、精神与物质之间各种关系的挑战，人们才不断地创新着自己的生活方式，以应对这些严峻的挑战。① 为此，人们一直在不懈地探寻着"城市，如何让生活更美好"的路径与方式。

人们不断变化的价值取向，带来了对城市形态的不同认识与选择。美国城市研究专家凯文·林奇在他的《城市形态》一书里，对古往今来的城市形态模式做了归纳与总结。他认为，迄今为止的世界城市形态有以下九种模式。（1）放射性或星形城市，如华盛顿、哥本哈根。（2）卫星城，以霍华德《未来的花园城市》为理论代表，如英国的韦林花园城。（3）线性城市，如波兰华沙。（4）棋盘形城市，如英格兰的米尔顿凯恩斯。（5）格状城市，如印度新德里。（6）巴洛克轴线系统式，如华盛顿特区。（7）花边式城市。（8）内敛式城市，如摩洛哥的菲茨城。（9）巢状城市，如宗教中心马都拉。② 尽管在这些城市形态中，有的在城市发展史上只是昙花一现，有的虽具有漫长的历史，但难以判断它们是否能够在未来的城市建设中占有一席之地，但是，人类的探索永远在创造着新的文明与新的城市模式。

总之，这些新的、不同的城市形态出现的根本原因是，城市价值体系的不同促使人们不断地创造新的城市建设形态。一方面，城市的建设形态决定着人们的生活方式；另一方面，人们的价值观念不断地改变着人们的生活方式，也改变着城市的建设形态。从这个意义上来看，文化创意小镇的城镇价值体系建设将决定城镇形态的选择。

四 规划目标与建设路径

文化创意小镇建设是一个纷繁复杂的系统工程，它涉及小镇的地理、历史、文化、社会、经济、景观、风俗、生态等方面。因此，小镇的规划创意带有显著的跨界性、融合性、关联性与交叉性。可以肯定，一个好的文化创意小镇规划是对被规划对象所进行的深刻的理念创新、资源创新、方法创新

---

① 理查德·瑞吉斯特：《生态城市——重建与自然平衡的城市》，社会科学文献出版社，2010。

② 凯文·林奇：《城市形态》，华夏出版社，2001。

和经营创新的过程，也是规划者与被规划者双方相互认知、相互合作、相互博弈的过程。

所谓"理念创新"，是指对城镇"建设宗旨、建设目的以及建设价值"的深刻、独特而精准的认知。文化创意小镇建设不仅是为了发展小镇经济，更重要的是提升小镇居民的生活品质，让小镇居民更快乐、更自信、更幸福。要实现这个目标，就要着力挖掘小镇的历史文化资源、充分调动每个居民的创造激情。

所谓"资源创新"，是指运用全新的资源观寻找并挖掘小镇可持续发展的动力。传统资源观认为，小镇的重要资源是它的"土地""空间""自然景观""廉价的劳动力"等，过去的很多房地产开发商往往打着"建设社会主义新农村"的名义圈地盖房，以农村廉价的土地赚得高昂的房地产利润。在移动互联网时代，传统的资源观显然过时了，小镇最重要的资源是它独特的"淳朴居民""地域文化""乡土风情"，以及它"所在的地段优势"和"空间规划权"的获取。文化创意小镇的规划者应当看到，今天的社会经济发展动力已从过去的"土地""资金""廉价劳动力"转向"创意""信息""科技""管理模式"。依靠"盖房子""卖钱""发财"的时代已经过去了，今天文化创意小镇的重要资源是"文人""文脉""文创"。

所谓"方法创新"，是指规划者应当不断吸收人类最先进的规划方法，既要充分运用传统的田野调查等实证方法，也要借鉴最新的网络数字技术，如 VR 技术（虚拟现实技术）、GS 技术等，使文化创意小镇规划更具有立体性、可感性及交互平台性。方法创新还在于规划者应当跳出传统的乡镇规划思维，把小镇的物理空间与精神空间融合在一起，"善于将特定乡村的历史文化底蕴、独特的地域风情与现代旅游者的时尚需求结合起来。在保持乡村地方文化本真性的同时，以现代的网络文化、数字技术等最时尚的工具来创造精神符号产品、设计时尚生活方式、传播乡村文化特色。这就要求规划者必须关注本领域的科技发展动态，了解本领域最前沿的科技信息，并且能够及时、主动地将大众所向往的科学技术应用到特定乡村的具体项目经营中，以获取最优的商机和最大份额的市场空间"。

所谓"管理创新"，是指规划者应当描绘出一整套文化创意小镇的经营管理系统。"经营管理系统"主要包括该小镇文化资源的挖掘路径、产业发展的商业模式、营销手段和品牌传播路径。特色小镇类似一个主题公园，美国迪士尼的成功，与他们独特的经营管理模式密不可分。迪士尼的核心经营模式可以简单地概括为"摇钱树"模式，就是"在一段时间内，在不同地域、不同媒体平台上创造有价值的角色，比如旧的米老鼠和新的蝙蝠侠等，通过自己创作或者收购的强大内容创作团队的出色作品和多种宣传渠道将角色塑造得深入人心以获得大量忠实粉丝，将摇钱树的表现平台延伸到新的领域。迪士尼把核心角色做到极致，再把它的衍生品乘以 100 倍，反映到商业上就是一次投入有多处产出，这种商业模式的创新是每个企业梦寐以求的目标"。

从国内外文化创意小镇的建设实践来看，文化创意小镇的建设路径大致可以分为"小镇整体规划"（包括小镇文化资源定位、小镇产业定位与目标客群确定、小镇经营管理团队组建、小镇运营模式、小镇核心竞争力培育等），"小镇规划实施"，"小镇运营管理"等基本步骤。在这几个步骤里，最关键的是小镇整体规划。

在改革开放近四十年的城镇化过程中，我们没有创造出一批具有世界知名度的文化创意小镇，绝大多数新建的旅游小镇缺乏持久的吸引力；既没有创造出知名的品牌，也没有震撼人心的、让游客怦然心动的创意产品，很多旅游小镇"有产品、无产业"，"有产业、无品牌"，"有品牌、无市场"，究其原因，是缺乏好的规划及切实的贯彻实施。

如何做好一个文化创意小镇的规划是个仁者见仁、智者见智的问题，我们认为，做好小镇的特色文化、特色产业、特色景观、特色品牌、特色机制、特色运营等方面的创新设计，是文化创意小镇建设成功的关键。

一是小镇特色文化的规划与设计。要从地方志、教科书、人们的口头传说，特色小镇的建筑、景物风光、风俗风情，以及各种文化遗存中寻找最有代表性的文化元素，并要结合现代时尚，把本土文化的"原真性"与现代时尚元素结合起来，使小镇的文化元素既有本土性，又有时尚性。

二是特色产业的选择与整合。产业选择决定着小镇的未来，特色是小镇的核心元素，产业特色是重中之重。文化创意小镇属于块状经济，特征是具有面广量大的中小企业，这是实现创新的基础和主体。文化创意小镇在产业定位上力求"特而新"。浙江省在创建特色小镇过程中的产业选择理念值得借鉴。他们紧扣信息、环保、健康、旅游、时尚、金融、高端装备制造等相关产业，主攻最有基础、最具优势的特色产业。

三是特色景观的创新设计。文化创意小镇在建设形态上应力求"精而美"，而不是"大而广"，力求做到"一镇一风格"，建设"高颜值"小镇。从小镇功能定位出发，强化建筑风格的个性设计，让传统与现代、历史与时尚、自然与人文完美结合。文化创意小镇在景观创意上应突出"特"与"色"，要把握好以下三个方面。(1)着力保护小镇的文化基因。小镇的文化传统和文化因素是建设文化创意小镇的基础。要突出保护性利用，保护前人留下的文化遗产及非物质文化遗产，通过保护和传承小镇的文化遗产，打造出符合时代要求、地区文化的小镇精神，对外树立小镇形象，对内凝聚小镇人心。(2)着力体现独具特色的空间秩序。我国古代的城市建设蕴藏着丰富且智慧的思想观念、理论原则和技术方法。在我国周代时期就形成了营城制度，把城邑总体布局纳入礼制轨道，形成了独特的空间布局，秩序浑然天成。文化创意小镇的建设，在建筑布局设计上，要更加注重统筹自然和生活，更加注重统筹功能和资源，更加注重统筹风貌和文化，在空间排列设计上形成独具特色的秩序感。(3)着力体现建筑体系的生命张力。城市建筑承载着人类社会文明进步的历史。文化创意小镇的建筑设计要着力突出走近文化、走近传统两大主题，在满足功能需求的同时，更加注重体现特色，通过系列建筑特色奠定城市风貌的底色、托起城市的品位。

四是特色品牌创建与传播。特色品牌创建是文化创意小镇的内涵体现。实施"特色小镇＋"品牌打造行动，通过多要素集成、多功能融合、多业态聚合，搭建以城带乡、城乡互动的有效载体，构建在小城镇也有大作为的创新创业平台，激发市场活力和社会创造力。比如，以"＋互联网"快速缩小城乡差距，以"＋民俗"留住历史、留住乡愁，以"＋旅游"满足城市对乡村旅游的有效需求，以"＋美丽乡村"切实改善农村生产生活条件，等等。

文化创意小镇的品牌传播要站在全球化的高度，本着"本土元素、国际表达"和"中国特色、世界传播"的理念展开品牌表达。要充分运用现代网络技术塑造小镇形象，尤其是要不断创新传播媒介、不断发掘新的传媒对象，创造不同文化之间"无缝沟通"的功能。

五是特色管理机制的确立。特色管理机制是建设文化创意小镇的重要支撑。文化创意小镇既要突出其特色，也要有与其特色相匹配的特色管理机制，从区域功能、区域环境等硬条件，到区域服务、区域秩序等软条件，共同建立起文化创意小镇的治理体系，让小镇的原住民有自信心、自豪感，让外来人员对其向往。

六是小镇运营模式的创新。特色运行模式是现代企业和机构可持续发展的关键。运营模式在本质上是一种实力的体现。必须本着"开放共享""跨界融合""互联互通"的理念，将发达国家的公共服务管理经验及企业的先进运营模式融入文化创意小镇的管理进程中。搭建更多的创新创业平台，让有志于特色城镇建设的各类人才聚集到这个创意平台上，使他们的才艺得到淋漓尽致的发挥。

发达国家城镇发展的成功经验证明，现阶段城镇之间的竞争已由城镇经济地位和基础设施的竞争向城镇文化精神的竞争发展，谁占据了这个制高点，谁就能在未来的竞争中处于主动地位。可持续发展的城镇不仅是城市建筑的创新，而且是建筑背后看不见的城市建设、管理与运营体系的创新。"看不见"的价值体系包括如何"以人为本"来建设、运营城镇，如何以现代价值主义思想引导人们生活方式的转变，如何谋求并创新市民的幸福美好生活等。

参考文献

陈剑平：《特色小镇应是五生融合的共同体》，《温州日报》2016 年 8 月 16 日。
戈登、蔡尔德：《历史中发生的故事》，企鹅出版社，1957。

郭远祥：《浙江特色小镇建设经验启示》，http：//mp. weixin. qq. com/s？＿＿biz＝MzA3ODA1MzMwNw＝＝&mid＝2650471633&idx＝2&sn＝0d67f919eb98d b2f465ac3bcd3b2 b589&scene＝1&srcid＝0830J3ovaAmrA1mZXiqJBMEn#rd］。

凯文·林奇：《城市形态》，华夏出版社，2001。

李强：《特色小镇是浙江创新发展的战略选择》，《今日浙江》2015 年第 24 期。

理查德·瑞吉斯特：《生态城市——重建与自然平衡的城市》，社会科学文献出版社，2010。

乔尔·科特金：《全球城市史》，社会科学文献出版社，2010。

王国华：《颠覆性创新的典范》，《博览群书》2013 年第 6 期。

王国华：《如何做好乡村旅游规划》，《中国旅游报》2013 年 5 月 15 日。

王国华：《文化产业发展与社会价值取向》，《北京联合大学学报》（人文社会科学版）2015 年第 2 期。

中国文化产业改革治理的
创新突破点与行动逻辑*

——特色文化城市建构的产业转型视角

何 淼 张鸿雁**

摘 要： 本文从中国文化产业改革创新的突破点研究入手，构建了特色文化城市建构中的文化产业改革创新模式与行动逻辑，首次提出了"文化民生产业体系"等新概念。文章对全球化时代中国文化产业的新挑战、发展特点与结构性缺失进行了分析，提出要创造文化产业发展的优先战略和发展路径，建构全新的既有理论指导又有可操作性的发展序列与步骤。文章认为，中国文化产业务实创新必须从文化体制治理、市场体系治理与文化国际化治理中寻找创新突破口，以文化立国，创造"文化自觉主体"。只有这样，中国的文化产业才能介入全球文化产业价值链的高端环节，进而全面参与"全球经济的新文化分工"并占据世界民族文化高地。

关键词： 文化产业 文化治理 全球分工 行动逻辑

发展方式比发展本身更重要。在全球经济一体化的发展中，文化产业的

---

* 原文出处，《南京社会科学》2014年第8期，第32~39页。

 基金项目，本文是国家社科基金重大招标项目"特色文化城市研究"（12&ZD029）的阶段性成果。

** 何淼，南京大学社会学院博士；张鸿雁，南京大学城市科学研究院院长、教授、博导。

高速增长集中反映了发达国家新经济模式与社会发展动力的结构性转型。然而在改革发展的过程中，中国文化产业的传统问题非但没有解决，新兴问题反而层出不穷，文化产业改革的深化与创新已经成为影响中国社会整体发展的关键问题之一。因此，必须改变仅以工业生产推动社会整体现代化的传统发展方式，寻求一条适合中国国情的、可持续的政治生态、经济生态、文化生态、自然生态和社会生态和谐发展的道路。同时，适应国际发展潮流，真正将文化产业打造为战略型支柱产业。要达到此目的，必须创造文化产业发展改革创新的具体方式和行动逻辑，并以此实现国家文化治理能力在文化产业领域的提升与突破。

一　全球化语境下的中国文化产业：
文化跨界重组中的新挑战

文化产业作为国家软实力的主要构成部分，已经成为国家可持续发展的直接动力，并且是一个国家全球竞争力的集中表现。有学者认为："全球化不再是一个单纯的经济、政治和社会学问题，它更是一个文化的问题。"① 文化竞争力构成一种"影响他国意愿的能力与无形的权利资源，如文化、意识形态和政治制度等领域的力量"的"软实力"②。从目前全球经济一体化和中西文化产业发展现状来说："以美国为代表的西方文化正在对其他国家'传统民族文化体系'产生着替代性冲击，这种冲击不仅表现为强弱文化之间的不对等影响，更表现为强文化对弱文化的'强行交流'和'文化覆盖'，这种'强行交流'和'文化覆盖'往往以'强经济'为依托，对其他国家和地区的传统地方文化进行'文化渗透'，改变甚至是荡涤地方文化。"③ 经济弱

---

① Sharon Zukin：《城市文化》，张廷佺、杨东霞、谈瀛洲译，上海教育出版社，2006，第1页。

② Robert O. Keohane and Joseph S. Nye, Jr. Power and Interdependence in the Information Age. Foreign Affairs, 1998, Sep/Oct.

③ 张鸿雁、房冠辛：《新型城镇化视野下的少数民族特色文化城市建设》，《民族研究》2014年第1期。

势国家的文化"被冲击、被重组、被改造"的趋势正在显性化,在全球化过程中更是普遍表现出"弱势边缘"的文化现象。

因此,面临全球化的文化资源流动与文化重组,提出文化振兴和文化立国的国策,以保证在全球经济文化竞争中找到自己国家和民族的文化生态位与文化价值,是诸多国家的战略选择。中国改革开放30余年,经历了前所未有的深刻与频繁的东西方文化交流与碰撞,其中值得反思的是:在东西方文化的重组过程中,既要看到中国文化在世界文化整合中主体性价值的提升和对人类文化的巨大贡献,也要清醒地认识到中国文化在东西方文化碰撞、冲突中面临着新挑战、新危机。有学者指出:"在东西方文化对话的世纪转折期,中国文化及历史是以女性扮演者的形象姗姗迟来,并且在西方文化的强势扩张中表现出接受与退守的弱势。在国际舞台上,从历史上看'扩张',从不属于东方的中国。"① 这愈加表明中国在全球化时代文化重构与振兴的重要性。中国高速发展的城市化使54%的中国人已经成为城市(镇)人,正在迈向典型的市民社会,而马克思主义经典作家认为市民社会是历史真正的出发点和舞台。换言之,中国的改革开放正酝酿着一个新的文化振兴时代的到来,这就是在中国社会历史发展进程中从未发生过的、而西方已经走过的"文艺复兴"道路。其中,"具有全新意义的'中国文化输出',是当代'中国式城市文艺复兴'的本质意义和历史价值所在"。② 在当代中国特有的由经济变革引发文化变革的"文化转向(Culture Turn)"③ 背景下,文化产业将依托其跨国界的文化输出能力,塑造中国国家身份,并在某种意义上构成"中国式文艺复兴"的前奏。

中西文化的碰撞、融合、重组甚至是某种冲突已经成为中国文化发展的"质"性表现,即在世界文化一体化的发展中,中国本土文化正在重新崛起。2000年以来,中国一直将文化产业列入国家发展战略;2010年,中国

---

① 巴特·穆尔、吉尔·伯特等:《后殖民批评》,北京大学出版社,2001,第6页。
② 张鸿雁:《城市文化资本》,东南大学出版社,2010,第591页。
③ 迈克·克朗:《文化地理学》,杨淑华、宋慧敏译,南京大学出版社,2003,第127~203页。

正式提出推动文化产业成为国民经济支柱性产业。近十余年是中国文化产业形态日益完善、产品类型日渐丰富、消费市场日趋活跃、经济社会效益逐渐凸显的第一轮发展期。在此期间，文化产业在应对金融危机时所表现出的逆势上扬，也使其重要性受到了前所未有的关注。但在这十余年中，中国文化产业尚处于体系建立的摸索阶段，主要依靠行政手段推动文化产业增速发展，由此也引发了一系列问题。例如，支柱产业的效应尚未凸显，对其他产业的带动性不足；依赖政策推动的快速增长，忽视了对产业质量效益的追求；产业内部结构不合理且缺乏高端化、科技化的原创型文化产品；文化产业主体以国企为主，多元化市场结构尚未形成；文化产业发展"禁区"依旧存在；国际文化产业市场中的市场份额弱小、介入层次低下；等等。

全球范围的"文化立国"战略已构成提升国家"软实力"发展能级和参与全球产业分工的基本前提，文化产业不仅是经济与社会现代化的增长点，并业已成为推动社会可持续发展的核心动力源。发达国家在推进文化产业过程中有许多可借鉴点，其中最重要的是：根据本国具体国情和文化价值取向创造与全球化文化市场发展需要相符的核心价值体系、文化管理机制和文化创新模式，并贯穿文化产业的具体发展之中。特别是在市场投资主体多元化和充分市场竞争的治理模式方面有很多具体经验可参照，如建设文化商品贸易和交换领域的自由化及文化商品输出的保障体系、实施文化艺术领域里的志愿者制度、对非营利性文化团体和机构免征所得税等。[1]

与发达国家的文化产业发展模式相比，中国文化产业比较明显的问题是缺乏国家顶层战略的操作性行动纲领。虽然出台了一系列国家层面的政策，但是还没有真正上升到文化立国的战略高度，导致一些地方政府对相关的文化产业改革政策、改革方案、改革措施及方法处于游离观望状态，缺乏解决问题的直接手段、方法和行动逻辑的创新，特别是缺乏法制与法规意义上的建设和推进，在世界文化的竞争中总是被动型的文化选择。因此，在文化资源跨国界流动、全球经济进入文化竞争的当下，中国文化产业正面临着以下

---

① 黄锐：《美国文化资助体系研究》，上海社会科学院硕士学位论文，2006。

五点挑战。一是增长方式的挑战，如何真正将市场作为产业增长的核心方式。在日本，企业是文化产业发展的主体，文化和市场深入结合；而现阶段的中国依靠政府土地政策、税收政策、财政投入、行政指令，这种增长方式明显不适合全球时代中国文化产业的发展诉求。二是文化消费的挑战，如何扩大文化消费、增加中国文化产业的"内生性动力"。[①] 三是文化品牌的挑战，如何塑造具有广泛影响力和强大竞争力的产业核心品牌。四是产业发展价值诉求的挑战，如何真正实现文化产业在带动全民就业创业中的价值，塑造文化民生经济。五是国际文化分工的挑战，如何塑造世界认同的文化核心价值体系和对世界文化产业话语的高端把控。

二 学理性视角下的产业发展研判：中国文化产业的发展特点与结构性缺失

1. 行政手段配置下的产业整合——文化产业的"非常态"发展

中国文化产业虽然起步较晚，但依托于国家政策的强劲支撑，多年来保持高速增长：2004 年以来，文化产业增加值从 3440 亿元增加到 2012 年的 18071 亿元，8 年间增加值的绝对量达 14631 亿，年均增加值保持在 22% 以上[②]。2012 年，文化产业增长速度达到 16.5%，比同期 GDP 现价增速高 6.8 个百分点[③]。文化产业不仅发展速度保持较快增长，而且在国民经济中的份额也稳步提高，2012 年，文化产业法人单位增加值与 GDP 的比值为 3.48%[④]，

---

① 邵颖萍：《全球化与场域精神："文化定制"的东亚麦当劳城市行动逻辑》，《社会》2013年第 3 期。

② 张晓明、王家新、章建刚：《中国文化产业发展报告（2012～2013）》，社会科学文献出版社，2013；张晓明、王家新、章建刚：《中国文化产业发展报告（2014）》，社会科学文献出版社，2014。

③ 张晓明、王家新、章建刚：《中国文化产业发展报告（2014）》，社会科学文献出版社，2014。

④ 张晓明、王家新、章建刚：《中国文化产业发展报告（2012～2013）》，社会科学文献出版社，2013；张晓明、王家新、章建刚：《中国文化产业发展报告（2014）》，社会科学文献出版社，2014。

按同口径计算，比2011年增加0.2个百分点，正在成为GDP指标下的支柱性产业。但反观西方发达经济体，由自由市场主导的美国文化产业平均增速为14%，英国为12%①，中国文化产业似乎呈现出了一种超越常规发展规律的"非常态"快速增长。这一方面反映出中国文化产业的发展势头良好，但另一方面也暴露了中国文化产业发展动力的"结构性失衡"——高速发展速度与快速发展进程来源于政策层面的推力，而市场对资源要素配置的决定性作用尚未凸显。

同时，快速增长率亦带来了中国文化产品的数量倍增。2009年，中国电影以年产量456部跻身世界第三，电视节目播出总时长高达1577.68万小时，共生产电视剧11469集②，远远超越同期美国电视剧产量③；2010年，中国动漫年产量达到220530分钟，已取代日本成为世界第一④。中国已然以文化产品产量大国的姿态进入了国际文化产业市场。但是，由于文化产业发展中普遍存在市场开放程度不高的问题，使得产品生产结构不能真正面向市场需求，造成中国文化产业效益低下。2012年，我国电影产业总收入达209.6亿元，仅仅相当于同期美国电影产业总收入（507.2亿美元）的7%⑤。虽然市场化问题在中国文化产业发展中由来已久，政府也出台了一系列政策以解决市场化问题，但由于政府并非市场主体，其政策行为并不能真正发挥"市场手段"的作用，反而使现阶段中国文化产业的资源整合、潜能释放、产能增量均过多地依赖行政手段配置，导致了非常态的快速发展而效益不足的尴尬局面。

2. 政策红利驱动下的产业结构——"偏态化过剩"与"结构性空洞"

由于政策红利的连续性驱动，中国文化产业的发展已逐渐摆脱起步时单

---

① 《设计未来：中国发展与知识产权》，《中国日报》2011年5月3日，http://www.chinadaily.com.cn/zgrbjx/2011-05/03/content_ 12431291.htm。

② 国家广播电影电视总局发展研究中心：《2010年中国广播电影电视发展报告》，新华出版社，2010。

③ 《电视剧年产量：美国5000集，中国1.7万集》，南都网，2013年8月27日，http://ndent.oeeee.com/html/201308/27/172844.html。

④ 卢斌、郑玉明、牛兴侦：《中国动漫产业发展报告（2011）》，社会科学文献出版社，2011。

⑤ 刘浩东：《2013中国电影产业研究报告》，中国电影出版社，2013。

纯性短缺的问题。但同时，由于政策依赖过强，市场配置资源的能力受限，使得中国文化产业的内部格局呈现出"偏态化过剩"与"结构性空洞"的问题。

"偏态化过剩"指由于政策导向而带来的文化产业不均衡发展。一是尚处于政策哺育期的中国文化产业出现了政策红利带来的投资趋向的"偏态化过剩"。从历年文化投资趋势来看，公共财政资金实现了政府职能主导下的文化公共产品投资，拉动了文化艺术服务和文化休闲娱乐服务行业的固定资产投资，[①] 而部分领域则由于缺乏政策偏好而投资不足。二是由于市场开放度较低带来的市场结构的"偏态化"。开放度较低的领域由于价格信号机制不能发挥作用，导致竞争不完善，产品供不应求；而开放度较高的部分则竞争过度，如大量低俗、缺乏现代审美品位的文化内容产品打着"贴近大众"的旗号而呈泛滥之势。三是文化产品结构层次的"偏态化"，缺乏高端化、科技化的原创型文化产品。动漫领域、影视领域、图书出版领域的大量无效供给已是不争的事实，部分文化产品在低水平基础上迅速从短缺走向过剩，而另一部分具有原创价值的高科技型国际化文化产品由于缺乏相应支撑力依旧处于短缺。

"结构性空洞"指由于市场配置不合理而带来的文化产业结构性缺失。首先，城乡文化消费需求割裂发展形成"供给结构性空洞"。2004~2012年，中国文化产值比由 2.15% 提升至 3.48%，同期全国城乡居民文化消费率却由 2.76% 下降到 2.20%。[②] 文化产品供给增加的同时，却是城乡居民文化消费的降低。这说明，现阶段文化产业的发展并没有真正切合城乡居民的现实文化消费需求，生产与消费尚未实现协同发展，也说明现阶段文化产业的产业能力不足，GDP 支柱产业尚未构成满足城乡居民文化需求的真正意义上的民生性文化产业。其次，文化市场发展主体上存在"结构性空洞"。就现阶段而言，国有企业仍是中国文化产业的发展主体，是政

① 张晓明、王家新、章建刚：《中国文化产业发展报告（2014）》，社会科学文献出版社，2014。

② 王亚南：《中国文化产业供需协调增长测评报告（2014）》，社会科学文献出版社，2014。

府在土地、资金、资源等方面的重点倾斜对象，由大量小微企业、民营企业补充的中国文化市场的良好生态位结构尚未形成。最后，政策限制导致文化产业发展存在"禁区"，文化产品的内容选择存在"结构性空洞"，某些相对"边缘化"和敏感性的文化内容尚未实现无禁区创作。而美国政府对文化产业扶持的原则是"无为而治"①，为文化内容产品的发展提供了相对宽松的环境。

3. 全球文化市场中的话语权力——"文化自觉力"的不足与"文化区隔"的存在

虽然中国文化产业正逐渐成为支柱产业，但与同期世界先进国家相比，仍存在一定差距。一是表现在产业占 GDP 的比重不足，落后于世界发达国家，支柱产业的效应尚未彰显。2012 年，美国的文化产业占 GDP 的 24%，日本的文化产业占 GDP 的比例超过 10%，韩国的文化产业占 GDP 的比例超过 7%，而同期中国为 3.48%。② 二是表现在产业对总体就业贡献微弱。2012 年，美国的文化产业解决了近 510 万美国人的就业，薪酬高于其他产业平均值 27 个百分点。③ 而中国文化产业对就业贡献则微乎其微，2006～2011 年的文化产业从业人员占社会就业人员比例从 1.51% 上升至 1.69%，仅增长了 0.18%，同期我国第二产业、第三产业就业人员占社会就业人员比重分别增长了 4.2% 和 3.5%④。按照 2011 年全国就业人员为 76420 万人⑤进行推论，文化产业直接从业人员仅为 1291 万人。对照文化产业先进国家，中国文化产业促进就业、带动社会经济整体发展的效应尚未完全凸显。

---

① 王颖：《全球化背景下中国文化产业竞争力研究》，吉林大学博士学位论文，2010。
② 《国际文化产业发展报告及资讯（2013）》，中国经济网，2013 年 9 月 10 日，http://www. ce. cn/culture/gd/201309/10/t20130910_ 1459242. shtml。
③ 《国际文化产业发展报告及资讯（2013）》，中国经济网，2013 年 9 月 10 日，http://www. ce. cn/culture/gd/201309/10/t20130910_ 1459242. shtml。
④ 胡惠林：《2013：中国文化产业发展指数报告》，上海人民出版社，2013。
⑤ 《2011 年度人力资源和社会保障事业发展统计公报》，人力资源社会保障部网站，2012 年 6 月 5 日，http://www. gov. cn/gzdt/2012－06/05/content_ 2153635. htm。

由此带来的则是中国文化产业在国际文化产业市场中的市场份额弱小、介入层次低下等一系列问题。目前的世界文化市场份额，美国占 43%，欧盟占 34%，亚太地区占 19%；在亚太地区文化市场份额中，日本占 10%，韩国占 5%，中国和其他亚太国家仅占 4%[①]。在文化商品贸易领域，2012 年，美、德、英、法、日五国共占据了世界 65% 的市场份额，其中，美国占 23%，德国占 15%，日本占 6%。在文化服务贸易领域，2012 年，发达国家在文化服务贸易方面均表现为高额顺差，其中，美国达 811 亿美元，英国为 165 亿美元，日本为 76 亿美元，而中国为逆差 63.87 亿美元，核心文化产品的输出引进比为 1∶3[②]。这表明，中国文化产业的世界版图还有待拓展，话语权还有待构建。

很显然，从"文化自觉"[③]的角度来看，现阶段中国文化产业没有形成自主、自觉、自为的文化发展体系和土壤，导致缺乏"国家级名片"的文化自觉创新和创意，在国际文化市场中竞争力不足。"国家文化资本"效应尚未形成，更没有国家层面的国家文化资本再生产的文化场域，仅有一般意义上的文化产品输出，尚未形成真正意义上的文化资本和"中国文化价值"及文化核心理念的输出。目前，我国的文化产品对外贸易中，艺术品和网游占据的市场份额较大，尤其网游的增长势头迅猛（见表 1）。因此，可以发现，中国文化对外贸易的竞争优势主要体现在手工艺品、影视媒介、设计、视觉艺术品和新媒体这些外围的文化产品中，具有民族文化核心价值内容的影视媒介、音乐媒介、出版物及版权、文化休闲娱乐服务等文化出口比重低、竞争力弱，大部分为依托廉价劳动力而获得成本优势的"硬件产品"，属于内容和创意的"软件产品"则比例不高。[④]

---

① 张国祚：《中国文化软实力研究报告（2010）》，社会科学文献出版社，2011。
② 《国际文化产业发展报告及资讯（2013）》，中国经济网，2013 年 9 月 10 日，http://www.ce.cn/culture/gd/201309/10/t20130910_ 1459242. shtml。
③ 邵颖萍、张鸿雁：《新型城镇化进程中的"城市文化自觉"与创新》，《南京社会科学》2013 年第 11 期。
④ 朱春阳：《中国文化"走出去"为何困难重重？——以文化产业国际贸易政策为视角的考察》，《中国文化产业评论》2012 年第 2 期。

表1　2009~2011 年我国主要文化产品的对外贸易情况

单位：万美元

	演艺	新闻出版	电视	电影	动漫	艺术品	网络游戏	合计
2009 年	1327.7	3598.42	2841.4	43281	4984	31250	10600	97882.52
2010 年	2765.6	3963.35	3470	54953	7968.8	39062.5	22900	135083.25
2011 年	3171.9	7705.45	4238	31625	11156.3	46875	40399	145170.65

资料来源：张晓明、王家新、章建刚：《中国文化产业发展报告（2012~2013）》，社会科学文献出版社，2013。

除了在介入国际市场中的自我竞争力不足，中国固有的传统价值取向和意识形态战略带来的文化区隔明显，观念性障碍、价值取向障碍已成为扩大海外文化市场的重要阻碍。政府往往从文化安全角度推动国际文化贸易，而非从纯粹经济贸易的角度鼓励文化产品的生产和从占有国际市场的价值取向发展服务出口。[①] 另外，由于中国文化产业对外发展的主体仍是传统国有企业、国有部门，社会组织、团体及个人的文化创造力被忽视，导致文化内部的生长动力不足。这种由单向度行政推力导致的文化区隔现象，也使中国文化产业缺乏全球化时代的特色，外向竞争力不足。

三　文化治理导向下的产业务实创新：文化产业改革的创新突破点与行动逻辑

中国的全面改革已进入新的时期，十八届三中全会通过的《中共中央关于全面深化改革若干重大问题的决定》强调"五位一体"的发展模式，按照《决定》强调的"改革的系统性、整体性、协同性"要求，就需要提升产业能级，发挥对经济、政治、文化、社会、生态文明的谐振作用。从中国国情的角度看，这既是应对全球化挑战的中国改革模式，也说明中国文化产业的发展具有独有的政治文化属性。同时，随着"国家治理体系"和

---

①　卫志民：《建构中国文化产业"走出去"战略体系的设想》，《现代经济探讨》2013 年第 4 期。

"国家治理能力"首次进入官方话语，现阶段中国文化产业的改革应从"文化治理"的角度切入，由此建构中国文化产业改革的战略路径。

1. 文化体制的"文化治理"——构建法制型"文化立国"的国家级顶层主导战略

一是强调在文化产业发展的过程中，政府角色从"管"到"治"的转变，即不是仅仅运用政策规章等对文化产业的发展进行规范，而是根据法律创造"以文化立国"的制度和管理模式。例如日本，由政府直接成立了"知识财富战略本部"，由首相任部长，直接将"新文化产业"确定为国家发展战略的重要内容。[①] 对于中国而言，则可借鉴其经验，直接组建"国字头"的文化产业领导管理体系，制定出切实可行的文化法律保障体系和行动纲领。

二是强调国家干预方式向相对稳定的法律制度转变，形成中国文化产业增长方式的制度性红利。例如韩国，于1999年通过了《文化产业促进法》，通过立法确定文化产业发展的基本法[②]，以制度力量推动文化产业的快速发展。中国应尽快出台《文化产业振兴法》并以此为文化产业的基本法，完善文化产业各门类的部门促进法，如电影产业促进法等，通过高质量的顶层立法实现国家干预方式的合理转型。

三是强调改变原先"竖井式"的管理方式，应对建立统一市场和实行融合发展的转型要求，建立起在全国范围内面向统一市场的综合文化管理机构，整合现阶段条块分割的文化行政管理资源。同时，逐渐转变"政府投入管理型"的方式，注重文化行业协会对政府职能的延伸。在英国，政府始终在宏观上坚持通过制定和监督文化政策实施的方式，对文化产业的发展发挥领导与调控作用，不对艺术团体和文化机构的具体经济行为进行直接干预[③]。因此，在形成综合文化管理机构的同时，可尝试由文化行业协会在适当时机接管部分功能。

---

① 祁述裕：《中国文化产业发展战略研究》，社会科学文献出版社，2008。
② 张庆盈：《中国文化产业法制建设问题研究》，山东大学博士学位论文，2011。
③ 张庆盈：《中国文化产业法制建设问题研究》，山东大学博士学位论文，2011。

四是强调文化产业的发展格局由一元主体管理向多元主体协同治理的发展，建立"多元、多层、多样、多渠道"的资本结构，解决长久以来困扰中国文化产业发展的资本问题。"多元资本"强调鼓励民营、外资投入文化产业发展，如美国的文化产业多是由跨国公司来运作的，《泰坦尼克号》电影就是由7个国家的30多家公司协作完成的①；"多层资本"强调社会资本可借信托产品投资文化产业；"多样资本"强调鼓励地产、互联网、基金公司等多样主体涉足文化产业发展；"多渠道资本"强调通过鼓励行业内兼并重组、企业上市发债，借助银行金融机构支持、股权投资市场等实现文化产业融资。由此，形成不同主体参与中国文化产业治理的局面，全方位多领域地推动社会合理有效地介入文化产业发展进程。

2. 市场体系的"文化治理"——以"充分就业"为核心的"文化民生产业体系"培育主导战略

发展文化产业的目的之一是形成福民富民的文化民生产业体系。文化产业市场体系治理更强调从"政府推动创业"到"全民自主创业"的真正变革，让所有人都有机会成为中国文化产业市场的生产者，分享文化产业的富民经济。

一是强调形成文化产业发展中的"全民自主创业"，建议由国家各部委联合颁布《小微型文化企业认证标准和审查办法》，于3~5年内在全国培育2000万~3000万个"非登记小微文化企业"，可享受"零门槛、零登记、零税收"的企业经营优惠。同时，允许并鼓励在社区进行自主创业，包括"中华老字号"等民间特色传统技艺和服务型家庭手工业，真正在中国发挥民智，做到文化产业的全民创业，形成真正的"文化民本经济"。

二是强调形成"文化产业的就业网链"体系。推动文化产业与其他主要相关产业融合发展，通过文化产业的跨界融合形成就业岗位的创新倍增。例如，推动文化产业与高新技术、旅游产业的融合，开发新兴业态，提供就

---

① 余晓泓：《美国文化产业投融资机制及启示》，《改革与战略》2008年第12期。

业机会；积极面向大学生培育"创意阶级"①，并积极鼓励个体从事创意产业，形成全民创业的局面；扶持各地非物质文化遗产的产业化发展，扩大传统行业内的文化就业；等等。

三是强调形成符合不同文化产业就业需求的梯度化人才结构模式，提高文化产业的就业创业能力。从人才培养入手，形成专业研究人才、技术技能人才、文化传承人才等合理性人才结构，并直接和相关文化产业龙头企业形成"订单式"人才培养模式，迅速促进就业。例如，在985院校直接设立文化产业学科点，培养文化产业的专业型研究人才；实现非物质文化遗产传承人才的高校培养体系，培养一批具有原创能力的文化人才；形成文化企业、高校相关专业的共建式人才基地，直接根据企业需求培养专业人才。由此，在文化产业发展中形成良好的就业供需结构，创造"全社会参与、全民总动员"的充分就业体系。

3. 文化走出去的"文化治理"——全球化文化价值链高端介入主导战略

文化产业的改革与创新是一种国家意义上的文化治理，是一种国家与地方文化建设的战略模式，是一种社会转型期的文化变革。因此，其既是一种产业类型的战略思维，也是在创造、振兴和再构中国文化、中华文化的根底，是中国文化的复兴。胡适曾论："文化复兴的结晶看起来似乎使人觉得带着西方色彩。但剥开它的表层，你就可以看出，构成这个结晶的材料，在本质上正是那个饱经风雨侵蚀而可以看得更为明白的中国根底——正是因为接触新世界的科学、民主和文明而复活起来的人文主义与理智主义的中国。"② 因此，必须明确文化立国的战略意义，包括由"文化兴省""文化兴市""文化兴县""文化兴镇"组成的梯度式文化发展战略，以及由此形成的国际文化市场中的"中国符号"；必须通过文化产业的改革与创新，使中国介入国际文化分工的高端价值环节。

一方面，从简单单一的文化产品输出转向能够体现中国优秀文化、展示

---

① 理查德·佛罗里达：《创意阶级的崛起——关于一个新阶层和城市的未来》，司徒爱勤译，中信出版社，2010，第79页。
② 胡适：《中国的文艺复兴》，外语教学与研究出版社，2001，第151页。

当代中国形象的文化产品、文化价值和文化服务的输出，从"文化产品生产商"转型为"文化价值服务商"，创造具有中国特色的文化全产业链，形成文化服务市场的国际化文化价值链，开发一批具有中国文化内核，但同时超越文化差异的具有共同文化诉求的文化产品。特别要明确提出国家级品牌的文化国际化战略模式和具体实施方案，以"中国梦，民族风"，"华夏潮，汉风"，"中国风"为国家名片进行全球文化价值营销，打造符合国际市场的现代消费者需求的中国文化价值服务。从"民族文化价值输出"的视角，推广"文化的跨国经营"，塑造民族化的世界强势文化话语权，建构中国文艺复兴意义上的中国文化核心价值，以开放的心态形成与世界文化共通共享的文化语汇体系，在全球文化竞争中，直接介入全球文化价值链的高端环节。

另一方面，主动建构"世界文化的中国标准"，形成以文化认证为核心的"中国文化标准认证体系"。必须改变一般意义上对中国文化产业的补贴和政策优惠，不再以单一的产品国界范围来进行发展的扶持，而是以"文化概念"取代"地域概念"来大力扶持与中国文化发展有关的文化产业作品，出台国家层面的现代《中国文化标准认证体系》，学习英国在电影领域应用的"文化测试"打分系统的理念，在认证体系当中将反映中国文化、在中国取景拍摄及在整个制作过程中雇佣相当比例的中国人员等定量和定性要素作为评判标准，只要符合相应标准的文化作品就可以向文化管理部门进行申请，通过专家评审之后，可以对其给予返税补贴和审批特权。由此，实现对单纯产业标准的超越和扩充，强调以文化影响力和文化表现力为核心对全世界范围内反映中国文化内核的作品进行支持和补贴。

文化产业的深化改革与创新具有深刻的社会意义，其本身也是一种国家意义上的文化整体建设和中国传统文化根底重构的文化新启蒙运动。文化产业的发展不仅是一个国家的经济现代化问题，更关系到一个民族的文化价值取向。文化产业的发展不仅影响着居民的幸福感，更影响着人们对国家现代化发展的文化认同度和参与度。若以西方中世纪城市文化复兴为参照，可以看到，"十八世纪启蒙运动把一切都押在这样的一个信念上：如果每个人的能量都得到释放，它们的成就是无可限量的"；"在理性计算照耀下的世界里，个人才能的无限制发挥能够在知识和技巧方面，在财富、福利和文明方面，产生空前的增长，而在一定时间以后，这种增长无论在物质方面还是道德方面都能把人类提高到未曾达到过的高水平"。① 我们相信，中国文化产业发展所带来的一定是"财富、福利和文明产生的空前增长"。

参考文献

阿伦·布洛克：《西方人文主义传统》，董乐山译，生活·读书·新知三联书店，1997。

巴特·穆尔、吉尔·伯特等：《后殖民批评》，北京大学出版社，2001。

《电视剧年产量：美国 5000 集，中国 1.7 万集》，南都网，2013 年 8 月 27 日，http://ndent.oeeee.com/html/201308/27/172844.html。

《国际文化产业发展报告及资讯（2013）》，中国经济网，2013 年 9 月 10 日，http://www.ce.cn/culture/gd/201309/10/t20130910_1459242.shtml。

《国际文化产业发展报告及资讯（2013）》，中国经济网，2013 年 9 月 10 日，http://www.ce.cn/culture/gd/201309/10/t20130910_1459242.shtml。

国家广播电影电视总局发展研究中心：《2010 年中国广播电影电视发展报告》，新华出版社，2010。

胡惠林：《2013：中国文化产业发展指数报告》，上海人民出版社，2013。

胡适：《中国的文艺复兴》，外语教学与研究出版社，2001。

黄锐：《美国文化资助体系研究》，上海社会科学院硕士学位论文，2006。

理查德·佛罗里达：《创意阶级的崛起——关于一个新阶层和城市的未来》，司徒爱勤译，中信出版社，2010。

刘浩东：《2013 中国电影产业研究报告》，中国电影出版社，2013。

卢斌、郑玉明、牛兴侦：《中国动漫产业发展报告（2011）》，社会科学文献出版社，2011。

迈克·克朗：《文化地理学》，杨淑华、宋慧敏译，南京大学出版社，2003。

祁述裕：《中国文化产业发展战略研究》，社会科学文献出版社，2008。

《2011 年度人力资源和社会保障事业发展统计公报》，人力资源社会保障部网站，

---

① 阿伦·布洛克：《西方人文主义传统》，董乐山译，生活·读书·新知三联书店，1997，第 134~136 页。

2012 年 6 月 5 日，http：//www. gov. cn/gzdt/2012 – 06/05/content_ 2153635. htm。

Sharon Zukin：《城市文化》，张廷佺、杨东霞、谈瀛洲译，上海教育出版社，2006。

邵颖萍：《全球化与场域精神："文化定制"的东亚麦当劳城市行动逻辑》，《社会》2013 年第 3 期。

邵颖萍、张鸿雁：《新型城镇化进程中的"城市文化自觉"与创新》，《南京社会科学》2013 年第 11 期。

《设计未来：中国发展与知识产权》，《中国日报》2011 年 5 月 3 日，http：//www. chinadaily. com. cn/zgrbjx/2011 – 05/03/content_ 12431291. htm。

王亚南：《中国文化产业供需协调增长测评报告（2014）》，社会科学文献出版社，2014。

王颖：《全球化背景下中国文化产业竞争力研究》，吉林大学博士学位论文，2010。

卫志民：《建构中国文化产业"走出去"战略体系的设想》，《现代经济探讨》2013 年第 4 期。

余晓泓：《美国文化产业投融资机制及启示》，《改革与战略》2008 年第 12 期。

张国祚：《中国文化软实力研究报告（2010）》，社会科学文献出版社，2011。

张鸿雁：《城市文化资本》，东南大学出版社，2010。

张鸿雁、房冠辛：《新型城镇化视野下的少数民族特色文化城市建设》，《民族研究》2014 年第 1 期。

张庆盈：《中国文化产业法制建设问题研究》，山东大学博士学位论文，2011。

张晓明、王家新、章建刚：《中国文化产业发展报告（2012～2013）》，社会科学文献出版社，2013。

张晓明、王家新、章建刚：《中国文化产业发展报告（2014）》，社会科学文献出版社，2014。

朱春阳：《中国文化"走出去"为何困难重重？——以文化产业国际贸易政策为视角的考察》，《中国文化产业评论》2012 年第 2 期。

Robert O. Keohane and Joseph S. Nye, Jr. Power and Interdependence in the Information Age. Foreign Affairs, 1998, Sep/Oct.

特色文化产业发展要实现"跨区域"治理[*]

高宏存^{**}

摘　要：　在经济发展步入"新常态",区域经济发展更加注重依托城
市群的经济带、经济区布局发展的背景下,未来中国文化产
业也将呈现出专业化、区域化和特色化的布局特征,因此,
特色文化产业发展面临着提质增效与发挥更大价值的新契机。
推动特色文化产业发展,要更加注重围绕城市群、产业带的
新格局规划和布局,积极搭建跨区域合作组织平台、建立跨
区域合作机制规则和政策工具、深入推动特色文化资源资本
化运作,在推动跨区域协同发展的同时,提高跨区域协同治
理水平和质量。

关键词：　特色文化产业　跨区域治理

　　我国文化产业近年来高速发展,文化产业增加值从 2010 年的 11052 亿
元、占 GDP 的 2.75% 增加到 2013 年的 21351 亿元、占 GDP 的 3.63%,增
加值年均增速超过 20%。各地基于文化资源特色致力于发展区域特色文化

---

　　* 原文出处,《行政管理改革》2015 年第 5 期,第 53～58 页。
　　基金项目,国家行政学院 2014 年院级招标课题"我国特色文化资源保护和利用研究"(项目
编号：14ZBKT004)。
　　** 高宏存,国家行政学院社会和文化教研部副教授、硕士生导师。

产业，取得了不少成绩。同时，也暴露出很多产业布局方面的问题，特别是在中西部地区及特色文化资源富集的地区，需要升级特色文化产业的发展思路、发展方式，在经济转型升级的新常态背景下，需要搭建起新的平台，建立一种与区域经济发展新趋势相适应的特色文化产业发展模式。

一 特色文化产业发展的区域差异性和同质化共存

区域文化资源往往以某一地域空间为复合载体，在纵向上，贯通古今，积淀着各个历史时期的文化底蕴；在横向上，融合各个专项文化类型，形成复合文化体。每个地区不同的历史及现实人文景观和文化积淀，构成了各个地域独具特色的文化资源优势，不同的社会政治经济结构和发展水平孕育了不同的文化生态圈。地域文化作为特色文化资源能够转化为文化资本，形成地方文化产业。因地制宜发展特色文化产业，是制定区域文化资源产业化开发战略的重点。

区域文化具有整体性、关联性、相对独立性和空间差异性。差异显出优势，优势形成特色。资源的合理配置与优选利用是经济学的基本原则和要求，一定的资源底蕴会产生相应的生产模式和产品形态。区域文化差异的存在，形成了区域文化产业的比较优势。地理环境、区位、民族和经济发展状况以及文化传统等方面的差异，使得各个不同地区或同一地区不同村寨的文化资源的类型和特点都有所不同，很难简单模仿和套用固定统一的开发模式。因此，各地区必须结合区域文化情况，对文化资源进行分类评估、区别对待，探索不同的开发利用模式，构建具有区域特色的发展道路。反思我国文化产业发展的区域布局，区域差异性是显著特征，但区域同质化特征也与之并生。

（一）文化产业区域差异性形成原因

1. 资源因素。不可移动、不可异地复制的文化资源造就了区域的独特文化品质，决定了区域文化产业的主要文化特点。例如，江西的红色文化决定了江西发展红色文化创意产业的特色,云南富集的少数民族文化资源决定了云南发展民族演艺、民族旅游、民族手工艺等以民族文化为底色的文化产业类型。

2. 经济基础差异。区域经济基础能给文化产业发展提供必要的资金、技术、人才等保障。文化资源富集的中西部地区是文化资源优势突出的地区,从国家层面提出的藏羌彝文化产业走廊、丝绸之路经济带等所涵括的地区主要集中在中西部,具有独特的区域文化资源,但就发展水平来看,这些省域的文化产业发展水平明显落后于东部地区,主要是由于经济基础水平低。

3. 政策性因素。影响文化产业发展的因素很多,地域文化精神与区域经济发展存在着正相关关系,特别是在以往十余年的文化经济发展中,产业发展主要是依赖逐步完善的国家政策体系,政府"看得见的手"起了主要作用。因此,制度性因素在我国文化产业发展初级阶段往往扮演最重要的角色,当地政府是否利用行政手段强力推动,成为导致区域文化产业发展水平差异的重要因素。

(二)文化产业区域同质化原因

就空间特色呈现上看,我国文化产业发展基于文化资源的差异性,但区域同质化特征也很突出。主要表现在两个层面:产业结构层面,以省级为单位的大区域结构单元之间的文化产业结构趋同;文化产业集聚发展层面,以文化创意产业园区、影视城、动漫游戏为代表的新兴文化产业门类等文化产业集聚区的同质化。其形成原因主要有以下三点。

1. "行政区经济"的干预。一方面,文化领域在推进文化改革实现管理转轨过程中,还未能形成一个具有充分竞争性的市场,政府干预起到的影响大,一定区域内的地方保护造成了市场分割,历史性同类文化资源在不同地区出现相似性开发利用,或出现同一资源主体的多地区恶性竞争。在发展文化产业过程中,当一个地方政府引进并发展某个文化产业门类,其他地方政府也会低成本地跟进模仿,以更低廉的成本或更优惠的政策诱导,直接形成文化产业结构趋同的动力机制。另一方面，当从国家层面围绕特定类型文化产业出台扶持鼓励政策时，很多地方政府即使缺乏产业发展条件基础和人才、技术、资本等支撑，也会出台政策层层传导，出现了文化产业发展忽视资源禀赋的"跃进"现象。比如，各地盲目上马的很多动漫基地、影视基地建设就是文化产业大跃进的恶果，忽视了产业发展的内在规律和地区资源积累的差异特色。

2. 市场主体结构失衡。文化产业发展的核心动力是原创能力和创新能力，不仅需要带动力强的"骨干航空母舰"，更需要能提供各类专业化服务的文化企业"小舢板"，形成功能互补的、合理的企业构成生态。据统计，2013 年，我国共有文化产业法人单位 91.8 万家，具有一定规模的"三上"文化产业法人单位为 41351 家，仅占全部文化产业法人单位总数的 4.5%；95.5% 的法人单位是小微文化企业，且其中 60% 以上集中在东部地区，中部地区、西部地区和东北地区分别为 17.0 万家、13.7 万家和 4.4 万家，分别占 18.5%、15.0% 和 4.8%。[①] 特色文化资源富集的中西部地区在文化企业数量上明显不占优势，而以中小企业为主的文化企业经营管理水平往往较低，缺乏专业化能力和对市场的宏观把握，这也是我国特色文化资源利用水平较低的一个原因。

3. 地方财政支持、资源禀赋、消费能力、经济水平等因素影响。财政支持力度越大，企业往往越有动力向先进地区学习，从而导致本地文化产业结构趋同于先进地区。同时，地区经济发展状况水平相近、资源禀赋相同、消费水平和结构相似的地区容易出现文化产业同质化。

以上这些因素导致地区间文化产业发展各自为战、缺乏协调；发展思路单一、产业结构雷同，缺少差异化发展战略；因盲目发展造成的重复建设、资源浪费现象比比皆是，在旅游演艺、节庆会展、产业园区建设以及动漫游戏等新兴文化创意产业领域尤为突出。总之，我国文化产业空间布局上既有不平衡性，又有同质性。优化空间结构、加强跨区域合作联动发展，将是

① 数据来源：国家统计局第三次全国经济普查数据。

"十三五"时期我国文化产业面临的重要任务，特别是丝绸之路文化产业带建设国家新战略的推出，为特色文化产业的跨区域合作提出了时代命题。

二 推动特色文化产业"跨区域"发展符合产业升级趋势

将自身得天独厚的文化资源优势转化为产业优势，必须遵从文化产业发展规律，选取具备产业发展特征的优势文化资源板块进行产品项目开发。"一带一路"倡议成为新时期、新阶段国家发展战略调整和深化的新思路、新格局，其中，丝绸之路经济带建设成为了中国实施区域协调和向西开放的重要战略支点，作为一个庞大的战略性系统工程，丝绸之路文化产业带建设在整个战略实施中具有独特的战略价值，为特色文化产业跨区域协同发展创造了历史性契机。

（一）文化产业发展新常态的"区域布局"走势

文化产业"跨区域"互动发展符合当前我国文化产业空间布局现状特点和趋势要求，有利于解决当前区域布局中存在的突出问题，也符合文化经济发展的内在规律，是顺应"十三五"时期文化产业发展趋势的战略举措。文化产业"跨区域"互动发展，需要解决的核心问题是文化产业生产要素的"跨区域"空间流动。生产要素的"跨区域"流动是优化产业空间布局的基本手段，只有通过劳动力、资本、技术等生产要素的流动，才能实现资源共享，解决区域文化产业发展短板，发挥各地域文化产业优势，实现文化生产力集约化发展和文化产业空间布局均衡化，缩小文化经济水平的区域差距。

整体而言，过去十年，我国区域经济发展中惯常采用的东、中、西、东北四大经济区域板块划分，在经济政策落实中情况不及预期、针对性效果不明显，未来的"十三五"时期，区域划分将会被经济带、经济区概念取代。特别是"一带一路"倡议和京津冀、长江经济带、珠江—西江经济带等战略规划的陆续出台，校正了以往区域经济支撑点集中在东部地区的不均衡发展问题，有利于经济转型和中西部地区的发展。新的经济带、经济区理念将进一步明晰未来经济发展的空间布局，经济带将成为"十三五"区域战略重点。有学者认为，从四大经济板块转向经济带、经济区建设，可以加速产业向中西部转移、优化区域分工，实现东部加速转型升级、中部形成大的制造业中心、西部能源产业更加优化发展的整体目标。作为经济发展重要门类的特色文化产业发展，必然在区域调整格局中面临着新的发展趋势，未来的中国文化产业将呈现出专业化、区域化和特色化的布局特征，围绕城市群、产业带的新格局规划和布局将成为各地推动特色文化产业发展的新视角。解决目前特色文化产业发展中的突出空间布局问题，迫切需要文化产业生产要素进行跨自然区、跨经济区、跨行政区的区域流动，尤其需要突破现有"行政区经济"的瓶颈，在更大区域范围内利用好特色资源并使其协同发展。

（二）加快推动特色文化产业跨区域互动

区域互动的本质是资源的整合与共享，优势互补、互利共赢。美国经济学家胡佛说：一个区域，它之所以成为一个区域，就在于区域内有一种认识到某种共同区域利益的一般意识。"区域利益的一般意识"即是区域的内聚力，是区域形成与演变的基础，决定了区域内部的结构和功能，进而决定了区域的规模和边界。区域具有一定的等级体系，一个城市的产业区、一个大的经济地带甚至一个国家都可以被看成一个区域。文化产业"跨区域"互动发展是建立在"共同利益的一般意识"基础之上的各种不同等级区域之间的合作与发展。藏羌彝文化产业走廊建设、丝绸之路经济带的战略提出，不仅将对全球经济版图产生重大影响，有利于构建和谐发展的世界经济新格局，还将对我国特色文化产业发展带来巨大推动。

1. 从资源配置看，推动特色文化产业的跨区域互动，能实现多地区之间的文化资源互补与共享，协调局部与整体的利益关系，调动组织和人员的创造性。"共享"是跨区域互动发展的基础，包括共享文化资源、共享市场、共享渠道、共享人才，通过在"共享"基础上实现的各类资源配置，使各区域文化资源利用效率最大化，从而使效益最大化，最后实现利益的共享。

2. 从产业发展规律看，推动文化创意产业的跨区域互动，有利于实现产业横向竞合和纵向延伸，做大总体规模，产生多方共振，实现多赢互利。跨区域做大做强文化企业和文化项目，有利于提升区域文化产业的竞争力。通过文化产业发达地区对欠发达地区的带动，实现区域文化产业联动发展，减小区域文化产业发展的地区不平衡。通过城市与乡村的跨区域互动，缩小城乡文化产业发展水平的差距，提高特色文化产业发展的质量与水准，促进传统文化产业生产方式向现代文化产业生产方式转型，有利于实现城乡一体化。

3. 从实践上看，我国已经有文化产业跨区域互动的意识和探索，也取得了一些成绩。2004 年，川、渝两地签署了《加强川渝两省市文化合作，共谋文化发展的协议》、《推进两省市广播电视业产业发展的合作协议》和《加强两省市旅游合作的协议》，2011 年，两地又签署了《重庆市成都市统筹城乡文化发展区域合作框架协议》，制定了成、渝两地的工作交流协调机制。2011 年 10 月，北京、天津、河北、山西、内蒙古五省区市签署《华北五省区市文化发展战略合作框架协议》，协议建立文化发展联席会议机制，建立三大跨区域文化平台（文化创意产业园区平台、文化贸易平台、文化服务平台），五省区市中小文化企业信用将互联互通，文化市场综合管理和执法将联防协作。2011 年 12 月，闽、浙、赣、皖四省及福州市签署《闽浙赣皖福州经济协作区加强文化创意产业合作框架协议》。2012 年 9 月，深圳、东莞、惠州三市文化主管部门签署《2013 年深莞惠文化合作框架协议》，在文化活动、文艺创作、艺术展览等七方面深入开展跨区域合作。闽东北经济协作区五市一区在 2012 年签署了《闽东北经济协作区文化创意产业合作框架协议》，合力打造根雕创意设计研究基地、名家创作基地、文化创意园基地和文化旅游胜地，共同打造文化品牌和文化企业。总体来说，各地虽然做了一些有益探索，但跨区域文化产业协作仍然不够深入，区域之间尚存在诸多协作壁垒，需要进一步探索跨区域协作的方式、方法和机制，充分发挥区域集聚效应，实现区域资源互补和优势互补。

三 以管理机制创新推动"跨区域"发展

区域文化经济存在的一般前提是文化资源的空间依赖性，即要依托于一定的地域文化空间，这种不同地域空间自然禀赋的差异使每个区域自成特色。区域特色文化经济正是以区域文化资源差异为依托，在一定的空间条件下进行。地域空间的不同，不仅意味着自然条件和地理位置的差异对经济社会发展模式的影响和约束，而且意味着不同的社会文化传统对发展模式的约束。受地域文化资源类型及数量的影响，各区域有着不同的产业选择，要合理调整产业结构，促使各地形成有特色的产业。在区域经济竞争中，如何通过文化资源整合来形成地域文化特色，将关系到当地文化产业甚至整个经济发展的前途。

（一）建立跨区域合作组织平台

为了更好地利用一定区域历史性形成的特色文化资源，保证开发过程中的一致性、完整性，避免无序竞争造成的人为割裂破坏，需要跨越行政区划边界，在一定文化区域内形成一个协同发展的组织平台，负责组织、研究、规划区域文化产业发展中的共同问题。虽然这些年国家有关部门建立了一些突破行政边界的文化生态示范区，如在"十二五"时期制定的"藏羌彝文化产业走廊总体规划"，但全国大部分地区还没有建立一种很好的跨区域合作模式。如今，特色文化产业发展在丝绸之路经济带国家战略的实施推动下，迎来了前所未有的机遇。不同地区要抓住快速推动区域协同发展的历史性机遇，把丝绸之路经济带建设作为撬动文化产业"跨区域"发展的新平台，依托国家协调机制的建立整体推动本地区特色文化产业快速发展；做好顶层设计，从文化事业到特色产业，从特色资源整体性保护利用到差异化利用好文化资源，以规划统筹带动区域特色文化产业可持续发展。目前，京津冀在协同发展战略的实施过程中，正在探索区域文化资源保护利用的统一规划，既包含公共文化服务设施建设和服务开展的一体化，也注重结合各自的特色文化资源，发展差异化文化产业门类，推动区域协同发展。为此，召开了区域文化发展协作会议，共商区域文化发展的问题。当然，推动区域特色文化产业发展的具体组织形态和模式，完全可以纳入区域整体组织架构中，作为一个专门性组织平台，其实现形式可以多种多样。

（二）建立跨区域合作机制规则和政策工具

推动特色文化产业发展的区域合作，除了建立特定组织保障之外，还要做好顶层设计，如制定区域文化产业发展专门性规划，以此作为指导约束区域文化产业发展的指引性文件。同时，更要做好运行机制的周密安排，确立具体规则和政策工具，从而保障区域发展规划执行的规范性和严肃性。比如，从国家层面推出的丝绸之路文化产业带建设战略规划，就着眼于中西部地区跨区域特色文化产业的提升发展，除了制定国家级规划作为顶层设计，还考虑突出相关区域文化产业的发展特色，实施和推动文化项目落地，把演艺娱乐、动漫游戏、文化旅游、工艺美术、非物质文化遗产、民族文化、工业制造、建筑设计、文化体育等区域特色文化门类作为发展重点，纳入国家重点扶持特色产业项目库，促进多领域交流合作。在机制建立落实过程中，不仅强调了各地政府部门之间的合作协同，还特别指出，要加强地方政府、企业、行业组织的协同发展，在更大范围内调动各层次机构和社会主体的力量。作为国家战略实施，既有规划也有项目扶持，似乎能够较好地推动跨区域协同，但实际上无论是国家级战略还是地方政府的跨区域合作，都需要在机制建立后完善政策工具，把政策制定、实施、监督、评估作为推动区域协同效果的社会评价内容。为此，需要分别建立不同的工作团队和专家小组，开展专业化工作，提供技术性和专业性的分析工具、评估报告，督促跨区域协同的实施、进行效果监督，把跨区域合作发展放在整个社会层面而不是局限在政府内部，从而实现跨区域协同发展的设计目标。

（三）推动特色文化资源资本化运作

地方特色文化资源的独特性正在成为各地培育特色文化产业的重要途径，以文化的特色支撑起产业的特色，从而达到传统与现代的有机融合、经济与文化的有机融合，也是地区经济发展壮大和实现历史性跨越的必然选择。发达国家文化产业发展的趋势是中小城市文化产业日趋专业化，产业分工出现区域化。在我国中西部地区，很多具有一定历史的特色文化村镇可以在推动城镇化发展中演变成特色文化产业集中的城镇，在保留延续传统文化特色的基础上拥有新兴产业的发展，进一步推动文化、人群、信息的汇集，走上发展特色文化产业和推动城镇化的良性轨道。

特色文化资源富集的地区，在新一轮经济发展探索跨区域协同推进的实践中，可以充分利用文化交流与旅游合作、文化资源与金融资本融合，探索特色文化资源资本化的实现形式，把本地区特色文化资源开发与东部地区资本富集和产业转移相结合，促使特色文化资源项目化、品牌化，尽快形成无形资产和有形资产，将文化资源项目化、品牌化过程中积累的有形和无形资产做好新型资产评估打包，最终实现特色文化资源与资本对接，实现特色文化资源产权化，实现新型业态快速发展。特色文化资源的产权化过程，实现了自由流动资本与固定特色文化资源的有效对接，突破了区域边界，盘活了特色资源，弥补了资本短缺制约，推动了特色文化产业的快速成长，同时，也有利于维护发展中的文化生态平衡。作为一种结构性存在，文化生态既包含历时性发展所积淀下来的文化传统、习俗和有意义的场所，也包含凝结着时间价值的空间关系，特别是一些有形文化建筑的空间布局。特色文化产业对推进区域的经济增长和经济发展至关重要，只有充分发挥特色文化资源优势，充分体现本地区、本民族的特色，充分开发独特产品及服务项目，才能获得市场认同，产生经济效益。

参考文献

埃德加·M.胡佛：《区域经济学导论》，张翼龙译，商务印书馆，1990，第174页。
方烨：《经济带成"十三五"区域战略重心》，《经济参考报》2015年3月20日。
张翼、李慧：《2013年我国文化产业增加值超2万亿》，《光明日报》2015年1月24日。

文化创意产业统计：国际镜鉴与引申[*]

刘 杨　顾海兵^{**}

摘　要： 文化创意产业的统计数据，是学术研究和相关政策制定的基础和重要参考。英国、美国和日本针对文化创意产业的统计都是以文化创意产业增加值为核心统计指标的，此外，也关注了文化创意产业的就业、出口带动效应。英国、美国、日本的文化创意产业统计制度给了我国诸多启示：统一文化创意产业的概念界定；制定全国统一的文化创意产业行业分类；丰富和完善文化创意产业的统计指标，改变仅以增加值为主的统计指标设置；细化行业分类，减少文化创意产业统计的复杂性。

关键词： 文化创意产业　文化统计口径　统计体制改革

文化创意产业具有传统产业所不具备的特点和优势，对我国经济转型升级、实现经济社会可持续发展具有重要意义。文化创意产业的统计数据，是学术研究和相关政策制定的基础和重要参考。统计分类是否科学、统计指标是否合理，是能否利用统计数据研究问题的基础。

一　相关文献综述

当前针对文化创意产业的研究，理论研究多，实证研究少。文化创意产

---

* 原文出处，《改革》2017 年第 6 期，第 143～151 页。

** 刘杨，北京工商大学嘉华学院；顾海兵，中国人民大学经济学院。

业的指标和数据获取是制约实证研究的首要因素，溯其根源，则在于文化创意产业的统计问题。国内外学术界对文化创意产业统计问题的关注相对较少，国外学术界对文化创意产业统计问题的研究主要集中在以下两个方面。

一方面是关于文化创意产业的统计分类标准。第一，分类标准不统一。Paul Allin 指出，欧洲各国文化产业统计需要可比较的文化产业统计标准。他探讨了建立欧洲可比较的文化产业统计标准的具体路径：由欧盟轮值主席国发起专家会议；成立欧盟文化产业统计领导小组；欧盟统计局成立文化产业统计工作小组。① 第二，统计标准不适用。Andrew White 针对已发布的英国创意产业年度报告进行了评述，综述了学术界对英国文化媒体体育部（DCMS）年度报告中统计方法的批判：创意产业的分类是由文化媒体体育部的责任需要支配的，而不是由学术研究需要决定的；创意产业的分类是根据《英国经济活动标准行业分类（2007 版)》（UK Standard Industrial Classification of Economic Activities，简称 SIC）进行的，而其并不适用于创意产业的统计。② Ruth Towse 在研究中指出，用以农业、制造业等传统产业为主体的国民经济行业分类标准来核算创意产业的产值是不合理的，缺少国家层面上的创意产业统计标准；从企业层面衡量创造力是不合理的，应该以个人创意的创造力本身为核心进行核算。③

另一方面是关于文化创意产业的统计分类方法。Anne Creigh-Tyte 以英国的时尚设计业为例，探讨了创意产业的统计问题，研究指出，"设计"和

---

① 核心版权产业指主要目的是原创、生产、发行或展览版权产品的产业；部分版权产业指部分产品为版权产品的产业；边缘版权产业包括将受版权保护和部分不受版权保护的产品发行给商家和消费者的产业；交叉版权产业指生产、制造和销售的主要功能是促进有版权产品的创造、生产或使用设备的产业。

② 英国创意产业的统计指标来源为：英国文化媒体体育部自 2005 年以来开展的调查；2016 年 6 月 20 日发布的"创意产业 2016 重点关注"；2017 年 4 月 26 日发布的《部分关注：多元化趋势》；2016 年 9 月 28 日发布的《DCMS 统计指南》。

③ 参见美国国际知识产权联盟（IIPA）的《美国经济中的版权产业》系列报告。美国国际知识产权联盟自 1990 年以来发布了《美国经济中的版权产业》系列报告，包括 2004、2006、2003～2007、2011、2013 年度报告等，是委托以斯蒂芬·E. 西维克为首的经济学家们完成的。

"工艺品"业在 SIC 行业分类中并没有相应的代码匹配，很多工艺品企业规模很小，以至于商业统计中并未涉及，而"时尚设计"业在纺织服装生产部门中所占的份额是用 0.5% 估算的。[①] Stuart Cunningham 指出，官方对创意产业劳动力的统计没有准确把握创意产业的突出特征，创意产业劳动力三类型方法论解决了官方统计无法准确把握创意产业特征的问题。创意产业劳动力可分为以下三种类型：核心创意产业的从业者（专业式从业者），非创意产业部门的创意工作者（嵌入式从业者），创意产业中负责为创意活动提供管理、财务及技术支持的从业者（支持式从业者）。[②] Lily Kong 认为，创意产业经济效益的估算很难，其数据必须经过准确核实；对创意产业界定的不同，会导致创意产业的经济产出、出口、就业及税收等统计结果的不同；创意产业没有统一的定义，导致其分类标准存在较大差异，因此，难以收集创意产业在时间和经济上表现出的准确和可比较的统计数据。[③]

国内学术界对国外文化创意产业统计问题的研究几乎没有，现有的研究主要集中在对本国文化创意产业的统计问题上，具体有以下三个角度。

第一个角度是对文化创意产业统计分类标准的质疑。刘开云对我国文化产业分类标准提出质疑并展开探讨，他认为，教育和自然科学研究本就属于文化产业，却并未被列入当前分类目录中，应该将以上两项列入；旅游活动不应被纳入，休闲、健身、娱乐等活动也不应是文化创意的范畴；2012 年版的《文化及相关产业分类》中新增的"焰火、鞭炮产品的制造"不应属

[①] 参见日本经济产业省 2016 年 4 月发布的《内容产业：现状及未来发展方向》《日本数字内容产业白皮书》《日本游戏产业白皮书》。

[②] 北京市统计局出台的《北京市文化创意产业分类标准》将文化创意产业界定为：以创作、创造、创新为根本手段，以文化内容和创意成果为核心价值，以知识产权实现或消费为交易特征，为社会公众提供文化体验的具有内在联系的行业集群。上海市对文化创意产业的界定为：以创新思想、技巧和先进技术等知识和智力密集型要素为核心，通过一系列创造活动，引起生产和消费环节的价值增值，为社会创造财富和提供广泛就业机会的产业。

[③] 十类文化产业分别为：新闻出版发行服务、广播电视电影服务、文化艺术服务、文化信息传输服务、文化创意和设计服务、文化休闲娱乐服务、工艺美术品的生产、文化产品生产的辅助生产、文化用品的生产、文化专用设备的生产。

于文化创意范畴。①

第二个角度是针对开展文化创意产业统计工作中存在的实际困难。高红岩分析了创意产业面临的统计问题，并提出对策建议。其研究认为，一是创意产业与非创意产业的界限模糊，增加了创意产业统计的难度；二是创意产业是对传统产业中涉及创意的相关行业的整合，因此在产业划分上与传统产业不同；三是创意产业在发展中产生了新产业，对现有标准行业分类提出了挑战。②秦瑶等对创意产业的统计调查范围及分类方法进行研究，并针对重庆市的创意产业统计问题进行实证分析，从重庆市的核算实践出发，指出了主要存在的两大难题：一是企业内部创意活动增加值的核算，这是目前各国尚未解决的共同难题；二是创意产业行业的划分，由于创意产业没有统一标准，各国各地区是根据自身发展的实际情况对其进行划分的，部分行业由于具有多重属性，行业归属存在不同的意见。③陈恩认为，我国文化产业统计存在着统计体制不健全，统计指标体系不完善，统计数据不系统，统计指标体系研究难度大、进展慢等问题。④

第三个角度是从多方面探讨我国文化创意产业的统计问题。高志楠指出，国内创意产业国民经济统计现状不足以支持学术研究需求，缺少文化创意产业统计的规范性指标：第一，创意产业官方统计规范缺失；第二，现有统计主要是企业或半官方的科研型事业单位设计的初步统计方案，仅在上海、北京、广州等城市开展；第三，现有企事业单位自行设计的统计方案中只注重创意企业从业人员、产值、主营业务、注册地、税收等经济方面的统计，缺失了很多重要信息；第四，现有非官方统计方案，未形成时间序列和

---

① 上海市的分类包括：研发设计、建筑设计、文化传媒、咨询策划和时尚消费。北京市的分类包括：文化艺术业，新闻出版业，广播、电视、电影业，软件、网络及计算机服务业，广告会展业，艺术品交易业，设计服务业，旅游、休闲娱乐业及其他辅助服务业。
② 《统计局社科文司首席统计师解读文化产业统计数据》，http：//www.gov.cn/jrzg/2013-08/26/content_2474014.htm，2013年8月26日。
③ 陈恩：《我国文化产业统计问题研究》，《广东技术师范学院学报（社会科学版）》2010年第2期。
④ 高志楠：《中国创意产业学术统计数据规范研究》，《中国外资》2011年第6期，第188～189页。

企业、行业、产业与行政管理匹配的多层面系统数据。[①] 包利军认为，文化产业统计存在以下四方面问题：第一，文化产业统计指标单一，仅靠增加值指标的局面没有改变，不能反映文化产业对经济发展贡献的全貌；第二，缺乏解决文化产业统计特殊问题的手段，如文化产业市场主体多为中小微企业及个体经营者，难以准确反映文化产业发展的实际情况；第三，部门统计工作不够规范，整合利用文化产业统计资源的能力尚显不足；第四，统计基础薄弱，统计人员业务素质有待进一步提高。[②] 安奉钧、李树海、赵建强在研究中指出，我国文化产业统计存在以下五个问题：第一，文化产业的范围确定和分类分层缺乏一致性；第二，文化产业的外延确定不够科学准确；第三，现有指标体系不能反映文化产业的独有特色；第四，在实践中，地方统计指标的使用简单粗糙；第五，统计制度执行缺乏规范化，数据来源不够全面准确。

英国、美国、日本等国的文化创意产业发展极具特色，针对以上国家文化创意产业统计问题的研究，对我国文化创意产业的统计乃至产业发展都具有重要的参考价值。纵观当前的研究，仅在高红岩（2007）的研究中涉及国外文化创意产业统计问题。综上，文化创意产业统计问题制约了文化创意产业的学术研究，而当前学术研究的稀缺无法为政策制定提供参考，因此，针对文化创意产业统计问题的研究具有重要的理论和现实价值。本文从美国、日本、英国等国的文化创意产业统计制度、存在的问题以及对我国的启示与思考等方面展开研究，试图为我国文化创意产业统计问题的研究提供国际视角。

二　文化创意产业的统计口径、统计分类与统计指标

以下重点介绍英国、美国和日本文化创意产业的统计口径、统计分类与统计指标，以对我国文化创意产业统计制度的完善提供借鉴。

---

① 高志楠：《中国创意产业学术统计数据规范研究》，《中国外资》2011 年第 6 期。
② 包利军：《文化产业统计存在问题及对策建议》，《内蒙古统计》2015 年第 6 期。

（一）文化创意产业的内涵界定与统计口径

从统计学意义上来讲，概念界定是统计分类的基础，统计分类是统计指标核算的前提。联合国开发计划署（UN Development Programme）、联合国教科文组织（UNESCO）、联合国贸发会议（UNCTAD）、世界知识产权组织（WIPO）及欧盟（EU）等国际组织均给出了不同的创意产业概念界定。例如，联合国教科文组织（UNESCO）在2013年的《创意产业报告》中指出，创意产业是进行文化及依靠创意创新的产品和服务生产的产业。世界知识产权组织（WIPO）将版权产业定义为以版权为基础的产业，包括核心版权产业、部分版权产业、交叉版权产业和边缘版权产业。

世界上文化创意产业发达的国家，如英国、美国和日本等也都针对文化创意产业的内涵和外延进行过相应界定。20世纪90年代末期，英国文化媒体体育部正式提出了创意产业的概念，并将创意产业界定为源于个人创意、技巧及才能，通过知识产权的开发与应用，具有潜力创造财富和就业机会的产业。美国把文化创意产业界定为版权产业，美国的版权产业是指知识产权生产和营销的产业。日本没有类似文化创意产业的提法，而是叫作文化产业。日本文化产业主要是指内容产业，包括电影、动画、电视节目、音乐、游戏、书籍等的制作和发行。

英国、美国和日本等国是创意产业发展的典范，具有各自的发展特色，同时，创意产业的发展对其国民经济发展贡献突出。通过以上各国针对文化创意产业的概念界定可以看出，各国对于文化创意产业的内涵界定都是从自身发展特色角度出发的，正因为特色不同、带来的各国政策侧重点不同，导致各国对文化创意产业的名称设置有所不同。

（二）文化创意产业的统计分类

国民经济核算是根据国民经济行业分类展开的，文化创意产业的行业分类是将文化创意产业与国民经济行业分类联系起来的纽带，只有将文化创意产业的行业分类与国民经济行业分类联系起来，才能利用现有的国民经济核算数据进行文化创意产业的统计分析。文化创意产业没有统一的分类标准，一些国际组织根据统计需要，制定了文化创意产业的分类标准。例如，联合国教科文组织（UNESCO）将文化创意产业分为博物馆、美术馆、图书馆、表演艺术、节庆、视觉艺术、工艺品、设计、出版、广播电视、电影、摄影、交互媒体等核心文化产业及乐器、音响设备、建筑、广告、印刷设备、软件、视听硬件等扩展文化产业。各个国家都是根据自身实际情况对其进行划分的，美国、日本和英国在不同概念界定的基础上，体现出了有差别的文化创意产业行业分类（见表1）。

表1　美国、英国、日本的文化创意产业分类

国家	美国	英国	日本
文化创意产业分类	核心版权产业、交叉版权产业、部分版权产业、边缘版权产业	广告，建筑，工艺品，设计和时尚设计，电影、电视、录像、广播、摄影，IT、软件与计算机服务，出版，博物馆、画廊和图书馆，音乐、演出和视觉艺术	电影、动漫、电视节目的制作与发行，音乐的制作与发行，游戏的制作与发行，图书、报纸的创作与发行

资料来源：根据英国文化媒体体育部、日本经济产业省网站资料等整理而成。

日本的文化产业分为电影、动漫、电视节目的制作与发行，音乐的制作与发行，游戏的制作与发行以及图书、报纸的创作与发行等，主要包括电影、动漫、电视、音乐、游戏及出版等内容产业，体现了独具日本特色的文化产业发展格局。英国文化媒体体育部、英国创意产业工作小组在《创意产业图录报告》中将英国的创意产业分为广告、建筑、艺术及古玩市场、手工艺、设计、时尚、电影、音乐、表演艺术、出版、软件、广播电视、电脑游戏，共十三类。但在英国官方的最新统计报告里，是以上表中整合后的九个类别体现的。因此，本文后面针对英国创意产业行业分类的探讨也按九大类展开。

美国的版权产业统计为了符合国际标准，根据世界知识产权组织（WIPO）2003年发布的《版权产业经济贡献调查指南》（Guide on Surveying the Economic Contribution of the Copyright-Based Industries）的分类标准，按照与版权产品关系的密切度，将版权产业分为四类，分别为核心版权产业、部分版权产业、交叉版权产业和边缘版权产业① （见表2）。

表2　美国版权产业分类

核心版权产业	交叉版权产业	部分版权产业	边缘版权产业
出版与文学，音乐、剧场制作、歌剧，电影与录像，电视广播，摄影，软件与数据库，视觉艺术与绘画艺术，广告	电视机的制造与批发零售、收音机的制造与批发零售、录像机的制造与批发零售、CD机的制造与批发零售、DVD机的制造与批发零售、录音机的制造与批发零售、电子游戏设备及其他相关设备的制造与批发零售	服装、纺织品与鞋类，珠宝与钱币，其他工艺品，家具，家用物品、瓷器及玻璃，墙纸与地毯，玩具与游戏，建筑、工程、测量，室内设计，博物馆	为发行版权产品的一般批发与零售，大众运输服务，电讯与因特网服务

通过上述国家文化创意产业的统计分类可以看出，决定各自文化创意产业行业分类的重要因素之一，便是各国政府对文化产业的政策导向。日本实施"文化立国"战略，政策的支持加上行业本身发展的良好基础，带来了日本动漫业、游戏及音乐等数字内容产业的大发展，成就了日本亚洲第一创意大国的地位。美国政府历来重视知识产权保护，美国版权产业于1984年主导成立了国际知识产权联盟（IIPA）这一非政府组织，IIPA的宗旨就是促进版权的国际保护。美国的版权产业发展迅猛，对国民经济的贡献较大，与重视知识产权的保护不无关系，版权产业构成了美国极具特色的文化创意产业。20世纪末期，英国政府试图用创意产业振兴英国经济，因此，凡是源于个人创造、个人才艺的体现文化与创意的产业都被鼓励，这就是英国对创意产业的界定和分类更为广泛的原因，也成就了英国创意产业在世界上的地位。

各国文化创意产业发展的政策支持、历史进程以及自身经济、人文地理环境的差异，导致了各国对文化创意产业概念界定的差异，而内涵的不同则

---

① 核心版权产业指主要目的是原创、生产、发行或展览版权产品的产业；部分版权产业指部分产品为版权产品的产业；边缘版权产业包括将受版权保护和部分不受版权保护的产品发行给商家和消费者的产业；交叉版权产业指生产、制造和销售的主要功能是促进有版权产品的创造、生产或使用设备的产业。

带来了各国文化创意产业行业分类的具体差异，如英国创意产业的划分较为宽泛，而日本的划分更能体现发展的侧重点。差异化的分类虽然体现出各国文化创意产业的特色，但为创意产业的统计及国家之间的统计比较带来了难度。

另外，各国国民经济行业分类标准也有所区别，我国采用国民经济行业分类（GB/T4754 - 2011），美国采用《北美行业分类法（2007 版）》（North American Industry Classification System，简称 NAICS），英国采用《英国经济活动标准行业分类（2007 版）》（UK Standard Industrial Classification of Economic Activities，简称 SIC），日本采用《日本标准产业分类（2007 年）》，但各国的行业分类都跟联合国的《所有经济活动之国际标准行业分类》（International Standard Industrial Classification of All Economic Activities，简称 ISIC）基本保持一致。值得注意的是，英国的 SIC 为了更准确地统计创意产业发展状况，在四位数的产业代码下增加了五位数的分类。

（三）文化创意产业的统计指标

文化创意产业的统计涉及政府统计部门和行业主管部门等多个部门。英国设有国家统计局进行国民经济统计，行业主管部门是文化媒体体育部，每年发布《英国创意产业专题报告》。美国没有文化部，但设立了总统艺术人文委员会，也没有集中的统计机构，实行分散、分级统计管理体制，设有普查局、劳工统计局、经济分析局等统计部门。美国总统艺术人文委员会每年发布《美国创意产业年度报告》，美国的非政府组织——国际知识产权联盟则发布《美国经济中的版权产业》报告。日本文化创意产业的主管部门有文部科学省、总务省、经济产业省等，其中，日本总务省统计局是统计部门，日本经济产业省每年发布《数字内容产业白皮书》《游戏产业白皮书》等。

根据搜集到的资料，美、英、日三国文化创意产业的统计指标主要涵盖财务状况指标、业务活动指标、就业情况指标及补充指标四大类。由于各国文化创意产业的发展特色和侧重点、关注点不同，其具体指标的选取也体现一定的差异性。英国创意产业的统计指标主要有创意产业增加值及占 GVA 的比重，全国/各地区创意产业从业人数及占全国/各地区就业总人数的比重，创意产业服务出口额及占英国服务出口总额的比重，创意产业企业数及占英国企业总数的比重，创意产业各行业分类占创意产业总增加值的比重，创意产业服务出口欧洲、亚洲、非洲、美洲和大洋洲的出口额等①。

美国版权产业对美国经济的贡献是通过以下统计指标衡量的：产业增加值与增长率、占GDP的比重、从业人数及在美国私营部门总就业人数中的占比、版权产业从业人员的平均工资、年出口额（以上数据区分核心版权产业和全部版权产业），并选取音像、电影、软件、出版四大类核心版权产业统计年出口额②。

日本经济产业省统计报告中涉及的统计指标主要有日本内容产业的增加值及增长率、内容产业四大类分别的增加值，日本、韩国、美国和欧洲内容产业（电影、音乐、动漫、戏剧）在亚洲主要城市的受欢迎程度，日本内容产业在海外市场的销售额及销售率，动画、视频游戏软件、电影的总销售额（含日本本土及海外）及海外销售额③。

综上可见，各国对文化创意产业的统计都是以文化创意产业增加值为核心统计指标的，此外，也关注了文化创意产业的就业、出口带动效应。增加值能够表现经济发展的量度，便于分析、预测和决策，因而应作为核心指标进行统计，但仅仅统计增加值是不够也不全面的。文化创意产业对经济发展的质和量都具有明显的促进作用，最重要的促进作用体现在对经济发展的质的提升上，包括对就业的带动、经济效益的提升、产业结构的优化升级、人民生活品质的提高等。因此，应该对以上指标也进行统计。

---

① 英国创意产业的统计指标来源为：英国文化媒体体育部自2005年以来开展的调查；2016年6月20日发布的"创意产业2016重点关注"；2017年4月26日发布的《部分关注：多元化趋势》；2016年9月28日发布的《DCMS统计指南》。

② 参见美国国际知识产权联盟（IIPA）发布的《美国经济中的版权产业》系列报告。美国国际知识产权联盟自1990年以来发布了《美国经济中的版权产业》系列报告，包括2004、2006、2003～2007、2011、2013年度报告等，是委托以斯蒂芬·E.西维克为首的经济学家们完成的。

③ 参见日本经济产业省2016年4月发布的《内容产业：现状及未来发展方向》《日本数字内容产业白皮书》《日本游戏产业白皮书》。

三　文化创意产业统计面临的主要问题

文化创意产业统计面临的主要问题源于统计的复杂性。复杂性带来的统计失真问题，导致无法准确地反映各国文化创意产业发展的真实水平。复杂性体现在它涉及多个行业、多个部门。文化创意产业具有的产业融合性特征，使其与非创意产业之间的界限模糊，导致文化创意产业的统计核算难度较大。进行文化创意产业统计核算的难点正是如何从传统行业的统计数据中提炼出属于文化创意产业领域内的数据。

文化创意产业与相关产业的融合，可以分为渗透融合、延伸融合和重组融合。渗透融合是指文化创意因素渗透相关产业，提高了相关产业的创新创意水平，提升了经济效益；延伸融合是指文化创意产业通过与相关产业的功能互补，赋予传统产业新的附加功能和产品属性；重组融合是指引入文化创意因素，将传统产业重新整合、融合，带来新兴业态的产生和发展。渗透融合与延伸融合为区分传统产业和文化创意产业带来了难度；重组融合产生了新的业态，若按照现有的产业分类标准，新兴业态很可能没有准确的行业对应，统计归属划分困难。基于此，美、日、英三国的统计实践中，也在针对行业分类不断进行调整。

表 3 是英国创意产业分类与《英国经济活动标准行业分类（2007 版）》（SIC2007）的对应关系。英国 SIC2003 修订版本包含一级 A – Q 共十七大类，具体的行业分类由五位数表示，如 52. 48/9。SIC2007 则更加直观地丰富和细化了五位数的行业分类方法，涉及文化创意产业统计的包括以下几点：将原来标准中的"52. 48/9 专业商店的零售"及"52. 5 商店二手商品的零售"细化了，新的分类具体到"47781 商业艺术画廊零售"和"47791 古董古书的零售"，便于对文化创意产业进行统计；原来的"设计"行业没有与之相匹配的行业代码，"74. 84 其他业务活动"包含一部分设计活动，现在则单设"74100 专业设计活动"；与电影、电视、录像、广播、摄影相关的 M 类行业代码也都进行了相应的细化。

表3　英国创意产业与 SIC 中行业对应关系

创意产业部门	SIC
广告	M73110 广告
建筑	M71111 建筑*
工艺品	G47781 商业艺术画廊零售
	G47791 古董古书的零售
设计和时尚设计	C14110 皮革制造
	C14120 工服制造*
	C14131 男装制造*
	C14132 女装制造*
	C14141 男士内衣制造*
	C14142 女士内衣制造*
	C14190 其他服饰及装饰品制造*
	C14200 皮草制造*
	C14310 针织袜子制造*
	C14390 其他针织服装制造*
	C15120 背包制造*
	C15200 鞋类制造*
	M74100 专业设计活动
电影、电视、录像、广播、摄影	C18201 录音制品的复制*
	C18202 录像制品的复制*
	M74201 肖像摄影活动
	M74202 其他专业摄影
	M74203 胶片加工
	M74209 其他摄影活动
	M59111 电影制作
电影、电视、录像、广播、摄影	M59112 视频制作
	M59113 电视节目制作活动
	M59120 电影、录像、电视节目的后期制作
	M59131 电影发行
	M59132 视频发行
	M59133 电视节目发行
	M59140 电影放映
	M59200 录音和音乐发行
	M60100 广播
	M60200 电视节目

续表

创意产业部门	SIC
IT、软件与计算机服务	J58210 电脑游戏的发行
	J58290 其他软件的发行
	J62011 互动休闲和娱乐软件开发
	J62012 商业软件和国内软件开发
	J62020 信息技术咨询
	C18203 计算机媒体的复制*
出版	J58110 书籍出版
	J58130 报纸出版
	J58141 学术期刊出版
	J58142 商业期刊出版
	J58190 其他出版活动*
	J63910 新闻机构活动
博物馆和图书馆	R91011 图书馆活动
	R91020 博物馆活动
音乐、演出和视觉艺术	R90010 表演艺术
	R90020 表演艺术的支持性活动
	R90030 艺术创作
	R90040 艺术设施的运行
	R93210 游乐场和主题公园活动
	R93290 其他休闲活动*

注：标注"＊"的类目表示该行业中的一部分内容是属于文化创意产业的。

资料来源：（1）英国文化媒体体育部官方统计报告"Creative Industries：2010 Focus on"，https：//www. gov. uk/government/publications/creative – industries – 2016 – focus – on/key – findings，2016 – 06 – 20；（2）高红岩：《创意产业面临的统计问题与对策分析》，《统计与决策》2007 年第 5 期，第 40 页；（3）Anne Creigh-Tyte, *Measuring Creativity：A Case Study in the UK's Designer Fashion Sector*. Cultural Trends，2005，14（2）：pp. 157 – 183.；（4）https：//www. gov. uk/government/uploads/system/uploads/attachment_ data/file/455263/SIC_ codes_ V2. pdf。

但一些统计问题仍然存在，工艺品类别中的多数企业规模较小，在商业调查中并不能一一涵盖。"时尚设计"类目中的各类服饰相关设计，被包含在 C 类服饰相关的制造业类别中，无法具体区分。英国创意产业工作小组将 0.5% 设定为"时尚设计"在上述服饰制造业类别中所占的比重，此比重是否合理，以及随着时间的推移，此比重是否能够反映当下的占比，均有待观察。

四 启示与思考

对美、英、日三国文化创意产业统计中涉及的概念界定、行业分类、统计指标及统计的复杂性问题的分析，对于完善我国文化创意产业的统计有以下四方面启示。

第一，统一文化创意产业的概念界定。当前我国文化创意产业发展较好的北京、上海等地针对文化创意产业有各自的概念界定①。从国家层面来看，尚没有针对文化创意产业的概念界定。文化创意产业属于文化产业，我国国家层面针对文化产业进行了概念界定和行业划分，并制定了相关政策、出台了相应的意见等，支持和引导了文化创意产业的发展。但从长远发展来看，应当从国家层面上给出文化创意产业的统一内涵界定，文化创意产业不能等同于文化产业。界定文化创意产业的内涵，对行业分类及统计核算具有重要指导意义。

第二，制定全国统一的文化创意产业行业分类标准。我国当前国民经济的行业分类是以《国民经济行业分类》（GB/T4754 - 2011）为基础制定的。2012 年的《文化及相关产业统计指标体系框架》实现了与联合国教科文组织《文化统计框架 2009》的衔接。此标准将文化产业分为十类，其中第五类为"文化创意与设计服务"②。而实际上，北京、上海等地对文化创意产

---

① 北京市统计局出台的《北京市文化创意产业分类标准》将文化创意产业界定为：以创作、创造、创新为根本手段，以文化内容和创意成果为核心价值，以知识产权实现或消费为交易特征，为社会公众提供文化体验的具有内在联系的行业集群。上海市对文化创意产业的界定为：以创新思想、技巧和先进技术等知识和智力密集型要素为核心，通过一系列创造活动，引起生产和消费环节的价值增值，为社会创造财富和提供广泛就业机会的产业。

② 十类文化产业分别为：新闻出版发行服务、广播电视电影服务、文化艺术服务、文化信息传输服务、文化创意和设计服务、文化休闲娱乐服务、工艺美术品的生产、文化产品生产的辅助生产、文化用品的生产、文化专用设备的生产。

业的分类也包含了除第五类以外的其他门类①。各地为了给当地文化产业发展决策提供参考，均根据地方特色建立了自己的统计范围和标准。但不同地方的不同标准和范围，导致相互之间的可比性不强。因此，需要按照国家统一标准进行统计，并由国家统计局进行审核认定，以保证数据的规范和质量，提高各地之间数据的可比性②。从文化创意产业的统计角度来看，需要从国家层面制定文化创意产业的具体行业分类。我国可参考英国的分类方法，将"设计"作为单独一类进行统计，因为随着国民经济的发展，设计对产业的贡献越来越大，也逐渐分离于传统产业。设计本身是一种创意、创新，是一种文化符号，本应是文化创意产业的重要行业类别。

第三，丰富和完善文化创意产业的统计指标。规范和完善以财务状况指标、业务活动指标、就业情况指标及补充指标为基础的四大类文化创意产业统计指标体系。改变仅以增加值为主的统计指标设置，同样要关注文化创意产业对就业的带动、经济效益的提升、产业结构的优化升级、人民生活品质的提高等经济发展质的提升方面的统计核算，增加对相关指标的设置和统计。另外，也要不断丰富和创新类似欧盟总体创新指数、上海城市创意指数等文化创意产业的评价指标体系。

第四，细化行业分类，减小文化创意产业统计的复杂性。我国当前国民经济行业分类包括（字母）门类代码、（数字）大类代码、（数字）中类顺序码和（数字）小类顺序码。随着文化创意等产业的发展以及新业态的不断出现，应该继续细化行业分类代码，借鉴英国（字母）门类代码下的五位数字行业代码，细化产业相关的小类细分，便于文化创意产业的统计。英国的SIC2007丰富和细化了五位数的行业分类方法，如原来标准中的"52.48/9专业商店的零售"及"52.5商店二手商品的零售"，在新的分类

---

① 上海市的分类包括：研发设计、建筑设计、文化传媒、咨询策划和时尚消费。北京市的分类包括：文化艺术业，新闻出版业，广播、电视、电影业，软件、网络及计算机服务业，广告会展业，艺术品交易业，设计服务业，旅游、休闲娱乐业及其他辅助服务业。

② 《统计局社科文司首席统计师解读文化产业统计数据》，http://www.gov.cn/jrzg/2013-08/26/content_2474014.htm，2013年8月26日。

中具体到"47781 商业艺术画廊零售"和"47791 古董古书的零售"，这一做法值得借鉴。

参考文献：

包利军：《文化产业统计存在问题及对策建议》，《内蒙古统计》2015 年第 6 期。

陈恳：《我国文化产业统计问题研究》，《广东技术师范学院学报（社会科学版）》2010 年第 2 期。

高红岩：《创意产业面临的统计问题与对策分析》，《统计与决策》2007 年第 5 期。

高红岩：《文化创意产业的政策创新内涵研究》，《中国软科学》2010 年第 6 期。

高志楠：《中国创意产业学术统计数据规范研究》，《中国外资》2011 年第 6 期。

花建：《文化创意产业与相关产业融合发展的四大路径》，《上海财经大学学报》2014 年第 4 期。

蒋绚：《创意产业发展政策的国际比较与问题揭示》，《经济学家》2013 年第 4 期。

雷原、赵倩、朱贻宁：《我国文化创意产业效率分析——基于 68 家上市公司的实证研究》，《当代经济科学》2015 年第 2 期。

刘开云：《关于文化产业统计分类的几点思考》，《统计与决策》2011 年第 12 期。

刘开云：《文化价值的实现与文化创意产业统计测算》，《求索》2012 年第 5 期。

秦琴、胡明形、翟祥：《海淀区文化创意产业发展水平的综合统计评价与分析》，《统计与咨询》2008 年第 2 期。

秦瑶、陆昕：《创意产业统计核算方法及实证研究》，《统计研究》2008 年第 3 期。

汤红娟：《文化创意产业评估的统计指标体系研究》，《科技创业月刊》2011 年第 10 期。

王慧敏：《文化创意产业集聚区发展的 3.0 理论模型与能级提升——以上海文化创意产业集聚区为例》，《社会科学》2012 年第 7 期。

张洁瑶：《产业集聚的知识网络构建路径研究——基于文化创意产业视角》，《经济问题探索》2015 年第 12 期。

Andrew White, *A Grey Literature Review of the UK Department for Culture, Media and Sport's Creative Industries Economic Estimates and Creative Economy Research Programme*, Cultural Trends, 2009, (4): pp. 337 – 343.

Anne Creigh-Tyte, *Measuring Creativity: A Case Study in the UK's Designer Fashion Sector*, Cultural Trends, 2005, 14 (2): pp. 157 – 183.

Lily Kong, "From Cultural Industries to Creative Industries and Back? Towards Clarifying

Theory and Rethinking Policy," *Inter-Asia Cultural Studies*, 2014, (4): pp. 593 – 607.

Paul Alli, *The Development of Comparable European Cultural Statistics*, Cultural Trends, 2000, (37): pp. 67 – 75.

Ruth Towse, *Creativity, Copyright and the Creative Industries Paradigm*, KYKLOS, 2010, (8): pp. 461 – 478.

Stuart Cunningham, *Developments in Measuring the "Creative" Workforce*, Cultural Trends, 2011, (1): pp. 25 – 40.

后　记

中国文化创意产业优秀论文评选已举办了两届。第二届中国文化创意产业优秀论文评选活动由中国人民大学书报资料中心、国家行政学院文化政策与管理研究中心、中国文艺评论家协会艺术产业专家委员会三家共同主办。

第二届文化创意产业优秀论文评选以 2014～2017 年为时间段，以中国人民大学书报资料中心《文化创意产业》转载的约 240 篇论文为基础，秉承"优中选优、树立标杆"的宗旨，经过两轮评选程序，遴选出 20 篇优秀论文。

将人大复印资料的《文化创意产业》期刊所刊发的论文作为我国文化创意产业优秀论文评选的基础，有两个原因：一是如果对这四年公开发表的全部论文进行筛选、评优，操作难度太大；二是人大复印资料《文化创意产业》期刊集中了文化创意产业研究领域高质量的论文，是业内公认的权威学术论文转载期刊。在此基础上进行筛选和评优，既能降低评选难度，又能确保选出最优秀的论文。

为了保证第二届文化创意产业优秀论文评选工作的科学性和连续性，主办方主要做了以下两方面工作。

一　明确评审标准

本次论文评选继续遵循第一届文化创意产业优秀论文评选确定的评审标准，采取"学术创新度""论证完备程度""难易程度""政策推动程度""产业发展指导程度"五个一级指标。值得一提的是，没有把"论文引用次数"作为一级指标是因为把四年的论文放在一起进行评选，如果将论文引用次数作为评价指标，显然对最近发表的论文不公平。

二 明确评选办法和程序

1. 本次评选实行初选和终选两轮评选

初选是由资深学者和编辑在约 240 篇论文的基础上遴选出 60 篇，然后邀请 7 位终审专家在初选 60 篇的基础上再评选出 20 篇作为优秀论文。为让此次评选活动能覆盖更多的学者，主办方规定，每人作为第一作者的论文只限一篇入选。

2. 终审专家的产生方式

主办方遴选终审专家的原则：一是终审专家须为业内知名专家学者；二是终审专家无论文参选。根据以上两点要求，主办方邀请了宋奇慧、赵红川、郭全中、贾旭东、李炎、魏建、张玉玲七位业内知名人士作为论文终审专家，并由他们分别根据论文评价指标对进入终选的 60 篇论文进行逐项打分。

3. 根据得分多少确定优秀论文排序

每篇论文的最终得分，是将专家打分结果经过汇总和科学的加权统计后形成的。按照得分多少的排序，在进入终选的 60 篇基础上评选出前 20 篇作为优秀论文，评选标准和文章评分结果均可查阅。主办方还参考专家意见对每篇优秀论文写了一段评语，对论文的价值做了评价，以供读者参阅。

第二届中国文化创意产业优秀论文发布会于 2018 年 3 月 27 日在中国人民大学举办。文化产业主管部门的领导、业内知名专家学者和媒体出席。多家媒体对发布会进行了报道。此次活动受到学界的普遍关注和好评，被认为是推动我国文化创意产业发展，特别是推动文化创意产业研究的重要举措。此次主办方编辑出版《第二届中国文化创意产业优秀论文集（2014 ～ 2017）》，以便总结文化创意产业研究成果，让更多人分享第二届文化创意产业优秀论文的成果。

王金会编辑、张祎娜博士、李鹭博士、杨传张博士生、陈蕾博士生、刘雪璐博士后、范为博士生、刘玉拴博士生、卢佳华研究生等为此次优秀论文评选活动做了大量工作。此次优秀论文评选活动和论文集的出版还得到了湖南韵动文化体育产业发展有限责任公司的热心赞助和支持。在此，仅代表主办方向所有支持第二届中国文化创意产业优秀论文评选活动的同仁表示衷心的感谢。

附录 2014～2017年《文化创意产业》全文转载总目录

2015年第1期

第2期

第3期

第4期

第2期

第3期

第4期

图书在版编目（CIP）数据

第二届中国文化创意产业优秀论文集：2014－2017/
祁述裕，钱蓉主编．－－北京：社会科学文献出版社，
2019.1

ISBN 978－7－5201－3659－4

Ⅰ.①第…　Ⅱ.①祁…②钱…　Ⅲ.①文化产业－产
业发展－中国－文集　Ⅳ.①G124－53

中国版本图书馆 CIP 数据核字（2018）第 232957 号

第二届中国文化创意产业优秀论文集（2014～2017）

主　　编/祁述裕　钱　蓉

出 版 人/谢寿光
项目统筹/蔡继辉
责任编辑/蔡继辉　张　澄

出　　版/社会科学文献出版社·皮书研究院（010）59367092
　　　　　地址：北京市北三环中路甲 29 号院华龙大厦　邮编：100029
　　　　　网址：www. ssap. com. cn
发　　行/市场营销中心（010）59367081　59367083
印　　装/三河市龙林印务有限公司

规　　格/开　本：787mm×1092mm　1/16
　　　　　印　张：24.5　字　数：374 千字
版　　次/2019 年 1 月第 1 版　2019 年 1 月第 1 次印刷
书　　号/ISBN 978－7－5201－3659－4
定　　价/98.00 元

本书如有印装质量问题，请与读者服务中心（010－59367028）联系